Les amis africains et les questions d'argent

SIL International®

Publications en ethnographie 51

La série « Publications en ethnographie » se concentre sur les études culturelles des peuples minoritaires de diverses parties du monde. Alors que la plupart des volumes sont rédigés par des membres de SIL International® qui ont réalisé des recherches ethnographiques dans une langue minoritaire, de temps en temps des œuvres convenables d'autres spécialistes font également partie de la série.

Éditeur de la série
Susan McQuay

Rédacteur en chef
Eric Kindberg

Compositeur
Priscilla Higby

Artistes ayant collaboré
Côme Mbringa
Mbanji Bawe Ernest
Momar Touré, illustration de couverture

Couverture
Barbara Alber

Les amis africains et les questions d'argent
Observations depuis l'Afrique

David E. Maranz

Traduction en français grâce aux services de MissionAssist
www.missionassist.org.uk

SIL International®
Dallas, Texas

© 2025 SIL International®

Publiée à l'origine sous le titre « *African Friends and Money Matters: Observations from Africa* », *Second edition revised*, SIL International® 2025.

Library of Congress Control Number : 2023933999

ISBN livre imprimé : 978-1-55671-511-2
ISBN électronique livre : 978-1-55671-512-9
ISSN : 0-0895-9897

Des exemplaires de cette publication et d'autres publications de SIL International® peuvent être obtenus auprès de distributeurs tels qu'Amazon, Barnes & Noble, et d'autres distributeurs mondiaux.

Pour demander directement certains volumes, connectez-vous sur sil.org/resources/publications :

SIL International Publications
7500 W. Camp Wisdom Road
Dallas, Texas 75236-5629 États-Unis

Demande générale : publications_intl@sil.org
Demande sur commande en cours : sales@sil.org

Note de l'éditeur

L'intérêt des observations culturelles de David Maranz dans ce livre réside dans son expérience personnelle et ses histoires anecdotiques qui mettent en contraste les différences culturelles. Ces histoires, observations et réflexions sont bien préservées. Toutefois, ce livre n'est ni une étude académique ni un guide complet sur la vie en Afrique. Parfois, l'auteur stéréotype négativement la culture et la société africaines à l'aide de généralisations excessives et de clichés culturels. L'éditeur reconnaît la valeur des observations de Maranz, mais s'oppose fermement à tout stéréotype sur l'Afrique. Dans cette ère du numérique, la mondialisation a permis l'homogénéisation culturelle. Le monde décrit par Maranz n'est pas statique et ne peut être facilement simplifié. L'éditeur invite les auteurs, en particulier les auteurs africains, à écrire davantage de livres sur la richesse de la culture et de la société africaines.

Table des matières

Préface

Plusieurs années se sont écoulées depuis la publication de la première édition en anglais de « *African Friends and Money Matters* ». L'auteur et l'éditeur ont été satisfaits de l'accueil réservé à ce livre et des réactions qu'il a suscitées, les travailleurs expatriés et nationaux de toute l'Afrique l'ayant utilisé.

Deux grands types de comportements ont été décrits, les comportements africains et les comportements occidentaux. Les comportements décrits des Africains ont été considérés comme typiques, souvent observés sur le continent africain, mais avec de nombreuses différences locales, régionales et individuelles. Il en va de même pour les comportements occidentaux, avec des différences, par exemple, entre l'Europe et l'Amérique, et à l'intérieur des pays. En outre, bien que les « Observations » numérotées aient été discutées et révisées avec des amis, elles peuvent être considérées comme des points de départ ou des hypothèses lorsque l'on vit dans un pays ou un lieu spécifique et que l'on y noue des liens d'amitié avec des Africains. Elles ne sont pas absolues et invariables sur l'immense continent qu'est l'Afrique.

En termes mathématiques, deux ensembles de comportements sont traités. On définit un ensemble comme « un certain nombre de choses du même genre qui sont liées. » Les ensembles peuvent être complets, où toutes les variantes possibles sont comprises ou bien incomplètes, où un référencement partiel est compris. Lors de nos discussions, les observations de comportements à la fois africains et occidentaux sont des ensembles de comportement incomplets lorsque seule une partie de l'ensemble est comprise. Des comportements sont traités qu'on a vus généralement dans toute l'Afrique, mais certainement ce sont seulement des échantillons. De nombreux lecteurs ont signalé que les observations ont été utiles, en les aidant à voir des choses différemment de la façon dont ils sont habitués à les voir, même s'il n'y a pas de correspondance entière avec ce qu'ils voient et expérimentent dans leur environnement personnel et local.

Les observations au cours des années ont été énormément positives quoique quelques-unes aient été négatives. La gamme d'observations

peut être vue sur le site *www.amazon.com*. Une de ces observations
favorables était :

> « *African Friends and Money Matters* » (en français : « *Les
> amis africains et les questions d'argent* ») constitue une
> lecture essentielle pour quelqu'un qui travaille en Afrique,
> surtout pour les travailleurs d'une ONG et des missionnaires
> de courte durée. Malheureusement je ne l'ai lu qu'après
> mon deuxième voyage. Je serai mieux préparé pour mon
> voyage prochain, après l'avoir lu. Cela m'évitera quelques
> moments gênants et parfois quasi-conflictuels lorsque je
> communiquerai avec des gens que j'aime vraiment. Pour
> vous qui avez été inondés de demandes d'argent et d'aide
> financière, pendant et après votre visite, ce livre expliquera
> certaines questions culturelles, et vous aidera à mieux traiter
> ces problèmes. Je le considère comme une lecture essentielle
> pour des organisations de mission, pour des missionnaires
> et pour d'autres travailleurs d'ONG – de courte durée ou de
> longue durée en Afrique.

Une de ces observations négatives :

> Instructif mais très superflu. L'auteur se répète sans cesse.
> Tout dans le livre aurait pu être écrit en deux chapitres.

Une réponse mixte a été reçue d'un professeur de faculté :

> Si je devais revoir le livre …, je devrais soulever des questions
> de méthodologie et de terminologie. Vos observations pour
> la plupart semblent reposer sur des faits anecdotiques mais
> vous les appliquez au continent entier de l'Afrique. Une
> telle procédure génère tout de suite de la résistance. …
> Lorsque j'ai montré une version précédente de ce livre à …
> un prof de civilisation classique, sa réponse immédiate à sa
> lecture était que le livre a besoin d'une base d'enquête plus
> systématique.
>
> Une raison pour cela vient des termes trop larges
> « Africain » et « Occidental ». Dans mon domaine de
> littérature, ces termes sont de nos jours presque tabous.
> Dans une contribution que j'ai faite à un livre récent au sujet
> de littérature « africaine » … j'ai dû être très très prudent
> en ce qui concerne les définitions et signaler que le terme
> « littérature africaine » est une simplification excessive.
>
> Donc pour une révision du livre, je devrais prendre en
> compte ces questions méthodologiques et technologiques.
> Bien sûr, autant que possible, je les présenterais sous leur

meilleur jour. J'insisterais que ce que vous nous avez donné est un ensemble d'hypothèses qui ont besoin de plus de preuve et de raffinement. (C'est aussi comment je présenterai le livre à mes étudiants.)

J'accepte ces critiques comme valables – d'un point de vue strictement académique. Mais ce livre n'est pas présenté comme un texte académique ; il est plutôt conçu comme un livre pratique pour n'importe quelle personne qui habite ou voyage en Afrique. Il est fondé sur des anecdotes plutôt que sur des sondages détaillés de chaque point évalué pour savoir si chaque observation est correcte ou non sur un vaste territoire, etc. D'ailleurs, les observations ont été évaluées de façon informelle sur de vastes régions d'Afrique, de l'ouest à l'est.

De plus, l'introduction essaie d'être transparente concernant la généralité et les limitations du texte.

Quelques lecteurs africains ont signalé que la dichotomie africaine / occidentale est trop simple. La culture africaine évolue rapidement et un écart culturel s'élargit entre le rural / traditionnel et l'urbain / moderne. Surtout les jeunes réalisent ce qui se passe car beaucoup parmi eux doivent chevaucher sur ce fossé. Un jeune a écrit :

> Nous sommes un peuple qui a été profondément touché par le christianisme et la globalisation. C'est pourquoi bien que nous sommes Africains, notre mentalité est différente de celle de nos prédécesseurs. Nous voyons certaines choses d'un point de vue mitigé ; pas occidental, mais pas non plus traditionnelment africain.

Quant à la terminologie mentionnée par mon ami professeur, je me rends compte que les mots peuvent comprendre des sujets sensibles. Il fait mention de « l'Afrique » et de « l'Occidental ». Il y a beaucoup d'autres. « Tribu » ou « tribal » sont une paire commune. J'ai constaté personnellement que dans certaines régions africaines ou certains pays, « tribu » et « tribal » sont des termes tabous, qui doivent être évités au risque d'occasionner de mauvaises relations. Cependant j'ai aussi été dans des régions où, par exemple, les gens parlent volontiers d'eux-mêmes ou d'autres sous une désignation tribale. J'espère que le lecteur donnera à l'auteur le bénéfice du doute – qu'en aucun cas un terme n'est employé quoi que ce soit dans le but de dénigrer ou d'être préjudiciable. La rectitude politique, et le respect à toutes les sensibilités locales et régionales dépassent les limitations de l'auteur.

Aborder la surgénéralisation : dès le début cela a été reconnu comme une responsabilité. Bien sûr avec un continent aussi vaste que l'Afrique, décrire tout comportement comme « africain » va mal représenter certains de ses nombreux comportements. De même, « occidental » recouvre une région si grande que des inexactitudes vont résulter de l'utilisation d'un terme général si large. Cependant, comme de nombreux observateurs ont noté, beaucoup de comportements vus en Afrique ne seront pas confondus avec ceux qui sont vus en Asie. Quoiqu'il y ait des différences à travers l'Afrique, il y a beaucoup de choses qui sont africaines d'une façon unique et identifiable. Ce sont celles-ci que ce livre essaie de décrire. Beaucoup d'expatriés et de ressortissants ont trouvé l'approche réaliste suivie dans ce livre comme utile et valable pour les situations dans le cadre de leur expérience. Nous espérons que le matériel ajouté sera du moins également utile.

Encore une autre critique a été l'ennui résultant de l'allusion à « africain » et « occidental » de nombreuses fois. Un lecteur a proposé qu'une gamme de synonymes soit utilisée, comme travailleur étranger, volontaire, visiteur, ou quelqu'un de l'extérieur. Lorsque j'ai essayé d'utiliser de tels termes alternatifs, le résultat semblait déroutant et les référents sont devenus souvent peu clairs. Alors, la répétition a été choisie plutôt que la confusion. Quelquefois les contrastes décrits entre les comportements occidentaux et africains semblent peut-être plus grands que ce que les Occidentaux éprouvent pendant leur vie en Afrique. Ceci ne provient pas des différences exagérées mais d'une adaptation des résidents de longue durée à une meilleure compréhension des cultures africaines. Les nouveaux arrivés voient plus nettement les différences.

Le chapitre 1 donne un aperçu des interactions interculturelles complexes entre les Occidentaux et les Africains. Bien qu'il puisse y avoir un échange superficiel d'informations entre eux, les visiteurs ne font pas partie de l'interdépendance fondamentale de la société africaine. Il est donc très difficile pour les Occidentaux de s'intégrer dans la société africaine sur un pied d'égalité et d'établir des relations profondes.

Chapitre 2 donne une introduction générale à la société africaine. Une large collection de thèmes est fournie pour essayer de brosser un tableau équilibré de comportements interpersonnels. Avec ceci, le lecteur devrait pouvoir mieux comprendre comment les questions financières trouvent leur place dans la société dans son ensemble. On peut trouver quelques-uns des thèmes traités dans plusieurs livres de voyage disponibles. Alors qu'il y a peut-être un chevauchement avec quelques livres de voyage, ce chapitre explore plus en profondeur les thèmes traités. En outre, beaucoup de thèmes qui sont présentés ici ne sont pas du tout abordés dans les textes de voyage.

Chapitre 3 continue de traiter des sujets de tous les jours, mais en grande partie ceux dont l'importance est plutôt sous-jacente. Considérez par exemple le processus de décision. Un expatrié participant à un comité qui est chargé de prendre des décisions, ne comprend peut-être pas le processus concerné et est peut-être frustré par les retards qu'il ou elle observe. Alors, la section au sujet des procédures de décision peut être utile. Beaucoup de comportements dans toutes cultures ont des significations qui ne sont pas évidentes à quelqu'un de l'extérieur. La section qui traite des processus de décision peut être utile. De nombreux comportements dans quelque culture que ce soit ont des significations qui ne sont pas évidentes pour quelqu'un de l'extérieur. Une section qui décrit le clientélisme, semblera beaucoup plus longue que les autres. Le clientélisme a été bien étudié en Afrique et beaucoup de spécialistes sont d'accord qu'il se pratique à travers le continent et que c'est très important. Ainsi la description détaillée, dans l'espoir que ceci aidera les expatriés à comprendre les différents comportements qu'ils observeront mais souvent ils ont peu de compréhension du système sous-jacent qu'ils représentent.

Les chapitres 4 et suivants présentent les quatre-vingt-dix « observations » numérotées sur les différences entre les Africains et les Occidentaux de chaque point de vue, ainsi que la justification des perspectives, afin de mieux comprendre chaque vision du monde.

« Achetez chez moi ! »

Remerciements

J'ai profité des propositions, des remarques et des expériences de beaucoup de gens. Ils ont tous été soit des Africains soit des expatriés qui ont passé des années à travailler ou à habiter en Afrique.

Fred West est en tête de la liste de remerciements car c'était d'abord son idée de me demander de parler de mes expériences – quelque chose que je n'avais pas pensé faire. À sa suite, l'histoire est difficile et tortueuse, comme c'est le cas bien souvent pendant l'élaboration d'un livre. Des discussions avec des individus et des groupes, et plus d'expériences en Afrique, ont enrichi le dossier jusqu'à sa transformation en livre. Ainsi, des contributions vastes et variées de beaucoup de gens ont fourni du matériel et des observations précieux. Je voudrais aussi remercier tous ces amis et collègues qui tous ensemble ont rendu possible ce livre. Il n'aurait pas pu être écrit par moi seul. Au bout du compte, c'était évidemment moi qui ai rassemblé toutes ces contributions, et donc tout blâme pour une représentation incorrecte de points de vue africains ou occidentaux retombe sur moi. J'espère pourtant que ce livre ne contienne pas de représentations incorrectes.

Dans l'espace disponible je peux remercier certains amis qui ont été impliqués. Ceux qui ont fait des contributions considérables ou qui ont révisé le texte à diverses étapes, y compris ceux qui suivent (par ordre alphabétique) : Elinor Abbott, Grace Adjekum, Kwashie Amenudzie, Victor Azelenkor, Jules Badji, Pierre Boly, Oumar Diallo, Viking Dietrich, Mandé Diop, Joseph Diouf, Marilyn Escher, the late Djibril Fall, le feu Mbengue Fall, Salifou Fall, George Foryoh, Yatta Foryoh, Karl Franklin, Glenn Gero, Fritz Goerling, Stephen Graham, Mafatim Guèye, Irene Haibucher, June Hathersmith, Marian Hungerford, Jim Leonard, la feue Karen Lewis, Steven Maranz, Eddie Mungai, Emmanuel Njock, Stephen Payne, Clinton Robinson, Richard Shawyer, Duane Troyer, Bert Visser, Katy Wienecke, Gordon Williams, et Sara Williams.

John Watters, Directeur de la région d'Afrique chez SIL International pendant une bonne partie de la période dans laquelle la recherche et la rédaction du livre ont eu lieu, a fourni de l'encouragement indispensable. Des versions initiales et des extraits ont été envoyés à des collègues dans plusieurs pays, du Sénégal au Kenya, qui ont utilisé le matériel dans différents séminaires, stages et séances de formation. Leurs rapports positifs en ce qui concerne l'utilité du matériel ont été un stimulant pour continuer à aller de l'avant. En particulier, Barbara Moore et Harriet Hill m'ont toujours encouragé. Ma femme, Louise, a été dès le début un soutien principal. En effet, ensemble nous avons vécu de nombreux exemples présentés dans l'ouvrage.

Je dois remercier les innombrables amis et connaissances africains qui sont vraiment le sujet de ce livre. Presque sans exception j'ai trouvé que les Africains sont amicaux, ouverts et sympathiques. Effectivement dans ce livre il s'agit d'eux et « de nous » les Occidentaux, et comment nous pouvons mieux nous comprendre et nous apprécier les uns les autres.

Quelques collaborateurs ont demandé de rester anonymes, donc ils sont chaleureusement remerciés de manière anonyme.

Il se peut que les noms de quelques-uns qui m'ont offert un bon mot ou une bonne proposition ou de l'encouragement en cours de route aient pu été omis. Je fais appel à leur indulgence ; personne n'a été laissé de côté intentionnellement.

Je remercie enfin le personnel éditorial académique de SIL International pour leur intérêt pour ce livre et de l'avoir mis à la lumière du jour. Surtout ma sœur Bonnie Grindstaff qui a fait le montage difficile, pour lequel je suis très reconnaissant, suivie par Bonnie Brown. D'autres faisaient partie de l'opération dans les sections de rédaction et de l'administration, dirigés par Mary Ruth Wise et Larry Salge, respectivement. Mes remerciements chaleureux à tous.

> Les Occidentaux qui donnent de l'argent et des conseils sur le plan économique à l'Afrique, de même que ceux qui écrivent au sujet du continent, passent beaucoup trop de temps à regarder dans la mauvaise direction. Nous nous focalisons sur les importations de l'Occident quasi-fictionnelles, à peine fonctionnelles, souvent inutiles : sur les bureaucraties centrales, les documents de politique ministérielle, les statistiques macro-économiques, et la « sincérité » soi-disant de l'engagement du leadership à la réforme du marché de libre-échange. Tout ceci peut être condamné, applaudi ou ridiculisé à quelques pas d'un hôtel quatre étoiles. Entretemps, nous ignorons le système indigène qui aide à tenir le tout ensemble.
>
> Blaine Harden 1990 : 63–64.

1
Introduction

Ce livre a commencé comme une réponse à une demande d'aide de quelques amis qui étaient nouveaux en Afrique. Ils ont demandé, « Comment fonctionnent les finances en Afrique ? » Plusieurs de leurs expériences leur avaient parues incompréhensibles. J'avais travaillé en Afrique un certain nombre d'années comme anthropologue, ils ont donc pensé que j'avais acquis quelques connaissances que je pourrais partager avec eux. Leur question m'a interpellé pour essayer de mieux comprendre et décrire ce qui est très différent dans l'approche de l'argent et d'autres ressources par rapport à ce que nous avons vécu en Occident. Le résultat est une description qui comprend de nombreuses surprises pour les Occidentaux mais aussi des surprises pour les Africains lorsqu'ils apprennent la façon dont les Occidentaux traitent l'argent. Bien qu'il s'agisse de questions en relation de l'argent, cela touche la plupart des façons de vivre en Afrique car ce qui a trait à l'argent influence aussi de nombreux domaines de la vie.

L'Afrique et l'Occident ont chacun développé un système économique très distinct. Chaque système est issu de conditions historiques particulières qui étaient très différentes. Et ces deux façons de traiter les affaires financières ont eu beaucoup de succès dans les contextes dans lesquels elles se sont développées. Contrairement à ce que des Occidentaux[1] peuvent penser, le système économique africain marche bien en faisant ce à quoi il est destiné de faire. Et le système occidental a extrêmement bien marché pour faire ce à quoi il était destiné de faire. Cependant si des Africains essayaient rigoureusement de suivre les principes financiers de l'Occident, leurs sociétés s'effondreraient économiquement. De la même manière si des Occidentaux essayaient de

---

[1] Le terme *Occidentaux* se réfère aux personnes de l'Europe, de l'Amérique du Nord et ailleurs dans le monde industrialisé.

suivre les principes financiers africains, leurs économies ne pourraient pas accomplir ce qu'elles sont appelées essentiellement à faire.

Dans ce livre sont décrits quelques-uns des principaux principes financiers qui sont inconsciemment suivis dans tout le continent africain. Ils sont décrits comme des *observations* succinctes qui tentent de rendre compte du comportement observé en relation avec les affaires financières personnelles sans l'expliquer. Elles ont été tirées de mes propres expériences et de celles de beaucoup d'autres. Les observations représentent des modes de comportement très répandus bien qu'il y ait des différences locales et nationales ; certaines pratiques ont des variations locales ou régionales. C'est pourquoi même si des observations ont été discutées et revues avec des amis africains de l'ouest et de l'est, il faudrait les prendre comme points de départ ou comme hypothèses par quiconque vit et fait des amis avec des Africains dans quelque lieu que ce soit. Elles ne sont pas absolues et invariables à travers l'immense continent de l'Afrique ni inconsciemment suivies au travers de tout le continent africain.

Le but de l'ouvrage est double. L'un est l'espoir qu'il contribuera à une meilleure compréhension de la façon dont les systèmes économiques et sociaux africains fonctionnent au niveau des individus, afin que les Africains et les Occidentaux puissent construire des relations plus significatives. Le second est l'espoir qu'il contribuera à ce que les Occidentaux aient plus de respect pour un système économique unique qui accomplit très bien ses principaux objectifs, contrairement à tant d'impressions que les systèmes économiques de l'Afrique ne fonctionnent pas bien du tout.

Le sujet du livre traite de la *micro-économie*. Les affaires financières personnelles et familiales sont mises en avant et non pas l'économie sur une plus grande échelle, qui est la *macro-économie*.

Tout d'abord il peut être utile de considérer brièvement les histoires radicalement différentes de l'Afrique et de l'Occident. Les cultures, les valeurs et le comportement de tous les peuples se développent lentement dans le temps. A travers l'Afrique à partir d'au moins 1 000 ans après Jésus-Christ il y a eu presque continuellement des souffrances : des guerres et des conquêtes, du trafic d'esclaves, des sécheresses et des famines, une multitude de maladies endémiques pour les hommes et les bêtes, un manque de population, une histoire coloniale très destructrice et perturbante et d'innombrables autres malheurs. Tous ces événements ont façonné la culture africaine. L'organisation sociale et familiale actuelle, les valeurs et les principes économiques reflètent bien naturellement cette histoire collective. Ce ne sont pas seulement des événements d'il y a longtemps, mais ils font aujourd'hui partie de la vie en Afrique. Les effets de ces conditions subsistent dans de nombreux problèmes et attitudes qui continuent au temps actuel.

Les traits des Africains de construire de larges relations et leur ouverture pour partager de la nourriture et d'autres choses essentielles ont été des stratégies qui se sont développées afin de faire face aux tragédies et aux privations. La survie dépendait d'avoir des amis et des supporters parmi ceux qui avaient survécu à de fréquents désastres. Les gens avaient appris qu'il était essentiel de partager leurs maigres ressources avec les autres parce qu'ils pourraient être les prochains dans le besoin. Et aujourd'hui au milieu des difficultés en Afrique ces stratégies d'adaptation sont très nécessaires et pratiquées.

Pour les Occidentaux les conditions ont en général été beaucoup plus prospères. L'Europe avait un surplus relatif de ressources et de population, mais dès le dix-huitième siècle jusqu'à maintenant alors que la population augmentait rapidement, la terre était en quantité limitée. (Les Européens recherchaient des endroits pour s'établir partout dans le monde où il y avait suffisamment de terre). L'Afrique avait une pénurie de ressources exploitées et un manque de population, en particulier pour assurer le défrichage laborieux des forêts et l'agriculture, et les espèces végétales étaient minimalement productives. Alors ces deux histoires différentes ont amené à la formation de deux types très différents de pratiques économiques.

Prenez par exemple la *dot* et la *fortune de l'épouse* et voyez comment l'histoire et les ressources sont reflétées dans la culture d'aujourd'hui et dans les pratiques économiques. *La dot* pour les femmes et *la part* pour les hommes ont été développées en Europe comme des moyens de garder le capital que les familles avaient accumulé au sein de l'arbre de famille. Le capital passait de la génération la plus vieille vers la plus jeune afin que les jeunes puissent maintenir la place de la famille dans la société. On donnait les dots aux filles, le fils aîné recevait la propriété de la terre, et les autres fils recevaient des parts en argent ou en marchandises.

Il y avait cette peur fondamentale que si l'on ne donnait pas aux jeunes les moyens financiers pour un bon départ dans la vie qu'alors toute la famille souffrirait d'un déclin de la base économique[2].

Les conditions économiques étaient très différentes en Afrique. La population était faible par rapport aux terres qui étaient abondante, mais la terre demandait d'importants apports de main d'œuvre pour l'agriculture de subsistance. Ainsi la main d'œuvre était une ressource de base et les femmes étaient les ouvrières de base. Les hommes étaient préoccupés de la défense, du gouvernement et des relations dans la famille élargie. Les femmes étaient responsables de l'alimentation de la

---

[2]Handlin 1967 : 460–461.

famille. Alors lorsqu'une femme se mariait et en général rejoignait la famille de son mari, cela signifiait qu'une ouvrière de valeur était perdue. La fortune de l'épouse était payée par la famille de l'époux à la famille qui perdait une ouvrière en compensation de cette perte. Il y avait aussi d'autres facteurs mais qui sortent du cadre de cette discussion qui ne se concentre que sur des aspects économiques particuliers d'un système complexe. Donc, en Europe la fortune était transmise des parents des filles aux filles elles-mêmes afin de donner aux nouveaux mariés un bon départ dans leur vie de famille. En revanche, le système en Afrique était différent. La fortune était transmise de la famille du marié vers la famille de la mariée. Les nouveaux mariés ne recevaient aucune fortune. En fait ils avaient des obligations toute la vie d'assister matériellement la famille de la mariée.

C'est ainsi que l'histoire de l'Europe avec ses ressources abondantes de terre, de biens et d'autre richesse se reflète dans les institutions du mariage et de la dot. Cependant, alors que la population augmentait, la terre diminuait, demandant une plus grande efficacité dans l'agriculture. Du capital était nécessaire pour fabriquer de l'équipement qui améliorerait la production agricole et l'accent fut mis sur la formation et l'accumulation de capital. De la même manière, les conditions en Afrique et l'histoire se reflètent dans les institutions du mariage et de la fortune de l'épouse. Des ressources humaines limitées et autres ont conduit à des pratiques sociales qui étaient destinées à alléger le manque de nourriture et d'autres biens. A un degré significatif l'Europe avait mis l'accent sur la formation de capital alors que l'Afrique mettait l'accent sur les problèmes de subsistance et de consommation. Ces différences, même si elles sont présentées ici d'une façon simple semblent expliquer plusieurs des nombreuses pratiques économiques en Afrique et en Occident comme on le verra dans les observations financières qui suivent.

A ce stade deux questions restent à l'ordre du jour.

1. Quelle est l'une des considérations économiques les plus fondamentales dans la majorité des sociétés africaines ?

Je crois que la réponse est celle-ci : la distribution des ressources économiques pour que les besoins minimums de toutes les personnes puissent être satisfaits ou au moins qu'elles puissent survivre.

Cette distribution est le système africain de sécurité sociale. Comme disent les Français afin que les gens « puissent joindre les deux bouts. »

Est-ce que les Africains atteignent le principal but de leur système économique ? Oui, ils l'atteignent merveilleusement bien. Le système fait ce qu'il devait faire d'une façon très efficace. Prenez le facteur principal de l'emploi au Sénégal qui est typique à l'Afrique. Il est bien inférieur à cinquante pour cent de la main d'œuvre. En fait une étude en 1974 a montré que seulement trente pour cent des travailleurs à Dakar avaient des emplois à plein temp[3]. Il est douteux que l'emploi réel soit beaucoup plus élevé aujourd'hui, cependant Dakar est la ville qui a le plus de possibilités d'emplois au Sénégal. Et pour compléter l'image pessimiste il faudrait relever que parmi les personnes qui ont de la chance d'avoir un emploi très peu ont des emplois qui sont bien rémunérés selon les normes de l'Occident.

Au milieu de ces conditions qui semblent impossibles d'une façon permanente, les gens continuent à manger, à se vêtir et à se loger et ils survivent. Ceux qui ont des moyens encore plus maigres partagent avec des parents et des amis. Il n'y a pas d'émeutes. Il me semble que les gens vivent leurs vies avec autant de contentement que les Occidentaux dans leurs propres pays. Bien sûr, ils espèrent tous de meilleurs jours mais en attendent ils tirent le meilleur parti de leurs situations.

En contraste, considérez les situations économiques en France et aux Etats-Unis. L'une des raisons pour lesquelles Jacques Chirac a été élu comme président en 1995 fut à cause du chômage qui avait dépassé le seuil de onze pour cent. Il y avait en France beaucoup de troubles et un grand désarroi. Il y avait d'énormes grèves et un grand nombre de travailleurs considéraient que leur situation était en crise. Aux Etats-Unis durant la plus grande crise économique moderne, la Grande Dépression des années 1930, le chômage avait atteint le maximum de vingt-cinq pour cent des travailleurs. C'était en 1933, lorsque la situation était la pire[4]. A un tel niveau de chômage le pays se trouvait dans une crise profonde avec de nombreux désordres sociaux et des soucis pour son avenir.

2. Quelle est l'une des considérations économiques les plus fondamentales dans la société à l'Occident ?

La réponse c'est l'accumulation de capital et de richesses. Ceci est possible parce que les ressources naturelles sont abondantes et développées de façon rationnelle. Par conséquent la plupart des citoyens ont eu la possibilité d'atteindre une vie confortable avec beaucoup de biens matériels.

L'Occident atteint le but principal de son système économique à un niveau étonnant. En se concentrant sur son objectif principal l'Occident est devenu un groupe de pays les plus riches jamais vu dans l'histoire du monde. L'Occidental moyen vit mieux que la plupart des rois dans le passé, du moins sur le plan matériel. Il y a beaucoup de critiques sur la

---

[3] Nelson et al. 1974 : 250.
[4] *World Book Encyclopedia* 1986.

façon dont la richesse est distribuée en Occident, mais ceci ne contredit pas le fait de son accumulation.

Nous pourrions demander maintenant : quelle est la considération économique fondamentale dans la société africaine ? Je dirais que c'est d'assurer la survie de la famille et des proches. Cela se fait en grande partie grâce au partage des ressources disponibles. Dans la démarche pour accomplir ceci l'un des modèles de comportement les plus communs est de chercher des micro solutions aux problèmes. Une micro-solution est une action qui donne à une personne un petit avantage immédiat sur un concurrent et ceci d'une façon socialement acceptable. C'est peut-être le seul comportement qui leur reste ouvert à cause de leur manque de pouvoir relatif et du manque de ressources. Ceci se remarque par exemple dans les rues d'une ville où les chauffeurs de minibus s'arrêtent n'importe où les passagers veulent monter ou descendre, ce qui bloque fréquemment le trafic. Bien qu'il y ait des arrêts de bus désignés, ni les chauffeurs ni la police semblent se préoccuper de l'obstruction du trafic qui en résulte. Donc la micro-stratégie est de permettre aux chauffeurs de gagner quelques petits avantages qu'ils peuvent avoir pour dépasser d'autres minibus plutôt que de chercher des solutions à grande échelle, des macro-solutions, en organisant le trafic, en appliquant la loi, en construisant des ponts, et aussi en mettant sur pied un macro-système qui bénéficierait à toute la société, y compris aux chauffeurs de bus.

Les descriptions de deux autres micro solutions courantes vont, je l'espère, clarifier ce qu'elles sont. Ceux qui ont vécu en Afrique ont expérimenté d'innombrables exemples. Dans plusieurs villes, la demande d'électricité excède la capacité des centrales électriques à fournir un service fiable. Les coupures de courant sont des expériences urbaines fréquentes. Les raisons des coupures de courant sont nombreuses, mais les solutions habituelles sont prises au niveau micro : des coupures se font de façon aléatoire, décidées moment par moment, ou sur la base de favoriser des secteurs où vivent des gens politiquement importants. Il en résulte une imprévisibilité complète et de grandes perturbations pour l'industrie, le commerce et la vie des citoyens privés. Une macro solution impliquerait à court terme une analyse rationnelle des coupures de courant, la mise en œuvre et l'information au public d'un plan de rationnement équitable, avec des coupures de courant distribuées dans tous les secteurs de la ville sur une base programmée et publiée. Ceci serait accompagné d'un planning à long terme pour une augmentation de production d'électricité.

Faire avancer vers le micro-avantage au marché[5].

Une autre micro solution est très connue par tous ceux qui ont été sur un marché de produits en Afrique. Les vendeurs poussent leurs marchandises vers le trottoir jusqu'à ce qu'il soit totalement bloqué. Chaque vendeur cherche à gagner un minuscule avantage sur les autres, mais le résultat est une grande congestion et une lutte par tous pour passer et faire leurs courses. Une macro solution serait de construire et organiser le marché pour que tous les vendeurs aient la même possibilité d'exposer leurs marchandises et ainsi les clients auraient un accès facile pour faire leurs courses.

---

[5]Chaque illustration comprend une référence à une section numérotée du texte qu'elle illustre.

Réparation d'un véhicule à l'endroit où il est en panne.

Les commentaires de deux amis ont montré clairement combien les attitudes de l'Occident et de l'Afrique peuvent être différentes dans ces circonstances. Je me plaignais des embouteillages sur les rues de la ville et combien il serait facile de les réduire. Le commentaire que m'a fait un ami a été, « C'est la manière africaine. C'est chaleureux et humain. Si tu ne l'aimes pas tu devrais retourner dans ton pays d'origine. » Bien sûr, il avait raison et cela a été un bon rappel que j'étais hôte dans ce pays. Je parlais une autre fois avec un ami du spectacle courant d'un véhicule en panne que l'on répare au milieu de la rue. Parfois le véhicule a une roue gainée, parfois c'est un mécanicien qui travaille sous le véhicule avec ses jambes qui dépassent, obligeant les autres véhicules à conduire leurs véhicules autour de lui. J'ai demandé à mon ami pourquoi la police ne faisait rien. Il m'a répondu, « Qu'est-ce qu'ils peuvent faire ? » Lorsque j'ai suggéré qu'il serait facile de les faire pousser le véhicule sur le côté de la route en donnant au moins une amende d'avoir entravé la circulation, il a été horrifié. « Pourquoi faire payer les gens pour une chose si innocente ? »

En contraste l'idéal pour l'Occidental est de chercher des macro solutions aux problèmes. Les chauffeurs attendront en faisant la queue ou à un feu rouge et les bus s'arrêteront très rarement en dehors des arrêts de bus désignés. Ils dépendent de macro solutions plutôt que d'un micro avantage. Si le macro système ne fonctionne pas bien en Occident, ce qui arrive souvent, les chauffeurs vont protester à haute voix, appeler les médias, contacter les officiels du gouvernement, tenir des démonstrations publiques ou autrement ils vont chercher des changements dans le macro système. Entre temps ils continuent à attendre en ligne patiemment pendant que les politiciens débattent quelle macro solution à adopter, et comment trouver l'argent des impôts pour le mettre en place.

La quête occidentale de macro solutions a conduit à l'entrepreneur innovant et économiquement réussi, aux grandes affaires, aux grandes fusions, aux sociétés internationales géantes et à d'autres systèmes importants qui sont économiquement efficaces. Elles reflètent les idéaux occidentaux et les moyens de créer de la richesse et de produire des biens et des services matériels. Bill Gates et Ross Perot, qui ont été des génies pour exploiter le système à leur propre avantage sont les hommes idéalisés dans cette société.

Qui sont les citoyens idéaux en Afrique ? Ce sont les hommes qui ont un pouvoir politique et religieux, une position sociale, un statut, et qui sont de fortes personnalités. Dans les sociétés traditionnels africaines c'étaient des hommes qui *partageaient* généreusement leur richesse avec autrui. Aujourd'hui les leviers du pouvoir peuvent être actionnés par des moyens tels que le contrôle des ressources de l'état ou les manipulations des médias. Avec ces pratiques les vieux idéaux deviennent affaiblis et même perdus. Traditionnellement les chefs vivaient au niveau économique de leurs concitoyens parce qu'ils distribuaient leur richesse aussi vite qu'elle leur était arrivée. Ils jouissaient d'un rang social élevé mais sur le plan économique ils se trouvaient seulement sur un niveau un peu plus élevé que leurs sujets. Ils n'avaient pas de compte bancaire suisse. Cependant il y a des chefs qui pratiquent encore de tels idéaux. Les leaders actuels d'Afrique qui sont incapables ou qui ne veulent pas distribuer les bénéfices économiques à leurs partisans, ceux-ci ont des difficultés à maintenir leur leadership et leur autorité et à retenir leurs partisans.

Ainsi il semble que le système de sécurité sociale africain fonctionne ! Celui qui est officieux. Celui qui est officiel et du gouvernement fonctionne rarement bien. Mais le système informel était destiné pour les périodes difficiles et pas pour les temps faciles. Il est excellent pour partager les maigres ressources qui sont disponibles, mais il se débrouille mal pour créer des emplois et pour augmenter le développement économique, c'est-à-dire la formation de capital et l'investissement, l'épargne nationale, la création d'industrie et d'autres moyens de production. L'Afrique a une culture étonnante du partage et de la solidarité[6]. Celles-ci reflètent vraiment les principes fondamentaux et positifs de la société africaine.

---

[6] Définition dans le chapitre 4.

Mais ces qualités sont aussi la source de certains de ses plus grands problèmes. La tradition familiale et communautaire africaine d'entraide et d'interdépendance est sous une forte pression. Des perturbations importantes sont venues par l'urbanisation, par l'influence des idées d'individualisme occidentales, par une plus grande mobilité géographique, par des crises économiques à long terme et par le passage de l'autonomie familiale à la dépendance financière. La société africaine traditionnel est « comme un pont qui a porté trop de circulation à grande vitesse pendant trop d'années ; ses fondements se craquent » selon Blaine Harden[7]. Cependant Harden cite un auteur ghanéen qui dit que « le sens africain d'obligation réciproque continuera longtemps à soutenir les liens de parenté comme un souci dominant de la vie de tous les jours »[8].

Ce sens d'obligation réciproque soulève des questions qui laissent perplexes des Occidentaux qui sont des résidents à long terme et qui ont des amis africains. Comment s'intègrent-ils dans ce système de sécurité sociale qui domine tant les relations personnelles en Afrique ? Peuvent-ils s'insérer ? Devraient-ils le faire et comment s'y prendre ? Les deux systèmes se mélangent-ils ? C'est-à-dire, les Occidentaux peuvent-ils s'insérer facilement ici ? Les Africains peuvent-ils accepter facilement que des Occidentaux vivent parmi eux ?

A la base, les deux systèmes se mélangent aussi bien que l'huile et le vinaigre : le mélange fait une bonne vinaigrette seulement après un gros effort constant. Mais cela ne veut pas dire que les gens d'Afrique et de l'Occident ne se mélangent pas. Je crois qu'ils se mélangent assez facilement et qu'ils développent fréquemment des amitiés les uns avec les autres. Mais d'assez sérieuses incompréhensions surgissent souvent à cause des habitudes économiques, des comportements, et des traditions que chacun apporte et qui sont si différentes sur de nombreux points. Ce sont des handicaps majeurs que les Occidentaux et leurs amis africains doivent surmonter. Le but principal de ce livre est d'aider chaque parti à comprendre l'autre dans ces interactions transculturelles complexes. Une meilleure compréhension des principes suivis par chaque participant devrait permettre à chacun de construire une meilleure relation avec l'autre.

Outre les différences que les Occidentaux rencontrent avec la langue, la culture et la couleur de la peau ils ne font pas partie de l'interdépendance de base de la société, bien qu'ils échangent fréquemment avec elle et s'y heurtent constamment. Ils sont indépendants économiquement, et donc ils n'ont jamais besoin d'être bénéficiaires de relations réciproques.

---

[7] Harden 1990 : 67.
[8] Harden 1990 : 70.

Evidemment ils ne font pas partie de quelque groupe ethnique local ou de la parenté. Ils sont habituellement présents seulement pour une courte période dans une communauté africaine. Il est ainsi très difficile pour les Occidentaux de s'intégrer dans la société africaine en tant qu'égaux ou en tant que partenaires valables. Les Occidentaux sont des gens qui paraissent avoir d'amples ressources que de nombreux Africains voudraient qu'ils partagent avec eux mais ils manquent de la plupart des autres qualifications pour de véritables relations.

Bien sûr il y a de nombreux Africains riches qui occupent des positions importantes dans la société. Selon la position et le statut économique de l'Occidental il peut être relativement facile de faire des amis et de se mélanger avec ces personnes. Cependant il y a habituellement de sérieux obstacles et les Occidentaux ne s'intègrent pratiquement jamais dans la société africaine. Quant aux relations entre Africains de statut égal, une institution très développée a évolué qui prend différentes formes au travers du continent. C'est le *clientélisme* qui peut être défini comme une relation mutuellement avantageuse d'un patron avec ses clients, chaque partie acceptant certaines obligations et recevant les bénéfices désirés. Cette institution si importante sera discutée dans le chapitre 3[9].

Un dernier point d'introduction. Les deux systèmes sont ouverts pour des abus et pour de la manipulation par des individus qui cherchent à en tirer leurs avantages égoïstes. Aucun des systèmes n'est discrédité seulement à cause de l'existence de manipulateurs. Des réactions négatives vis-à-vis des abuseurs ne devraient pas conduire à un rejet des membres honorables de la société.

Des observations sur les finances

Les quatre-vingt-dix observations en relation avec les finances personnelles qui sont présentées dans cette étude représentent un comportement typique. Ce sont des observations dans le sens qu'elles essaient d'exprimer les règles non écrites que suivent inconsciemment les Africains dans leur comportement relatif à l'usage de l'argent et d'autres ressources. Certaines de ces observations sont étroitement liées à d'autres. Cependant quelques-unes auraient pu être combinées pour former des observations plus générales, mais afin de souligner des points particuliers que chacune touche, elles ont été gardées séparément. Les observations ne sont que cela. Les Africains et les Occidentaux dans les descriptions les regardant ont été observés à de maintes reprises dans l'utilisation de leurs ressources dans les manières décrites. Certaines observations semblent en contredire d'autres. C'est naturel. Les gens de

---

[9]Voir, par example, Barnes 1986.

toutes les cultures se comportent différemment à différents moments et avec différentes sensibilités.

Des émotions, des expériences récentes, des conflits familiaux, la santé et beaucoup d'autres facteurs influencent le comportement à n'importe quel moment. Les gens de chaque culture ont toujours de nombreuses façons de choisir leur comportement mais ils tendent à suivre certains types de comportement dans des circonstances similaires. Ces genres sont distillés dans les observations qui se trouvent dans les pages suivantes.

Donc, ces observations représentent les comportements qui ont été observés à travers l'Afrique. Certains ont des variantes régionales ou locales ou sont plus typiques d'une région plus que d'une autre. L'Afrique est un immense continent et se compose de peuples de nombreuses cultures différentes. Bien qu'elles aient toutes des caractéristiques typiquement africaines il y en a une grande variété entre et au sein des sociétés africaines.

Ces cultures peuvent être traditionnels, musulmanes, chrétiennes, urbaines, rurales, nomades, élevage de troupeaux, être présentes sur le littoral, dans la forêt, dans le semi désert ou ailleurs. En plus des grandes catégories de cultures, les individus dans chacune d'elles ont leur propre façon de se comporter. Néanmoins, les observations se sont révélées être des approximations généralement valables des pratiques des gens en ce qui concerne l'argent et autres ressources. Les expériences que j'ai eues et dont j'ai entendu parler et les commentaires reçus des deux côtés du continent, du Sénégal au Kenya et d'autres endroits indiquent qu'elles sont extrêmement valables.

De plus aucune culture n'est complètement cohérente avec elle-même. Lorsqu'il s'agit d'une grande partie d'un continent et de centaines de cultures il est inévitable qu'il y ait des contradictions. Edward Stewart écrit au sujet des incohérences de la culture américaine :

> Les Américains, par exemple, vantent souvent les vertus de l'autonomie ; ils se considèrent comme autonomes et sont tellement perçus par les autres. En même temps ils acceptent la sécurité sociale, les emprunts d'argent et dans d'innombrables façons ils montrent leur consentement de dépendre des autres à divers niveaux. « L'autonomie » en tant que valeur a un impact émotionnel sur les Américains et de ce fait elle affecte leurs actions mais cela ne donne pas une explication systématique de leur comportement. Des normes culturelles, telles que l'autonomie, ont été appelées des valeurs idéales, celles auxquelles la personne aspire mais ne s'attend pas à atteindre. Dans d'autres instances les Américains évoquent des normes culturelles qui présentent

des références authentiques au comportement individuel ; la norme culturelle coïncide avec une valeur dans une situation spécifique[10].

Dans ce livre peu d'effort a été fait pour séparer le comportement en hiérarchie de normes, de valeurs, ou de niveaux de généralités. On a donné plutôt des observations, chacune avec un degré non analysé d'applicabilité. Elles ont été construites à partir d'expériences et de situations réelles de la vie, et non à partir de théorie anthropologique.

Certaines observations ont un « -O » après le chiffre. Par exemple, il y a l'Observation 7 et aussi l'Observation 7-O. Lorsque le comportement et la pensée des Africains et des Occidentaux diffèrent radicalement les uns des autres, les sections « -O » donnent le point de vue des Occidentaux. Un Afro-Américain est considéré comme un Occidental, puisque c'est la culture de l'étranger et non pas la couleur de la peau qui est la caractéristique marquante de distinction. Bien que l'auteur reconnaisse que la culture occidentale peut être divisée en plusieurs cultures et sous-cultures, pour les buts de ce livre le terme *Occidental* semble justifié. La plupart des individus qui visitent ou vivent en Afrique ont en commun la plupart des attitudes et comportements par rapport à l'argent et autres ressources si bien que leur culture générale peut être en contraste avec le comportement africain dans ces choses-là.

Les abréviations suivantes seront utilisées :

A   Arabe
F   Français
O   Occidental
W Wolof, une langue dominante parlée au Sénégal

Ainsi afin d'éviter le terme difficile *Européen-Américain*, le terme *Occidental* se rapporte à toute personne d'Europe ou issue de la culture européenne.

---

[10]Stewart 1972 : 19.

2

Le comportement interpersonnel

Introduction à la société africaine

Une main ne peut se laver toute seule.
Proverbe tamasheq (Mali)[1]

Bien que le continent africain englobe de nombreux pays, groupes ethniques, langues et histoires, il existe de nombreux points communs. Ceux-ci permettent des généralisations à l'échelle du continent. Les ressemblances et les différences sont similaires à celles décrites par Daniel Pipes dans un contexte différent : « Le monde musulman peut être comparé à un jeu de cartes. Chaque main traitée est différente des autres, cependant toutes les mains proviennent clairement du même jeu »[2]. Il existe des différences entre les mains, c'est-à-dire les cultures africaines individuelles, mais il y a des points communs qui les distinguent de toutes les autres cultures.

Certains auteurs ont traité les familles d'élites séparément de la population générale, mais nous traiterons ici les élites et les non-élites ensemble ; étant donné qu'elles ont beaucoup en commun. Comme la plupart des personnes appartenant à la catégorie des élites sont issues des masses de la génération actuelle ou récente, elles apportent avec elles des comportements décrits ici qui sont communs à la plupart des Africains. Par conséquent, dans ce chapitre, nous présenterons les comportements et les caractéristiques communs à la population générale et aux élites.

Les cultures africaines se focalisent sur les relations humaines, les développant avec une grande complexité. Ce chapitre décrit certaines des relations communes en Afrique.

---

[1] Savage 1997 : 12.
[2] Pipes 1985.

15

La réussite dans tout effort qui implique les Africains exige de construire de bonnes relations personnelles. Ceci s'applique tant aux entreprises qu'aux individus. Montrer du respect est un thème primordial dans la plupart des contextes africains. Ça porte une grande valeur à laquelle beaucoup d'occidentaux ne sont pas habitués. Ceci s'applique spécialement à ceux qui viennent des sociétés qui ont des idéaux d'égalité et de « justice. » En Afrique, le respect doit être montré par rapport aux individus, aux hiérarchies, titres, rangs, postes et âges.

Traditionnellement, les Africains menaient une vie matériellement simple. C'était typique aux sociétés agricoles de subsistance préindustrielle partout, pas seulement en Afrique. Bien que les sociétés africaines fussent matériellement simples, elles avaient développé des relations complexes avec des apparentés et des non-apparentés. Avec l'urbanisation et l'expansion des routes, l'électrification, le transport en commun, l'économie de marché, et plus récemment la télévision et les téléphones cellulaires, la vie est devenue plus complexe, même dans les milieux ruraux. Dans les contextes urbains, la vie africaine est devenue aussi complexe que la vie n'importe où. Pourtant, bien que la vie soit devenue de plus en plus matériellement complexe, la société africaine a maintenu les relations sociales au centre de ses préoccupations. « Dans [cette] complexité, les relations interpersonnelles ont la priorité, dans tout ce qui se fait avec les officiels du gouvernement pour assurer les achats des vendeurs de légumes »[3]. Pour les expatriés en Afrique, la connexion avec des personnes à base humaine est la clé de réussite, que ce soit dans les affaires, le travail de développement, ou dans n'importe quel domaine.

Suggérer dans certains contextes que vos amis vous attribuent un nom dans la langue locale du pays est une façon de devenir plus « humain ». Cela s'applique spécialement aux villages ou aux situations environnantes où l'expatrié sera continuellement présent. On m'a plusieurs fois donné un nom dans la langue locale quand j'entreprenais une recherche anthropologique, impliquant plusieurs avantages. Mon nom me mit dans le système de parenté, me plaçant dans la hiérarchie sociale, afin que les gens sachent ma place dans leur société. Je faisais partie du groupe de parenté particulière. Mon nom était aussi facilement prononcé et souvenu. Il me conférait des obligations et privilèges qui accompagnaient mon statut. Les gens se réjouissaient de jouer le jeu de m'appeler par mon nom local, sachant très bien que c'était une fiction et toute parenté dont je faisais partie, n'était pas réelle, cependant ça m'a réellement donné une place dans la société. J'en avais fait partie, comme je portais un nom significatif et que j'étais membre d'un clan.

---

[3]Richmond et Gestrin 1998 : 90.

A un degré significatif, les gens savaient comment se lier à moi comme l'un des leurs et non comme un simple étranger.

Les expatriés interprètent souvent mal l'importance et le temps consacrés par les Africains à la socialisation comme un signe de paresse ou de manque de motivation. Ceci est loin de la vérité. Richmond et Gestrin expliquent que les relations sociales construisent une compréhension et une confiance personnelles qui sont nécessaires pour tout effort continuel. C'est spécialement important en Afrique, où l'interdépendance est un idéal.

Des obligations mutuelles sont nécessaires pour réussir. Une discussion approfondie et une compréhension du problème en question sont nécessaires pour obtenir les résultats souhaités à long terme. Cela nécessite aussi une socialisation. Souvent, dans de tels cas, il n'y a vraiment pas de séparation entre les aspects sociaux et commerciaux d'un programme.

Dans le village les Africains assis au pied d'un arbre bavardent et avant de délibérer ou de faire des affaires. En ville, Ils s'asseyent aussi avant de conclure des affaires pas sous un arbre mais dans leurs bureaux ou en mangeant et en buvant une boisson[4].

Salutations et conversations

Saluer tous les gens qu'on rencontre —
même les étrangers qu'on connait pas.
Proverbe yoruba[5]

Les salutations sont d'une importance suprême en Afrique. La littérature touristique répète ce point pour tous les pays du continent. Spécialement dans les villages où la vie est plus tranquille que dans les villes, les salutations entre deux individus peut durer plusieurs minutes. La valeur placée dans les salutations est peut-être mieux illustrée par de courts récits dans lesquels un personnage échoue de saluer les autres, et cela est considéré comme une démonstration d'une mauvaise foi, ou même une malédiction contre les autres. Les expatriés deviennent facilement ennuyés face à cette pratique, comme les gens semblent indéfiniment continuer de la santé de tous les membres de la famille, du ménage, du job ou du travail, et des enfants. Dans certains milieux, les salutations incluent le bien-être des parents et des amis proches, et même du bétail, si nécessaire ! Il y a des moments et des endroits où certains sujets ne font pas l'objet de questions : maris, ou femmes, le nombre d'enfants dans la famille, ou grossesse (même si c'est évident) sont des exemples

---

[4]Richmond et Gestrin 1998 : 127.
[5]Richmond et Gestrin 1998 : 91.

communs. De tels sujets tabous sont parfois liés à la malchance ou à un mauvais œil.

Judith Irvine a trouvé que les salutations étaient une formule parmi le Wolof du Sénégal. Ainsi, les routines prévisibles étaient suivies à tel point qu'elle pouvait écrire les formules et les règles que les gens suivaient inconsciemment répétant souvent les phrases et les nouvelles qui étaient déjà bien connues aux deux parties[6]. Le point essentiel de ces types de salutations est de démontrer le respect et la préoccupation mutuels. Les salutations étendues sont aussi une source de plaisir pour ceux qui grandissent avec elles, au grand étonnement des expatriés.

Parmi les Igbo du Nigéria, Nwoye écrit :

> Ne pas saluer, ou même de façon culturellement inappropriée, peut conduire à une évaluation négative du caractère d'une personne. Une telle personne est considérée soit comme orgueilleuse ou comme une mauvaise personne. On peut aussi dire de lui/elle que *na azuro ya azu* 'il/elle n'est pas correctement socialisé(e)'. Une partie de la socialisation précoce de la culture de l'enfant Igbo consiste dans les bonnes manières de saluer. ... Peut-être parce ce que la culture igbo ne fonctionne pas sur la manifestation non verbale de respect ou de déférence comme une révérence ... ils compensent cela en insistant sur la bonne exécution de salutations verbales. ... Le fait de ne pas saluer est révélateur d'orgueil, de mauvaise volonté envers une partie ou d'une relation tendue entre les 2 parties. La chaleur de l'accueil, sa durée et son contenu sont tous des indices du degré des relations existant entre les personnes concernées[7].

De bâcler une salutation ou de manquer de saluer quelqu'un d'une façon inadéquate peut être extrêmement impoli. Les salutations sont nécessaires même quand on demande des directions, quand on voyage, ou fait le marché. Avant de demander à un passant ou au marchant des directions ou des informations, le demandeur doit saluer l'individu. Même quand vous saluez simplement une personne pour savoir des directions, ou acheter des tomates au marché, commencez par la saluer.

Les poignées des mains sont étroitement liées aux salutations. L'une de premières et plus importantes choses à connaitre quand vous voyagez en Afrique est l'importance des poignées de mains. Les personnes plus âgées sont d'abord saluées, et on leur donne la priorité quand elles entrent dans une salle. Les occidentaux sont typiquement surpris sur

---

[6] Irvine 1989.
[7] Nwoye 1993 : 37, 47–48.

la fréquence et l'importance apparente que les hommes et les femmes attachent à la poignée de mains. Tandis que les Occidentaux peuvent saluer des amis et collègues avec une poignée de mains quand ils ne se sont pas rencontrés pendant un temps, ou en félicitant quelqu'un pour une occasion spéciale, les Africains se donnent typiquement une poignée de mains quand ils viennent et partent dans le courant d'une journée. Une chose à noter concernant les poignées de mains en Afrique est qu'elles peuvent être très légères, même flaccides, quelquefois pratiquement un simple toucher de la main. Le niveau de fermeté diffère d'une culture à une autre, mais ce n'est jamais un signe de manque de sincérité ou de caractère, tel que souvent interprété en Occident.

La façon de saluer « à l'américaine » où on regarde tout le monde et où on lance une salutation à tous n'est pas appropriée ou appréciée. C'est trop et démontre que l'on ne prend pas du temps pour les relations individuelles. Ceci s'applique aux salutations initiales et à celles de l'au-revoir. Quand il est temps de quitter un groupe, ceci inclut la poignée de mains avec chacun.

De nombreux musulmans, spécialement les plus âgés ou de hauts statuts ne donnent pas de poignée de mains à une femme. Les femmes qui rencontrent des hommes musulmans doivent toujours attendre que l'homme initie une poignée de mains ; autrement ce sera maladroit pour tous les gens présents si une femme tend sa main à un homme qui ne réagit pas. Les chrétiens et les adhérents à la religion traditionnel africaine pratiquent généralement la poignée de mains entre les sexes.

Dans certains pays, il est bon de sourire à une personne en train d'être saluée. Dans d'autres pays sourire exagérément peut susciter des soupçons sur la sincérité de la personne. Dans toutes les situations et cultures, il est bon d'expliquer franchement à vos homologues que vous êtes ignorant de l'étiquette et de la culture appropriée (dont ils sont sans doute conscients, mais ils ne diraient rien si vous n'aviez pas amené le sujet).

Le niveau auquel le contact de l'œil est encouragé, prohibé, ou limité varie largement, mais, il est intégralement associé aux idées de respect. Cependant les Occidentaux peuvent associer le regard direct sur les visages des gens avec respect et honnêteté. Dans les sociétés africaines, éviter un contact direct avec les supérieurs sociaux, les personnes plus âgées, ou les individus de statut élevé peut démontrer « la distance du pouvoir » ou le respect pour l'ordre social.

C'est une bonne idée d'avoir un guide culturel quand on vit dans une autre société. Expliquez humblement votre besoin d'être conseillé en regard des problèmes culturels, y compris la bonne manière de saluer les gens. Admettez votre besoin s'être instruit. Avec des gens qui vous considèrent socialement et économiquement supérieur, il peut être nécessaire de mettre en relief votre sérieux en désirant leurs opinions ; autrement ils peuvent être hésitants de donner des conseils à un supérieur. Il leur faudra un peu de courage pour le faire, parce que corriger quelqu'un qui est au-dessus de vous dans la hiérarchie sociale brise les lois de l'étiquette. Fondamentalement, vous leur demandez d'être impolis vis-à-vis de vous, alors vous devez leur demander et les supplier et être très humble et d'accepter toute remarque qu'ils pourraient donner[8].

Et assurez-vous que vous ne leur faites pas honte ou les fâcher s'ils vous disent quelque chose qu'ils n'apprécient pas sur votre comportement. Soyez préparé d'être stoïque et ne réagissez pas visiblement à des opinions non courtoises. J'ai eu plusieurs occasions quand je demandais des opinions et que je recevais des réponses peu flatteuses, mais très appréciées.

Introductions

Suivez les traditions ou fuyez le pays.
Proverbe zulu[9]

Dans les contextes urbains, les gens veulent être présentés à un étranger ou visiteur. Les présentations peuvent grandement varier d'un pays à un autre. Les noms et prénoms sont quelquefois utilisés ; souvent la mention du titre de la personne est obligatoire. Si une présentation ne se fait pas pendant quelques minutes, un étranger peut se présenter lui-même. « Il est très important de prendre du temps quand vous saluez quelqu'un de lui poser beaucoup de questions sur sa santé et celle de ses parents. ... Le fait de ne pas prendre du temps considérable à poser ces questions lorsqu'on salue et d'exprimer la compréhension de ses réponses, il ou elle fera de même en nature ... »[10]. Les Africains considèrent les relations comme une partie essentielle des activités.

Après des présentations dans plusieurs situations c'est ensuite la place où s'asseoir qui est important. Un étranger à un rassemblement ne devrait jamais s'asseoir. En général, on dira à l'étranger où s'asseoir. La position assise convenable dépend du poste ou de la fonction, du rang, du genre et de l'âge. Selon les circonstances, les hommes, les femmes et les enfants peuvent s'asseoir séparément.

---

[8] Hill 1996a : 4.
[9] Richmond et Gestrin 1998 : 90.
[10] Foster 2002 : 117.

Les sujets de conversation

Si vous voulez garder vos ouvriers, gardez bien votre tempérament.
Proverbe sud-africain[11]

Un expatrié peut se demander quels sont les sujets appropriés dont on peut parler. Les sujets neutres incluent les sports, spécialement le football dans la plupart des pays africains. La musique, la nourriture, l'art, l'histoire du pays sont toujours de bons sujets. Si l'expatrié a quelques notions sur ces sujets à propos du pays en question, ceci sera reçu très positivement. Dans les réunions d'affaires la discussion d'une entreprise et d'une industrie sera d'habitude très bien accueillie, car les Africains sont désireux de mieux comprendre le monde.

Dans certaines cultures africaines, il est acceptable de faire des commentaires pertinents pendant qu'une personne parle. Dans d'autres pays, il est très impoli d'interrompre ou de faire des commentaires avant que la personne finisse. Je n'ai pas toujours reconnu ceci et j'ai relevé que des gens s'étaient profondément irrités contre moi quand j'essayais d'interjeter un commentaire. Au lieu d'interrompre, il y a un moyen constructif d'entrer dans la conversation : « donner à l'autre personne des signaux qu'on l'écoute plutôt que d'interrompre avec vos propres pensées »[12]. Ceci fait partie des règles de bonne conduite qu'on trouve dans les sociétés. Elles sont souvent largement développées, même si toutes sont ritualisées et auxquelles le peuple attache une grande valeur, même une valeur morale.

Il y a aussi des sujets que l'expatrié ne devrait pas soulever ou sur lesquels il ne devrait pas s'exprimer. Ceux-ci incluent la politique, les évènements courants qui sont sensibles dans un pays, dans des pays environnants qui sont en conflit avec les pays hôte, des tensions courantes entre les religions, la pauvreté ou les bidonvilles ou les rivalités ethniques. Poser des questions aux gens locaux sur leur occupation ne peut pas être une bonne chose. D'un autre côté il se peut qu'on questionne l'expatrié sur son occupation et même ses revenus. Quand de tels sujets sont soulevés, cela indique typiquement un désir de mieux comprendre le pays des Occidentaux, plutôt que de se mêler de leurs affaires personnelles. Alors que le sexe peut être un sujet d'offense, les facteurs physiques ou les actions qui sont tabous pour les Occidentaux sont en tout cas identiques à ceux qui sont perçus de cette façon par les cultures africaines. Ne supposez pas que ce dont vous parlez facilement sera d'office considéré comme acceptable. De même, suspendez votre

---

[11]Richmond et Gestrin 1998 : 145.
[12]Foster 2002 : 121.

jugement sur les Africains basé sur ce qu'ils plaisantent ou parlent avec aisance. Soulevez des sujets que vous pensez avoir en commun avec votre connaissance. La conversation sur de tels sujets aideront à forger les relations personnelles qui seront bonnes tant pour vous et que pour votre organisation[13].

Bien que ceci ne soit pas exactement un sujet de conversation, dans beaucoup de cultures africaines, la communication verbale évoque souvent un discours fleuri, démonstratif, voire exagéré. Pour un Occidental typique, ceci peut sembler extrême et non sincère. Contrairement à ce qu'on pense en Occident, ceci peut réellement être un discours destiné à démontrer la sincérité de l'orateur. Dans certaines cultures, « les chanteurs professionnels de louange » sont utilisés pendant les mariages, cérémonies et autres occasions. Les gens peuvent réellement payer pour qu'on parle d'eux en bien, ou même être loués en déclamations spontanées. Étant moi-même un Occidental, je n'ai pas été en mesure de comprendre comment ceci fait plaisir aux gens, mais les Africains ont eu du mal à comprendre mon incompréhension comme je n'ai pas compris comment cela puisse leur faire plaisir. Peut-être qu'un peu de psychologie pourrait nous éclairer. L'Occidental pense que de payer quelqu'un pour le louer ne peut pas être de la sincérité. Peut-être que pour les Africains, le chanteur de louange est réellement le fait de dire la vérité en exprimant les bonnes qualités de la personne qui est ordinairement pas reconnue. Les offrandes de l'Eglise donnent un bon exemple :

La plupart des sociétés africaines attendent que le riche contribue généreusement, pour le bénéfice tout à la fois de l'Eglise et pour le bien du public lors de cultes. Un huissier peut se mettre à louer lorsqu'une personne riche contribue avec une grande somme d'argent, une personne riche peut joyeusement danser en bas de l'île en agitant un grand billet dans l'air, ou un pasteur peut encourager un expatrié ou un membre de l' élite de donner généreusement. Tout cela étonne l'Occidental, qui a été enseigné, « Que ta main droite ne sache pas ce que fait ta main gauche. » Cependant, aussi longtemps qu'ils demeurent humbles, les chrétiens locaux sont encouragés par de telles manifestations de générosité qui se transformeront en célébration[14].

---

[13] Foster 2002 : 207.

[14] Communication personnelle, 2014.

La formalité

Il n'est pas mauvais d'aimer le roi,
mais il vaut même mieux d'être aimé par le roi.
Proverbe wolof (Sénégal)[15]

La société africaine tend à être formelle dans beaucoup d'environnements quotidiens. Pour les Américains et probablement à un moindre degré pour les autres Occidentaux, il est important de reconnaitre ceci. Si les Américains ne sont pas au courant des formalités attendues dans beaucoup de situations, ils risquent d'embarrasser leurs interlocuteurs africains et d'autres Occidentaux qui ont adhéré aux obligations formelles du moment. La formalité peut être exprimée de plusieurs façons. Les termes et la façon de parler, la posture, les gestes, l'habillement et les attitudes sont quelques-uns des éléments qui entrent en ligne de compte.

En termes pratiques, lorsqu'on est dans de nouvelles situations sociales, il est préférable d'utiliser les titres et les noms des personnes, y compris les titres académiques à moins que les Africains indiquent à l'étranger d'être moins formel. En cas de doute, il vaut mieux de se mettre du côté de la formalité. La plus grande valeur à garder en esprit est de montrer du respect et de s'abstenir de faire ou dire quelque chose qui sera interprété comme irrespectueux. Ceci est important pour construire et maintenir de bonnes relations avec les autres. C'est un bon conseil spécialement si l'étranger est jeune.

> Les gens sont respectées à cause de leur âge, expérience, richesse et/ou/ rang. Les plus âgés sont considérés comme sages et respectées. Dans un groupe, on peut toujours voir un traitement préférentiel à l'égard d'un membre présent qui est le plus âgé. Avec le respect vient la responsabilité et les gens s'attendent à ce que la personne la plus âgée prenne les décisions qui sont pour le meilleur intérêt du groupe[16].

Dans les régions francophones, il est mieux d'éviter les pronoms familiers comme tu, jusqu'à ce que le rapport soit établi et que l'Africain commence de les utiliser avec l'expatrié. Même alors, si la personne africaine est plus âgée, il est souvent bon de demander comment elle préfère qu'on l'appelle. Etant donné que les Américains donnent de la valeur à l'égalité, peut être comme réaction au système d'éducation anglaise sous lequel ils avaient été mal traités, ils tendent

---

[15] Shawyer 2009 : 404.
[16] www.kwintessential.co.uk.

à être rapides de s'adresser aux gens par leurs prénoms. Ils doivent être très prudents de ne pas faire ceci sans s'assurer que c'est acceptable pour eux.

Chaque groupe a sa propre façon d'honorer les hiérarchies, établissant respect et déférence, et suivant (ou ne suivant pas) selon leurs responsabilités. Il y a des voies formelles que les visiteurs (externes) et hôtes par lesquelles ils doivent agir l'un à l'autre en vue de préserver l'honneur de tous les groupes et individus[17].

Il y a certainement des moments pendant lesquels l'informalité est de mise. L'étranger doit distinguer entre le parler informel et le parler formel. En règle générale, la conversation personnelle peut être informelle, mais les réunions du groupe sont formelles.

La formalité est un cas spécialement important quand l'expatrié rencontre et parle avec des personnes de rang, telles que les officiels du gouvernement et d'entreprises. Ils doivent être traités avec respect et protocole qui leur sont dus à cause de leur rang. La familiarité devait être évitée. Un habillement approprié doit être porté pour montrer du respect. Dans tous ces cas, les Occidentaux doivent s'informer eux-mêmes à temps à propos des obligations fixées par les traditions locales.

Les noms et les titres

Une tête de chèvre n'est pas perdue dans la soupe
Proverbe ibibio (Nigéria)[18]

Comme c'est probablement le cas partout dans le monde, les noms sont importants en Afrique. Leur utilisation varie de lieu en lieu, mais il existe des éléments qui sont trouvés dans la plupart des pays africains, sinon tous. Dans la majorité des pays, les titres sont importants et sont utilisés quand on s'adresse à un individu. Quand on parle de la famille, les termes de parenté sont utilisés. Quel que soit l'utilisation locale concernant les noms, les titres, la famille, la parenté et les différents titres honorifiques, il faut les considérer comme un sujet important pour ceux qui sont impliqués.

Dans certaines cultures africaines les prénoms possèdent une signification spéciale. Ils ne sont pas choisis au hasard ou pris d'une

---

[17] Foster 2002 : 203.
[18] Clasberry 2010 : 127.

liste des possibilités déjà publiée. Dans la plupart des pays occidentaux, on utilise les prénoms pour différencier entre les enfants, en leur donnant des identités personnelles. Lorsque les prénoms sont utilisés pour différencier entre les enfants dans les sociétés africaines aussi, l'identité d'une personne se base plutôt dans son contexte des rapports, sa lignée, son clan, son identité tribale ou son héritage religieux, au lieu de son individualité. Les garçons des familles musulmanes portent le prénom Mahomet ou une de ses variantes, ou sinon des prénoms appartenant aux autres personnages musulmans notables. En même temps, il est plus probable que les filles portent les prénoms qui ont l'air d'être jolis ou qui sont associés avec des qualités ou des caractéristiques qui sont plus estimées, tout comme les noms basés sur des « vertus chrétiennes » donnés par les Occidentaux. Les catholiques romains souvent donnent des noms d'un saint aux enfants, aux filles tout comme aux garçons. Cependant, beaucoup d'Africains ont plusieurs prénoms mais il leur manque un « nom de famille » évident. Les gens des sociétés christianisées ou islamisées portent fréquemment au moins deux noms, un premier qui les associe avec la religion de leurs parents ainsi qu'un nom vernaculaire qui les associe avec leur lignée, un évènement historique ou une circonstance liée à leur naissance. Beaucoup de gens, et surtout les hommes, portent des surnoms utilisés par la plupart des villageois, bien qu'ils préfèrent de ne pas utiliser ces noms en se présentant d'une manière formelle. Savoir quel nom utiliser et dans quel contexte peut être une façon de se montrer respectueux.

Certains noms sont liés au groupe de parenté et servent donc à identifier plus que simplement l'individu. Quelquefois, ils sont liés avec les évènements qui entourent la naissance d'un enfant. Un exemple du Kenya sert à montrer l'importance du nom de l'individu, et à quel point il faut prendre un nom au sérieux. Dans certaines circonstances, quand on croit que le nouveau-né est en danger, il est intentionnellement « perdu » et puis rituellement « trouvé ». Ayant été « trouvé », l'enfant porte le nom du récipient dans lequel il a été rituellement abandonné. Il se peut qu'il s'appelle Atonga (un panier), Odheru (un plateau en paille) ou Adita (un petit panier). Il est aussi possible qu'il porte le nom de celui qui l'a « découvert » sur le chemin[19].

Certaines sociétés donnent des « noms-commentaires » par lesquels les gens expriment leur opinion sur la manière dans laquelle ils ont expérimenté un évènement, un problème ou même une dispute familiale. Il ne faut pas interpréter ceci comme « laver son linge sale » en public, car même si le problème a été résolu cela sert à corriger un mauvais comportement et instruire des gens sur les bonnes relations

---

[19]Owin 1995 : 4–5.

interpersonnelles. Ils invitent les visiteurs à poser des questions sur les détails spécifiques, car on peut apprendre beaucoup sur la dynamique interne d'une personne ou d'une famille à travers ce genre de nom.

D'autres sociétés donnent aux enfants les noms des membres morts ou vivants de la famille, elles donnent aussi des noms liés à la couleur d'une vache, aux anomalies à la naissance (accouchement par le siège, couvert, cordon ombilical enroulé autour du fœtus etc), aux signes, aux dieux auxquels les parents ont prié pour un enfant, ou à des prières exaucées. Il se peut qu'une personne reçoive un nouveau nom à un moment dans sa vie, tel qu'une initiation, une circoncision, la naissance d'un enfant ou la mort d'un parent etc. Il est important de comprendre la signification sociale portée par ces noms, ainsi que la façon dans laquelle ils intègrent un enfant ou une personne dans la société ou la catégorie dans laquelle ils mettent un individu.

Il se peut que les noms vernaculaires soient difficiles à prononcer ou même à écrire pour les étrangers. Dans de tels cas, il est bien apprécié si on fait une tentative sérieuse à les maîtriser. Demander à la personne de prononcer son nom lentement sera très apprécié parce que cela démontre un véritable intérêt pour cette personne. Écrire le nom pour se souvenir de lui et pour pratiquer à le prononcer est aussi une bonne habitude. Un homme camerounais dont je connaissais le père donnait mon nom à l'un de ses enfants. Je me suis senti honoré jusqu'à ce que je demande au père pourquoi il avait choisi mon nom. Il m'a répondu qu'il l'avait choisi parce que c'était le nom le plus difficile à prononcer qu'il connaissait. Je ne comprends toujours pas sa façon de penser ou même si mon ami m'avait donné la vraie raison derrière le nom.

Faire référence à des individus ou à des groupes comme des « africains » est offensant dans certaines régions. Ceci provient de l'histoire coloniale perçue, quand on appelait l'Afrique le Continent Noir et considérait les africains comme étant primitifs ou arriérés. Il est beaucoup préférable d'appeler les gens des kenyans ou des camerounais suivant le cas, et d'éviter ainsi des connotations négatives. Par contre, quand le sujet concerne des régions ou le continent dans son entier (comme c'est le cas dans ce livre), le terme général « africain » est approprié et inévitable.

L'espace social

Quand tu manges avec le diable, utilise une cuillère longue
Proverbe igbo (Nigéria)[20]

Normalement en Afrique, les gens habitent et travaillent proches les uns aux autres. Dans de nombreuses occupations, ils préfèrent travailler par groupes. Alors que les Africains peuvent assurément travailler tout seuls, ils n'expriment que rarement un désir « d'être seul » comme le font les Occidentaux, y compris les extravertis. Il se peut que les expatriés qui vivent dans un contexte africain ressentent un manque d'intimité, et même se posent des questions sur le besoin des Africains pour une vie privée. Beaucoup d'Africains ruraux habitent dans des petites maisons avec un grand nombre de personnes qui dorment dans la même pièce. Ils semblent être toujours proches les uns aux autres. Certainement, les Africains ont et apprécient la vie privée, mais la vie privée en Afrique ne ressemble pas beaucoup à celle de l'Occident.

Les frontières de la vie privée africaine ne sont pas définies par l'espace comme c'est le cas en Occident, mais ils sont définis plutôt par les règles de l'interaction sociale. « La vie sociale africaine implique des restrictions institutionnalisées concernant le contact social entre les tranches d'âge ou de sexe »[21]. « La vie privée » en des termes africains signifie le droit de ne pas avoir d'implication interpersonnelle non désirée – elle ne veut pas dire être physiquement séparé des autres. Il est possible de considérer la vie privée comme être seul dans votre espace plutôt que d'être laissé seul dans un espace séparé. En fait, dans beaucoup de cultures africaines, partir tout seul est considéré comme étant un comportement suspect. Ceux qui veulent être tout seuls sont considérés peut-être comme des gens dangereux, cupides, ou des sorcières.

La vie privée comprend des limites sur la conversation, par exemple ne pas évoquer les sujets qui sont inadéquats dans certaines situations et entre certaines catégories de personnes. Les règles qui gouvernent ce type de vie privée varient énormément d'une culture africaine à l'autre. Elles sont souvent très formelles et il se peut que certains individus s'évitent selon leur relation. Elles peuvent inclure aussi la ségrégation selon le sexe ou l'âge, ainsi que beaucoup d'autres prescriptions et interdictions qui limitent la façon dans laquelle les gens agissent entre eux. Les Occidentaux s'étonnent souvent des formalités qui s'appliquent

---

[20]www.gambia.dk.

[21]LeVine 1970 : 284.

même aux membres de la même famille. Une fois, j'ai demandé à un jeune l'âge de son père. Il m'a dit qu'il ne le savait pas et ne pouvait pas lui demander. Son père ne le lui avait jamais dit, et il n'était pas permis de poser des questions aussi personnelles. Un Africain a invité un expatrié de manger chez lui, en disant qu'il en avait assez de manger tout seul. Il était entouré par sa famille pendant les repas, mais ni sa femme ni ses enfants ne pouvaient manger avec lui à cause des règles d'évitement.

La chose la plus surprenante pour les Occidentaux, ce sont probablement les barrières apparentes à l'intimité entre les individus, même au sein de la famille. Les règles non-écrites qui régissent le comportement africain, même au sein de la famille, sembleraient normales que dans des cadres bureaucratiques ou organisationnels en Occident. De telles règles formelles limitent le comportement libre et personnalisé. Il est rare de « partager des pensées et des sentiments plus intimes, de donner et de bénéficier du soutien émotionnel ... il semble que l'intimité dans ce sens, et les relations individualisées qui l'accompagnent, soient moins importantes pour les Africains comparées aux autres buts des relations interpersonnelles »[22]. Le genre d'intimité souvent trouvé désormais dans les communications personnelles occidentales n'a pas été toujours la norme de plusieurs façons, ceci est un développement moderne, même en Occident, qui même maintenant ne se trouve pas dans toutes les familles.

La distance sociale

Si tu grimpes dans un arbre, tu dois descendre du même arbre
Proverbe africain[23]

La distance sociale et l'espace peuvent être considérés comme des systèmes de communication, même si habituellement on ne les considère pas comme tels. Au niveau de l'individu, les gens sentent la bonne distance qu'il faut garder avec quelqu'un. La « bonne » distance est déterminée par le genre de relation ainsi que par la culture. La distance dans une relation intime est plus courte que celle d'une relation formelle, dans toutes les cultures. De même, pour n'importe quel degré d'intimité ou formel, des cultures différentes mettent inconsciemment des distances différentes qui semblent naturelles et

---

[22]LeVine 1970 : 286.

[23] www.worldofquotes.com.

confortables pour ceux qui ont grandi dans cette culture. Edward Hall considère que l'utilisation de l'espace par les êtres humains est une « dimension cachée »[24]. Il remarque qu'on peut mieux comprendre l'utilisation de l'espace par des êtres humains si on la considère en termes des distances typiquement gardées dans des cadres sociaux différents : intimes, personnels, informels, formels, publics et psychologiques. Cette discussion-ci ne poursuivra pas les détails que Hall associe avec chacun de ces cadres. Il suffit ici de prévenir le lecteur du besoin d'être sensible concernant la façon dans laquelle les Africains avec qui il interagit utilisent l'espace et la distance. Si un sentiment de malaise se développe, il se peut qu'il découle de leurs manières différentes d'utiliser l'espace. Par exemple, lors d'une réception, si une personne s'écarte de l'autre, il est possible qu'elle ait des sentiments différents, déterminés par la culture, concernant la bonne distance qu'il faut garder dans cette circonstance.

La distance hiérarchique

Celui qui respecte les grands ouvre la voie à sa propre grandeur
Proverbe africain[25]

On a décrit aussi un autre genre de « distance », sans lien avec l'espace physique entre les individus. Ceci s'appelle « la distance hiérarchique ». Il est possible de la définir comme « l'étendue à laquelle celui qui a moins de pouvoir dans la société accepte l'inégalité et la considère comme étant normale »[26]. Nous pouvons mettre les cultures sur un continuum de « forte distance hiérarchique » à « faible distance hiérarchique ». En effet, ceci évalue l'influence que des chefs et des partisans portent les uns sur les autres dans une culture spécifique. Pour des étrangers qui vivent et travaillent dans un contexte interculturel, ce concept peut les aider à se focaliser sur ceux qui peuvent permettre à leur projet ou leur travail de réussir.

Joseph Mani décrit des différences marquées concernant la manière dans laquelle on exerce le pouvoir dans des cultures différentes. Dans certaines cultures, ceux qui tiennent le pouvoir et ceux qui en sont affectés sont éloignés à bien des égards (une forte distance hiérarchique), bien que dans d'autres ceux qui tiennent le pouvoir et ceux qui en sont affectés sont beaucoup plus proches les uns des autres (une

---

[24] Hall 1966.
[25] www.allgreatquotes.com.
[26] Mani 2010 : 4–5.

faible distance hiérarchique)[27]. Pour des expatriés qui travaillent dans une culture étrangère, ceci pose des questions telles que : le pouvoir est-il distribué d'une façon égale (que ce soit par les individus ou par les institutions) ? Les individus acceptent-ils l'exercice du pouvoir par les chefs comme étant normal, ou éprouvent-ils de la rancune ? Les supérieurs considèrent-ils les autres comme étant différents d'eux-mêmes, ou croient-ils que tout le monde est intrinsèquement égal, et que les chefs occupent leurs positions sous des conditions temporaires et fortuites ? Les chefs croient-ils qu'ils ont droit à leurs positions ? Étounga-Manguelle trouve que dans beaucoup de sociétés africaines, les gens qui occupent des positions subordonnées acceptent leurs supérieurs comme étant différents et comme ayant droit au privilège[28]. Autrement dit, ces cultures sont celles qui ont une forte distance hiérarchique.

Des individus qui proviennent de cultures avec une forte distance hiérarchique regardent le pouvoir et l'autorité comme faisant partie des réalités de la vie. Dans les cultures avec une faible distance hiérarchique, les lois, les normes et les comportements quotidiens rendent la distance hiérarchique aussi minimale que possible. Dans ces sociétés, la hiérarchie est une inégalité des rôles établie pour des raisons d'utilité ; les subordonnés considèrent que leurs supérieurs sont du même genre d'être humain qu'eux-mêmes, et les supérieurs pensent de leurs subordonnés de la même façon.

La culture kamba du Kenya, comme beaucoup de sociétés qui se coordonnent par l'âge, montre une forte distance hiérarchique, surtout dans les relations entre les personnes âgées et les jeunes. Les membres jeunes de la société sont obligés d'observer tous les protocoles quand ils s'adressent aux ainés. Les anciens ont du pouvoir sur les jeunes ; n'importe quel ancien de la société peut punir n'importe quel enfant ou jeune de la communauté qui se comporte d'une façon inappropriée, indépendamment qu'il soit son parent biologique ou non. Dans des cultures avec une forte distance hiérarchique, le rôle de chef se limite normalement à ceux qui sont acceptés comme des chefs.

Dans les sociétés avec une forte distance hiérarchique, on considère que les gens qui possèdent des compétences spéciales, comme des chefs, des guerriers, des riches, ou ceux avec des talents uniques, ont le droit à des privilèges et que ceci est une réalité de la vie[29]. Si un travailleur humanitaire étranger tente de promouvoir quelqu'un d'une classe sans pouvoir au rôle de chef dans une telle société, il n'est pas certain que le résultat soit une réussite.

---

[27]Mani 2010 : 5.

[28]Etounga-Manguelle 2009.

[29]Etounga-Manguelle 2009 : 5.

Robert Thornton relate qu'en Afrique du Sud le respect et le pouvoir sont présents dans une relation inverse, c'est-à-dire que quand les gens qui tiennent des positions respectées – les prêtres ou les guérisseurs par exemple – deviennent des politiciens ou des cadres d'un projet de développement, ils perdent du respect. « En général, alors, le respect n'est pas accordé à ceux qui ont du pouvoir, ni le pouvoir accordé à ceux qui sont les plus respectées »[30]. Thornton interprète cette opinion apparemment contradictoire du respect, ou des gens d'une position plus élevée sont accordés moins de respect, comme une réaction à la jalousie, la jalousie des pauvres envers les riches. Il écrit :

> Le processus de contrer la jalousie avec la diffusion de la richesse et le pouvoir veut dire que, généralement, le respect et le pouvoir s'échangent l'un contre l'autre. Autrement dit, les plus respectées souvent manquent du vrai pouvoir ... les chefs de tribu les plus respectées sont ceux qui ne cherchent qu'à « aider » leurs communautés[31].

On peut considérer le respect dans ce contexte comme un type de ressource capitale ou jetable. En effet, quand une personne respectée est promue à un poste plus important, elle se fait promue en « dépensant » son capital. Dans cette culture, si un riche veut du respect, il doit distribuer sa richesse. Bien que cette dynamique soit prononcée en Afrique du Sud, il semble douteux, par contre, que ceci résulte généralement dans une perte de respect.

La stratification

Chacun est un mouton pour l'un et un lion pour l'autre.
Proverbe wolof[32]

Une autre façon d'analyser le pouvoir et l'influence dans une société, c'est de considérer comment elle est organisée aux niveaux social, économique, ou familial, c'est-à-dire sa stratification. Cette approche s'intéresse à la façon dont les gens perçoivent leurs relations avec les autres classes sociales, plutôt que celle entre deux individus. Regardons brièvement trois types d'organisations : autoritaire, individualiste et collective.

Le premier type d'organisation est autoritaire. Dans certaines régions de l'Afrique, les gens croient qu'il existe des individus ou des familles

---

[30]Thornton 2005 : 25.
[31]Thornton 2005 : 25.
[32]Sylla 1978 : 96.

ou des groupes de parenté qui sont nés pour être des chefs alors
que d'autres doivent les suivre. D'une certaine manière, ceci est en
parallèle avec la discussion ci-dessus, où on l'appelait la forte distance
hiérarchique. En Europe et ailleurs, ceci était interprèté dans l'expression
« une monarchie de droit divin ». Les Arabes citent un proverbe qui fait
référence au même concept, même si ce n'est pas aussi clair : l'œil ne
peut pas se hisser au-dessus du sourcil »[33]. Dans des telles sociétés, ceux
qui proviennent de la famille au pouvoir sont acceptés dans le rôle de
chef, et on s'attend à ce qu'ils le prennent. Ceci s'applique aux domaines
politique religieux et militaire.

Le deuxième type d'organisation est individualiste. La société
américaine est généralement dite individualiste. Dans cette société, on
croit que tout le monde devrait avoir des droits et des opportunités
égaux. Penser l'inverse, c'est d'ignorer la constitution et, selon certains,
violer la volonté de Dieu et la dignité de son prochain. Il existe peu
sinon aucune société africaine qu'on peut dire individualiste, ou du
moins pas dans une large mesure, bien que les gens soient libres et
même encouragés à s'exprimer d'une façon individualiste, par exemple
dans la façon dont ils décorent leurs maisons ou des biens personnels,
ou qu'ils inventent des cris de victoire personnalisés etc.

Le troisième type d'organisation à considérer est collective, un titre
qui comprend probablement la plupart des sociétés africaines. Certaines
sont très collectives, et même anti-individualistes. Le peuple massaï de
l'Afrique de l'Est a une société tellement collective que « les tentatives
de faire lever les mains et participer les élèves massaï pendant les
cours formels sont souvent vaines »[34]. Les enfants, ainsi que les ainés,
ne veulent pas se distinguer de leurs pairs. Bien que les hommes
et les femmes décorent leurs bijoux ou leurs lances d'une manière
individualiste, le groupe est plus important que l'individu selon eux.
La famille, ou sinon un autre groupe, influence fortement des décisions
qui concernent entre autres, le mariage, l'éducation et la profession. En
commençant dès leur très jeune âge, ils forment les enfants afin qu'ils
soient sensibles au grand contexte auquel ils appartiennent. Ils ne sont
pas censés manger seuls, ni entreprendre des projets seuls ni prendre
des décisions seuls. Au-delà de l'Afrique, il y a beaucoup d'exemples de
sociétés collectives qui se trouvent en Chine, en Inde, en Corée et en
Amérique Latine, ainsi que la société amérindienne. Comme beaucoup
de cultures africaines, la culture kamba, mentionnée ci-dessus, souligne
l'orientation collective. Un exemple frappant de comportement collectif
est cité par Joseph Mani : « Quand un kamba tue quelqu'un par accident,

---

[33] Samovar, Porter, et McDaniel 2007 : 157.

[34] Samovar, Porter, et McDaniel 2007 : 158.

ce n'est pas à lui tout seul de supporter la responsabilité entière. Son clan respectif porte la responsabilité pour l'acte et les indemnités, ainsi que faire des excuses à la famille du défunt »[35].

Un effet fréquent de la stratification stricte c'est « quand on définit sévèrement le rang, pour un fermier modeste être trop ambitieux ou prospère, c'est risquer la punition par ses supérieurs sociaux à cause du fait qu'il a essayé d'outrepasser son rôle et donc de menacer ceux qui sont au-dessus de lui »[36].

La façon dans laquelle s'organise la société locale – qu'elle soit autoritaire, individualiste ou collective – aura un effet profond sur la manière avec laquelle l'Occidental établira des relations avec les habitants de la région, aussi pour la planification et la réalisation de projets. Il existe de nombreuses publications qui se spécialisent dans ces problèmes. Cette discussion ne touche que certaines considérations évoquées.

Le respect

La dignité d'un homme est sans prix
Proverbe wolof[37]

Partout en Afrique le respect est une considération extrêmement importante. Sans doute, le respect fait partie, peut-être sous la surface, de la plupart des interactions, qu'elles soient personnelles, familières ou formelles. Tous les rapports sont fondés sur le respect. Puisque c'est une considération si essentielle, les étrangers qui vivent en Afrique ou qui y travaillent doivent lui prêter une attention très particulière. C'est doublement le cas parce que le respect est traité différemment en Occident qu'en Afrique. Un résultat de cela est qu'il est bien possible qu'un Occidental donne l'impression de manquer de respect sans le faire exprès.

Une personne qui manque de respect trouvera difficile, sinon impossible, d'établir des rapports robustes.

Il y a beaucoup de manières de montrer le respect :

- La manière de saluer une autre personne.

- Employer les noms ou les titres justes qui reflètent le rang social des autres, soit face à face, soit en référence publique.

- Etre propre et respecter l'espace personnel des autres.

---

[35] Mani 2010 : 12.
[36] Pennington 1990 : 130.
[37] Sylla 1978 : 91.

- Vous habiller d'une manière convenable à votre position sociale et à la position sociale des autres.
- Agir avec déférence envers les personnes âgées.
- Montrer ou s'abstenir de montrer des émotions d'une manière convenable.
- Suivre des usages sociaux les temps de maladie ou de la mort.

Je vais discuter séparément la plupart de ces questions, mais dans cette introduction je vais décrire quelques généralités et donner des exemples, pour essayer de montrer aux Occidentaux l'importance du respect, mais aussi la difficulté fréquente de savoir comment montrer le respect.

Beaucoup de passagers américains et européens ont l'habitude de s'occuper de leurs propres bagages à l'aéroport. Souvent, en arrivant en Afrique ils trouvent ennuyeux les bagagistes locaux. Bien des fois ils n'ont pas de monnaie locale, et même s'ils en ont, ils ignorent combien ils devraient payer. Les bagagistes insistent peut-être à porter les bagages, ce qui irrite encore plus le voyageur. Les bagagistes locaux dépendent des pourboires pour acheter des nécessités, et le voyageur indépendant peut leur paraître égoïste ou avare en refusant de payer un porteur et en faisant une tâche à laquelle les bagagistes ont juste titre. En plus, les bagagistes locaux considèrent qu'une personne qui voyage en avion a un rang trop élevé pour porter ses propres bagages. Au lieu de respecter un étranger qui est capable d'accomplir sa propre tâche, ils sentent qu'on les néglige et qu'on manque de respect envers eux. Le voyageur perspicace devrait observer combien de voyageurs africains portent leurs propres bagages, ou plutôt ceux qui ne les portent pas.

Une autre manière où les étrangers manquent involontairement de respect, c'est en parlant des affaires financières qui sont complètement hors de la portée de leurs amis africains. Ils font mention peut-être d'une certaine voiture qu'ils vont acheter, ou d'une moto, ou d'un nouveau gadget électronique – n'importe quelle chose que leur ami ne pourrait jamais envisager de posséder. Ce n'est pas une question de possessions, c'est une question d'être sensible à la richesse relative ou au manque de richesses. J'ai trouvé que même la mention d'un voyage en avion peut déconcerter une personne qui ne pourrait jamais même rêver de faire un tel voyage, et cela montre un certain manque de respect – à moins qu'il ne soit absolument nécessaire de discuter ses plans avec cette personne. La consommation ostentatoire montre aussi un manque de respect envers les autres. La plupart des gens couvrent leurs achats pour que les autres ne les voient pas. Ils ne montrent pas publiquement les choses de valeur, mais ils les cachent dans leur chambre privée. Les mettre à la vue des autres est considéré orgueilleux, et cela peut tenter les autres à la jalousie. Puisqu'on considère la jalousie être aussi immorale que la colère ou l'amertume, ceux qui provoquent les autres à la jalousie sont considérés coupables de créer la discorde ou « d'empoisonner la société ».

Un exemple tiré de mon expérience personnelle montre l'écart qui existe quelquefois entre les attentes des Occidentaux et des Africains en ce qui concerne le respect. J'avais engagé un jeune homme pour faire l'entrée à l'ordinateur des notes de mes recherches. Le premier jour de travail il s'est adressé à moi avec le titre de « Docteur ». Je lui ai dit que je préférerais qu'il n'emploie pas ce titre mais qu'il pourrait m'appeler par mon nom. Bien qu'il ait travaillé plus d'une année pour moi, il ne m'a jamais appelé par aucun nom ni *aucun* titre. Il trouvait toujours un moyen de dialoguer avec moi sans employer mon nom. Pourquoi ? Enfin j'ai conclu qu'il ne pouvait pas me montrer le respect mérité et qu'il ne pouvait pas se résoudre à me traiter d'une manière qu'il aurait considérée irrespectueuse. Nous avions un rapport difficile de travail et je crois que cela était en partie lié à la question du respect. Comme employé il oscillait entre un respect excessif et l'insolence, parce qu'il ne pouvait pas déterminer comment interagir respectueusement avec moi.

Il arrive parfois qu'un Occidental forme une amitié personnelle avec un collègue africain. Peut-être que l'Africain propose même qu'on s'adresse avec prénoms. En privé on plaisante ensemble, on est détendu. Mais il faut que l'Occidental pense à montrer un respect suffisant en public. Quand des Africains observent que l'Occidental agit familièrement, s'ils ignorent leur amitié personnelle, ils peuvent l'interpréter comme un manque de respect. Même s'ils sont au courant de leur amitié, ils considèrent peut-être en tout cas que la familiarité soit humiliante, surtout si la personne a du prestige ou une haute fonction.

La familiarité est importante aux Américains. Pour eux c'est un moyen de montrer l'humilité. Ils ont tendance donc à être très familiers dans la façon qu'ils emploient les noms, à négliger les titres et à se comporter dans d'autres domaines de relations d'une manière très familière. Par exemple, il y a des parents américains qui encouragent leurs enfants à les appeler par leur prénom, et d'autres adultes aussi. En Amérique la plupart des hommes chanteraient volontiers en duo avec leur fille, ou seraient membre de la même équipe de sport que leur fils, ou partageraient les repas avec leurs enfants. Beaucoup d'Africains considéreraient que ces enfants-là refusaient de montrer un respect convenable.

Donc, les Occidentaux qui viennent d'un milieu où les rapports personnels sont familiers, doivent apprendre à montrer le respect. Mais ils doivent apprendre aussi à recevoir et à accepter avec grâce le respect des autres. La plupart des Américains sont gênés quand quelqu'un s'agenouille devant eux pour les saluer ou pour leur demander quelque chose. Mais ils ne se rendent pas compte que priver les autres de la possibilité de montrer le respect est aussi un manque de respect.

Voici des exemples de quelques questions de respect que des Occidentaux ont mal comprises. La domestique d'une Occidentale lui a dit que comme patronne elle ne devrait pas faire de la cuisine parce que cela était trop difficile pour elle. L'Occidentale supposait qu'elle voulait dire qu'elle était faible ou qu'elle faisait mal la cuisine, et elle a réagi négativement. Mais la domestique essayait seulement de montrer du respect à la patronne. Elle croyait que travailler dans la cuisine était au-dessous d'elle comme femme occidentale, qu'elle ne devrait pas faire le travail d'une domestique. Elle devrait travailler dans un bureau ou faire quelque activité « de plus grand prestige ». Le compliment implicite de la domestique a été mal compris parce que l'Occidentale n'était pas en bon accord avec le concept africain de respect.

Encore un exemple : une Occidentale venait de faire un tour en vélo. La domestique lui a dit qu'elle suait beaucoup après le tour en vélo et qu'elle supportait mal la chaleur. Comme l'autre femme, l'Occidentale a réagi négativement ; elle supposait que la domestique disait que l'Occidentale fût frêle et inférieure. Au contraire, la domestique reconnaissait que l'Occidentale était de haut standing ; de telles femmes ne font pas d'exercice physique et elles ne devraient pas s'exposer à des conditions inhabituelles. La domestique ne faisait qu'exprimer du respect[38].

Quelquefois la question du respect se manifeste dans des situations inattendues, comme le cas domestique suivant : Souvent les étrangers engagent des domestiques pour faire diverses tâches de ménage, y compris la lessive. Souvent il n'y a pas de séchoir, donc on étend les vêtements en dehors à une corde, y compris les sous-vêtements et les soutien-gorge. Dans beaucoup de pays africains on étend jamais les sous-vêtements à la vue de tous ; cela peut être très offensant. En fait, il y a quelques cultures africaines où les hommes et les enfants sont responsables pour laver leurs sous-vêtements eux-mêmes. On considère les sous-vêtements si intimes que les autres ne doivent pas les toucher, surtout s'il y a des taches de sang. Ce tabou est si grave que si on touche du sang il faut offrir un sacrifice aux esprits pour redevenir rituellement pur.

Souvent le domestique est un homme. Si oui, la lessive est généralement une de ses tâches, et cela comprend les sous-vêtements. Il accepte cela pour garder l'emploi, mais cela peut lui faire honte. Il peut perdre le respect de ses pairs s'ils se rendent compte de ce qui se passe. Dans un cas, un homme étendait les sous-vêtements et ses

---

[38]Savage 1996 : 2–4.

copains le méprisaient. « Même les femmes n'étendent pas les sous-vêtements, mais toi, tu le fais. Tu es inférieur à une femme. » Un moyen de déterminer si ces coutumes et ces tabous existent dans une région est d'observer le linge qu'on étend dans les environs pour apprendre si on voit jamais les sous-vêtements en public[39]. C'est possible que les gens ne vous parlent pas directement sur un sujet si délicat ; il vaut mieux faire des recherches personnelles que d'accepter les réponses qu'on donne à vos questions.

Un dernier exemple montre un aspect des mœurs africaines que les Occidentaux n'imagineraient jamais être une question du « respect » :

> La loi du peuple Luo affirme que les fils doivent bâtir leurs maisons en ordre de leur âge ; c'est-à-dire que les fils aînés doivent bâtir avant les puînés. On justifie cela en disant que c'est un moyen de montrer le respect. La loi est soutenue par des pouvoirs magiques et cela apportera la malchance ou une malédiction si elle n'est pas respectée[40].

Robert Thornton écrit au sujet d'un aspect intéressant du respect. Il écrit sur l'Afrique du Sud, mais il constate que cela s'applique à l'Afrique en général. Tous les membres d'une communauté méritent le respect, mais cela ne provient pas d'une notion libérale de « l'égalité ». Dans le sens libéral ou occidental, l'égalité est fondamentalement « l'égalité à l'accès au marché, aux droits, à la sécurité, et à la justice »[41]. En Afrique l'égalité est plutôt une « équivalence », c'est-à-dire la valeur que tous les membres de la communauté sont, en principe, équivalents comme des êtres humains et comme frères et sœurs. Dans la pratique, cela veut dire être en harmonie avec la communauté, et ne pas se considérer supérieur à un autre en raison de son standing ou de quelque réussite ; en fin de compte tous méritent le respect (équivalent), bien qu'il y ait ceux qui sont dignes d'un respect spécial – pourvu que cela ne viole pas l'équivalence. A mon avis, une telle attitude envers les autres est réaliste et salutaire. Bien qu'on montre un respect et une déférence spéciale à ceux qui ont une position d'autorité ou de prestige, les Africains reconnaissent qu'il y a du bon et du mauvais dans tous les êtres humains, que tout le monde a des points forts et des points faibles – c'est-à-dire, quels qu'ils soient, ce sont au fond des êtres humains.

Il est important de ne pas oublier que le respect devrait être réciproque. Il faut montrer le respect, mais il faut aussi le recevoir. Il faudra peut-être que les étrangers qui viennent d'une société égalitariste

---

[39] Haibucher 1999b : 10.
[40] Harries 2000 : 495, citation de Mboya 1938.
[41] Thornton 2005 : 25.

ajustent quelque peu leurs attitudes. Richard Dowden, qui a une longue
expérience en Afrique à tous les niveaux de la société, offre quelques
conseils. Ces conseils sont bons pour la vie commerciale et aussi pour
les rapports personnels. Il écrit :

> J'ai appris à me débrouiller sans faire d'offenses. D'abord :

- Evitez la confrontation. Taquinez, plaisantez, cajolez. N'exigez
  pas, ne donnez pas d'ordres.

- Ne cherchez pas toujours à résoudre définitivement un
  problème ; quelquefois il vaut mieux laisser les affaires sans
  résolution.

- N'attendez pas qu'on vous dise toujours la vérité, et ne dites
  pas directement la vérité ; faites des allusions, abordez-la petit
  à petit, pour qu'elle soit entendue mais non exprimée.

- Ne vous fâchez jamais. Jamais. La colère ne résout rien, et cela
  vous fait perdre le respect.

- Surtout, soyez patient. Tout prend plus de temps en Afrique
  qu'ailleurs.

Des étrangers généreux, idéalistes qui ont un véritable désir
d'aider l'Afrique, trouvent souvent que l'Afrique leur fait des obstacles
mystérieux. Dans leur enthousiasme pour accomplir les projets ils
donnent l'impression d'être insolents et autoritaires[42].

Nous avons discuté le respect comme un sujet primordial, un peu
isolé de son contexte social. A vrai dire, il est très difficile de le
considérer suffisamment hors contexte. A bien des égards on ne peut
pas séparer le respect du standing, de la hiérarchie, de la déférence, de
l'autorité, du pouvoir, etc. D'ailleurs, chacun de ces concepts fait partie
des interactions humaines qui sont particulières à chacune des centaines
de langues et de cultures africaines.

Pour souligner les grandes différences culturelles qui existent en
Afrique, notez comment ce concept, le respect, peut être considéré si
distinctement dans des cultures africaines individuelles. Thornton décrit
le respect en termes de souffrance. (La souffrance est un sujet très
courant dans beaucoup de cultures africaines ; on considère que la
souffrance est indispensable pour le développement humain.)

> On peut comparer [la souffrance] à la notion de la réussite
> dans la politique libérale démocratique. Elle élève celui qui

---

[42] Dowden 2009 : 29–30.

souffre à une position de respect dans une communauté de souffrances. Ceux qui souffrent le plus atteignent le respect, tandis qu'on considère que ceux qui transcendent leurs souffrances possèdent un mérite ou un pouvoir spécial (*amandla*)[43].

Mani observe un attribut du respect qui est très différent.

Quand un jeune membre de la communauté s'adresse à un membre âgé de la communauté, le respect a une suprême importance, car on croit que les personnes âgées possèdent une puissance infinie dans leurs langues. Si on ne leur parle pas comme il faut, ou si on leur parle sans respect, elles sont capables de maudire quelqu'un. On a peur des malédictions, puisqu'elles augmentent, l'évasion de l'incertitude qui est déjà grande[44].

En fait, il y a des sociétés africaines où on emploie la phrase générique « sans respect » comme métaphore pour mauvaise réputation.

Le respect pour l'âge

C'est le devoir des enfants de servir les plus âgés ;
ce n'est pas le devoir des âgés de servir les enfants.
Proverbe kenyan[45]

Il faut éviter le désaccord ouvert avec une personne âgée. En particulier, employer les mots durs est très offensant. Dans une organisation les rapports et les interactions sont très sensibles à l'âge et à l'ancienneté. Même s'il est évident qu'une plus jeune personne est plus capable qu'un supérieur plus âgé, la plus jeune montrera de la déférence envers le plus âgé. Cela empêche le plus âgé d'être humilié ou de perdre la face, ce qui est une considération très importante. Le désaccord ouvert peut compromettre la sécurité d'emploi. Au lieu d'avoir recours au désaccord ouvert contre une personne d'une position supérieure, il faut être sensible et délicat en exprimant des différences d'opinion. Autrement on pourrait les interpréter comme des attaques personnelles plutôt qu'une critique constructive. S'ils sont prudents, les employés subalternes trouveront un moyen diplomatique de contourner un « obstacle » créé par un supérieur incapable ou négligent[46]. Dans des cas exceptionnels il faudra attendre

---

[43]Thornton 2005 : 26.
[44]Mani 2010 : 4.
[45]www.allgreatquotes.com.
[46]Amoako-Agyei 2011.

que le supérieur ne soit plus en poste. Bien sûr, cette dynamique n'existe pas seulement en Afrique. Les supérieurs reçoivent la déférence partout, mais la considération de l'âge est beaucoup plus marquante en Afrique qu'en Occident.

Le respect et les enfants

Quand l'enfant tombe la mère pleure ;
quand la mère tombe l'enfant rit.
Proverbe du Ruanda[47]

Meilleur le problème qui fait pleurer un enfant
que celui qui fait pleurer un adulte.
Proverbe wolof[48]

Les enfants africains tendent à être plus tranquilles et plus soumis que leurs homologues de l'Occident qui peuvent se trouver en Afrique. Les enfants devraient toujours être polis et respectueux en présence des adultes africains. On doit leur apprendre à saluer les hôtes et les visiteurs d'une façon polie et respectueuse. Ils peuvent se retirer d'ordinaire après les salutations. Ils ne devraient pas poser de questions aux adultes, mais seulement répondre aux questions si on le leur demande. Des enfants « excités » seront considérés comme manquant de respect. Les enfants ne devraient pas sortir leurs jouets pour qu'une visite les regarde. Même si des visiteurs africains amènent avec eux des enfants l'enfant d'expatrié ne devrait pas étaler tout de suite trop de jouets. Si l'enfant africain vient d'une famille désavantagée sur le plan économique, ne sachant pas comment utiliser certains jouets, le grand nombre de jouets peut laisser un enfant et sa famille avec des sentiments d'embarras[49].

Une réaction commune des enfants lors d'un accident ou d'un incident semble souvent choquante aux expatriés. J'ai souvent vu en Afrique des enfants rire et huer lorsque l'un d'entre eux trébuchait ou s'était blessé. Une fois je conduisais un véhicule qui venait d'être accidenté. Le côté du véhicule avait été enfoncé bien qu'il soit toujours possible de le conduire. Alors que je passais le long de plusieurs rues, des enfants qui ont vu le véhicule ont eu un sourire moqueur en montrant le véhicule du doigt. Ce genre de comportement a été expliqué de cette façon-là : « Lorsqu'un enfant tombe, d'autres enfants rient. C'est leur manière de réduire la peur associée à la douleur »[50].

---

[47] www.allgreatquotes.com.

[48] Sylla 1978 : 117.

[49] Haibucher 1999a.

[50] Devine et Braganti 1995 : 18.

Un Occidental est surpris de voir des rires alors qu'il s'attend à une réaction plus appropriée qui serait une certaine sympathie.

Voici une autre explication de ce comportement :

> (Les gens) rient parce qu'ils sont effrayés par la situation. Ils paniquent et utilisent le rire comme une défense. Rire est ... une façon pour le cerveau et pour le corps de faire face aux situations. L'humour réduit l'intensité d'une situation et met un coussin de rire entre la personne et les émotions inconfortables qu'elle ressent. C'est notre mécanisme de défense[51].

Il se peut qu'un Occidental soit également surpris d'entendre des expressions de sympathie pour quelque chose que l'on considère comme un événement normal de la vie. Au Kenya ou en Tanzanie il n'est pas inhabituel d'entendre des gens dire, « Pole » (ce qui signifie « je m'excuse ») quand quelqu'un trébuche ou que quelque chose se casse. Cela ne veut pas dire qu'on exprime de la culpabilité mais simplement qu'on compatit en reconnaissant que l'on comprend le désagrément que l'autre personne endure. Un couple américain a raconté que lorsqu'ils étaient en congé dans leur pays une de leurs filles a trébuché et était tombée en jouant avec ses amis. Elle s'assit sur le sol, attendent jusqu'à ce que quelqu'un lui demande pourquoi elle ne se relevait pas. « Parce que personne n'avait dit 'je m'excuse' », répondit-elle, à quoi les autres enfants se sont empressés de faire remarquer qu'ils n'étaient pas coupables. Des noms qui signifient qu'un enfant précédent était mort accomplissent le même but. Les femmes Ma'di du nord de l'Ouganda prétendent que lorsque quelqu'un entend un nom comme « Tears », « Termitarium » (monceau de termites) ou « le Père est descendu », elles savent alors que vous avez souffert d'une perte et qu'elles peuvent sympathiser avec votre situation.

La colère en public

Les disputes entre fourmis se règlent sous terre.
Proverbe ibibio (Nigeria)[52]

La colère qui s'exprime en public ou qui se dirige à l'endroit d'un individu est un sérieux problème dans la plus grande partie de l'Afrique, et cela *beaucoup plus qu'en Occident*. Un exemple tiré de mon expérience dans un pays du centre de l'Afrique montre des différences. Il m'a semblé que pour les gens de l'endroit l'activité sexuelle hors mariage

---

[51] Mohammed 2013.
[52] Clasberry 2010 : 115.

n'était pas une grande préoccupation même pour les gens religieux. On m'a raconté par exemple qu'au séminaire chrétien local de nombreuses femmes pouvaient être vues quittant les dortoirs chaque matin, ayant passé la nuit avec un séminariste. D'un autre côté j'ai vu que montrer de la colère en public était pris très au sérieux et si celle-ci était visible elle causait de la peine. Je me suis renseigné à ce sujet auprès d'une personne de l'endroit. Il m'a dit avoir été scandalisé par la colère exprimée quelquefois par des missionnaires chrétiens. Il a dit que certaines personnes de l'endroit avaient même des doutes si ces missionnaires étaient des chrétiens parce qu'on les voyait souvent en colère. Souvent la colère était « une juste indignation » dirigée vers le relâchement sexuel qu'ils voyaient. Les chrétiens américains classent les péchés sexuels comme spécialement graves alors que les chrétiens de l'endroit ne semblent pas aussi concernés à ce sujet. D'un autre côté les Américains classaient la colère au bas des actes immoraux, comme une infraction mineure, alors que pour des Africains la colère était perçue comme une sérieuse faute morale, peut-être parce que la colère menace les relations entre personnes. En regard des instructions de la Bible, la colère et l'immoralité sexuelle sont des péchés. La Bible condamne ouvertement et clairement tous les deux, ainsi il ne sert à rien que le missionnaire condamne les péchés d'autres sociétés alors qu'il minimalise la sévérité de la sienne.

Un ami a raconté l'expérience d'un Occidental qui circulait en motocyclette sur une route de campagne. Lorsqu'un homme lui a fait signe de s'arrêter, il l'a fait en pensant qu'il y avait une urgence. L'homme lui a simplement demandé de l'argent. Entre temps la motocyclette tomba et fut cabossée. La combinaison de ces événements fâcha l'Occidental et il l'exprima en des termes violents. En voyant la réaction de colère l'homme africain montra une peur réelle et dit : « Je m'excuse, je te prie simplement de t'en aller ». Pour l'Occidental l'homme avait réagi d'une façon exagérée qu'il n'avait pas comprise[53].

On pourrait alors demander, « Pourquoi la colère est-elle si sérieuse dans plusieurs cultures africaines ? » L'une des raisons est que pour beaucoup d'Africains être en colère contre quelqu'un revient à dire qu'on le maudit, et on a peur d'une malédiction. La peur est en relation avec l'action ou la revanche qu'un esprit pourrait infliger sur celui qui est maudit. Un de mes amis a partagé avec moi une grande peur qu'il avait. Sa mère était âgée et elle voulait qu'il épouse une femme qui ne l'intéressait pas. Il craignait que sa mère, dans sa colère, le maudisse de ne pas avoir tenu compte de ses désirs. Alors si elle mourait il n'y aurait aucune possibilité de lever la malédiction. Un autre exemple

---

[53]Haibucher 1999b : 45.

est un groupe linguistique dont la population a beaucoup diminué. Les personnes qui parlent cette langue nous on dit qu'elles attribuaient son déclin aux actions de l'un de leurs chefs il y a cent ans. Il avait été accusé d'un crime sérieux et la punition fut de l'enterrer vivant. Alors qu'il était dans la tombe et que son peuple jetait de la terre sur lui, il les maudissait.

Ils poursuivirent l'enterrement et par conséquent celui qui avait institué la malédiction n'était pas là pour la lever.

Dans la culture moderne « maudire » a été réduit à l'usage d'un mauvais langage sans penser à son sens littéral d'appeler la malédiction ou la malchance de la part des dieux. Dans de nombreuses sociétés africaines les malédictions sont prises au sérieux et littéralement. Les gens évitent d'exprimer de la colère par crainte qu'ils souffriront des conséquences, et ils craignent qu'il y aura des conséquences quand d'autres personnes sont en colère. Assane Sylla écrit que l'individu Wolof « croit fermement que si une personne commet une offense contre la loi morale ou viole un tabou, inévitablement une malchance sévère s'abattra sur elle, amenée par le village ou par l'esprit familier de la famille »[54]. Maintenir la paix avec les autres est une partie essentielle du code moral des Wolof. La colère et le ressentiment sont des émotions que chacun connaît, ce sont des réactions humaines normales, mais elles ne doivent pas être révélées ouvertement, ou l'individu doit au moins exprimer du mécontentement d'une autre manière. En Occident, par contraste, même ceux qui sont religieux ne craignent pas la punition dans cette vie. Toute punition qu'ils recevront les attendra après la mort. John Mbiti, une autorité reconnue sur la religion africaine déclare qu'en …

> africaine déclare qu'en Afrique la majorité des peuples africains croient que Dieu punit dans cette vie. Ainsi Il s'intéresse à la loi morale de l'humanité et par conséquent Il soutient la loi morale. A part quelques exceptions on ne croit pas qu'une personne soit punie dans l'au-delà pour ce qu'elle a fait de mal dans cette vie. Quand la punition arrive elle vient dans la vie présente[55].

De nombreuses sociétés africaines ressentent que des émotions refoulées peuvent avoir des effets négatifs sur d'autres personnes, une forme de sorcellerie involontaire. Le fait d'exprimer directement ces émotions risque d'être interprété comme une malédiction, mais elles peuvent être dissipées et soulagées d'une certaine façon. Au lieu d'exprimer ouvertement la colère, de nombreuses sociétés dissipent la

---

[54] Sylla 1978 : 156.
[55] Mbiti 1989 : 205.

colère, la jalousie, le mécontentement, une souffrance intense ou de l'amertume au travers de moyens admis. Il se peut qu'une personne agisse d'une manière antisociale, en se retirant temporairement des normes sociales. Elles peuvent monter un drame dans lequel elles endossent l'image d'une autre personne et au travers de cette mascarade elles expriment ce pour quoi elles sont malheureuses. D'autres personnes peuvent chanter des chants de lamentation, relâchant leurs terribles sentiments. « Des noms de commentaires » qui mentionnent des tensions sociales au sein des familles élargies donnent aussi à la personne une tribune légitime au travers de laquelle les choses sont dites d'une manière indirecte.

En conséquence de leur croyance au sujet de la colère qui peut affecter les autres, les Africains peuvent interpréter beaucoup plus sérieusement que des Américains des versets comme « si vous vous mettez en colère, ne péchez pas » « que le soleil ne se couche pas sur votre colère » ou « celui qui hait son frère (est en colère avec lui) a déjà commis un meurtre dans son cœur / dans son esprit ». Ils craignent énormément que leur colère fasse du mal à d'autres personnes alors que les Américains supposent que d'être en colère n'affectera que la personne qui est psychologiquement en colère.

La hiérarchie

Un homme important peut avoir tort, mais il a toujours raison.
Proverbe bambara (Mali)[56]

A travers l'Afrique les gens sont classés selon différents critères sociaux. Le classement le plus fondamental place les hommes au-dessus des femmes avec les enfants au-dessous des femmes. Chacune de ces catégories peut être encore divisée. « Les hommes » peuvent être subdivisés entre des hommes âgés, des hommes avec enfants et ceux sans enfants, des hommes non mariés etc. La catégorisation est plus vaste que simplement l'humanité et la plupart des Africains croient qu'elle englobe aussi bien les composants animés que les composants inanimés de la création. La plupart des Africains croient en un Dieu Créateur élevé et que c'est Lui qui a établi la hiérarchie cosmique qui est :

1. Dieu
2. L'homme
3. La femme

---

[56]Richmond et Gestrin 1998 : 143.

4. L'enfant

5. Les animaux, la nature

Cette liste n'inclut pas les ancêtres et les esprits tels que les anges et les jinn que la plupart des Africains croient être présents et actifs dans le monde des humains. La considération de tels êtres et forces invisibles est en dehors de la portée de ce livre.

La plupart des sociétés africaines pensent que de placer les gens dans des hiérarchies n'est pas convenable en représentant la manière dont les choses devraient être mais que ceci est même décrété cosmiquement. Ceci contraste grandement avec l'idéal d'égalité des personnes en Occident. Foster décrit l'importance de la hiérarchie du Kenya à l'est jusqu'au Sénégal à l'ouest :

> La vie séculière et l'appartenance à un groupe ethnique est divisée d'une façon rigide ... des individus jouent leurs rôles – les enfants, les femmes et les hommes en relation les uns avec les autres, les hôtes en relation avec leurs invités, les leaders religieux et autres anciens en relation avec la communauté. Définir le rang d'une personne est important et reflète un symbole de prestige (par exemple les bijoux que porte une femme, la scarification rituelle imposée par le groupe ethnique, le motif utilisé sur la robe traditionnel et plus spécialement les biens qu'une personne possède qui est typiquement de la terre ou du bétail) tout cela est traditionnelment important. Il est crucial que chacun montre du respect aux anciens et aux témoins pieux[57].

Une des différences entre la façon dont l'Afrique et l'Occident traitent la hiérarchie sont révélées dans l'expérience d'un étudiant africain :

> Un étudiant du Mali fréquentait l'Université Texas A&M comme interne. Il se rendit pour une excursion pédagogique depuis College Station vers l'ouest éloigné du Texas et New Mexico. Le voyage comprenait un tour des Cavernes Carlsbad, plusieurs grands ranch de bétail, de vases champs de coton, des innombrables puits pétroliers avec leurs derricks et chevalets de pompage et des champs agricoles irrigués. A la fin du voyage on lui demanda ce qui l'avait le plus impressionné. Il répondit « Je n'ai pas pu savoir qui était le responsable du voyage ». Ainsi durant tout ce long voyage il avait été désorienté parce que chacun était traité comme des égaux virtuels. Les structures d'autorité étaient

---

[57] Foster 2002 : 115.

cachées sans aucune identification extérieure montrant ceux qui avaient une position de leader. Il était très mal à l'aise à tel point que celui qui était supposé être le leader se présenta vers lui. C'est cela qui fut la partie la plus mémorable de son voyage[58].

Il y a trois éléments essentiels qui manifestent la hiérarchie des interactions humaines, ce sont l'estime, le respect et la préséance. Ces éléments sont bien sûr bien connus en Occident. Ce qui les rend différents en Afrique, c'est leur expression exigée dans des situations alors qu'en Occident elles nécessiteraient des interactions non structurées.

En Afrique il y a en général plus de formalité exigée dans les contacts sociaux que dans les mêmes situations en Occident. Ces trois éléments de comportement prescrit sont définis de la manière suivante, selon *Merriam-Webster* :

L'estime : respect approprié dû à un supérieur ou à un ancien ou à des personnes de positions ou catégories particulières.

Le respect : une haute considération ou des égards spéciaux.

La préséance : le droit à un honneur spécial ... lors d'une occasion officielle[59].

Ces trois éléments existent souvent simultanément de façons difficiles à séparer. Ainsi, par exemple, montrer du respect peut impliquer de donner la préséance à une personne dans une situation particulière. Une expression de respect courante est de s'abstenir d'un désaccord ouvert avec une personne de statut élevé ou avec une personne d'âge avancé. Ne pas être ouvertement d'accord représente une sérieuse rupture. Je l'ai expérimenté à une occasion lorsque j'avais commandé des panneaux de verre pour fermer un porche L'homme qui était venu installer le panneau était un peu âgé, mais pas beaucoup plus vieux que moi. Il était venu avec un tas de panneaux déjà pré-coupés et il commença à les installer. Il était évident qu'ils n'allaient pas, mais il continua en cassant un panneau après l'autre. La pile de panneaux diminuait alors que la pile de morceaux de verres augmentait. Je lui ai dit d'arrêter. Je ne me souviens pas de mes paroles exactes. Quant à moi Je maintenais mon sang-froid mais je lui ai dit qu'il était inutile de continuer. Après cela plusieurs Africains qui avaient assisté à la scène m'ont critiqué sévèrement pour mon manque de respect vis-à-vis d'un homme âgé. Je leur ai demandé si j'étais supposé laisser l'homme continuer à casser tous les panneaux ou

---

[58] Communication personnelle, 2012.
[59] *Merriam-Webster* 2003.

quoi ? Ils m'ont dit que rien n'avait de l'importance comparé au respect à montrer à un homme âgé. En y réfléchissant je suis sûr que j'aurais pu trouver ou au moins essayé de trouver un prétexte pour sauver la face en disant à l'homme d'arrêter mais dans l'exaspération du moment je n'avais pas pensé le faire.

Ketil Hansen rapporte une récente expérience qui impliquait plusieurs aspects de l'estime au Cameroun[60]. Un homme du coin était retourné pour la première fois de la capitale où il avait été nommé comme ministre du gouvernement. Une délégation reçut le ministre et les discours suivirent. La délégation comprenait le gouverneur de l'état dans lequel la ville se trouvait, le préfet et le sous-préfet (« les têtes du comté »), le maire de la ville et les députés, le traditionnel chef de la région, le chef de la police militaire, les plus importants hommes d'affaires et propriétaires de bétail, et les personnes les plus riches de la région. Toutes ces personnes allèrent à l'aéroport pour recevoir le ministre.

Certains aspects de cette délégation et des cérémonies qui suivirent illustrent l'estime et certaines caractéristiques de la culture africaine.

1. Le gouverneur, avec d'autres officiels de la région et le chef traditionnel (lamido) arrivèrent plus tard que l'heure annoncée, montrant ainsi leur statut élevé. La règle générale c'est que « plus on arrive tard à un rendez-vous, plus grand sera le nombre de gens qui attendent, le plus excellent sera-t-il »[61].

2. Comme les choses se sont passées, le lamido a eu de la chance avec l'heure de son arrivée. S'il était arrivé en fait après l'avion du ministre, qui par hasard avait du retard cela aurait été perçu comme extrêmement impoli ou pire comme un refus de reconnaître son importance.

3. L'arrivée tardive du lamido créa des tensions, car selon la hiérarchie officielle, le gouverneur et les autres officiels du gouvernement occupaient des rangs plus élevés. Le lamido affirma son importance et les autres l'honorèrent en laissant passer son offense.

4. En accueillant le lamido le gouverneur ôta ses souliers et lui serra la main de ses deux mains tout en s'agenouillant et en regardant le lamido droit dans les yeux. Ces actions communiquèrent de nombreux signaux. Le maire montra du respect en ôtant ses souliers et en s'agenouillant. Mais comme personne ne devrait serrer la main à un lamido qui était

---

[60] Hansen 2003 : 204.
[61] Dealy 1992.

quasi « intouchable », le maire signala qu'ils étaient égaux et que tous les deux étaient des hommes modernes. Le fait que le lamido accepta une poignée de main démontra l'influence du monde moderne. Pourtant en employant les deux mains le maire montra un respect supplémentaire.

5. Le nouveau ministre arriva et fut accueilli par les notables présents, tout cet événement passant à l'écran de la télévision nationale. Quand il salua le lamido il employa les deux mains honorant ainsi le lamido. Le lamido accepta la poignée de mains mais il mit sa main au-dessus de celle du ministre, se montrant comme quelqu'un de supérieur avec une attitude paternelle.

En somme, l'arrivée du ministre fut un événement mineur, pourtant les participants le prirent au sérieux, attachant beaucoup d'attention au grand apparat et à de multiples détails symboliques. Un expatrié n'aurait pas remarqué la plupart des détails significatifs comment l'estime fut démontrée et même contestée de manières nuancées par les différents acteurs de ce que l'on pourrait nommer une scène. Il aurait été très difficile pour un expatrié de discerner comment il aurait dû se comporter et de comprendre la signification de certains comportements qu'il soit conscient ou non de leur existence[62]. Cet épisode nous offre une leçon sur la grande complexité que peuvent avoir les interactions sociales en Afrique et combien il est difficile pour les étrangers de les reconnaitre ou de les comprendre.

Donner et recevoir

« Ventre glouton, n'a point coeur généreux. »
Proverbe de Bekwel (Congo-Brazzaville)[63]

Donner et recevoir des biens matériels et des services est une caractéristique bien plus importante en matière de rapports personnels chez les Africains que chez les Occidentaux. LeVine a même écrit : « Les rapports se caractérisent fréquemment chez les Africains principalement en matière de la transaction matérielle qui s'y présente : qui donne quoi à qui et sous quelles conditions. Même les relations sexuelles prématrimoniales se discutent en ces termes. » Alors que les Occidentaux définissent l'amitié principalement en termes d'intérêts communs et de soutien affectif, les Africains sont plutôt – et de manière plus franche et plus directe – préoccupés par la transaction matérielle elle-même

---

[62]Hansen 2003 : 202–208.
[63]Phillips 1999 : 2–4.

comme signe de la qualité du rapport[64]. Moi, j'ai vécu cette expérience de nombreuses fois. Par exemple, au bout de deux ans, j'ai réussi à acheminer des fonds d'une association de solidarité internationale à un petit projet qu'avait établi un ami africain. Celui-ci venait souvent « passer du temps » chez moi. Il m'a dit que les gens venaient constamment chez lui afin de lui demander de l'argent et de l'aide alors qu'il y avait du calme chez moi. Au moment où je ne disposais plus de ces fonds, il a cessé de venir chez moi et n'avait plus de liaison avec moi. J'avais pensé qu'on était amis mais il s'est avéré que pour lui l'intérêt matériel était indissociable de l'amitié. Notre rapport n'a connu aucun problème mais sans les implications financières l'amitié ne représentait plus une priorité dans sa vie active. Je ne crois pas qu'il m'ait volontairement laissé tomber : plutôt, c'était le manque de rôle pratique dans sa vie qui m'a fait disparaître de sa liste de contacts actuels.

L'érudit zambien Mwizenge Tembo s'oppose fermement à la description de la personnalité africaine proposée par LeVine. Il considère LeVine parmi ceux qui s'attaquent au passé africain comme rétrograde et réactionnaire.

> Cette école de pensée ne cherche pas vraiment à considérer des questions qui puissent expliquer les raisons dont les Africains se comportent et leur façon de penser. De manière implicite, cette école de pensée met l'accent sur l'occidentalisation comme la solution au retard de l'Afrique en matière de l'évolution de la technologie électronique sans pourtant reconnaître la supériorité de l'Afrique dans les domaines spirituels et culturels. LeVine constate que l'évidence indique que la société africaine se distingue d'autres sociétés ailleurs[65].

Tembo poursuit ses critiques, en écrivant que LeVine offre : – « au mieux des jugements de valeur extrêmement subjectifs de la société africaine. » Ceux-ci semblent être plus affectifs qu'objectifs. A titre d'exemple, il prétend que la description proposée par LeVine de la société africaine mettant l'accent sur les transactions matérielles ne peut pas être vraie. Les Africains sont trop pauvres pour que ce soit le cas. « Combien des biens matériels possédés par les Africains peuvent générer une dépendance de leur échange ? Quelques têtes de bétail, deux ou trois poules, plusieurs chèvres peut-être »[66]. Mais avoir peu de biens n'exclut en rien qu'ils soient importants pour les personnes

---

[64] LeVine 1970 : 288.
[65] Tembo 1990 : 196.
[66] Tembo 1990 : 196.

concernées. La critique de Tembo ne nie pas la justesse des descriptions de LeVine mais il affirme la nécessité de comprendre celles-ci dans leur contexte africain, proposant que toute personne dans des circonstances pareilles agit de même façon.

Les Africains qui rendent visite à d'autres personnes ou qui demandent du secours à un officiel ou à une personne importante apportent presque toujours avec eux un don quelconque. Il ne faut jamais interpréter ce geste comme pot-de-vin, mais plutôt comme reconnaissance du prestige de la personne à qui on rend visite. La qualité, la nature, et la quantité du don sont d'une grande importance. Même si on est invité à passer ou à manger chez quelqu'un, il n'est pas rare qu'un visiteur africain apporte un petit cadeau, tel que du thé, du sucre, un fruit, un mets délicat, ou un objet fabriqué bien apprécié. En revanche, l'hôte renverra l'invité assez souvent muni d'un don, tel qu'une poule, ou même les restes de la viande rôtie »[67].

Les rôles divers

La sagesse est comme un baobab – aucun individu ne peut l'embrasser
Proverbe Ghanéen[68]

Dans l'Occident la pratique d'un métier se limite d'habitude à une seule fonction : un acheteur achète, un employeur emploie, un professeur enseigne, avec très peu d'engagement professionnel en dehors de leur domaine de spécialisation. Dans beaucoup de pays africains, traditionnels et modernes, les métiers ne se limitent pas tellement à des rôles individuels ou à des spécialisations. Les vendeurs entrent en rapports d'affaires personnalisés avec des acheteurs (par exemple, ils facturent à leurs clients fidèles un prix plus élevé, de façon à ce que les affaires et la charité se chevauchent. On s'attend à ce que les employeurs pourvoient aux besoins personnels des employés et les professeurs exigent souvent des services personnels de la part des élèves et des étudiants. « Dans les écoles dans toute l'Afrique anglophone, les élèves primaires et secondaires sont recrutés par les enseignants en tant que domestiques chez eux et comme saisonniers dans leurs champs et leurs jardins »[69].

Voici un exemple extrême : lorsque la ministre de l'Education du Niger a confronté un auditoire de 1000 élèves, elle s'attendait à entendre des plaintes de salles de classe bondées ou du manque d'équipements. Au contraire, des filles, les unes après les autres, se sont élevées contre leurs

---

[67] Communication personnelle, 8 mai 2014.
[68] www.afritorial.com.
[69] Tembo 1990 : 297.

professeurs qui faisaient pression sur elles pour que celles-ci fassent l'amour avec eux contre de meilleures mentions. Une de ces filles n'avait que 11 ans[70].

Un deuxième exemple raconte l'histoire d'un professeur dont les exigences sur ses élèves dépassaient de très loin tout ce qui touchait et la salle de classe et l'éducation en général. Un Sud-Africain a fait un rapport sur les demandes d'un de ses professeurs, avec un dénouement surprenant. Il avait un professeur qui exigeait que ses étudiants plus âgés lavent sa voiture tous les vendredis pendant la récréation.

> Ce faisant, nous devions enlever les roues afin d'en nettoyer l'intérieur des garde-boue et le dos des roues. Un vendredi nous avons laissé sa voiture avec des briques en dessous de l'essieu arrière et entassées suffisamment hautes pour qu'elles touchent presque le sol. Nous nous sommes précipités vers les portails, nous nous sommes cachés dans un fossé afin de regarder le jeu. Le prof a fait démarrer sa voiture, il a mis la voiture en prise ... et rien ne s'est passé. Il a essayé plusieurs fois[71].

Il semblerait peut-être que ces derniers exemples concernent des professeurs, mais c'est tout simplement parce ces seuls exemples étaient disponibles. Cependant, dans d'autres rapports dyadiques chargés de pouvoir tels que celui d'un employeur – employé ou dirigeant religieux – disciple, les participants ont des rôles divers de sorte que les employés et les disciples deviennent bien plus que des travailleurs de bureau ou des disciples purement religieux. Ceci concorde bien avec les rapports patron-client à quoi on a déjà fait allusion au chapitre 3. On pourrait tenir responsable un employeur de la conduite morale de ses employés. Un missionnaire au nord de l'Uganda a embauché un homme comme gardien de nuit : comme partie de son salaire, le missionnaire l'a aidé à envoyer sa femme à l'école. Le missionnaire a remarqué une femme qui partait de l'enclos très tôt le matin mais lorsqu'il a demandé au gardien, celui-ci lui a dit qu'une membre de sa famille lui apportait le petit déjeuner : le missionnaire n'a plus poursuivi son enquête. Mais les anciens de son église lui ont signalé que le gardien dormait avec une femme avec qui il n'était pas marié, et que la réputation du missionnaire était compromise car manifestement il le permettait. Quand sa femme est revenue de son

---

[70] Communication personnelle, 2013.

[71] Communication personnelle, 31 mai 2013.

école et a entendu les commérages, elle a confronté le missionnaire, l'a accusé d'immoralité et lui a demandé de savoir pourquoi il aurait permis à son mari de coucher à droite et à gauche tout en travaillant pour lui[72].

Le blâme

Celui qui souffle sur le feu en avale la fumée
Proverbe d'Ibibio (Au Nigeria)[73]

Lorsque le malheur surprend les individus, une réaction typique c'est de chercher des explications en dehors de soi-même plutôt que d'examiner son propre comportement. Ceci s'applique aux citadins modernes tout comme à ceux qui habitent dans des environs traditionnels et ruraux. En général on est peu disposé à accepter que ses propres actions ou décisions puissent aboutir à des résultats défavorables. On n'accepte pas non plus volontiers que le hasard impersonnel et naturel aurait pu être la cause de maladie, d'accidents, de mésaventure, de revers personnels et d'échecs. On croit que la cause de tout événement important, positif ou négatif provient du monde spirituel, et qui se manifeste dans le monde visible. Plutôt que d'adopter ce que les occidentaux appellent une analyse rationnelle les Africains traditionnels supposent typiquement que la plupart de ces événements découlent d'une origine personnelle et ainsi prennent un chemin différent afin d'en trouver la réponse. D'abord, on croit que de tels événements négatifs prennent leur source dans des forces invisibles et spirituelles, ou des forces métaphysiques et personnelles, plutôt que dans des causes « naturelles » et empiriques. Deuxièmement, on cherche à accuser d'autres personnes d'avoir provoqué ou d'avoir été l'instigateur de ces forces maléfiques pour agir contre l'individu[74]. Les hommes font ceci en engageant des sorciers qu'ils croient avoir la connaissance et le pouvoir d'attirer des esprits maléfiques qui agissent selon leur gré. Par conséquent, ils cherchent à découvrir qui a causé un problème, soit par contravention d'un tabou, soit par le recrutement d'un sorcier.

On utilise les termes « la malchance » ou « le hasard » pour expliquer des événements défavorables dans l'ouest « scientifique ». Ces termes ne donnent pas d'explications assez convaincantes aux peuples traditionnels ou animistes. Alors par exemple pour répondre à la question pourquoi mon enfant a été tué par un arbre tombant alors que ton enfant assis

---

[72] Communication personnelle, 2014.

[73] Clasberry 2010 : 179.

[74] LeVine 1970 : 292.

à côté de lui n'a pas été blessé, « la malchance » ou « le hasard » ne constituent pas d'explications suffisantes. Les sociétés scientifiques à l'Occident acceptent qu'un enfant soit tué, alors qu'avec l'autre ce n'était pas le cas. Tout simplement, l'arbre est tombé, parait-il, d'une certaine façon.

Le blâme pour un malheur, un échec ou un manque de réussite s'explique par une cause extérieure. Alors, par exemple, en cas d'accident grave, typiquement on ne blâmera pas l'individu, ni celui-ci ne se culpabilisera pas non plus. Plutôt, on en cherchera la responsabilité chez le monde spirituel, en dehors de la personne touchée par l'accident. On attribuera la cause directe de cet accident à un esprit mais indirectement à un des ennemis de cette personne et qui aurait eu recours à un sorcier. Le blâme est donc « extériorisé ». L'individu ne cherche pas à se regarder lui-même afin d'en établir ce qu'on aurait mal fait ou fait par manque de prudence. Il n'acceptera pas non plus que des causes impersonnelles en soient responsables. Il s'agit ici de devoir concilier deux systèmes de croyance. Sous le titre « Colère public » précité, j'ai constaté que les Africains croient que la punition de la violation de la loi morale est infligée par Dieu dans ce monde, et non pas dans la vie après la mort. Autrement dit, la punition provient des actions mêmes des gens. Or, ici, il faut dire que quand les Africains connaissent la malchance, ils regardent autour d'eux-mêmes et attribuent la malchance à l'action néfaste d'esprits et de forces spirituelles. Alors, de ces deux points de vue, lequel est le vrai ? John Mbiti déjà cité s'adresse à cette contradiction même.

> La malchance peut s'interpréter comme indice qu'un souffrant ait désobéi à une conduite morale ou rituelle contre Dieu, les esprits, les anciens ou d'autres membres de sa société. Ceci ne contredit pas la croyance que les malheurs sont l'ouevre de certains membres, surtout ceux qui pratiquent la magie ou la sorcellerie, contre leurs semblables. Cette logique de village est tout à fait normale dans la pensée africaine. Je ne la comprends pas, mais je l'accepte[75].

---

[75] Mbiti 1989 : 205.

L'anxiété de séparation

L'avenir appartient aux défricheurs de l'avenir.
Proverbe africain[76]

Robert LeVine écrit qu'il existe deux expressions de comportement personnel qui sont d'ordre primordial si on veut comprendre les différences entre les Occidentaux et les Africains. L'un, c'est « le désir chez les Occidentaux d'être intimes dans les rapports sociaux, et l'absence relative de ce désir chez les Africains. » Le deuxième, c'est l'anxiété chez les Occidentaux en ce qui concerne la séparation des bien-aimés. Les soucis de ces séparations se manifestent de plusieurs façons dans la culture occidentale. « Ces tendances sont très répandues chez les populations occidentales et exaltées dans une variété de formes culturelles, de la littérature sentimentale et des films d'amour jusqu'aux idéologies humanitaires avec leur souci en ce qui concerne ceux qui sont rejetés ou abandonnés »[77]. Depuis les décennies récentes, de tels soucis s'étendent jusqu'aux animaux, et on investit beaucoup de ressources et d'émotions pour s'occuper d'eux et pour les protéger.

Beaucoup de ces comportements sont absents, semble-t-il, chez les Africains. Il parait que ceux-ci trouvent moins perturbant sur le plan affectif la séparation des bien-aimés. Les attachements sentimentaux et leurs restes (le désir, les larmes et la nostalgie) ne sont pas évidents dans les communautés africaines. La réaction habituelle des Africains aux pratiques occidentales de garder des animaux domestiques à la maison est celle de stupéfaction[78].

Tembo constate que les couples africains et les familles africaines sont souvent séparés pendant de longues périodes. C'est souvent le cas quand les études d'un membre d'une famille durent des années et où ceux-ci ne rentrent chez eux que très rarement. Tembo écrit que ceci ne devrait pas s'interpréter comme résultat d'un manque ni d'amour pour – ni du désir d'être avec – sa famille mais plutôt de besoins financiers. S'il y a moins de larmes versées, parait-il, lors du départ d'une personne, ou pendant l'absence de celle-ci, il est fort probable que les émotions s'expriment autrement en Afrique que dans l'Occident.

---

[76] www.worldofquotes.com.
[77] LeVine 1970 : 294.
[78] LeVine 1970 : 294–295.

La compétition

Chacun devrait faire attention à ses pairs.
Proverbe wolof (Sénégal)[79]

La société africaine connait de nombreux rapports compétitifs. Il existe beaucoup de concurrence pour les ressources rares et plus grande la rareté, plus acharnée la concurrence. A noter les exemples suivants :

- Les co-femmes se concurrencent pour avoir la faveur de leur mari, au point qu'en au moins une langue, le mot 'co-femme' a le même sens que 'la concurrence'.

- Les mères cherchent à avantager leurs enfants afin de devancer les enfants de leurs co-femmes.

- Les frères et les cousins se disputent l'héritage de propriété.

- Les voisins se disputent les lignes de démarcation et se reprochent l'un l'autre les dégâts de leur récoltes qui soient provoqués par les enfants ou les animaux.

- Les collègues se font concurrence pour une promotion à l'usine ou au bureau.

- Les étudiants se disputent les débouchés très limités en matière d'éducation ou d'emploi.

- Les soupirants et leurs familles se disputent les partenaires les plus désirables en leur offrant de la monnaie dotale dans une guerre des enchères.

- Le duel verbal qui fait partie de la compétition se manifeste sur le plan linguistique dans de nombreuses cultures africaines.

Ces concurrences s'accompagnent de nombreuses expressions de jalousie et de haine. A tous les niveaux de la société, du clan à l'état, les autorités consacrent énormément de temps et d'efforts à régler des disputes signalées relatives à la famille, au lignage, à l'enclos, au quartier ou bien à des niveaux variés du système judiciaire moderne, ou bien au sein du système traditionel légal et musulmane dans quelques régions. De nombreux peuples africains considèrent que la jalousie est une des émotions des plus dévastatrices, ou le plus grand péché, car elle divise ceux qui constitueraient autrement un groupe unifié. Dans de nombreux endroits, on assimile la dissension à la destruction, en la communiquant par la métaphore du poison.

---

[79]Shawyer 2009.

Pourtant, malgré toutes ces pressions concurrencières et les émotions qu'elles provoquent, la société décrète que les gens devraient avoir des relations paisibles et amicales avec ceux qui les entourent. Ceci contribue à la préservation de l'ordre dans ces sociétés face à face où les gens vivent intimement les uns avec les autres.

Cet ordre permet aussi à une famille ou à un clan d'offrir un front uni face à une attaque éventuelle par un autre clan ou une autre famille. Si on permettait à ce que l'animosité se manifeste, celle-ci serait très perturbatrice, sinon déstructrice. Bien sûr, il existe de l'animosité entre les membres d'un même clan ou d'une même famille même cachée. Et les gens croient avoir des ennemis, dont des concurrents, et que ceux-ci prendront des mesures de manière secrète pour prendre l'avantage sur eux.

Sur un plan individuel, on cherche à se défendre et à se protéger contre ses concurrents et ses ennemis et leurs attaques secrètes. Bien sûr, on n'admet pas que c'est eux qui amorcent ces attaques contre leurs ennemis. De telles défenses n'identifient pas les auteurs du mal. L'identification n'est que rarement possible, et malgré tout très peu utile. On met plutôt l'accent sur la nécessité d'avoir une bonne défense et de considérer que presque tous les autres soient des ennemis possibles ou bien les auteurs d'un crime. Les défenses les plus fréquentes sont des amulettes ou bien des talismans (grigri, juju, etc) qui se portent sur le corps des individus ou des animaux, ou bien accrochés dans des maisons ou sur les arbres fruitiers, ou des jardins. La plupart des gens se servent de ces défenses, qu'ils soient traditionalistes, chrétiens ou musulmans. Seuls les chrétiens qui sont très croyants s'abstiennent de ces pratiques. Les religieux musulmans prêchent contre la pratique de la magie noire, mais c'est un fait bien établi que leurs remonstrances sont méconnues. On reconnaît bien dans la société musulmane que les chefs religieux ont recours à de telles pratiques. Cela ne veut pas dire que les gens ne réagissent pas à des attaques impliquées.

Il existe de nombreux « pratiquants de rite » si on veut employer cette étiquette euphémique. Ceux-ci regroupent des chamans, des sorciers, des devins, des médiums et des magiciens. Ces spécialistes rituels sont recrutés à des fins à la fois offensives et défensives. Dans un pays particulier et essentiellement musulman, des tentatives sérieuses d'estimer le nombre de pratiquants de rite ont conclu qu'il y a un pratiquant contre 150 habitants – sans compter les pratiquants non-musulmans de la population. Alors, au total, on trouverait plusieurs milliers d'individus qui pratiquent de la magie protectrice, défensive ou offensive pour le compte de leurs clients[80]. Naturellement, il faut de nombreux clients pour soutenir un si grand nombre.

L'appréciation

Ne louez pas les jambes plus que les cuisses
Proverbs d'Ibibio[81]

Les Africains apprécient bien les expressions de reconnaissance, comme tout le monde. Mais les compliments ou les expressions d'apprécation ne sont pas toujours faciles à reconnaître ni à interpréter. Des cultures différentes ont leurs règles et leurs moyens d'exprimer de tels sentiments et qui sont propres à eux. Le moyen correct de les exprimer pourrait bien contraster fortement avec des coutumes occidentales. Dans certaines cultures africaines, les compliments et les expressions de louanges ne se font qu'entre amis proches.

Dans de telles cultures, on craint d'éveiller des jalousies ou bien la réaction du mauvais oeil, au cas où celui qui reçoit les gentilles paroles n'a pas confiance en son interlocuteur. Les habitants du Botswana apprécient les compliments, désignant celui qui les offre de « respectueux et gracieux, deux qualités qui sont fort bien appreciées »[82]. Mais il serait prudent d'éviter de faire allusion spécifiquement à ce que cette personne aurait fait, de crainte à ce que les autres qui seraient témoins de cette accolade en deviennent jaloux.

Dans beaucoup de cultures africaines, le moyen correct de montrer sa reconnaissance ressemble à l'exemple suivant : Quant au moyen de remercier la personne, il ne s'agit pas de se confondre en remerciements à la suite d'un service, mais plutôt de raconter le service rendu à un tiers en présence de celui qui l'a rendu. Et si quelqu'un fait de même avec vous, il faut écouter attentivement, et essayer de trouver un moyen de retourner le compliment. Mon interprétation de ce moyen de témoigner de son appréciation est surtout important dans la mesure où il montre qu'on se souvient bien du service, et le reconnaît devant ses pairs. Ceci montre plus d'appréciation que de payer quelqu'un de ses services, après quoi on les oublie[83]. Facteur essentiel dans cet exemple, c'est le calendrier. Il vaut mieux montrer son appréciation un certain temps après avoir reçu le compliment ou d'autre circonstance. Rendre le service tout de suite après risque de recréer une certain distance entre

---

[80] Maranz 1993 : 191.
[81] Clasberry 2010 : 92.
[82] Devine et Braganti 1995 : 18.
[83] Escher 1998.

celui qui donne et celui qui reçoit. On pourrait l'interpréter comme un signe que celui qui reçoit ne veut plus entretenir le rapport, ce qui est sous-entendu dans l'échange de ces gestes d'amitié avec le temps.

Ce qui est d'autant plus surprenant peut-être, c'est la pratique de faire un compliment en forme de demande, voire demander quelque chose, comme par exemple demander « J'aime vos chaussures, donnez-moi une paire », ce qui risque d'être un peu rébarbatif pour une personne de l'Occident qui ne comprend pas cette façon de donner des compliments. Cette personne s'offusque, croyant que l'autre demande vraiment que vous lui donnez cet objet en question. Une demande typique, c'est pour la chemise ou le chemisier que quelqu'un porte. Dans ces cas-ci, il faut bien prendre cette demande à la légère comme compliment indirect (à moins que bien sûr celui qui reçoit le compliment enlève sa chemise et la donne à celui qui a fait le compliment – figurez-vous la surprise si cela se passait !)

Quelquefois une demande n'est pas un compliment mais une demande véritable pour quelque chose. Si un enfant demande le stylo dans votre poche, il ne s'agit pas de compliment, mais de demande concrète. Déterminer si cette demande est un compliment ou non peut être quelquefois difficile. D'ailleurs, il vaut mieux traiter les demandes tout comme les Africains : comme partie intégrale des réactions sociales, entraînant quelquefois de l'art de faire mieux que les autres, et souvent l'art du duel verbal. Les Africains ne s'énervent pas de telles choses ; l'expatrié ne devrait pas non plus.

La générosité

Si l'action de donner devait nous amener à la pauvreté,
on ne rendrait pas les poils à celui qui se rase
Proverbe wolof (Sénégal)[84]

La générosité est une vertu très importante en Afrique. Une bonne personne est généreuse. On ne respecte pas celui qui est radin. Un étranger en Afrique qui cherche à être « bon » doit trouver des réponses à deux questions : « En termes pratiques, comment est-ce que je peux être généreux ? » et « Comment est-ce que je peux être généreux de manières obligeantes ? » Trop souvent les Occidentaux, y compris les gouvernements de l'Ouest et des organisations d'aide humanitaire, donnent aux individus et à d'autres organisations par des moyens qui sont nuisibles à long terme[85]. Les situations adressées ci-dessous se rapportent à la générosité et à la charité au niveau de l'individu. On

---

[84] Shawyer 2009 : 40.
[85] Voir Corbett et Fikkert 2009, et Schwarz 2007.

ne cherche pas ici à aborder la générosité du point de vue d'une organisation ou d'un gouvernement.

Les demandes

On mange même la nourriture qu'on n'aime pas lorsqu'on a faim
Proverbe ibibio (Nigéria)[86]

Dans les pays de culture occidentale, on n'a pas l'habitude de demander des choses ou de l'aide financière à d'autres individus (demander de l'aide au government est tout autre chose). En contrepartie, dans beaucoup de cultures africaines, il n'y a pas de tabou si on veut demander à sa famille ou à ses amis quoi que ce soit. Maintes fois on m'a demandé de l'argent, ma chemise, même ma camionette. Une fois, on a même demandé ma fille adolescente (et lui, il était vraiment sérieux) ! On trouverait rarement un expatrié qui aurait passé un certain temps en Afrique et à qui on n'a jamais demandé de l'argent ou d'autres choses. Un touriste américain qui venait d'arriver dans un certain pays était si consterné qu'il a demandé – « C'est quoi toutes ces demandes de choses et d'argent. Me voilà débarqué ici depuis seulement quelques heures et je suis prêt à rentrer chez moi par le prochain avion. »

Les expatriés se sentent mal à l'aise et en toute probabilité agacés quand on leur demande de l'argent ou d'autres choses. D'habitude, ceux-là ont deux réactions. D'abord, ils sont peu habitués à de telles demandes et se trouvent dans l'embarras. C'est une nouvelle situation pour eux, ils n'ont pas d'expérience de ces demandes et se sont forcés de donner une réponse immédiate. Il arrive que le demandeur est agressif et insistant, ce qui rend l'expatrié d'autant plus mal à l'aise.

Pour ce qui est de la générosité dont traite essentiellement cette section, l'expatrié veut être généreux. Dans une telle situation face-à-face, le 'demandeur' lance un défi. Celui qui vient de l'Occident s'habitue à donner en fonction de ses propres conditions à lui. Alors, ici, celui qui donne veut imposer celles-ci. Un souci prédominant, c'est de savoir si le demandeur a un besoin authentique ou non, ou si on a affaire avec un arnaqueur. (Par exemple, la femme en bas de la rue avec plusieurs enfants, est-ce qu'elle « loue » ses enfants à la journée, ce qui est d'usage. Mais même quand c'est bien le cas, le besoin est tout à fait evident, et la stratégie de s'attirer la sympathie qui se surajoute.) Donner de petites sommes d'argent à un mendiant ou à une personne souffrant d'une lèpre évidente semble tout à fait raisonnable. Mais s'il y a une longue queue de gens qui attendent une aumône, la situation devient difficile pour les nouveaux venus qui ne savent rien de rien. Il faut que ceux-ci apprennent

---

[86] Clasberry 2010 : 106.

tout de suite les règles de base, soit comment, quand et à qui donner. D'abord, souvent un Occidental ne se rendra pas compte peut-être que les mendiants ne soient pas nécessairement méprisés par la société, ni soient pas autant dans le besoin qu'ils n'en aient l'air. Dans quelques cultures, mendier, c'est un art qui est souvent fort bien ritualisé et bien développé, avec le but de jouer sur les sympathies des gens, ou même leur sens de l'humour. Ainsi, les gens tendent à avoir leur mendiants « clients » à eux, de même qu'ils auront développé un rapport vendeur-client avec un vendeur. On donne exclusivement à un mendiant désigné, prouvant à d'autres par la suite leur générosité, et et ne tenant aucun compte d'autres mendiants. Ils font attention à ce qu'ils ne leur donnent pas trop. On s'attend à ce que tous puissent aider les pauvres si tout le monde donne un peu d'argent à ceux dans le besoin. A ceci s'opposent les systèmes occidentaux où une personne, à titre individualiste, estime nécessaire de donner suffisamment pour faire une différence tout seul. Une de ces « règles » surprenantes, c'est de ne pas s'attendre à être remercié de sa donation. Les Musulmans croient si un mendiant exprime sa reconnaissance, ce geste enlève au donateur une récompense dans l'au-delà, car le donateur aura déjà reçu sa récompense.

Les règles fondamentales dans n'importe quel domaine sont faciles à apprendre, donc il ne s'agit pas ici d'un problème à long terme. Les gens du pays sont prêts à – et capables de – donner des conseils à ce sujet, et à d'autres sujets qui touchent la compréhension de la culture. On va approfondir toute cette question en chapitre 5, « L'amitié ». Et tel qu'on va le décrire plus tard, l'approche-clé de la générosité et de la donation, c'est de trouver une personne du pays bien respectée qui puisse vous conseiller. On devrait chercher des conseils pour les différentes circonstances où on fait appel à la générosité soit des contacts avec les mendiants, avec des simples connaissances, ou bien des amis du même rang. Souvent, les gens du pays connaissent certains mendiants de nom, et connaissent bien leur réputation. Ceux-là prennent soin de dénicher l'histoire familiale de ceux qui demandent de l'aide, de déterminer s'il s'agit effectivement d'un vrai besoin, ou bien si la personne aurait besoin de se repentir de ses méfaits qui auraient fait que leur famille l'auraient isolée pendant un certain temps.

Les cadeaux

L'honneur c'est la nourriture
Proverbe yoruba (Nigéria)[87]

Les expatriés voyagent souvent dans les villages, où les règles du comportement respectueux et généreux diffèrent de celles qui s'appliquent dans les lieux urbains. L'expatrié a l'occasion d'être généreux de son propre gré, parce qu'il est moins probable que des gens lui demanderont des choses. Ceci est du moins mon expérience. Les villageois vivent souvent dans les limites de l'existence, si bien que de simples cadeaux sont appréciés tels que des petites quantités de sucre, de sel, de thé, de lait en poudre ou d'autres denrées de base, selon le régime alimentaire local. Dans certaines régions les noix de cola sont un cadeau habituel qui est bien reçu. Cependant, il faut faire attention à la manière dont on donne ces cadeaux. Un couple avait donné un demi-kilo de sucre à leur hôtesse. Quand son mari a entendu parler du cadeau, il s'est tellement humilié qu'il a battu sa femme. Pour lui, le cadeau non sollicité impliquait que les visiteurs pensaient qu'il ne pouvait pas bien accueillir ses invités. Après avoir demandé des conseils, le couple a donné discrètement un petit sac en papier qui contenait du thé, du sucre, du riz etc. à un petit enfant, en lui disant de le mettre dans la cuisine[88].

Les « services » non sollicités

Poussière aux pieds vaut mieux que poussière aux fesses
Proverbe wolof (Sénégal)[89]

Une expérience fréquente dans les grandes villes, c'est de rencontrer des jeunes qui offrent un « service » pour lequel ils s'attendent à être payés mais qui n'est invariablement pas voulu par l'expatrié. Ces services peuvent inclure laver et/ou garder votre véhicule, nettoyer votre pare-brise, porter vos courses ou d'autres objets encombrants, cirer vos chaussures et ouvrir votre porte de voiture parmi d'autres choses. Une situation un peu différente, c'est quand des vendeurs ambulants s'entêtent à vous vendre quelque chose. La plupart du temps, ces « services » signalent un manque d'emploi régulier et donc un désespoir face au problème de trouver un moyen d'existence. Il se peut qu'il s'agisse d'une « extorsion », comme par exemple un garde qui menace d'endommager une voiture si on ne le paie pas. La vie de l'expatrié est

---

[87] www.gambia.dk.
[88] Communication personnelle, 2014.
[89] Shawyer 2009 : 11.

rendue beaucoup plus facile s'il anticipe de tels « services » et garde des petites sommes de monnaie du pays normalement requises à la portée de main, pour que le fait de trouver des pièces ne soit pas un problème. Quelquefois, le même garde ou porteur des courses se trouve toujours au même endroit, et donc il est possible qu'une sorte de relation se développe avec un sentiment de se reconnaitre plutôt qu'un simple agacement.

De temps en temps, offrir un service est un moyen par lequel un employé mal-payé peut compléter son revenu. Un administrateur a exigé que le coursier de son bureau lave les véhicules de bureau, au lieu de ne rien faire. Le coursier a affirmé que ce n'était pas à lui de le faire, mais ceci n'avait pas beaucoup de sens pour le chef de bureau américain, qui ne comprenait pas les implications de donner un travail subalterne à un employé occupant une position plus élevée. En plus, l'Américain ne comprenait pas que les rôles des employés soient spécialisés et que le multitâche soit peu connu et que l'on s'y oppose. Le coursier s'est senti tellement coupable d'avoir pris de l'argent du gardien qu'il l'a payé pour laver le véhicule de sa propre poche ![90]

Les hommes par rapport aux femmes

Avec de la richesse, on gagne une femme
Proverbe ougandais[91]

La quantité de littérature qui s'intéresse aux femmes africaines et aux femmes expatriées en Afrique, ainsi qu'à d'autres sujets similaires, est vaste. Pour lui rendre justice, il faudrait un volume séparé. Une très courte liste des titres pertinents pourrait inclure les suivants : Arnoldi et Kreamer 1995 ; Barber 1997 ; Cummings 1991 ; McNee 2000 ; Mikell 1997. Notre but ici, c'est de fournir une courte discussion pour introduire quelques sujets utiles pour les femmes occidentales qui vivent ou qui travaillent en Afrique.

Quand des expatriés – qu'ils soient des anthropologues ou qu'ils s'intéressent à la culture – explorent la façon de vivre de la région, les hommes disent souvent que les femmes africaines ne sont pas fiables pour donner des informations culturelles, à l'exception des sujets liés spécifiquement aux domaines des femmes. Les Africains croient qu'elles sont mal-informées parce qu'elles ne s'impliquent pas dans les discussions de ceux qui occupent des positions d'autorité, ou parce qu'elles n'ont pas passé par les rites d'initiation masculins. Il faut donc

---

[90] Communication personnelle, 2014.
[91] Richmond et Gestrin 1998 : 49.

qu'elles ne sachent rien du fonctionnement interne de la société. Dans une certaine mesure, on peut comprendre ce préjugé masculin : la plupart des sociétés africaines sont patriarcales. Là, quand une femme se marie, elle vit dans l'enceinte de son mari, entourée par les hommes de sa famille et leurs femmes, avec lesquelles la femme récemment mariée n'a normalement aucune relation. Bien que la femme sache la façon dont fonctionne sa famille où elle est née elle ne s'est pas habituée à expliquer – et peut-être ne sait pas exactement – comment la famille de son mari fonctionne. Cependant, Nigel Barley a trouvé que les femmes sont des sources d'informations culturelles utiles et précises pour au moins deux raisons.

> Alors que les hommes se considéraient comme étant les dépositaires des secrets ultimes de l'univers, et ont dû être persuadés de les partager avec moi, les femmes savaient que les informations qu'elles possédaient étaient sans importance et qu'elles pouvaient les partager librement avec un étranger. Elles m'ont souvent ouvert des nouveaux domaines d'étude en faisant allusion en passant à une croyance ou une cérémonie dont je n'ai jamais entendu parler et que les hommes auraient été réticents à mentionner[92].

De Jong a aussi trouvé que les femmes possédaient même une connaissance détaillée des affaires des hommes. Bien que beaucoup d'hommes croyaient que les esprits puniraient la société si les femmes avaient découvert les secrets rituels, les femmes pouvaient fréquemment leur donner des détails sur les sociétés secrètes des hommes[93]. Et quand il s'agit des affaires des femmes, les hommes ont peu de connaissances ou ne s'y intéressent pas, ce qui donne un grand avantage aux chercheuses quand elles recherchent des affaires de femmes ou de famille.

Certaines expatriées qui travaillent en Afrique se sont rendu compte que c'est un monde d'hommes. Quand elles occupent des positions d'autorité certains hommes éprouvent fréquemment de la rancune contre elles. Dans de tels cas, il est prudent pour une femme de ne pas insister que les hommes respectent leurs droits, son autorité ou son égalité, si elle veut créer des relations fructueuses. Une femme de l'Occident a décrit son expérience ainsi :

> Quand j'ai travaillé dans un bureau de comptabilité, il y avait un homme qui travaillait sous mon autorité. Dans un sens, j'étais sa patronne, en supervisant une partie de son travail … il m'a toujours traitée comme s'il était mon

---

[92] Barley 1983 : 76.
[93] De Jong 2007.

supérieur. ... Après avoir appris ce qu'est la hiérarchie sociale
(Dieu au-dessus de l'homme, puis dans l'ordre décroissant :
la femme, l'enfant, les animaux et la nature), j'ai trouvé
une stratégie que je pouvais utiliser quand je voulais qu'un
homme fasse quelque chose pour moi. Je disais à l'homme :
« Mon mari m'a envoyée – est-ce que vous feriez ceci ou cela
pour moi ? » Il a semblé que ceci a eu un effet apaisant, et
la tâche a été faite efficacement[94].

Ce n'est pas toutes les femmes occidentales qui possèdent l'humilité
nécessaire d'estimer les bonnes relations au-dessus de leurs droits perçus.
Cet exemple de la réalité montre qu'il est plus productif d'accorder de
l'importance à la réussite du projet que d'essayer de changer la culture
africaine.

Mani souligne à quel point l'Afrique, au ou moins la région Kamba en
Afrique de l'Ouest, est un monde d'hommes. La domination masculine
est même démontrée dans la façon dont on sert la nourriture aux
hommes. Pendant les repas, on leur réserve les meilleures portions de
viande. Cette domination se montre aussi dans la prise de décisions, où
ils considèrent que les femmes sont incapables de prendre les décisions
importantes. Mani conclut que ces types de subordination d'un sexe sur
l'autre alimente l'inégalité à travers la société[95].

Il se peut que les Occidentaux considèrent la domination masculine
traditionnel comme étant principalement négative. Il ne faut pas la
considérer ainsi. Dans beaucoup de côtés, la femme africaine traditionnel
possède un large degré de liberté. Au-delà de remplir ses devoirs envers
son mari et ses enfants, elle est libre de gérer sa propre entreprise ainsi
que faire d'autres activités en dehors de la maison. Beaucoup d'entre elles
vendent des produits de leurs potagers aux marchés de la région. De plus
en plus, les agences de développement reconnaissent le dynamisme et les
facultés d'encadrement des femmes. Des microcrédits pour les femmes
font partie de nombreux programmes qui ont réussi. « Dans certains pays,
les femmes dominent les marchés et le commerce de détail, et quelques-
unes sont devenues assez riches. Celles qui conduisent des Mercedes-Benz
sont souvent appelées des « Mamans-Benz »[96]. Lors de nombreux vols vers
l'Afrique et en provenance de l'Afrique, j'ai voyagé avec des femmes
d'affaires africaines, qui s'engagent de façon rentable dans le commerce
international. Il est bien possible que l'Afrique traditionnel soit un monde
masculin à la maison, mais ceci est loin d'être toute la vérité.

----

[94] Haibucher 1999a.
[95] Mani 2010.
[96] Richmond et Gestrin 1998 : 43.

3

L'Afrique de tous les jours

Introduction

L'homme est le remède de l'homme.
Proverbe wolof[1]

Les Africains sont des êtres sociaux. On ne saurait trop insister sur l'importance de ce fait. Ils croient à l'*inter*dépendance, ils la pratiquent et ils n'aiment pas du tout agir de façon indépendante. L'interdépendance signifie qu'on dépend des autres et qu'on entretient des relations avec des réseaux répandus de parenté et d'amitié. Dans de nombreuses langues africaines il existe des proverbes qui mettent l'accent sur l'importance – voire la centralité dans la vie – des relations avec d'autres êtres humains. En Afrique du Sud, les zoulous disent, « *Umuntu ngumuntu ngabantu,* » c'est-à-dire que c'est seulement par les autres qu'une personne arrive à être entière. Les humains ne peuvent vivre pleinement leur vie autrement que par la relation avec leurs semblables.

A l'autre extrémité de l'Afrique, les Wolofs du Sénégal expriment le même concept : « *Nit, nit-ay garabam* » – 'L'homme est le remède de l'homme'. Un autre proverbe wolof exprime une opinion identique : « *Ku am nit ñi ñakkoo dara* » – 'Rien ne manque à celui qui a de bons amis'[2].

Le théologien David Bosch commente ainsi cette philosophie de l'homme :

> Il existe une sagesse profonde dans [ces] proverbes. À raison de participer à l'humanité de l'autre, nous sommes à la fois façonnés et conduits à la maturité. Ceci est surtout vrai

---

[1] Shawyer, 2009 : 78.
[2] Sylla, 1987 : 107–108.

65

en ce qui concerne le Noir en Afrique. Par exemple, j'ai
souvent remarqué qu'à la suite d'un culte [à l'église], les
chrétiens noirs ne semblent pas du tout impatients de rentrer
chez eux. Ils préfèrent s'attarder et on dirait qu'ils ont l'air
peu satisfaits, comme s'ils attendent quelque chose d'autre.
Le culte religieux avec son sermon et sa communication
unidirectionnelle ne leur a pas suffi. Il reste toujours le désir
de partager, d'expérimenter la convivialité, de se rapprocher
les uns des autres[3].

Les thèmes abordés dans ce chapitre comprennent pour l'essentiel
les rapports personnels. Les coutumes africaines de tous les jours sont
axées sur les gens. On pourrait décrire la culture occidentale comme
concentrée sur les choses et la technologie, bien plus que ce n'est le cas
en Afrique. Même le nouveau phénomène des médias sociaux se sert de
'choses' comme un moyen d'interagir avec les amis et les partenaires
commerciaux. Au lieu de permettre un contact direct d'humain à humain,
la technologie sert de tampon, tout en minimisant les concessions
réciproques normales d'interaction personnelle. En revanche, les sociétés
africaines ont développé les relations humaines à un degré de complexité
extraordinaire. Bien que cette discussion ne s'étende pas sur ces thèmes,
les sociétés africaines étaient et sont toujours complexes d'innombrables
manières : clans, polygynie, totems, tabous, rapports avec les ancêtres,
les dieux et les esprits, société en hiérarchies, sociétés secrètes et castes
dans plusieurs groupes ethniques – on pourrait élargir cette liste presque
à l'infini. Bien sûr, les Africains modernes se servent et dépendent de
la technologie et des machines, par exemple en ce qui concerne les
transports et plus récemment la généralisation de téléphones mobiles.
Néanmoins, on pourrait soutenir que 'la technologie' a été moins
importante en Afrique qu'en Occident, tandis que les gens et leurs
relations ont été – et le sont toujours – d'importance primordiale.

Le philosophe sénégalais Assan Sylla qualifie l'éthique de vie wolof
comme centrée sur le bien-être et le bien vivre, la paix sociale et une
bonne conscience religieuse. Cette éthique est fondée sur la dignité
des êtres humains et l'établissement d'institutions qui « assurent que
ses membres deviennent de plus en plus solidaires, de manière
horizontale avec les vivants et de manière verticale avec les ancêtres
et les descendants. » Cette éthique et les valeurs qu'elle comprend
représentent assurément les sociétés dans toute l'Afrique[4].

---

[3] Bosch 2001 : 96.
[4] Sylla 1978 : 164.

L'amitié

Il n'y a pas d'amitié à sens unique.

Proverbe masaï (Kenya)[5]

Partout où je suis allé en Afrique je me suis senti le bienvenu. Je me rappelle une ou deux exceptions, à savoir les fois où j'ai trouvé par hasard des hommes qui s'occupaient à abattre illégalement une forêt ou qui se livraient à d'autres actes illicites. À force de vivre et d'habiter dans des pays où on ne recevait pas toujours bien un Nord-Américain, par exemple quand des gens jetaient des cailloux à ceux qu'ils voulaient éloigner, ou quand j'ai été arrêté par des policiers très désagréables et plutôt menaçants, il était bien rassurant de se sentir le bienvenu presque partout.

En se déplaçant le long des routes rurales en Afrique, on voit très souvent des adultes et des enfants qui lèvent les yeux et font signe de la main, tout en arrêtant leurs activités, le regard suivant votre véhicule au passage. Je me suis souvent demandé ce qu'ils avaient à l'esprit en ces moments. Était-ce la cordialité, la curiosité, l'émerveillement du spectacle aussi commun qu'il soit ? J'ai toujours essayé de saluer moi aussi, mais je me suis toujours senti un peu hypocrite, sachant bien que rien ne pouvait résulter de cette 'amitié.'

Nigel Barley, dans sa chronique personnelle pénétrante d'un étranger en Afrique, décrit la réaction d'innombrables visiteurs :

> Lors de mes rencontres avec des fonctionnaires, j'ai été très surpris de constater combien ceux-ci étaient amicaux et agréables ; je ne m'y attendais pas du tout. Après les ressentiments politiques des Antillais et des Indiens que j'ai connus en Angleterre, il m'a paru ridicule que ce serait en Afrique que les gens de différentes races pouvaient se rencontrer sous des conditions faciles et peu complexes. ...
> En tant qu'Anglais, ce qui m'impressionnait peut-être de façon déraisonnable, c'était que de parfaits inconnus me saluaient et me souriaient dans la rue, apparemment sans aucune arrière-pensée[6].

Pour les femmes non accompagnées qui sortent seules, soit en ville ou en voyage, la 'cordialité' de certains hommes peut être moins que sincère. Dans de telles circonstances, elles se trouvent peut-être l'objet d'attention inopportune. On peut prendre des mesures pour minimiser

---

[5]Bryan 1999.

[6]Barley 1984 : 21–22.

ce problème. Ce qui peut être utile, c'est le port de bague ou d'alliance ; cette bague peut être très peu coûteuse et achetée exprès pour de telles situations. Si un homme demande à une femme célibataire des renseignements sur son mari, elle peut répondre qu'il est en voyage ou bien lui inventer une réponse évasive, si cela la dérange de mentir. Si on lui demande si elle a un petit ami, la réponse qu'elle a déjà plusieurs maris et qu'elle ne saurait pas s'y prendre avec encore un, pourrait bien désamorcer la situation avec un peu d'humour. Une femme qui voyage toute seule ferait bien de trouver une autre femme avec qui voyager ou s'asseoir. Elle pourrait bien proposer de surveiller les enfants ou les bagages d'une compagne de voyage, ce qui donne l'impression qu'elle est liée à celle-ci et ne voyage pas toute seule. Il est fortement recommandé de suivre les conseils de femmes locales bien respectées face à toute situation, région ou personne douteuse[7].

Les élites sociales

Celui qui se croit un leader et n'a personne qui le suit est seulement en promenade.
Proverbe malawien[8]

Un point commun trouvé partout en Afrique est la présence d'élites sociales, composées de personnes qui ont des ressources (politiques et/ou financières), des postes d'influence et des valeurs partagées, et qui sont séparées des masses de manières significatives. Ensemble, elles exercent un pouvoir de contrôle dans leur pays respectif. Les élites sont des personnes qui ont connu la réussite, quel que soit le domaine. Les symboles du statut des élites comprennent les maisons et les voitures prétentieuses, les bijoux et le genre de tissu des vêtements ou la quantité de broderie sur les vêtements des femmes et des hommes. Ces signes de réussite donnent souvent l'impression de prétention. Ces personnes font partie de la haute société, vivent de façon ostentatoire, voyagent partout dans le monde, et se retrouvent dans les boîtes de nuit et d'autres endroits bien au-dessus des moyens des gens du peuple. On décrit souvent leur pouvoir comme l'avancement d'intérêts personnels plutôt que de ceux qui bénéficient les intérêts nationaux. Elles exercent une influence positive dans la mesure où les élites issues de groupes ethniques différents se fréquentent et se marient même au-delà des frontières linguistiques et 'tribales'. Pourtant, malgré leurs origines de village souvent humbles, « de nombreuses élites africaines au gouvernement ou ailleurs continuent à banaliser les cultures indigènes

---

[7] Haibucher 1999a.
[8] www.afritorial.com.

qui leur ont donné naissance et qu'elles estiment rétrogrades et sans importance dans le monde actuel »[9].

Les élites sociales sont certainement – et ont toujours été du point de vue historique – un élément commun de cultures presque partout. La royauté ne se limitait pas à l'Europe : les royaumes africains, eux, avaient leurs familles ou leurs clans d'élites. Les super-riches, les célébrités et les stars du sport de la société occidentale sont des 'élites', ayant quelques-unes des mêmes caractéristiques que les élites d'Afrique mais aussi marquées par des différences fondamentales en ce qui concerne leur rôle dans la société. Si on doit se concentrer sur les élites dans le contexte africain, c'est parce que dans beaucoup de pays elles exercent une influence et un pouvoir prépondérants. Leur position dans la société africaine ressemble plutôt à celle de la royauté à l'époque prédémocratique, alors que les élites de l'Occident exercent l'influence de manière plus indirecte. On fait cela par l'expression publique des opinions, le financement d'action politique et de lobbying, l'appui de candidats particuliers à un poste politique, et d'autres activités indirectes semblables. Les élites de l'Occident ont tendance à rester en place à relativement court terme. Les hommes et femmes politiques vont et viennent et même parfois surgissent de 'nulle part'. Les titans du monde de commerce disparaissent après avoir pris la retraite. Les célébrités passent comme des comètes. Par contre, les élites africaines tendent à conserver un pouvoir qui se perpétue, et lèguent leur pouvoir à leurs héritiers ou à d'autres de la même classe restreinte.

Etant donné que les élites représentent un phénomène universel, il y a eu partout dans le monde beaucoup d'études savantes à leur sujet, ce qui a vu naître une littérature très étendue. Ceci provient de leur rôle important, voire prépondérant, dans la façon dont les pays et le monde sont gouvernés. L'influence des élites s'étend à la politique, au commerce, au développement économique (ou au manque de celui-ci), et depuis les relations internationales jusqu'à la politique locale – bref, à la plupart des affaires nationales et internationales. On ne peut pas bien comprendre beaucoup d'événements et de politiques au continent et au sein de pays individuels sans tenir pleinement compte du rôle des élites dans la société.

Dans l'ensemble, on reproche aux élites bon nombre des maux si répandus au continent. Beaucoup d'études examinent les racines historiques de ces malheurs, y inclus l'héritage négatif et toujours prévalant du colonialisme, les marchés internationaux peu justes et bien d'autres facteurs. Ces maux ne sont pas abordés ici, puisque cette section ne vise pas l'analyse historique mais tout simplement une

---

[9]Maathai 2009 : 46.

vue d'ensemble de la situation actuelle. Voici un échantillonnage de
l'abondante littérature portant sur les élites :

- « D'un point de vue comparatif, la raison principale pourquoi les
  élites africaines cherchent à contrôler les terrains, c'est qu'ils
  visent le pouvoir, et au niveau des systèmes traditionnels de
  propriété foncière en Afrique, la propriété des terres est liée au
  pouvoir »[10].

- Les élites participent à une « politique du ventre » (métaphore
  française bien utilisée provenant du Cameroun, empruntée à
  l'origine par Jean-François Bayart). Elle se rapporte à « une
  forme de gouvernance qui a vu le jour en Afrique après
  la décolonisation. ... [Elle est] caractérisée par ... le contrôle
  par les élites des sphères privée et publique, les acteurs des
  deux côtés utilisant leur statut pour renforcer leur pouvoir
  économique et politique »[11]

- Quoiqu'il y ait eu un mouvement généralisé vers la démocratie
  dans la plus grande partie de l'Afrique pendant les années
  récentes, les élites dirigeantes maintiennent « une capacité
  continuelle ... de manipuler le processus de démocratisation
  pour en tirer un gain personnel au détriment du bien-être de
  leurs systèmes politiques particuliers [à raison d']un processus
  où les systèmes pluripartites récemment établis permettent
  simplement que des secteurs d'élites dirigeants, successifs
  et concurrents, exploitent la vaste majorité des populations
  africaines en grande partie rurales »[12].

- La plupart des Occidentaux ne s'attendraient pas à une des
  dimensions de la lutte pour le pouvoir de la part des élites.
  Dans sa critique d'un livre qui traite des élites africaines, Donal
  Cruise O'Brien, qui est bien informé, écrit que leur « lutte
  implique de manière essentielle la recherche d'une 'maîtrise de
  l'invisible', dans laquelle la sorcellerie est considérée par les
  participants politiques comme indispensable à la conquête et à
  l'usage du pouvoir »[13].

Peut-être que la discussion ci-dessus semble donner des élites une
image plutôt négative, et implique que leurs quêtes du pouvoir et
leur rapacité semblent être les traits dominants. On verra bien dans la

---

[10] Rose 2002 : 206.

[11] *Wikipedia*, « Politics of the Belly. »

[12] Schraeder 1994 : 70.

[13] O'Brien 1989 : 528–529.

section suivante que les élites subissent une forte pression externe, ce qui permet, bien sûr, une certaine sympathie et atténue la négativité. Beaucoup de gouvernements et d'institutions sont instables, ce qui rend la vie imprévisible. Les rivalités abondent entre les groupes ethniques dans beaucoup de pays.

La famille exerce une pression extrême sur ceux qui disposent de ressources ou sont en mesure d'y accéder. Même ceux qui occupent de hautes fonctions ne peuvent jamais répondre à toutes les attentes de ceux qui dépendent d'eux dans ce système de dépouilles qui existe dans de nombreux pays. Il peut y avoir des circonstances atténuantes, mais, tout au moins, le comportement des élites représente trop souvent une trahison des idéaux africains.

Peter Geschiere signale que, traditionnelment, là où la société était organisée en royaumes, les richesses constituaient la prérogative exclusive de la noblesse ou des élites traditionnels, système qui laissait supposer un contrôle rituel sur les richesses. Cependant, on tenait les élites responsables d'exercer leur pouvoir, leur standing et leurs richesses au profit de leurs sujets. Dans le cas contraire, ce serait Dieu qui les tiendrait responsables, ou bien les pouvoirs spirituels qui les avaient intronisées. Ainsi, à mesure que des personnes d'origine non-élitiste accédaient aux richesses et au pouvoir, la population supposait qu'elles avaient réussi à manipuler le système à leurs propres fins et au détriment des autres. Dans la mesure où elles s'étaient permis la consommation ostentatoire, l'accumulation de ressources ou l'investissement de leurs richesses en dehors de leur patrie, on croyait qu'elles avaient acquis des richesses de manière immorale ou trompeuse, et on se méfiait d'elles, au point même de les ostraciser. En Afrique contemporaine, les nouvelles élites contrastent nettement avec les idiomes traditionnels des richesses, et dans la manière dont elles se servent de leurs richesses et dans la manière dont on présume qu'elles les ont acquises[14].

---

[14]Geschiere 1997.

Le clientélisme et la dépendance

*Les personnes influentes sont celles qui obtiennent la plupart
de ce qu'il y a à obtenir.*[15]
Proverbe ougandais[16]

Il existe en Afrique une espèce de relation interpersonnelle qui diffère
en pratique des relations qui existent en Occident[17]. Les Occidentaux
qui voyagent ou travaillent en Afrique le rencontrent dans bien des
situations. Généralement, ils ne comprennent pas ce qui se passe et ne
savent pas comment y répondre.

Quand des Occidentaux arrivent en Afrique et essaient de se rendre
aimable et de lier des amitiés, tôt ou tard beaucoup de leurs nouvelles
'connaissances' africaines vont essayer de les intégrer dans des rôles
que les Occidentaux ne comprennent pas. (Remarquez qu'il ne s'agit
pas ici d'Africains qui sont fonctionnaires ou contacts professionnels ; il
s'agit de commis, colporteurs, voisins, domestiques et autres personnes
que l'étranger rencontre dans la vie quotidienne.) Ces Africains essaient
d'entraîner les étrangers dans leur système de relations personnelles.
Les Africains n'ont aucun moyen de savoir que les Occidentaux ne
comprennent pas ceci. Les Africains sont sur leur propre terrain et ne
comprennent pas (ni ne devraient comprendre) que l'étranger a une
façon très différente d'établir des relations avec les autres. Il appartient à
l'Occidental de se mettre au courant du système et de décider comment
y établir un rapport.

On appelle le système que nous considérons le clientélisme[18]. Le
clientélisme a diverses manifestations et on le trouve dans beaucoup
de pays, mais il a des caractéristiques particulières en Afrique[19]. C'est
« l'omniprésence à chaque niveau de la vie africaine de l'échange des
dons, des faveurs et des services, du parrainage et des pratiques de
courtoisie »[20]. Au fond, c'est un système où des personnes qui ont des
moyens économiques établissent des relations informelles de longue

---

[15]Lasswell 1997.
[16]https://www.allgreatquotes.com/.
[17]Bien que les sociologues acceptent que le 'clientélisme' existe dans les
démocraties occidentales, comme dans les relations entre les électeurs et les
politiciens, un tel clientélisme fonctionnent très différemment de celui qu'on
décrit ici.
[18]D'autres termes qui se rapportent au même système politico-économique
sont patron-client, prébendier, clientéliste et patrimonial.
[19]Brinkerhoff et Goldsmith 2004.
[20]Walle 2003: 311–312.

durée avec des personnes qui ont moins d'accès au pouvoir, aux richesses et à l'influence. Le terme « moins d'accès » est relatif puisqu'il y a une hiérarchie de clients et de parrains. Le parrain d'un certain client est le client du parrain au-dessus de lui. La hiérarchie s'étend des membres les plus bas de la société jusqu'aux plus hauts. Les parrains et les clients établissent une relation pour des buts considérés favorables aux uns et aux autres. Le genre de relation qu'on voit dans le clientélisme « est clairement la règle et non l'exception dans la plus grande partie de l'Afrique »[21]. Quelques exemples concrets aideront à expliquer les situations et les relations en question.

Un homme que je ne connaissais à peine a commencé à me rendre visite presque tous les jours. J'étais récemment arrivé dans le pays et je ne comprenais pas pourquoi il agissait ainsi. Pour moi, c'était une perte de temps. Enfin, après peut-être une quinzaine de jours, comme j'étais de plus en plus exaspéré, il m'a dit qu'il voulait devenir mon client. Moi, je serais son parrain et je le prendrais en charge. Il croyait me faire honneur, mais je ne cherchais pas du tout un honneur pareil.

Si je l'acceptais comme client, il serait implicitement entendu que j'assumerais responsabilité pour lui et pour sa famille. Cela comprendrait le soutien financier, l'assistance relative aux frais d'études de ses enfants, l'aide à trouver des emplois, la réponse aux besoins de santé comme de l'argent pour les ordonnances, etc. Il y aurait aussi des responsabilités implicites pour lui comme client, puisque les relations parrain-client sont par définition réciproques : chaque partie reçoit de l'autre ce dont elle a besoin. Donc, mon ami me rendrait visite fréquemment chez moi. Il serait « loyal » et il me donnerait sa voix si j'étais candidat à une fonction publique (si j'étais ressortissant du pays), ou si j'avais besoin d'appui public ou moral. Il encouragerait aussi ses amis à faire de même.

J'ai visité les maisons de quelques « grands hommes » qui ont des richesses et de l'influence. Dans leur cour, il y a beaucoup d'hommes qui y restent sans rien faire, ou qui vont et viennent. Quelques-uns y traînent de façon opportuniste, d'autres demandent une audience pour présenter leur besoin du moment. Dans les sociétés où on se conduit de cette façon – et il y en a beaucoup en Afrique – cette attention de la part des clients donne du prestige au grand homme, en indiquant son importance et sa clientèle fidèle. Remarquez que normalement les parrains ne rendent pas visite aux clients, à l'exception d'obsèques et de noces. Les visites se font à sens unique.

Evidemment, pour l'Occidental, accepter une invitation à faire partie de ce système n'est pas du tout intéressant. Ce qu'un 'client' pourrait offrir à un Occidental est ce qu'il n'apprécie ni ne désire. 'L'avantage'

---

[21] Lemarchand 1972 : 69.

d'un défilé ininterrompu de visiteurs et de suppliants serait considéré un empiètement indésirable sur sa vie privée et son temps. Peut-être qu'il pourrait être intéressant de devenir « grand homme » dans sa culture natale, mais cela pourrait avoir une définition tout à fait différente de ce que ce serait dans un contexte clientéliste africain. Donc, quand les Africains essaient d'entraîner les Occidentaux dans leur système, cela ne cadre pas du tout. Aux yeux de l'Occidental, tous les avantages n'iraient que dans un sens : des ressources financières couleraient depuis l'Occidental vers son client. Une telle relation engendrait la bienfaisance, pas un véritable clientélisme.

Voici un exemple concret très différent des implications du clientélisme. Un Africain de haut standing avait été nommé au conseil d'administration d'une organisation internationale à but non lucratif, une ONG dont le bureau principal était situé aux Etats-Unis. Il a été membre pendant six ans en tout, assistant aux réunions deux fois par an. Tous les membres du conseil servaient sans rémunération, selon la loi. Lorsqu'il s'était retraité dans son pays natal, il a demandé à l'ONG une pension de retraite. Quand on lui a fait savoir que son service ne donnait pas droit à une pension de retraite et que c'était ainsi pour tous les membres du conseil, il est devenu très amer et critique de cette organisation 'injuste'. Je crois que, à son avis, il avait été client fidèle de l'organisation pendant plusieurs années et que cela obligeait l'organisation à prendre soin de lui à long terme.

Un employé dans un pays africain a souffert une tumeur cérébrale. Pendant un certain temps, l'assurance maladie a couvert ses frais médicaux. Puisqu'il était très longtemps à l'hôpital, les prestations d'assurance se sont enfin terminées. L'organisation a continué à payer ses frais médicaux et son salaire pendant plusieurs mois au-delà des exigences juridiques. Quand il est rentré dans son village pour être avec sa famille, l'organisation a cessé de le soutenir. Il est devenu très amer parce que les paiements ont cessé. Il a fait savoir à tout le monde que l'organisation était injuste, non fiable et insouciante, et qu'elle traitait très mal ses employés. Ce comportement critique était aussi typique du clientélisme : la loyauté envers le parrain ne dure qu'aussi longtemps que la relation parrain-client reste intacte.

Un ministère gouvernemental avait nommé un jeune homme comme stagiaire à un chercheur agricole étranger. Le stagiaire était un élève d'école professionnelle et avait déjà plus de vingt ans. Le chercheur a reconnu que le jeune homme était honnête et capable, et il l'a pris sous son aile. Le chercheur comprenait bien la mentalité parrain-client qui était partie de la culture du jeune homme et il a essayé de lui apprendre à penser et à agir de façon indépendante. Il lui a enseigné diverses méthodes agricoles : comment greffer les arbres fruitiers, comment établir une pépinière, etc. Il lui a fait remarquer des débouchés commerciaux. Il a expliqué l'esprit d'entreprise, la nécessité de prendre l'initiative, et le fait que le système ne l'aiderait pas et qu'il devait donc faire tout son possible pour se débrouiller tout seul. Le stagiaire disait souvent qu'il appréciait l'instruction, mais il semblait qu'il n'en absorbait pas grand-chose, bien que l'instruction ait duré plusieurs mois.

Puis un jour, après que le chercheur avait informé le stagiaire qu'il allait rentrer en congé dans son pays, le stagiaire est entré dans le laboratoire, tout rayonnant.

> [Il avait] le visage radieux, comme s'il avait reçu une révélation. Il a dit qu'il comprenait maintenant comment cela pourrait marcher à l'avenir. Alors je lui ai répondu : « Très bien ! Comment ça se fera-t-il ? » Il a dit : « Vous pouvez me prendre en charge. » Il habitait un pays où la vie est très difficile et décourageante, où il faut payer des pots-de-vin même pour accéder à l'école secondaire, pour réussir aux examens, pour recevoir un diplôme qu'on a mérité, pour trouver un emploi rémunéré. ... Par conséquent, il était incapable de penser au-delà de l'idée d'être mis en relation avec quelqu'un, d'avoir un parrain[22].

Voici la signification de cette discussion : bien que ce jeune homme fût intelligent, malgré la formation qu'il ait reçue au sujet du besoin de prendre l'initiative, et malgré les occasions qu'on lui a offertes, en fin de compte il ne pouvait pas penser au-delà d'une relation parrain-client. Il croyait manquer les ressources pour se charger de sa propre vie, et donc sa seule marche à suivre sûre était de dépendre d'un parrain.

Les étrangers qui sont en Afrique rencontrent souvent ce qu'on pourrait appeler le clientélisme opportuniste ou voulu. Cela diffère de ce que j'ai déjà décrit en ce que l'étranger ne connaît pas le 'client' potentiel. Typiquement, un Africain vous arrête dans la rue, ou il sonne à la porte de votre domicile. Généralement, ce suppliant demande de l'argent ou quelquefois un emploi. Peut-être qu'il a une ordonnance pour un médicament à la main, ou qu'il décrit sa situation désespérée ou celle de sa famille, souvent dans les moindres détails pitoyables. L'Occidental ne sait pas quoi faire. Il ne sait pas si le besoin est véritable, ou pas. Enfin, peut-être qu'il lui donnera de l'argent mais il n'est pas content puisqu'il ne sait pas s'il a vraiment été secourable ou si on l'a dupé. Cela peut être classé comme le clientélisme parce que le suppliant essaiera si possible de chercher une relation à long terme avec vous comme son parrain.

---

[22]Communication personnelle, 2008.

Tous ces exemples donnent une idée de l'effet que le clientélisme exerce sur les étrangers en Afrique. Pour les Africains qui ont des moyens limités et qui vivent dans une société où il y a peu d'opportunités, le clientélisme offre de l'espoir et la possibilité d'accéder à des ressources qui sont hors de leur portée. Même pour les Africains qui ont des moyens modestes, le clientélisme offre des opportunités augmentées.

Le client et le parrain espèrent tous les deux que le rapport durera. Mais en pratique la loyauté du client dépend du flux continu de ressources vers lui. Si les avantages diminuent, le client cherchera un nouveau parrain. De ce fait, ces relations manquent souvent de stabilité. C'est ce qui s'est passé dans d'innombrables pays africains : les conditions économiques se sont détériorées, avec le résultat que les parrains ont moins de ressources à partager avec leurs clients. Dans de telles situations, les clients cherchent d'autres parrains qui puissent leur fournir les biens et services dont ils manquent. Remarquez que la terminologie locale utilisée pour 'clients' et 'parrains' diffère d'un lieu à l'autre. Il est possible que le système n'emploie pas du tout les termes employés ici, même si le concept est fondamentalement pareil. Ci-dessous se trouvent deux tableaux. Le premier tableau compare les moyens dont on fournit les services essentiels en Afrique et dans les sociétés occidentales. Le tableau 3.2[23] compare quelques-unes des différences d'organisation entre les sociétés clientélistes africaines et les sociétés occidentales.

---

[23]Chabal et Daloz 1999 : 14.

Tableau 3.1. Fournisseurs de services en Afrique et dans les sociétés occidentales

Service	Fournisseur en Afrique	Fournisseur dans les sociétés occidentales
Argent ou prêts	Amis ou famille du parrain, par relations personnelles	Banques, autres agences de crédit
Crédit	Parrain, souvent en tant qu'une « avance »	Cartes de crédit, banques, agences de crédit
Bienfaisance : dons de biens et services	Parrain, personnellement à ses clients	Gouvernement, organismes religieux et charitables, sur une base impersonnelle
Emploi	Le parrain emploie des membres de la famille ou des clients. Souvent, la relation de l'employé est plus importante que les qualifications. Le népotisme est la norme.	Les études, l'expérience et la compétence sont la base pour l'emploi, bien que les contacts ouvrent des portes.
Assurance	Aucun contrat juridique. Le parrain, la famille et les amis sont les seules sources d'aide.	Achetée officiellement par moyen de contrats juridiques
Accès du client au parrain, ou de l'employé à l'employeur	Le parrain a une relation personnelle ; le client rend visite au parrain à domicile.	Un employé devrait s'occuper des affaires personnelles en dehors du contexte commercial.
Présence aux cérémonies, noces, obsèques et évènements spéciaux	Le parrain, ayant donné une relation personnelle	On n'introduit pas les affaires personnelles au lieu de travail, bien qu'un employeur puisse emmener un employé déjeuner à des occasions spéciales.
Utilisation de voitures, transports, livraison, déménagement	Parrain, ayant donné une relation personnelle	Voiture personnelle de l'employé, location de voitures, ou société de déménagement ; parfois des amis.

Tableau 3.2. Comparaison des sociétés clientélistes et occidentales

Société clientéliste en Afrique	Société occidentale
Pouvoir	
Le pouvoir provient de la distribution des ressources (argent, emplois, accès à l'enseignement, etc.)	Le pouvoir provient de la volonté exprimée d'une majorité du peuple – gouvernement par consentement.
Le pouvoir est personnalisé à travers des personnes dominantes.	Le pouvoir est institutionnalisé, par exemple, à travers des partis politiques.
Le pouvoir peut être « légitime » (parce qu'il est accepté par le peuple) mais aussi illégal (souvent malgré des lois qui ne sont pas appliquées)	Le pouvoir est légitimé par l'autorité de la loi.
Ressources publiques	
On s'attend à ce que les fonctionnaires distribuent aux clients les ressources publiques auxquelles ils ont accès.	Les fonctionnaires ne sont que des gardiens temporaires des ressources publiques ; ils n'y ont aucun droit de propriété.
Société civile	
La société et les partis politiques sont organisés verticalement en fonction d'ethnicité, de religion ou de région.	La société est organisée fondamentalement horizontalement, sans tenir compte des différences ethniques, religieuses ou régionales.
La société civile (organisations) est en grande mesure cooptée par les élites dominantes et devient assujettie à ceux qui gouvernent.	La société civile, par exemple, les syndicats et les associations commerciales, sert de contre-pouvoir indépendant de l'Etat.
La société civile est faible ou négligeable, ce qui permet au gouvernement d'agir avec peu de contrainte sur ceux qui contrôlent les leviers du pouvoir.	La société civile est forte et sert de contrepoids au pouvoir gouvernemental. Elle est indispensable pour l'avancement du bien public.
Politique	
Les politiciens, bureaucrates et chefs militaires 'servent' leurs clients (famille, communautés, région, religion) mais ils ne servent pas l'État, ni le peuple en général.	Les politiciens et les employés publics sont des « agents publics » de l'État et servent l'ensemble de la population.

Société clientéliste en Afrique	Société occidentale
La politique est informelle et basée sur des réseaux individuels organisés verticalement et des hommes de pouvoir qui s'accrochent à leur poste.	La politique est institutionnalisée, basée sur les intérêts, l'idéologie, et les intérêts régionaux, avec des leaders qui sont en poste temporairement.
Chez les 'grands hommes', plus leur poste est élevé, plus on demande qu'ils distribuent directement les ressources.	Les députés servent leur conscription électorale, mais par des mécanismes légaux en négociation avec d'autre politiciens.
Gouvernement	
Les institutions gouvernementales sont faibles, ce qui permet le favoritisme.	Au moins en théorie, l'État est neutre en ce qui concerne ceux qui sont éligibles aux ressources.
La bureaucratie est arbitraire et personnalisée.	La bureaucratie sert ceux qui satisfont aux critères légaux.
Le gouvernement a peu de ressources à distribuer et limite donc la distribution aux plus loyaux.	Le gouvernement a des ressources relativement abondantes ; donc il est possible de les débourser plus largement.
Le gouvernement est personnalisé, sujet au favoritisme, incompétent, et donc n'est qu'une « coquille vide. »	Le gouvernement est institutionnalisé, professionnellement compétent et légitimisé par vote national.
Développement économique	
Un gouvernement faible favorise les élites politiques qui contrôlent les ressources et les distribuent aux clients ; les autres sont exclus.	Un gouvernement fort permet que les ressources soient distribuées pour le bien public, à l'avantage de tous.
Les clients exigent des bénéfices immédiats, ce qui empêche les investissements à long terme qui pourraient avantager tout le monde.	Le développement nécessite l'investissement à long terme, ce qui implique des bénéfices retardés mais augmentés.

Remarquez que, dans la réalité, il arrive souvent que la façon de se comporter dans la société occidentale n'atteint pas du tout l'idéal de la pratique démocratique.

Voici quelques effets fréquents que le clientélisme produit sur la société :

- Les politiciens qui essaient d'augmenter leur appui électoral pour accéder aux ressources publiques emploient régulièrement le clientélisme comme instrument principal. La politique devient donc un concours pour le pouvoir et les ressources – « une politique qui est obsédée par le butin de la victoire politique »[24]. Cela se passe très fréquemment dans les régions où les populations paysannes ou migrantes sont autrement exclues des ressources publiques.

- Le clientélisme permet aux élites, « aux classes possédantes de légitimer leur domination politique »[25]. Peut-être qu'ils sont élus démocratiquement mais, sous la surface, la distribution des ressources publiques l'emporte sur d'autres considérations.

- « Ce qui est remarquable dans beaucoup de pays africains, c'est le peu de ressources qui parviennent aux défavorisés par le réseau clientéliste, et combien de ressources collent aux mains de quelques rares personnes qui sont en haut »[26].

- « Le parrain a un pouvoir disproportionné et donc jouit d'une grande liberté quant à la distribution des ressources sous son contrôle »[27].

- « Plusieurs pays africains sub-sahariens ont été ruinés par des dictateurs criminels qui ont transféré une grande partie des richesses nationales dans leurs propres comptes bancaires à l'étranger. ... Dans ces pays, des enfants meurent de malnutrition à cause de la corruption dans le passé »[28].

- « De tels avis sont peut-être même plus fermement tenus sur le continent africain qu'à l'étranger. Il est difficile de trouver (ou même d'imaginer) des réformateurs ou activistes africains qui n'identifient pas la corruption comme cause majeure des crises et des abus des droits humains, ou qui n'exigent pas de mesures pour la restreindre »[29].

---

[24] Szeftel 2000 : 247.

[25] Szeftel 2000 : 435.

[26] Walle 2003 : 312.

[27] Brinkerhoff et Goldsmith 2004 : 165.

[28] Szeftel 2000 : 428, citant *The Times*. Londres, le 15 fév., 1999.

[29] Szeftel 2000 : 428, citant *The Times*. Londres, le 15 fév., 1999.

- Certains présidents étaient autrefois des dictateurs, qui ont employé leur autorité, leur pouvoir et leurs richesses pour se présenter comme des candidats légitimes et mener une campagne réussie sous un vernis de procédé démocratique. Ils ont bâti de vastes réseaux, des relations avec des clients, etc., ce qui leur a permis de devenir de grands hommes. Leurs clients et les membres de leurs réseaux ne peuvent que voter pour eux, quelques soient les moyens qu'ils ont utilisés pour gagner l'importance et les ressources, plutôt que de voter pour un inconnu ou un concurrent qui soutient un réseau différent. Les électeurs peuvent peut-être demander : « Qu'est-ce qu'un candidat possède à partager ? Même s'il possède peut-être des ressources, nous ne faisons pas partie de son réseau, et nous ne connaissons personne qui en fait partie. Nous voulons savoir comment il serait possible de toucher l'accès aux ressources. Aucun membre de notre famille n'a de relation avec lui, donc nous soutiendrons donc le grand homme qui a davantage à nous offrir au niveau personnel ou au niveau de la famille ou du clan. »

- Il n'est pas rare de voir une grande maison, qui ressemble peut-être à une villa, dans un village africain qui est autrement pauvre. Un Occidental serait peut-être surpris d'apprendre que les villageois apprécient cela, même quand eux, ils habitent des maisons de pisé. Une telle maison et le grand homme qui y réside de temps en temps augmentent le prestige de leur village et leur donnent accès à des ressources qui seraient autrement au-delà de leurs moyens, ou accès aux possibilités d'assistance en cas de besoin : lors de maladie, de fêtes familiales, de cérémonies de nomination, de décès, etc.

- « Il se peut que certaines personnes préfèrent un système autre que le clientélisme, mais elles tolèrent le statu quo comme mesure de sécurité »[30]. En bref, le système clientéliste suppose inexorablement l'existence d'une petite classe dominante qui est capable d'obtenir et de contrôler les ressources produites par les masses populaires ; c'est un système fondamentalement hiérarchique, exploiteur et corrompu. ... Il incarne la poursuite égoïste de l'agrandissement financier (de la part du parrain). Donc, puisque la politique parrain-client dépend de la distribution et de l'acquisition inégales de récompenses matérielles et de gains, elle est ancrée dans des pratiques

---

[30]Brinkerhoff et Goldsmith 2004 : 163.

illégales et illicites. Par conséquent, cela étouffe la culture
civique, corrompt la vie publique et donne naissance à un
cynisme politique répandu. Puisque le clientélisme déplace
toute idée du bien commun et fonctionne comme moyen pour
enrichir la classe dirigeante, la politique devient inévitablement
une lutte entre des factions et des clans concurrents pour des
ressources peu abondantes[31].

Cette liste des conséquences négatives du clientélisme est longue,
et elle ne comprend que quelques exemples tirés de la documentation
abondante disponible. Cependant, même les observateurs extérieurs
trouvent dans le système des qualités qui rachètent ses défauts. Si
l'autonomie individuelle était une option valable, les clients préféreraient
peut-être un autre système, mais s'ils ne voient pas d'autres options, il
convient d'examiner les avantages que le système parrain-client offre à
la société. Quelques avantages qu'on y attribue comprennent la stabilité
sociale et une distribution significative (bien qu'inégale et injuste) des
ressources publiques, lesquelles seraient encore moins nombreuses sans
le clientélisme. Les arrangements parrain-client réduisent le conflit social
entre les clients, leur permettent de participer dans une certaine mesure
dans la vie nationale et fournissent un ordre politique fonctionnel, ce
qui est préférable à un conflit ouvertement hostile ou à la guerre civile.
Pour les clients qui sont membres d'une organisation telle qu'un ordre
religieux, leur adhésion à un groupe étroitement lié leur offre de la force
et du pouvoir.
    Les Occidentaux réagissent négativement au système parrain-client.
Ils accordent une grande valeur aux idéaux de l'égalité et de chances
égales pour tous les citoyens. Quand ils perçoivent que les élites
peuvent acquérir pour eux-mêmes une quantité disproportionnée des
ressources publiques, cela les offense ou même les écoeure. Bien sûr,
l'injustice existe aussi dans les pays occidentaux, mais au moins les gens
peuvent se faire entendre en choisissant des leaders qui sont attentifs
aux intérêts de la population dans son ensemble. Les Occidentaux
pensent que les Africains ont besoin d'un système impersonnel de
lois qui sont appliquées de façon juste, et des bureaucrates qui
n'accordent pas un traitement de faveur à ceux qui leur donnent
des pots-de-vin ou à ceux avec qui ils ont des relations personnelles.
En partie, les Occidentaux refusent de devenir parrains parce qu'ils

---

[31] Fatton 1986 : 64.

réagissent négativement à l'idée de participer à une société qui est fondamentalement bâtie sur l'inégalité institutionnalisée[32].

Les Américains et les autres Occidentaux idéalisent l'indépendance personnelle. A bien des égards, les Africains idéalisent l'interdépendance. Bien qu'ils n'idéalisent peut-être pas la dépendance, beaucoup d'Africains la considèrent leur seul espoir pour acquérir les ressources dont ils ont besoin. Il est facile de voir, tenant compte de cette discussion, que l'indépendance sans ressources ou sans justice dans la société ne mène ni au progrès ni à la prospérité.

La dépendance est-elle fondamentalement mauvaise ? C'est une réaction naturelle à certaines conditions. Par exemple, les Américains ont pu se permettre le luxe d'idéaliser l'indépendance. Chez eux, le gouvernement était stable, les lois étaient claires et s'appliquaient à tous les citoyens, et tous ceux qui avaient l'ambition, les idées et le dynamisme avaient la possibilité de s'avancer. En somme, les individus pouvaient se considérer « indépendants » parce que les conditions fondamentales légales, sociales et économiques offraient un environnement qui favorisait l'individu. Sans ces facteurs, ainsi que d'autres, il serait imprudent d'essayer d'être indépendant. Là où les lois sont appliquées arbitrairement, où les lois n'existent pas ou sont sujettes aux caprices des détenteurs du pouvoir, et où les ressources économiques et l'avancement social sont ouverts seulement à ceux qui ont l'autorité et contrôlent les ressources, la dépendance est une route prudente qui mène à une vie meilleure. Dans un tel environnement, les personnes qu'on connaît et le réseau auquel on appartient sont très importants. Si on ne peut pas compter sur la justice et l'impartialité du 'système', il faut compter sur les gens qui ont les moyens, les ressources et le pouvoir. Pour avancer, il s'agit d'avoir de bonnes relations, ce qui signifie dépendre des autres.

---

[32] Hill 1996 : 4.

L'habillement

Mangez ce qui vous plaît, mais habillez-vous pour plaire aux autres.
Proverbe wolof[33]

Un jour j'ai demandé à un Africain haut placé comment m'habiller en me présentant dans un bureau gouvernemental. Il a recommandé que je m'habille toujours au niveau vestimentaire du fonctionnaire lui-même, ce qui voulait souvent dire, pour un homme, un complet et une cravate. Il m'a dit qu'en Afrique on s'habille pour les autres, tandis qu'aux États-Unis on s'habille selon son goût personnel. Mon expérience et mes lectures supplémentaires confirment ses conseils. S'habiller de manière trop décontractée représente aux yeux des Africains un manque de respect pour la personne à qui on rend visite. La meilleure règle à suivre est de s'habiller de manière classique jusqu'à ce qu'on soit assuré que la tenue décontractée serait appropriée. Les Africains arriveront peut-être en costume traditionnel soit au bureau soit à un événement social. Cela ne signifie pas que la même sorte de tenue portée par un étranger soit appropriée ou bien appréciée par les gens du pays qui s'y trouvent.

La plupart des Africains se sentent offensés quand un étranger se présente dans un contexte officiel habillé en style africain traditionnel. D'une part, il est probable que l'étranger ne comprend pas les règles impliquées et paraîtra vraisemblablement un peu ridicule. Je connaissais un étranger qui portait souvent des vêtements africains qui étaient complètement déplacés dans les milieux qu'il fréquentait. Il choisissait un style de vêtements porté par les pauvres, qui paraissait fort incongru aux bureaux gouvernementaux. Un Occidental pourrait bien avoir l'intention de communiquer la solidarité avec les Africains en s'habillant à la manière locale, toujours est-il que ceux-ci peuvent le considérer condescendant, voire insultant, comme si cet Occidental estimait que tous les Africains étaient pauvres.

Dans le contexte d'un village, il se peut que la tenue du pays soit bien appréciée et qu'elle soit une façon de paraître moins étranger. Dans de tels milieux, l'étranger ferait bien de demander à son hôte la façon dont un Occidental devrait s'habiller. Une fois, j'ai assisté à une célébration religieuse importante habillé en style traditionnel. Des amis m'avaient conseillé auparavant et j'avais commandé une tenue traditionnel chez un tailleur. Pendant la célébration, j'ai reçu beaucoup de compliments de la part de parfaits étrangers qui m'ont dit qu'ils appréciaient la façon dont j'étais habillé. Des règles plutôt différentes s'appliquent aux femmes. La tenue est un moyen par lequel les femmes peuvent exprimer leurs goûts

---

[33]Shawyer 2009 : 22.

en matière de couleur, de mode et de style. Elles sont donc plus libres de suivre les codes de tenue vestimentaire du pays, mais encore vaut-il mieux demander aux gens du pays qui sont bien respectées et du même niveau économique et social, comment bien s'habiller dans différentes situations commerciales et sociales. Les vêtements communiquent souvent des messages implicites dont les étrangers sont complètement inconscients. J'ai connu un Occidental qui a eu une audience auprès d'un ministre d'État. Quoique l'étranger n'ait jamais rien dit de mauvais, le ministre estimait que la tenue décontractée lui manquait de respect. C'était comme si l'étranger, par son choix de tenue, disait, « Voici tout ce que vous valez, à mon avis. »

Dans certains pays africains on porte des ensembles non confectionnés qui, selon beaucoup d'Occidentaux, ressemblent à des pyjamas. D'autre part, les Africains pensent peut-être que les vêtements décontractés, non confectionnés et non repassés de certains Occidentaux ressemblent à des vêtements de nuit. Dans beaucoup de cultures africaines, les chaussures cirées font aussi partie d'être correctement habillé.

Certains Occidentaux ont un budget limité et se rendent au marché pour acheter du tissu peu cher pour faire confectionner des vêtements d'homme ou de femme. Il convient de porter ces vêtements chez soi, mais en public les gens ne respecteront pas quelqu'un dont la tenue semble inférieure à son statut. A tout le moins, on trouvera l'Occidental bizarre, chiche, voire insultant. Les Occidentaux croiront peut-être que personne ne s'apercevra du coût du tissu, mais les Africains connaissent très bien le coût et la qualité du tissu. En général, les Africains attachent beaucoup d'importance aux vêtements et y dépensent souvent ce qui semble à un étranger être une part démesurément élevée du revenu familial. Les Africaines se plaignent fréquemment du fardeau financier écrasant qu'elles portent en s'habillant convenablement pour les mariages, les cérémonies religieuses et d'autres événements, et pourtant elles continuent à se sentir obligées de répondre aux attentes des femmes de même condition qui, elles, formulent les mêmes plaintes. Un Occidental essaiera peut-être de donner un exemple de non-extravagance humble en portant des vêtements qu'on trouve en dessous de sa dignité, mais la 'leçon' ne sera quasi certainement pas comprise par les observateurs africains.

Pour ce qui est des chrétiens africains, on met ses plus beaux vêtements pour faire preuve de respect envers Dieu. De même que la norme vestimentaire est de s'habiller pour les autres, on s'habille pour honorer Dieu. Cela pourrait sembler absurde à des Occidentaux non croyants, mais les chrétiens et les partisans de plusieurs religions croient qu'ils honorent Dieu et montrent leur dévotion par leurs vêtements, leur architecture, leur art et d'autres symboles.

La pensée abstraite ou la pensée concrète

C'est en abattant les arbres qu'on apprend à les abattre.
Proverbe batéké[34]

L'éducation africaine n'attache pas autant d'importance à la théorie abstraite que l'éducation d'inspiration occidentale[35]. La distinction entre la théorie et son application concrète n'a rien à voir avec l'intelligence ; cette distinction se rapporte tout simplement aux moyens par lesquels les informations sont analysées. Par exemple, en m'occupant de questions de vision du monde, je suis arrivé à des définitions abstraites et je les ai présentées à plusieurs Africains qui avaient eu une scolarité occidentale limitée. Ces définitions semblaient si éloignées de leur manière d'exprimer leurs pensées que j'ai reçu très peu de commentaires. Pourtant, ces mêmes Africains ont commenté librement sur les mêmes thèmes lorsque ceux-ci ont été présentés en termes spécifiques. Il y avait une seule exception – un homme qui était très à l'aise avec des formulations théoriques abstraites.

Un certain linguiste a conçu pour une langue africaine une orthographe dans laquelle la phonétique était organisée de manière abstraite. Ceux qui parlaient cette langue l'ont rejetée, en disant qu'ils voulaient une orthographe qui réfléchissait les sons de leur langue. Le linguiste était frustré, ayant travaillé de longues heures pour déterminer comment présenter de manière simple les complexités de la langue. Le problème n'était pas que ces gens ne comprenaient pas les abstractions. Ils étaient bien avisés en ce qui concerne leur langue : la preuve en était les jeux de mots complexes et la poésie où les mots étaient choisis en particulier afin d'exploiter les subtilités de la langue. Plutôt, ils comprenaient bien que les lecteurs débutants auraient du mal à appliquer les différents niveaux de complexité qui se trouvaient dans le système proposé par le linguiste.

LeVine croit que la tendance chez les Africains à penser en termes concrets correspond bien à deux autres aspects du comportement africain qu'on a déjà examinés : (a) l'importance des échanges matériels en ce qui concerne le maintien des relations, et (b) le niveau apparemment bas de contenu affectif dans beaucoup de relations[36]. Quant au premier, on peut imaginer que là où il y a eu une histoire de vivre aux marges de la survie – que ce soit à cause de maladies endémiques, des

---

[34] www.afritorial.com.
[35] LeVine 1970 : 296ff.
[36] LeVine 1970 : 296ff.

conséquences des razzias d'esclavage, de cultures à faible rendement de calories, ou bien d'autres causes – 'une amitié' qui ne répondait pas aux besoins d'autrui serait plutôt inutile, de sorte que le partage est devenu un élément essentiel de l'amitié. Quant à la deuxième tendance, étant donné la notion très répandue de la sociabilité et de l'extroversion des Africains, il pourrait en découler qu'on se fait beaucoup d'amis – comme il est typique chez les extrovertis – peut-être au prix de se concentrer sur des amitiés rares qui soient intimes et profondes.

La caractérisation de l'amitié africaine de la part de LeVine – qu'elle est faible en contenu affectif – est au mieux problématique, et certainement discutable. Un critique expatrié de ce texte, qui a vécu pendant beaucoup d'années en Afrique, a dit ceci :

> Je ne pense pas du tout que ce soit une évocation fidèle des amitiés africaines (en parlant de LeVine ici), et mes amis africains le trouvent répréhensible. J'ai connu une bienveillance plus profonde et un partage plus intime de la part d'Africains que de la plupart des Américains qui, je le constate, tiennent les autres à bout de bras. Ces échanges amicaux sont particulièrement profonds lorsqu'il s'agit de personnes du même âge[37].

Les Occidentaux liraient peut-être dans la littérature que les amitiés africaines sont typiquement nombreuses sans être profondes ni intimes, mais il faudrait en considérer au moins trois perspectives. D'abord, les auteurs occidentaux ont examiné la culture africaine de l'extérieur, et il est extrêmement difficile pour les étrangers de juger les émotions et d'autres qualités subjectives. Deuxièmement, il existe des sortes d'amitié en Afrique qui sont pratiquement inconnues à l'Occident. Il existe des exemples qui proviennent des liens entre des copains du même âge, et les pactes de sang, connus ailleurs sous le nom de rapports « frères de sang ». Une telle amitié est décrite dans le roman historique *Sahwira*[38]. Là, deux garçons qui vivent au Zimbabwe avant son indépendance, l'un africain et l'autre blanc, se piquent le doigt, se mêlant le sang de l'un et de l'autre. Ainsi ils deviennent *sahwira*, mot shona qui signifie « frères de sang, » plus proches que des frères de famille, liés pour toujours l'un à l'autre, en se jurant que rien ne pourra jamais les séparer. On a confirmé de tels pactes de sang dans plusieurs pays africains. Un troisième facteur, c'est que même à l'Occident, les amitiés profondes sont l'exception, surtout entre hommes. On a élaboré ce point à cause de la critique très discutable de certains observateurs occidentaux que les amitiés en

---

[37] Communication personnelle, 2014.

[38] Marsden et Matzigkeit 2009 : 187.

Afrique sont en quelque sorte superficielles ou déficientes. Pour cet écrivain, une telle critique est elle-même déficiente et superficielle.

La prise des décisions

Un esprit ne suffit pas.
Proverbe wolof (Sénégal)[39]

Traditionnellement, la prise des décisions en Afrique variait de l'autocratique à la démocratique, quoique l'on ne cherche pas, par le terme « démocratique » à impliquer qu'on la déterminait par vote majoritaire. La manière africaine de prendre une décision est de se réunir, normalement entre hommes, et de discuter d'une question à fond, tout en permettant à tous ceux qui participent de soulever des questions qui leur viennent à l'esprit. Ce processus peut être lent, car il faut du temps peut-être pour convaincre les dissidents de se mettre d'accord avec le consensus qui s'établit. Pendant la discussion on demande souvent à ceux qui participent de donner leurs perspectives sur un problème, mais on évite des confrontations ouvertes parce que celles-ci mènent trop facilement à des attaques personnelles, qu'elles soient voulues ou non. Dans les cas extrêmes, dire directement « Tu as tort » ou « Ce n'est pas vrai » peut être tabou, mais là où une conversation plus ouverte est permise, il arrive que les conversations prennent souvent un tour émotionnel. Les arguments difficiles doivent parfois être énoncés de nouveau et à plusieurs reprises. La forte conviction est que la meilleure méthode de gérer des disputes est la discussion. Lorsqu'une dispute persiste, les Africains cherchent à proposer d'autres possibilités qui prennent en considération les opinions dissidentes.

Nelson Mandela aurait dit : « La démocratie signifiait que tous les hommes devraient être entendus, et on prenait des décisions ensemble en tant qu'un peuple. Le vote majoritaire était une notion venue de l'étranger. Il ne fallait pas que la minorité soit écrasée par une majorité »[40]. Il y a un inconvénient potentiel en ce qui concerne l'établissement d'un consensus. Dès le plus jeune âge, les enfants apprennent à faire plaisir à leurs supérieurs en leur donnant les réponses que ceux-ci désirent entendre. Cela veut dire trop souvent que les subordonnés disent ce qu'ils pensent faire plaisir à leurs supérieurs tels qu'enseignants, aînés et employeurs. Les employés estiment qu'ils ont intérêt à s'abstenir d'exprimer des idées qui ne seront pas bien reçues par le patron[41].

---

[39] Shawyer 2009 : 96.
[40] Mandela 1994 : 18.
[41] Richmond et Gestrin 1998.

Le temps

L'horloge n'a pas inventé l'homme.
Pensez-y – c'est très philosophique[42].

Le temps est une expérience universelle, et universellement les êtres humains ont cru bon de le mesurer ou de le diviser. Tout le monde a un moyen de parler des années, des mois ou des jours, mais au-delà de ces unités, les cultures différentes traitent le temps de plusieurs manières très variées. Les savants ont inventé beaucoup de termes pour en décrire les différences, à savoir le temps solaire, linéaire, circulaire, monochronique, polychronique, orienté vers le passé ou vers l'avenir, etc. Cette brève discussion portera sur quelques différences essentielles entre l'emploi du temps en Afrique et en Occident.

L'attitude de beaucoup d'Américains envers le temps peut se résumer comme « le temps impatient », si je peux m'exprimer ainsi. Les Américains se déplacent à un rythme rapide : tout ce qui concerne leur vie professionnelle est pressé. Ils veulent des réponses rapides et des solutions rapides. Ils n'ont pas l'habitude d'attendre longtemps les décisions et s'inquiètent quand on ne les prend pas rapidement[43].

La ponctualité

Le fait d'être pressé ne détourne pas la mort,
et aller doucement n'empêche pas la vie.
Proverbe ibo[44]

L'empressement n'apporte pas le bonheur.
Proverbe swahili[45]

Une des plus grandes différences en ce qui concerne l'emploi du temps se traduit par le besoin de la ponctualité ou l'indifférence relative envers la ponctualité. Les Occidentaux ont tendance à accorder une très grande importance à la ponctualité. Il y en a qui disent que les Occidentaux sont des esclaves de l'horloge. Ils planifient leur journée à la minute près afin de ne pas perdre du temps, mais par conséquent tout retard leur est perturbateur. Ils s'attendent à ce que l'heure de chaque rendez-vous soit respectée. Si quelqu'un arrive avec même cinq minutes de

---

[42] Enahoro 1996 : 65.
[43] Hall et Hall 1990 : 141.
[44] www.afritorial.com.
[45] www.afritorial.com.

retard, il s'excusera d'avoir fait attendre les autres ou d'avoir retardé une réunion. Si cette personne pense arriver plus de 10 ou 15 minutes en retard, on s'attend à ce qu'elle avise les autres. Ceci est d'autant plus vrai maintenant que tant de gens possèdent des téléphones mobiles.

En Afrique, la ponctualité est beaucoup moins problématique. Dans beaucoup de grandes villes, la plupart des Africains ne disposent pas de véhicule particulier et les transports en commun peuvent être difficiles, donc on est plus disposé à pardonner à un retardataire. Même si quelqu'un qui doit participer à une réunion possède son propre véhicule ou bien si les transports en commun sont fiables, les vieilles traditions à l'égard de l'emploi du temps semblent persister. Les Africains accordent plus de priorité aux relations qu'à la ponctualité de sorte que, si l'arrivée d'un visiteur ou un besoin familial retient quelqu'un, les autres le comprennent car ils agiraient de même dans des circonstances pareilles. Un Occidental ne devrait pas être surpris si un Africain qui arrive en retard ne s'excuse pas ou ne cherche pas à expliquer son retard. Les autres Africains présents comprennent et ne s'attendent pas à une explication. Un étranger ne devrait jamais montrer qu'il est vexé par ces temps de retard en Afrique. Cela ne servira à rien et ne changera pas la situation ; en fait, les Africains auront par la suite moins de respect pour cet Occidental impatient.

Il y avait une missionnaire qui reprochait constamment sa domestique d'arriver en retard, même pendant la saison des pluies. Enfin, exaspérée, la jeune Africaine lui a dit que quand il pleuvait on s'arrêtait de faire ses activités pour s'abriter de la pluie. Puis elle a assuré son employeuse qu'elle restait toujours plus longtemps au travail les jours où il pleuvait, veillant à ce que tout son travail soit fait. Cette affirmation a aidé cette Occidentale à comprendre que l'emploi n'était pas réglé par l'horloge mais par le travail à être effectué. Aux États-Unis, on s'attend à ce que les employés prennent des conditions négatives en compte et, si besoin est, quittent la maison plus tôt que d'habitude afin d'arriver exactement à l'heure. Ceci ne serait pas pratique peut-être quand les Africains doivent s'occuper de beaucoup d'autres personnes avant de pouvoir quitter la maison. Un Occidental risque donc de paraître mal poli, irréfléchi ou peu soucieux de ses employés s'il fait pression sur eux d'être à l'heure.

Le passé contre l'avenir

La première fois où on fait preuve d'intelligence et arrive à un événement de village avec une heure de retard, il s'avère être la première fois de mémoire d'homme que cela s'est passé à temps[46].

Dans certaines cultures les gens semblent se tourner vers le passé et l'idéaliser, tandis que dans d'autres cultures les gens sont plutôt orientés vers l'avenir. On croit souvent que le progrès économique est lié aux gens axés vers l'avenir, qui croient que l'avenir offre des possibilités accrues pour améliorer leur situation. Ceux qui idéalisent le passé, surtout les Africains plus âgés d'origine rurale, s'opposeront peut-être au changement. Par exemple, il se peut que les agriculteurs ne veuillent pas essayer de nouvelles récoltes ou méthodes de culture. Leur résistance à toute idée nouvelle serait fondée peut-être sur l'expérience, mais elle comprend souvent un désir de continuité avec le passé, ou la crainte qu'expérimenter les nouvelles choses risque d'aliéner leurs ancêtres. On trouve fréquemment que ce sont les jeunes technocrates ou les agents de vulgarisation agricole, qui ont des idées théoriques ou scolaires mais qui manquent d'expérience, qui prônent le changement. Pour eux, le changement pourrait représenter l'entrée dans le monde moderne dont ils ont appris à l'école. Mais les aînés du village se soucieront peut-être que les nouvelles idées, cultures ou méthodes mettent en danger la survie de leur famille ; ils adopteront donc une approche conservatrice.

En général, les Américains ont été des gens qui sont à la fois optimistes quant à l'avenir et ouverts aux nouvelles idées. Leurs attitudes ont été façonnées par leur histoire. Les nouveaux développements, inventions et technologies ont bien enrichi leur vie et l'ont rendue plus confortable que celle de leurs ancêtres ; c'est ce qu'ils appellent les progrès. Ces progrès ont impliqué beaucoup plus de facteurs qu'une simple orientation vers l'avenir. Les libertés personnelles, l'état de droit, la bonne gouvernance et bien d'autres facteurs ont permis le progrès et justifié cette orientation vers l'avenir. Les Occidentaux commencent à peine à reconnaître les effets négatifs que le développement irresponsable a eus sur leur environnement, ce qui pousse certains à idéaliser « la sagesse des connaissances tribales. » Pourtant, ils évaluent toujours les progrès en termes d'innovations technologiques et de commodité.

---

[46]Burmeister 1995 : 14.

Monochronique ou polychronique

Si tu veux aller vite, va seul ; si tu veux aller loin, va en groupe.
Proverbe africain[47]

Les termes *monochronique* et *polychronique* servent à décrire les
préférences de quelqu'un pour faire une ou plusieurs choses à la fois. On
a pensé que les Occidentaux préfèrent faire une chose à la fois, et puis
passer à la prochaine. Par contre, on croit qu'en général les Africains
préfèrent un emploi polychronique du temps, surtout dans la mesure où
ils ne s'énervent pas que les affaires actuelles soient interrompues par
d'autres personnes ou par les allées et venues constantes de participants
lors d'une réunion[48].

Mais le terme 'monochronique' s'applique à d'autres mesures aussi.
Les Européens préfèrent qu'on s'aligne en file, normalement en ligne
droite, et que chaque personne attende son tour. De même, les Européens
veulent que les rangées dans un champ soient bien régulières et nettes,
et pensent qu'un champ ayant de nombreuses cultures est en désordre.
Ils n'apprécient pas entendre de nombreuses chansons qui se jouent en
même temps, et veulent que les rites, tels que ceux réalisés aux mariages
ou aux baptêmes, respectent le même ordre. Ils ont inventé des règles
pour les réunions (telles que *Roberts Rules of Order*), pour qu'un comité
se concentre sur un sujet à l'ordre du jour à la fois. Ils sont mal à
l'aise si on aborde un deuxième sujet avant que le premier ait été résolu
ou tout au moins ait été ajourné de manière ordonnée. Ils ne croient
pas que l'argent provenant d'un compte puisse être affecté à un autre
pour régler celui-ci. Ils veulent qu'on fasse l'entretien à des intervalles
réguliers. Ils s'inquiètent quand les enfants n'atteignent pas les étapes
du développement en un laps de temps prescrit.

Or, les Africains ont tendance à se grouper devant un guichet bancaire,
chacun essayant de capter l'attention du caissier. Ils ne se soucient que les
rangées soient régulières ou bien droites ; ils sèment plusieurs cultures
ensemble et plantent des graines en fonction de leur fertilité ; ou ils
ensemencent à la volée dans le chaume sur pied. Alors que les Africains
attachent aussi beaucoup d'importance au rituel, ils ne sont préoccupés
ni du moment choisi ni de l'ordre des événements, à condition qu'ils
soient tous exécutés correctement. Ils confondent volontiers les comptes
financiers, soutenant qu'il serait bête de ne pas payer une facture si on
disposait de l'argent ailleurs. Les Africains croient que les enfants se
développent à leur propre rythme et apprennent quand ils sont prêts. Ils

---

[47] www.afritorial.com.
[48] Foster 2002 : 211.

essaient de rencontrer les gens là où ils sont, plutôt que d'insister que tout le monde suive le même schéma ou la même ligne de progrès.

Les bruits publics

Les disputes entre fourmis sont réglées sous terre.
Proverbe ibibio (Nigéria)[49]

On a décrit les peuples et les cultures africains comme 'exubérants'. Une manière dont on exprime cette notion est en parlant du bruit public courant dans les communautés, surtout dans les zones les plus peuplées des grandes villes. Un nouveau venu en Afrique l'a décrit de la manière suivante :

> Ce dont je n'ai pas l'habitude d'entendre, c'est la quantité de bruit la nuit. La nuit dernière, par exemple, il y avait deux, peut-être trois fêtes ou quoi que ce soit qui avaient lieu tout près dans les environs. Il était difficile d'ignorer les tambours, les guitares et les chants. De mon point de vue occidental, cette sorte de bruit quand je veux dormir constitue une infraction à mes droits personnels ! Pourtant, ici en Afrique les festivités ont lieu en plein air, paraît-il, et les voisins doivent s'y faire.

Le conflit avec les Occidentaux relatif aux nuits blanches était un problème même à l'époque colonial. L'interdiction imposée par les autorités françaises à propos des événements nocturnes a provoqué un des plus grands conflits qu'Amadou Bamba, un premier dirigeant de la résistance sénégalaise, a eus avec les colons français. Les Africains croyaient que la prohibition d'événements nocturnes nuisait à leur culture. Pour les Français, de tels événements contribuaient à une perte de production par des ouvriers qui étaient trop fatigués pour travailler ou bien absents du travail le lendemain.

> Les Français avaient des idées complètement étrangères en ce qui concerne l'éducation, l'emploi du temps (pas de jours ou de nuits de fêtes nocturnes, de rituel ou de danse selon la tradition, parce que la productivité de travail serait réduite), le travail forcé (embauche des gens au moment ou à l'endroit qui plaisait au colon), et ainsi de suite. En somme, beaucoup de ce que les Sénégambiens tenaient le plus cher

---

[49] www.afritorial.com

était en train d'être détruit. On éprouvait profondément de la honte[50].

Même aujourd'hui, non seulement y a-t-il des bruits nocturnes, mais les Africains semblent prendre plaisir dans les événements qui continuent jusque tard dans la nuit, et se servent du terme 'toute la nuit' comme métaphore d'une fête bien réussie ou d'un bon moment ensemble. Beaucoup de rassemblements sociaux – que ce soit religieux et purement sociaux – continuent jusqu'au petit matin.

Dans des communautés dominées par les musulmans, les appels des haut-parleurs des mosquées qui exhortent les fidèles aux prières et à d'autres obligations religieuses sont les plus évidents. J'ai été surpris quand un homme d'affaires africain musulman s'est plaint auprès de moi en disant, « Nous savons quand il faut prier et nous n'avons pas besoin de rappels provenant des haut-parleurs. » Ces appels et quelquefois des harangues commencent avant l'aube et continuent jusqu'à tard le soir. Il y a des branches de l'islam qui organisent aussi des chants de toute la nuit à l'anniversaire de la mort de leurs leaders aussi bien que certains jours de la semaine. Dans beaucoup de communautés musulmanes en Afrique, les nuits bruyantes constituent donc un phénomène courant.

Les klaxons retentissent dans beaucoup de grandes villes. Les policiers de circulation donnent des coups de sifflet sans cesse, en essayant de diriger la circulation et d'arrêter des véhicules. La musique, qui ressemble surtout à des percussions dans les oreilles d'étrangers, continue à toute heure de la nuit. En effet, une nuit tranquille dans une grande ville africaine pourrait être de mauvais augure. Un soir, lors d'un séjour à Bangui, un vieillard m'a dit de bien prêter l'oreille. « Vous entendez comment la ville est tranquille ? » C'est alors que j'ai remarqué à quel point elle était tranquille. Il a poursuivi : « Quand une grande ville africaine est tranquille la nuit, c'est de mauvais augure. D'habitude, une grande ville africaine est pleine de bruits. Quand tout est tranquille, quelque chose ne va pas. » Quelque temps après, il y a eu une tentative de coup d'État dans le pays.

Un journaliste nigérien, faisant preuve d'un sens de l'humour dont on a grand besoin, a exprimé ainsi les différences d'attitudes à l'égard du bruit :

> Le bruit nigérien est sans pareil. Si vous étiez bon étudiant du bruit, vous découvririez bientôt que la monotonie solide et fascinante du bruit nigérien a quelque chose d'excitant et complice : et après un certain temps ce bruit régularisé

---

[50]Maranz 2003 : 202.

et sans relâche vous manquera, quand par exemple il vous arrive d'être temporairement à l'étranger.

Un Européen prospère achète une maison à la compagne et passe la plus grande partie de sa vie à la recherche de la solitude et du calme. Il escalade des montagnes et adhère à un club de loisirs remarquable pour ses amusements tranquilles où les membres ne se parlent que si c'est absolument essentiel, quand, par exemple, un camarade de club dans sa rêverie a pris feu à son insu.

Au Nigéria, on se montre soupçonneux à votre égard si vous cherchez la solitude, escaladez des montagnes et avez une maison à la campagne[51].

Une des raisons pourquoi le bruit est si remarquable aux expatriés en Afrique peut s'expliquer par le fait que les Africains passent plus de temps en-dehors de leur maison que l'Occidental typique. Ceci est dû en partie au climat tropical. Non seulement les températures sont-elles plus élevées, ce qui permet aux gens de passer plus de temps en plein air, mais la plupart des maisons ne sont pas isolées, les fenêtres sont petites et les murs absorbent la chaleur jusqu'au point où les maisons deviennent intolérables, surtout pendant la journée. On préfère donc être dehors jusqu'à ce qu'il fasse frais le soir. Dans beaucoup de villages, surtout dans les régions chaudes, on dort en dehors des maisons, souvent sur le toit. Beaucoup de gens préfèrent aussi danser et chanter la nuit, surtout les nuits de clair de lune, puisqu'il fait assez frais pour qu'on se dépense physiquement sans transpirer, mais il y a assez de lumière pour qu'on voie clair.

Le logement

Une petite maison pourra loger cent amis.
Proverbe africain[52]

Bien plus de personnes dorment sous un seul toit en Afrique qu'en Occident. Les Occidentaux sous-estiment typiquement la population d'un village quand ils établissent leurs estimations à partir du nombre d'habitations qui s'y trouvent. La nuit, beaucoup de célibataires dérouleront un simple tapis et dormiront par terre, pratiquement d'un mur à l'autre. Les hommes et femmes seront dans des chambres à part, et donc si on essaie de deviner la population totale à force de

---

[51] Maranz 1993 : 205.

[52] www.dshenai.wordpress.com.

compter uniquement les hommes ou les femmes, on risque d'arriver à des estimations erronées.

Ces arrangements de sommeil communs ont des conséquences intéressantes. Etant donné que les gens se couchent à des heures différentes, certains dorment alors que d'autres sont en train de parler ou de poursuivre une vie normale. Cela signifie que les gens doivent développer une forte tolérance au bruit et à la lumière, puisque ceux qui sont toujours éveillés font peu ou pas d'efforts pour parler plus bas ou ménager les susceptibilités de ceux qui veulent dormir. La capacité de dormir en dépit des bruits ou du tapage voulait dire que quand j'amenais un assistant avec moi lors de mes voyages d'études et qu'il me fallait le réveiller tôt le matin, je devais crier, le secouer et utiliser des moyens presque violents afin de le réveiller.

Le partage et l'hospitalité

Notre nourriture, aussi peu soit-elle,
nous la partagerons même s'il ne s'agit que d'une locuste.
Proverbe malgache[53]

Cette discussion s'applique principalement aux agents de terrain et à d'autres qui se rendent souvent aux villages ou qui y habitent. La pauvreté des villages en Afrique est endémique. En partie, la raison en est la pauvre qualité des terres, un manque d'équipements et d'engrais pour augmenter la productivité, une mauvaise infrastructure telle que les routes, et bien d'autres facteurs qui sont facilement compris. Pourtant, il y a encore un facteur très répandu qui est peut-être moins évident pour le simple observateur. Ce facteur, qu'on pourrait appeler « la générosité forcée », étouffe toute ambition de s'avancer dans la vie. Par exemple, si un agriculteur achetait de l'engrais et des équipements qui pouvaient augmenter la production, ce qui entraînerait une hausse de revenus, une meilleure santé et enfin le bien-être en général, d'autres personnes insisteraient pour que cet agriculteur partage son abondance avec elles et le critiqueraient sans pitié s'il refusait. Les gens perdent donc toute incitation d'améliorer leur condition de vie, et à moins que tout le monde améliore sa productivité ensemble, ils restent tous dans la pauvreté. En effet, ce qui se passe est le contraire de ce que le système prétend réaliser : à force d'être contraint de partager, les gens finissent par partager leur pauvreté plutôt que de partager leurs richesses.

---

[53] www.afritorial.com.

Un exemple concret qui montre comment le partage mène à la pauvreté persistante est cité par un agent de développement expatrié dans un pays subsaharien.

> Un projet de démonstration dans ce pays avait établi que l'utilisation d'engrais augmentait invariablement le rendement de millet de 400 %. Les meilleurs rendements étaient entièrement dus à l'emploi d'engrais parce que les techniques agricoles employées lors du projet étaient celles qui étaient typiques de la région. Les agriculteurs de la région étaient bien conscients du projet et de ses résultats évidents.
>
> Dans la région du projet, étant donnée la faible pluviosité normale et la pauvre qualité du sol, la récolte de millet était si limitée qu'une famille typique était bientôt à court de millet, la denrée de base, pendant la saison sèche. Si les agriculteurs s'étaient servis d'engrais, leur nourriture leur aurait suffi jusqu'à la prochaine récolte, et même avec un surplus à vendre.

Quoique beaucoup d'agriculteurs n'aient pas eu suffisamment d'argent liquide pour acheter des engrais, certains en avaient assez. Malgré le fait que ces agriculteurs-ci avaient la possibilité d'acheter des engrais, personne ne l'a fait. La conclusion de cet agent de développement était que la raison de ce comportement apparemment illogique était au contraire tout à fait logique. Quand certains agriculteurs avaient des céréales alors que d'autres n'en avaient plus, ceux qui avaient des céréales se sentaient obligés de partager avec ceux qui n'en avaient pas. Étant donné que ceux qui n'avaient pas de céréales étaient plus nombreux que ceux qui en avaient, ceux-ci auraient vite épuisé leur surplus. Il n'y avait pas donc de récompense financière ou même alimentaire d'avoir consacré de l'argent et des efforts pour augmenter la production alimentaire. Alors les agriculteurs qui avaient la possibilité de s'avancer semblaient décider qu'il était plus facile de rester 'les mêmes pauvres' que les autres ménages dans le village[54].

Encore un exemple provient d'un autre pays africain. Le partage dans cette culture pousse les choses à l'extrême, selon les critères occidentaux. Alors que les Occidentaux trouvent admirable la notion de partager, ils s'attendent à garder pour eux-mêmes une quantité considérable. Pas ici : partager signifie renoncer à tout ce dont il s'agit. « En français congolais 'Partage-moi ça' peut à peine être distingué de 'Donne-moi ça' »[55]. Une

---

[54] Communication personnelle, 2000.
[55] Phillips 1999 : 4.

des conséquences, c'est l'exode rural. Ceux qui veulent aller de l'avant dans la vie sont obligés de quitter leur région natale. Ils ne peuvent pas achever la réussite matérielle alors que le partage devient un mécanisme de nivellement où personne ne peut accumuler même une quantité raisonnable si celle-ci est plus que ce qu'ont tous les autres. Le travail dur ne vaut pas la peine quand on doit en donner les fruits aux autres. Dans la grande ville, où on vit dans des communautés ethniquement mixtes, loin de la famille, on est libre de poursuivre ses objectifs.

Cependant, ce n'est pas seulement les villageois qui connaissent cette générosité forcée. Les Africains plus riches qui vivent en ville peuvent aussi se sentir victimes d'une ancienne pratique qu'ils sont obligés de suivre. Ces hommes ne sont pas en train de chercher des clients afin d'agrandir leur assise politique. Puisque les relations de parenté sont tellement bien appréciées, même les personnes plus riches qui n'aspirent pas à des postes à responsabilité publics trouvent souvent que des parents nécessiteux viennent en ville pour habiter chez eux et profiter d'un accueil obligatoire. Des prétendants importuns aux obligations de la parenté arrivent peut-être chez un parent plus riche, s'attendent à ce qu'on les héberge, les nourrisse et subvienne à tous leurs besoins. Leurs visites peuvent être prolongées jusqu'à ce qu'une crise se développe ou bien que leur hôte prenne des mesures. Ils demandent peut-être de l'argent et des soins médicaux et exigent des choses sans limite. Dans de tels cas, les hôtes peuvent se voir comme des victimes, leurs ressources tellement drainées qu'il est difficile de subvenir aux besoins de leur propre famille, sans compter les atteintes à leur vie privée et la gêne occasionnée[56].

L'hospitalité

Un homme n'est pas une tortue ; il ne porte pas sa maison sur le dos.
Proverbe camerounais[57]

Si quelqu'un vient chez vous vers l'heure du repas, il ne faudrait pas demander si cette personne a mangé ou non ou même si elle veut boire un verre d'eau ou d'autre boisson. (Leur demander de choisir entre des boissons disponibles pourrait être admissible.) Plutôt, l'hôtesse devrait lui servir à manger et à boire, ou si la famille ou le groupe est sur le point de manger, de lui dire (sans invitation) de venir manger. Dans beaucoup de cultures africaines, on couvrirait de honte une personne si elle était obligée d'admettre qu'elle n'avait pas mangé ou qu'elle avait

---

[56] LeVine 1970 : 301.
[57] Devine et Braganti 1995.

faim. Cette hospitalité évite de gêner un visiteur. Même si quelqu'un se rend chez une famille pour y passer un petit moment amical, il trouvera peut-être quand il se préparera à partir, que la famille aura préparé un goûter ou une petite gâterie pour lui, et peut-être aura même commencé à préparer un repas. Dans ce cas il est presque obligatoire de rester et de manger avec la famille.

L'étiquette à table

Une famille unie mange dans la même assiette.
Proverbe baganda[58]

L'hospitalité africaine est proverbiale. Les amis africains invitent souvent les étrangers à manger chez eux. Ce qui est très important, c'est de connaître les règles de base. Beaucoup de pratiques traditionnels et modernes sont courantes dans tout le continent, donc une fois qu'on les a apprises, elles s'appliquent généralement partout où l'étranger voyage ou habite. Mais il existe aussi des différences régionales qu'il faut apprendre.

Une des règles qui se trouvent dans tous les guides touristiques et témoignages personnels est celle-ci : Attendez à ce qu'on vous place ou qu'on vous montre où vous asseoir. Les Africains urbains mangent souvent à table, mais il y en a beaucoup qui suivent la manière traditionnel et communale de manger, voire rassemblés autour d'un bol de nourriture qui est placé sur un tapis par terre. Avant de manger, on fera circuler un bol d'eau propre, avec une serviette en tissu mise à votre disposition pour vous essuyer les mains, ou bien quelqu'un versera de l'eau sur les mains de ceux qui dînent. Après le repas, on offre aussi de l'eau propre pour vous laver les mains de nouveau, car elles sont devenues poisseuses à force de toucher la nourriture. Souvent on sert le repas sans boisson, puisque l'eau remplit inutilement l'estomac. Au lieu de cela, on fera passer de l'eau potable fraîche à la fin du repas.

Typiquement, les Africains mangent avec les doigts. Ceci peut être rebutant pour des Occidentaux pour deux raisons : ils vont laisser tomber de la nourriture, et leurs parents leur ont dit de ne pas manger avec les doigts. Les Africains en sont conscients et sont très contents de mettre à votre disposition un article de coutellerie, invariablement une cuillère. Je me suis trouvé dans des villages, invité chez ma famille d'hôte, quand on m'a demandé si je préférerais me servir d'une cuillère. Plus d'une fois, après que mon hôte avait appris ma préférence, il a demandé à sa femme, « Est-ce que nous avons une cuillère quelque part ? » et, après

---

[58] www.allgreatquotes.com.

une fouille, enfin on en a déniché une. D'habitude on en a beaucoup ri, car tout le monde a vu l'humour dans la situation.

Pourquoi beaucoup de gens préfèrent-ils manger avec les doigts ? Un bloggeur anonyme a écrit ceci : « Ceux qui ne sont pas africains, surtout les Européens, me demandent d'habitude pourquoi les Africains se servent des doigts quand ils mangent. En réponse, je plaisante souvent en leur disant que si vous voulez bien apprécier le vrai gout d'un plat il faut se servir des mains »[59]. Certains Asiatiques l'ont exprimé ainsi : « Les gens se sentent plus à l'aise en mangeant avec les doigts. ... C'est comment nous nous sentons satisfaits quand nous mangeons de la nourriture. ... C'est ma pratique culturelle et on m'a appris à manger avec les doigts »[60].

Voici quelques coutumes générales en ce qui concerne l'étiquette africaine quand on mange :

- Attendez qu'on vous dise où vous asseoir ou vous accroupir. Vous aurez besoin peut-être d'enlever les chaussures.

- Ne refusez pas de manger. Si vous n'avez pas faim, mangez un peu par politesse et donnez une excuse pour ne pas manger davantage, par exemple que vous venez de manger.

- Les hommes mangent d'abord ; les femmes et les enfants mangent à part. Les gens ne mangent pas seuls quoique, si le maître de la maison travaille tard, on mette à part un bol ou une assiette de nourriture exprès pour lui.

- Il faut commencer à manger seulement après que l'hôte a commencé.

- Mangez avec les doigts de la main droite seulement, car on considère que la main gauche est impure.

- Le bol qu'on a mis sur un tapis par terre (ou dans un cadre urbain, quelquefois on met le bol sur une table, les chaises placées autour d'elle), contient au fond l'aliment de base. Souvent cet aliment a peu de goût ; on y place au milieu donc du poisson, de la viande ou des légumes, souvent préparés en sauce. Il appartient à l'hôte de distribuer du milieu les morceaux de choix.

- Chaque participant du repas ne mange que de sa tranche imaginaire de l'aliment de base, ou du plat qui accompagne. Il faut imaginer une tarte ou un gâteau circulaire, coupé en

---

[59] www.blogspot.com.

[60] www.mbhs.edu.

parts qui se rencontrent à une pointe au milieu du cercle. C'est un bon système lorsqu'il y a des visiteurs ou d'autres qui participent au repas. Le système reste le même ; les tranches se réduisent comme plus de personnes se rassemblent autour du bol.

- La conversation est d'habitude limitée, quelquefois jusqu'au point du silence, mais l'invité peut s'adapter au comportement particulier de ses hôtes.

4

L'utilisation des ressources

L'offre, l'emprunt et le prêt d'argent et de biens matériels démontrent la solidarité, la générosité et l'acceptation par la société. Dans ce chapitre, *la solidarité* signifie « l'appui économique et social mutuel, l'hospitalité, l'action de faire passer l'intérêt du groupe avant l'intérêt personnel dans la mesure où cela reflète un parti pris contre l'individualité, et la participation à la société. » Bref, cela veut dire l'interdépendance plutôt que l'indépendance. Cela veut dire aussi qu'on vit en communauté plutôt qu'en isolement social ou spatial. Voilà quelques-unes des valeurs les plus élevées dans les cultures africaines, indispensables à chaque personne. En revanche, des personnes qui refusent de partager, de donner et de prêter leurs ressources manifestent leur refus d'être des membres à part entière de la société. On estime de telles personnes comme égoïstes et méprisantes envers les amis, la famille et même ceux en dehors de leur cercle social proche.

Les Africains sont fondamentalement contents de participer à ce partage des ressources. Ils considèrent que cette manière de vivre est supérieure à celle dite occidentale : individualiste et indépendante, avec un sentiment trop développé de propriété individuelle. (Parfois les Africains se plaignent du fardeau de leur système, mais ils finissent par le défendre en général. Ils ne sont pas contents de ceux qui abusent de leur générosité, mais ils les tolèrent. Les gens sont plus importants que les possessions, ceci fait partie du fait d'être généreux.) L'attitude africaine envers les choses dans cette strate de l'économie est des plus louables à cause de la manière dont ceux qui ont des ressources les partagent avec ceux qui n'en ont pas. Ceci diffère sérieusement de l'attitude typique occidentale qui tend à mettre l'accent sur les possessions personnelles et les droits personnels plutôt que sur la responsabilité envers les autres.

Bien que cette attitude souvent favorable aux choses, présente beaucoup d'atouts, il y a probablement des liens entre cette attitude et le manque de responsabilité vu dans la façon dont bien des gens considèrent les ressources. Si les choses manquent d'importance, alors faire obstacle à les posséder ou trouver une manière de les obtenir montre que ceux qui s'y opposent s'inquiètent trop de sujets insignifiants. Dans ce contexte, les personnes pour qui les choses sont importantes peuvent éviter l'examen minutieux de leur comportement sans scrupules. Une autre conséquence de dévaluer les choses est que l'ambition de certaines personnes est sapée. Celles-ci sont parfaitement contentes de vivre très simplement ou de vivre aux dépens de la générosité d'autrui.

Les vingt-quatre observations suivantes (numérotées 1 à 24) concernent l'utilisation des ressources dans la culture africaine. Dans certains cas, on fait une observation par opposition au sujet de la culture occidentale. Ceci est indiqué par un O. Voir par exemple l'Observation 7 et l'Observation 7-O.

Pratiques générales

1. Le besoin financier qui arrive en premier lieu a droit de préséance sur les ressources disponibles.

On permet au trésorier de fonds collectifs de puiser dans le pot commun en cas d'un besoin urgent, par exemple pour payer une facture personnelle. L'incident suivant survenu à trois de mes amis, ressemble à plusieurs récits semblables que j'ai connus.

Trois hommes célibataires louaient un appartement ensemble, en partageant les coûts des services publics. L'un des trois, M. Ekwa, a été désigné pour collecter de la part des autres chaque mois les sommes convenues et payer la facture d'électrité. Une fois, juste avant la date d'échéance, M. Ekwa avait une facture personnelle qui devait être payée avant la date d'échéance de la facture d'électrité, donc il a utilisé l'argent qu'il avait recueilli des autres pour la payer. Il l'a fait, sachant qu'un ami qui lui devait de l'argent lui avait promis de le rembourser avant la date d'échéance de la facture d'électricité. Or, l'ami n'a pas payé M. Ekwa. La facture d'électricité n'a pas été payée, et on a coupé l'électricité. Pour faire restaurer le service, il fallait payer la facture plus une sanction. Les colocataires n'ont pas considéré M. Ekwa irresponsable ni malhonnête, bien qu'ils se soient plaints de devoir passer des soirées dans un appartement éclairé à la bougie. Ceux qui ont lu la première édition de ce livre ont remarqué que ce genre de conduite arrive, mais qu'on ne le considère pas acceptable et que ce genre de situation a entraîné une rupture de relations.

On a coupé l'électricité parce qu'Ekwa n'a pas payé la facture.
(Observation 1)

Un de mes amis raconte comment il a rencontré un homme dans la rue – un parfait inconnu – qui lui a demandé de l'argent. Mon ami a dit qu'il n'avait pas de fonds supplémentaires ; tout ce qu'il avait, était déjà budgétisé. L'homme a répondu : « Mais vous n'avez pas besoin de payer vos factures tout de suite, et la mienne est due demain. » Il voulait faire remarquer que son besoin financier avait la priorité, parce que son besoin était plus immédiat.

Un certain employé recevait un salaire généreux, à peu près le double de ce qu'il devrait attendre, étant donné son instruction et sa formation. En plus, il venait de recevoir des fonds supplémentaires, ayant fait des travaux à l'extérieur. Juste avant une grande fête religieuse, il est venu me demander de l'argent pour acheter des médicaments. Il a dit qu'il était malade et avait grandement besoin de médicaments. J'ai suggéré qu'il aille demander à son employeur de l'argent pour les médicaments. Il a répondu : « Mais je l'ai déjà fait et il m'a donné de l'argent pour les acheter, mais je l'ai dépensé pour des préparatifs de la fête. » Je lui ai donné l'argent nécessaire.

Il avait eu assez d'argent dans sa poche pour financer tous ses besoins attendus pour célébrer la fête. Mais alors il a choisi d'acheter un mouton plus grand et plus prestigieux pour le sacrifice et le barbecue au lieu du mouton modeste, qu'il voulait acheter tout d'abord. Il savait qu'il était malade et qu'il avait besoin des médicaments, mais il a dépensé l'argent pour acheter un animal plus grand. Ceci n'était pas un cas de dépenser l'argent de quelqu'un d'autre, mais le même principe a été suivi – les ressources ont été consacrées au premier besoin qui s'est présenté.

Des fois ce principe se développe d'une autre façon. Une organisation nationale qui avait été fondée par une organisation non-gouvernementale (ONG) a présenté une demande de fonds pour acheter une presse à imprimer. Le quartier général de l'ONG aux Etats-Unis a fourni l'argent nécessaire, environ trente mille dollars. Après que l'organisation africaine avait reçu l'argent, elle a décidé qu'elle ne voulait pas utiliser les fonds pour acheter une presse à imprimer, mais pour quelque chose de plus urgent. L'ONG a dit que ce n'était pas possible : on ne pouvait dépenser les fonds que pour le projet dûment planifié. Les leaders de l'organisation étaient si mécontents qu'ils ont rendu la somme entière. Ils pensaient que c'était un affront à leur organisation, que les étrangers essayaient d'exercer un contrôle excessif, et qu'il y avait un manque de confiance à leur égard qui pourrait rendre difficile la continuation de leur relation. Bien qu'il y eût d'autres éléments aggravants liés à cette transaction, un ingrédient majeur était que les Africains croyaient que leur besoin immédiat devrait prévaloir sur d'autres considérations.

Dans ces exemples, il s'agit de montrer que le manque de fonds n'est pas arrivé à cause de l'augmentation des coûts ou de l'insuffisance de fonds disponibles, mais parce qu'il y a eu un choix ou un désir d'utiliser les fonds réservés à des fins particulières pour couvrir des besoins immédiats, compromettant ainsi le financement de besoins futurs qui sont connus et prévus. Le point souligné ici chevauche des questions de budgétisation, de dépenses excessives et de changement de désignations, toutes questions à être discutées dans des sections ultérieures. Le facteur singulier ici est que les fonds étaient disponibles pour les dépenses budgétisées mais qu'on a dépensés – ou on a prévu les dépenser ailleurs.

2. Les ressources sont à utiliser et non à stocker.

En règle générale, les gens s'attendent à ce qu'on utilise ou dépense l'argent et les produits aussitôt qu'ils sont disponibles. Si celui qui les possède n'a pas un besoin immédiat de dépenser ou d'utiliser une ressource, des parents et des amis en auront certainement besoin. Posséder des ressources et ne pas les utiliser est la thésaurisation, qu'on considère antisociale.

Bien qu'en règle générale, les ressources soient à utiliser tout de suite, cela ne veut pas dire que les gens n'ont pas de moyens d'épargner pour des besoins futurs, ou qu'il n'y a pas de manière de le faire sans encourir la défaveur d'autrui. Une manière largement utilisée d'accumuler de l'épargne pour des besoins particuliers est la *tontine*, terme employé dans des pays anglophones et francophones et aussi employé dans les Caraïbes et les communautés de la diaspora africaine. Plusieurs groupes ethniques ont aussi leurs propres mots et pratiques adaptés à ce système très ancien d'épargne. Dans toute l'Afrique ces clubs d'épargne sont très répandus, et dans les villes dans les régions. Ils prennent différentes formes, mais l'opération de base comprend le dépôt d'une somme fixe par chaque membre tous les huit jours chez le trésorier. A la fin d'une période déterminée, ou quand une somme fixe a été accumulée, on fait une ou plusieurs distributions. Parfois, on utilise une loterie pour accorder la caisse à une personne chanceuse ; d'autres fois, la *tontine* prend la forme d'un *tour* (c'est-à-dire, un *tour de rôle*) dans lequel à la fin d'une période spécifiée, chaque membre reçoit la somme des dépôts hebdomadaires qu'il a faits. Cela arrive d'habitude juste avant une fête principale quand les membres veulent acheter de nouveaux vêtements ou, dans un village, quand le village achètera un bœuf que tout le monde partagera. Souvent, des villages ou des quartiers urbains se servent de *tontines* pour épargner pour toutes sortes de dépenses majeures, telles que la construction des maisons, le paiement de dettes, la célébration de mariages, les pèlerinages à la Mecque, la construction d'églises ou de mosquées, et le paiement de funérailles[1].

Comme on peut s'y attendre, il y a beaucoup de manières africaines de « budgétiser. » On sait que les personnes de certains groupes ethniques savent bien faire les budgets et autrement bien gérer les finances de manière à mener à la prospérité. Un autre exemple d'utiliser ce qu'il y a de disponible, concerne un docteur médical au Tchad qui

---

[1]La littérature sur les tontines est abondante. Voir par exemple, Nzemen 1993.

était responsable d'un hôpital là. Il a grandi dans la région comme fils de missionnaires. Il comprenait bien la culture locale et utilisait les ressources de l'hôpital de manières culturellement pertinentes. Quand l'hôpital avait de l'essence disponible pour ses ambulances, et d'autres véhicules et le parc de véhicules gouvernementaux n'en avaient plus, l'hôpital mettait de l'essence à sa disposition. Quand l'approvisionnement en essence de l'hôpital était à court, ses véhicules pouvaient aller se faire approvisionner d'essence au parc de véhicules gouvernementaux. Quand ni l'hôpital ni le gouvernement local n'avaient d'essence, l'ambulance et les autres véhicules de l'hôpital ne pouvaient bouger, et les services devaient être réduits. L'essence était seulement un exemple de la manière dont l'hôpital partageait ses ressources. L'hôpital était beaucoup apprécié et avait beaucoup d'influence dans la communauté, au-delà de ses services médicaux. Il s'adaptait parfaitement aux valeurs de la communauté concernant les ressources et aussi le partage de la privation.

3. L'argent doit être dépensé avant que les amis ou les parents demandent de l'emprunter.

Bien sûr, les gens ne dépensent pas toujours leur argent dès qu'ils le reçoivent. Cependant, un facteur majeur dans l'utilisation de l'argent par les gens est l'attente que les amis ou les parents viennent demander de le leur « emprunter ». Ceci est doublement vrai puisque les gens sont très intéressés aux affaires d'autrui. Presque toujours, si quelqu'un reçoit de l'argent, les personnes qui lui sont socialement proches vont le savoir. Cependant, on doit réserver certains fonds pour les dépenses essentielles, comme pour la nourriture et l'abri. On permet dans le système des réserves à court terme, mais même dans ce cas on doit faire les dépenses sans délai. Si on ne le fait pas, il semblera que l'argent peut être disponible à emprunter.

Un ami occidental encourageait certains de ses bons amis africains à considérer bien avant leur jour de paie ce qu'ils voulaient vraiment que leur argent achète. Ceci les aiderait à éviter des achats d'impulsion qui n'avaient aucune valeur à long terme pour eux, seulement pour l'empêcher d'être emprunté. Il a donné ce conseil en répondant à leurs plaintes que les gens empruntaient leur argent en permanence quand ils en avaient. Par conséquent, à de rares occasions où ils avaient pu gagner de l'argent, souvent ils faisaient des dépenses inutiles ou impulsives uniquement pour éviter que leurs amis ne leur empruntent de l'argent.

4. Si quelque chose n'est pas utilisé activement, on le considère « disponible ».

Beaucoup de gens désirent croire que si quelque chose n'est pas utilisé activement ou couramment, il est « excédentaire ». Si eux, n'en ont pas ou s'ils en ont moins, alors le propriétaire devrait le donner ou en donner une partie à celui qui n'en a rien ou en a moins. Ce principe peut s'appliquer aux effets personnels, à l'argent, aux provisions, aux bâtiments, aux terrains, et à l'équipement. Si on remarque que le propriétaire de cette ressource a véritablement cette ressource disponible – dans la teneur décidée par celui qui le désire – mais n'accepte pas ou refuse la demande, il sera critiqué et considéré égoïste, mesquin, pas amical ou pire.

Plusieurs amis africains ont mentionné comment des Occidentaux qui habitent en Afrique laissent des objets tels que des vélos d'enfant dans leur jardin. Il se peut que les vélos restent au même endroit pendant des jours ou des semaines, parfois attaqués par la rouille. A beaucoup d'Africains, ceci paraît égoïste et mesquin, et manque de considération face à ceux qui n'ont pas de telles possessions et pourraient profiter de les utiliser.

« Vous ne l'utilisez pas et j'ai besoin d'aller voir un ami. »
(Observation 4)

Pour reprendre les propos d'un autre ami africain :

> On perçoit que tout ce qui n'est pas d'usage actuel est « disponible. » Par conséquent, si les parents ou les amis pensent qu'ils ont un besoin immédiat d'un objet, alors ils ont droit d'en prendre possession. Donc, les vrais

Africains – ceux qui n'ont pas de « double culture », c'est-à-dire ceux qui n'ont pas été excessivement influencés par les idées occidentales et qui n'ont pas été aliénés des idéaux africains – sont soumis à cette coutume.

Notre conception traditionnel des objets ... si quelqu'un a des biens ou des ressources de quelque nature que ce soit, et s'il refuse de les donner à un demandeur, celui-ci trouvera le propriétaire égoïste et insensible aux besoins des autres. Il s'ensuit que le concept de « surplus » ne peut être séparé de celui d' « égoïsme ». En effet, les gens ont tendance à penser que ceux qui ont de nombreux biens sont d'habitude égoïstes. Leur pensée part du concept que la « famille » africaine est excessivement inclusive et élastique. Dans cette pensée, il doit y avoir plusieurs dans la famille qui sont nécessiteux et dépourvus et donc, si ceux qui avaient des biens s'acquittaient de leurs obligations familiales, ils n'auraient pas accumulé tant de biens. S'ils avaient accumulé autant, c'est parce qu'ils ont choisi de fermer les yeux aux besoins et de rester sourds face aux demandes implicites ou explicites des autres[2].

Il n'est pas difficile de deviner qu'on trouve souvent des moyens de contourner ce règlement. Les Africains sont généreux, mais ils n'apprécient guère que leurs possessions s'en aillent entre les mains d'autrui. Trois des stratégies utilisées pour éviter la perte des effets personnels sont les suivantes : (1) on cache des biens précieux, par exemple dans une boîte fermée à clé ou dans un placard ; (2) on achète du bétail dans un secteur rural et le confie à des éleveurs de bovins qui reçoivent la moitié de la progéniture comme rémunération pour l'avoir gardé ; et (3) on met des ressources dans des actifs fixes tels que des bâtiments, qui sont souvent en construction pendant plusieurs années. On y met de l'argent de manière fragmentaire, toutefois qu'il est disponible afin d'éviter qu'on l'emprunte. Donc, un des spectacles les plus courants en Afrique concerne des maisons partiellement construites – des cadres de béton et des barres d'armature saillantes, qui ressemblent à de grands animaux couchés sur le dos, les pieds poilus pointés vers le ciel. Des lecteurs de la première édition ont indiqué, cependant, que cet « emprunt » de choses non utilisées est loin d'être un comportement universel en Afrique et peut même être vu comme impoli ou signe de mauvais caractère.

---

[2]Communication personnelle, 1998.

5. Les Africains sont très sensibles et attentifs aux besoins d'autrui et sont très prêts à partager leurs ressources.

Cette observation résume bien les attitudes africaines envers l'utilisation des ressources. A certains égards, elle apporte un aperçu clé sur les pratiques financières africaines.

Un Africain a expliqué ceci utilement en détail :

> Les gens observent bien les autres et sont attentifs à leur situation. Par conséquent, on connaît toutes les personnes nécessiteuses d'un quartier. Dans des villages traditionnels, il est d'usage pour les femmes de commencer à piller le millet dans leurs mortiers à l'aube. Il y a une raison cachée derrière cet horaire. Si les femmes remarquent qu'une voisine ne pille pas de millet, elles envoient une délégation pour investiguer discrètement. Si c'est parce que le grenier de la voisine est vide, elles vont discrètement envoyer du grain à la voisine sans exposer le problème au village entier.
>
> Aujourd'hui, cette coutume de rechercher le bien-être d'autres dans la communauté est en train de s'effondrer. Ceci provient de divers facteurs. Les sociétés africaines évoluent vers des économies marchandes. Les conditions économiques en général se sont détériorées pendant les décennies récentes. Les citadins doivent acheter tous les aliments qu'ils consomment ; ils ne les cultivent pas comme dans le passé. Une grande majorité de gens trouvent plus difficile de répondre adéquatement aux besoins minimaux de la famille, donc ils sont moins capables d'aider les autres. Et, comme dans le monde industrialisé, il y a une plus grande tendance vers la consomption comme mode de vie, donc l'exigence sacro-sainte de l'hospitalité devient de plus en plus difficile à maintenir.
>
> A part les facteurs économiques, il y a une dégradation croissante de la cohésion sociale. Certaines personnes exploitent la solidarité africaine et la sensibilité envers les besoins d'autrui. Ces personnes ont perdu la honte d'autrefois d'être nécessiteux. Elles font savoir ouvertement qu'elles sont démunies, que ce soit vrai ou feint, avec l'intention d'attirer la pitié ou la compassion des autres pour obtenir des ressources. Elles vagabondent dans les rues – et dans les zones résidentielles et dans les zones d'affaires – en cherchant une assistance facile quand elles s'approchent de tous ceux qui passent. Dans les milieux urbains surtout, cela rend quasi impossible pour l'Africain aussi bien que pour

l'Occidental de déterminer qui est nécessiteuses et qui fait semblant de l'être[3].

Cependant, dans la ville moderne, la solidarité et le sens de communauté africains continuent à survivre, même s'ils sont diminués par rapport aux temps passés.

Une autre illustration du partage africain vient d'un ami africain :

> Pas loin de chez moi, il y a une femme d'une quarantaine d'années qui « opère » devant quelques magasins. Si on achète quelque chose dans un de ces petits magasins, cette femme va s'approcher de vous et ouvrir la main pour vous montrer quatre-vingt-dix francs. Alors elle dit : « Je suis venue acheter du savon, mais je n'ai pas assez d'argent. Pourriez-vous me donner dix francs ? » Ella fait ceci depuis longtemps et tout le monde du voisinage, qui la première fois est tombé dans le panneau, comprend depuis longtemps ce qu'elle fait et qu'elle a des problèmes mentaux. Toutefois les gens continuent à lui donner dix francs, tout en se disant, « Quelle drôle de femme, elle fréquente toujours le même endroit avec cette histoire fausse que tout le monde connaît ».

Tout le monde connaît l'histoire mais on continue à lui donner ce qu'elle demande. Ceci nous porte à dire que la générosité et la sociabilité africaines ont un côté négatif. On tolère certains comportements jusqu'au point de les rendre acceptables. On peut voir cet excès d'indulgence comme une manière d'encourager la paresse et l'oisiveté.

Si ces coutumes persistent, c'est parce que les Africains ne peuvent pas se fermer aux autres. Ils préfèrent prendre des risques et se permettre d'être trompés, plutôt que de manquer d'aider quelqu'un qui a un vrai besoin. Les faux pauvres exploitent ce comportement caractéristique des Africains.

Comment trier le bon grain des mauvaises herbes ? Comment distinguer entre ceux qui méritent de l'aide et ceux qu'on devrait éviter ? Ce sont des questions complexes auxquelles les Africains ont des difficultés à répondre. Donc, en plus des valeurs élevées de la solidarité et de la sociabilité, qui sont tangibles, il y a aussi la crainte intangible d'être exclu de la société, de se conduire d'une manière qui provoquera le reproche et le rejet. Comme on le dit souvent,

---

[3]Communication personnelle, 1998.

« L'homme n'est rien sans les autres. Il vit dans leurs mains
et il meurt dans leurs mains »[4].

Donc, bien que pour l'essentiel les idéaux de la culture traditionnel
africaine perdurent, plusieurs d'eux changent sous la pression de la
modernité. Mais le vieux système idéalisait le concept de s'occuper de
son voisin, afin qu'il n'ait pas besoin de mendier ou même de demander.
Les gens sont motivés à chercher des résultats, et non pas seulement
à garder les vieilles valeurs qui perdent de force et d'adhérents.
Maintenant, de plus en plus d'Africains, semble-t-il, n'attendent pas que
l'aide leur arrive de la part d'Africains sensibles, mais ils vont demander
l'aide. Cela est tout naturel puisque très peu de ressources leur arriveront
dans un monde toujours plus impersonnel.

6. Le fait que la plupart des gens sont surchargés financièrement produit des effets profonds sur la société.

Un ami occidental, volontaire à long terme en Afrique, a commenté les
réactions des gens à la pauvreté généralisée en ces termes :

> Bien des gens croulent sous la dette. Quand une personne
> commence à sortir de la boue, on lui tire dessus et l'y
> replonge. Personne ne va de l'avant. La société ne peut
> accroître le capital. La richesse est redistribuée, non pour
> le bien de la société mais pour le bien de celui qui a le
> pouvoir, l'influence ou l'autorité sur la personne qui essaie
> d'aller de l'avant. Cela peut être dans la famille ou dans le
> gouvernement[5].

Quoique cette discussion d'effets dépasse un examen des faits et
entre dans le domaine de la psychologie, il est raisonnable de conclure
que beaucoup de personnes, sinon la plupart, ont des soucis doubles
quant à comment faire face aux dépenses courantes et comment repayer
les obligations en retard. Des amis africains m'ont assuré que ceci est
tout à fait vrai. Le niveau de souci individuel est très élevé. Il y a
des angoisses répandues au sujet de l'approvisionnement alimentaire
de base, de l'emploi, de la santé en général et du SIDA en particulier,
des instabilités de gouvernements, de l'éducation des enfants ou de soi-
même, de la hausse du vol dans les zones urbaines, et de bien d'autres.
L'un ou l'autre de ces problèmes causerait des inquiétudes à n'importe
qui, mais puisqu'en Afrique ces problèmes menacent la population en
masse, la validité de la déclaration semble assez évidente.

---

[4] Communication personnelle, 1997.
[5] Communication personnelle, 1996.

Un des effets est que les amitiés sont souvent tendues ou même brisées. Lorsque quelqu'un doit de l'argent à quelqu'un d'autre et ne peut ou ne veut pas payer, ils commencent à s'éviter et à refroidir leur relation d'autres manières. Encore un effet est que, bien que les Africains ne dépensent pas jusqu'à la limite de leurs cartes de crédit comme le font certains Occidentaux, ils empruntent jusqu'à la limite à leurs amis. Donc, en cas d'urgence, ils ont moins d'options qu'ils auraient eues autrement. L'effet résultant est que la quête de réseaux financiers étendus, la visite à des mécènes potentiels et l'anxiété au sujet des finances sapent l'énergie et diminuent la capacité de faire du travail plus productif. Les individus et la société en général sont retenus parce que les dépenses se limitent en grande partie à la satisfaction de besoins immédiats, plutôt qu'à la création des épargnes et l'investissement d'un surplus dans des entreprises créatrices d'emplois. Des pressions financières supplémentaires engendrent des tentations constantes d'user d'expédients en puisant dans les fonds sous le contrôle de la personne et en agissant autrement de manière contraire à l'éthique.

L'Américain moyen a aussi dépassé ses limites financières, mais les solutions pour lui sont très différentes de celles à la disposition d'un Africain. Les Américains relèvent leurs défis financiers en devenant un ménage à deux salaires, dont le mari et la femme travaillent tous deux ; ou en exerçant un second emploi, parfois appelé le travail au noir. Et, comme on l'a déjà dit, ils cherchent encore du crédit. Autrement dit, ils cherchent des solutions impersonnelles. Les Africains en général disposent uniquement de solutions personnelles – de l'aide de la part d'amis ou de famille. Comme résultat, en Afrique des inconnus ou des voisins s'approchent souvent d'expatriés et leur demandent de l'aide, soit financière soit matérielle. Cela mène ceux-ci à la fausse conclusion que les Africains aiment mieux demander plutôt que de travailler. Une partie du problème est qu'en Afrique, il se peut qu'il n'y ait pas d'agences gouvernementales ou privées auxquelles les personnes en difficulté peuvent s'adresser, comme ce serait prévu en Occident.

L'utilisation sociale des ressources

7. L'engagement financier et matériel avec les amis et la famille est un élément très important de l'interaction sociale.

Essentiellement, les seuls Africains qui ne sont pas engagés avec les amis et la famille sont soit ceux qui sont frappés d'ostracisme social, soit ceux qui en raison de leurs richesses, de leur position, ou de leur instruction moderne ont pu se séparer de leurs semblables. Ce n'est pas toujours le cas, cependant. En fait, plusieurs personnes riches font des projets dans le village pour aider la population locale. Les gens ne sont pas tenus à aider ceux qui sont en-dehors de leur cercle social, m'a expliqué un Africain. Refuser [les demandes de ceux-là] ne devrait pas normalement être un problème. La vraie difficulté arrive chez un Africain quand il refuse d'aider quelqu'un qui le considère comme un véritable ami et une partie de son cercle social. Le « cercle social » comprendrait d'habitude la famille, les parents proches, quelquefois tous les autres d'un groupe ethnique ou d'un clan, et des amis intimes qui ne sont pas parents.

La situation est différente de plusieurs façons pour les Occidentaux :

1. Ils ont des idéaux égalitaires et proviennent des pays prospères et donc sont surpris, même choqués, dans certains pays [africains] par les besoins évidents et généralisés qu'ils voient autour d'eux.

2. Ils n'ont pas l'habitude d'être confrontés directement par des gens nécessiteux, puisque d'ordinaire ils donnent aux organismes de bienfaisance dont le personnel traite avec les personnes dans le besoin.

3. Ils éprouvent le gêne, le regret, ou peut-être parfois la culpabilité subconsciente à cause des besoins fondamentaux qu'ils voient en Afrique, surtout s'ils sont peinés par la période coloniale en Afrique et, plus récemment, angoissés par les dommages causés par la Guerre froide.

4. Les besoins semblent si énormes qu'ils entretiennent un sentiment de futilité en essayant de venir en aide. Même s'ils donnaient tout ce qu'ils possédaient, cela n'influencerait pas le besoin.

5. Ils savent qu'il existe des fraudeurs qui font semblant d'être nécessiteux quand ils ne le sont pas ; ils ne peuvent pas faire la différence entre eux, et ils ne veulent pas donner à des fraudeurs.

6. Pour les Africains, il peut être facile de définir leur cercle social et donc de pouvoir limiter leurs obligations, mais comment est-ce que les Occidentaux peuvent définir les leurs quand eux sont des étrangers résidents qui n'ont pas de liens du sang, de liens ethniques, et sont autrement typiquement isolés (même si présents physiquement) de la société africaine ? Pour la plupart, les cercles des étrangers sont composés d'autres étrangers, donc ceux qui ont des besoins sont en-dehors de leurs cercles. Même quand les Occidentaux font partie d'un cercle africain, celui-ci sera probablement composé d'Africains qui sont du moins relativement aisés.

7. Quand les Occidentaux font partie de cercles africains qui comprennent les personnes sans emploi et autrement nécessiteuses, il est difficile, sinon peu probable, qu'ils maintiennent des relations équilibrées et mutuelles même quand ils semblent être des gens de l'intérieur.

Donc, pour les Occidentaux, être durs envers les gens de l'extérieur et ouverts à ceux qui sont dans le cercle social ne fait pas grand-chose pour résoudre leur problème de déterminer qui aider et qui refuser. C'est un problème constant des Occidentaux qui sont en Afrique et qui ont des idéaux charitables et veulent contribuer à subvenir aux besoins des quelques-unes des personnes qu'ils rencontrent dans la vie quotidienne.

7-O. Les Occidentaux se méfient d'amitiés qui incluent régulièrement des   échanges financiers ou matériels.

Les Occidentaux ne refusent pas de partager leurs ressources avec des amis – ils les partagent souvent avec des inconnus qui sont dans le besoin – mais ils croient que la seule manière de savoir si un ami est vrai ou non, c'est d'enlever toutes considérations matérielles de leur association. Cette attitude provient d'au moins trois sources. L'une d'elles est qu'ils ont expérimenté ou entendu parler de certaines amitiés, ou même des mariages, qui ont duré seulement aussi longtemps que les ressources. Les ressources parties, de même l'ami(e) ou même l'époux ou l'épouse.

La seconde source est la tendance fondamentale de la vision du monde occidental de dichotomiser plusieurs concepts, c'est-à-dire, de les diviser en deux catégories opposées. Donc, la vie est divisée entre le sacré et le profane ; les objets à plusieurs fins sont soit propres soit sales ; les actions sont légales ou illégales. Dans une telle façon de penser, l'amitié est dans une catégorie différente de l'association commerciale. Dans celle-ci, les considérations financières ou matérielles ne sont pas seulement admises mais on comprend qu'elles sont la base essentielle d'établir la relation. A l'Occidental, ce à quoi on s'attend est clair dans chaque catégorie, même s'il y existe un chevauchement considérable, par exemple lorsque des associés commerciaux deviennent des amis.

> Les Occidentaux, surtout les Américains ont tendance à considérer un ami comme quelqu'un dont la compagnie leur fait plaisir. On peut demander à un ami une faveur ou de l'aide si nécessaire, mais il est très mal vu de cultiver l'amitié principalement pour ce qu'on peut gagner de cette personne ou de sa position[6].

---

[6]Nydell 1996 : 25.

Une troisième source de la méfiance à l'égard de mêler les finances et l'amitié provient de l'observation que beaucoup d'amitiés ont été brisées sur la question d'argent. Les gens connaissent de bons amis qui se sont séparés à cause des malentendus concernant un prêt ou un autre échange matériel. Donc, afin de préserver l'amitié et d'éviter de tels malentendus, on considère qu'il est préférable d'écarter l'argent de l'amitié. Ceci est vrai à tel point qu'il existe un adage américain qui l'explique : « Si tu veux faire un ennemi de parents ou d'amis, prête-leur de l'argent. » Ceci suggère une stratégie pour se débarrasser d'un ami non désiré – ne faites que lui prêter de l'argent et le résultat sera presque automatique.

8. Les Africains aident leurs amis qui ont des besoins financiers comme une forme d'investissement pour les temps futurs quand eux-mêmes auront des besoins. Cet arrangement constitue un système virtuel bancaire ou d'épargne.

Un autre point de vue sur l'emploi social des ressources est le rejet de la budgétisation personnelle des finances. Ceci découle de la réalisation que « Si je budgétise mon argent et si j'ai donc toujours des fonds pour répondre à mes besoins actuels, mes amis le sauront et demanderont de m'emprunter de l'argent. Je ne pourrai refuser, donc je serai plus mal en point en essayant de vivre selon mes moyens. Donc il vaut mieux que je continue à faire partie du système. J'aiderai mes amis quand ils auront des besoins, et quand je me trouverai à court d'argent, ils me viendront en aide. » Un jour je discutais ce sujet en détail avec un ami africain de l'Afrique orientale et lui expliquais le point de vue occidental. Il était très content de la manière africaine, totalement convaincu que c'était un système excellent.

Bien sûr, les gens n'assistent pas les autres seulement parce qu'ils pourraient avoir besoin d'aide à l'avenir. L'aide apportée à autrui a une valeur élevée dans la culture, mais il est difficile pour un étranger de trouver la limite entre la générosité et l'intérêt personnel. Un ami africain m'a dit que certaines personnes aident les autres comme moyen de faire savoir qu'ils ont des ressources financières. Les motivations diverses ne sont pas limitées à l'Afrique. Certainement aussi en Occident, beaucoup de philanthropie a cette motivation.

Encore une raison pourquoi la plupart des gens préfèrent partager, en employant des banques virtuelles plutôt que des banques traditionnels, est que celles-ci ne répondent pas aux besoins de petits épargnants. Les banques sont essentiellement des institutions qui répondent aux besoins des membres d'élite de la société. Quelques-unes des caractéristiques problématiques des banques dans plusieurs pays sont les suivantes : les tarifs sont élevés et souvent arbitraires ; les comptes sont parfois

« perdus » ; fréquemment les banques ferment boutique et les petits
déposants perdent toutes leurs économies ; il n'y a pas d'assurance des
dépôts ; et les employés de banque font souvent la grève.

9. Les implications financières de l'amitié et de la solidarité dépassent les amis proches et comprennent des relations secondaires.

Un Occidental le trouve assez difficile quand on lui demande
personnellement de l'aide de la part d'amis et de connaissances africains,
mais il est encore plus difficile quand on lui demande de l'aide pour un
tiers qui lui est complètement inconnu. On peut appeler ces interactions
sociales indirectes des relations secondaires.

Il n'y a pas moyen d'évaluer la validité de telles demandes, or de
jauger le requérant. La manière africaine est de faire confiance à l'ami
qui fait la demande. Questionner la validité du besoin, c'est questionner
l'intégrité de l'ami africain. Les Occidentaux ont l'habitude de passer des
jugements de valeur eux-mêmes. Un ami africain a expliqué ceci ainsi :
Si mon ami me demande de l'aide ou un prêt parce qu'un de ses parents
ou un de ses amis le lui avait demandé, même si cette personne m'est
inconnue, la société dicte que, si j'ai les moyens, je devrais accorder
l'aide, si mon ami va pouvoir me repayer ou non.

Les Africains ont tendance à idéaliser l'interdépendance. Dans le
passé, les Occidentaux dépendaient beaucoup plus de l'aide des voisins
qu'actuellement. Aujourd'hui, les Occidentaux ont tendance à idéaliser
l'indépendance. Comme résultat, les Occidentaux modernes ont tendance
à ne pas comprendre ou à mal interpréter le comportement qui présume
que les amis et les voisins seront impliqués dans leur vie.

10. Pas tous les Africains ne suivent les principes financiers normalement acceptés du partage que la société dicte, mais ceux qui ne le font pas paient le prix très fort socialement : les amis et les parents les évitent et les marginalisent.

Traditionnellement en Afrique, le conseil des anciens punissait les
infractions sociales par la sanction de l'évitement, appelé également la
quarantaine sociale. C'était une punition très sévère, et d'habitude les gens
se conformeraient aux mœurs du village plutôt que d'être condamnés de
cette manière. Les personnes évitées continuaient à être présentes dans
la société, mais pratiquement comme des non-participants, à l'exception
de l'alimentation. La nourriture était un droit inaliénable, même pour
les parias et les malades mentaux. L'évitement était un peu moins sévère
que la punition africaine ultime : le bannissement ou l'expulsion de la
société.

Le philosophe africain Assane Sylla décrit cette sanction sociale ainsi :

Lorsqu'un perturbateur persiste à se comporter mal ... s'il continue avec entêtement, on le punit en le mettant dans une quarantaine psycho-sociale. Le village entier ou le groupe social auquel il appartient arrêtera toute conversation et toutes autres relations normales avec lui, y compris le refus de n'exercer aucune activité commerciale. On laisse exister la personne ainsi condamnée en total isolement social, avec un fort sentiment de désapprobation, d'inimité, ou de dédain. Dans la société wolof, perdre la considération de ses amis, de ses compagnons de toujours, de ses pairs, c'est perdre la place dans la vie qu'on ne peut trouver ailleurs. C'est pire que de se trouver en prison.

Toute personne est sensible à la possibilité de perdre la considération des autres et l'interaction avec eux, puisque c'est la sympathie d'amis et la multitude de relations familiales qui sont essentielles au bien-être et à l'épanouissement personnels. Dans une société si solidement intégrée, les pressions sociales incitant l'individu à se conformer sont extrêmement fortes et omniprésentes. L'étranger peut estimer les effets sur le comportement et le genre d'arguments utilisés pour justifier les actions et les décisions personnelles. Il n'est pas rare, par exemple, qu'on voie quelqu'un dépenser une fortune pour une fête familiale et être ruiné sur le plan financier dans ce processus, et qu'on l'entende déclarer : « *nakka ci pexe* ? » – « Que puis-je faire autrement ? Je ne peux pas trahir les attentes de tout le monde qui a les regards tournés vers moi et qui cherche à voir ce que je vais faire. » Et puis il ajoute : « *alal fajul dee gàcce lay fac.* » – « L'argent ne tiendra pas la mort à l'écart, mais il tiendra la honte à l'écart » (c'est-à-dire, qu'il permettra à une personne de respecter ses obligations)[7].

Dans les villes, la menace de l'évitement est moins sérieuse que dans la société rurale traditionnel. Cela est surtout vrai pour ceux qui ont un bon emploi stable. Néanmoins, les pressions qui les poussent à se conformer socialement aux mœurs acceptées continuent, même si certains prennent des risques en vivant indépendamment. Pour la plupart, même s'ils voulaient être libres, la crainte qu'ils aient besoin d'aide ou d'appui à l'avenir les empêchent de s'écarter loin du système.

Cependant, j'ai connu certains Africains urbains qui risquaient l'indépendance. Ils se lassaient d'héberger continuellement une maison

---

[7] Sylla 1978 : 155–156.

pleine de parents venus de leur village rural et qui exigeaient le divertissement, la nourriture, un endroit où dormir, et probablement même de l'argent de poche. Ils se sont soustraits à leurs obligations en déménageant dans une maison ou un appartement si petit qu'il n'y avait pas de place pour des visiteurs. Ceci n'est pas une pratique acceptable et il en résulte des ressentiments, des critiques et l'aliénation. Dans d'autres villes, il est courant pour les habitants d'accuser de sorcellerie les parents qui s'imposent à eux. Puisque les dénonciations de sorcellerie sont les seules bases possibles de refuser l'hospitalité à quelqu'un, il est difficile d'accepter la sincérité d'accusations portées dans ces circonstances.

11. Beaucoup de gens achètent des repas à des cantines installées au coin des rues, à la sortie des usines et à d'autres endroits appropriés.

L'esprit de partage des ressources s'étend aux habitudes alimentaires. Les hommes et les femmes qui travaillent n'emportent pas de repas du midi de chez eux au lieu de travail, afin de réaliser des économies du coût de nourriture. Les hommes célibataires ne préparent pas le petit-déjeuner ou d'autres repas à leur logement, non plus. Normalement, ils prennent du café et du pain badigeonné de mayonnaise, mais à une des cantines bien situées un peu partout dans la ville. Bien sûr, cela coûte plus cher d'acheter le petit-déjeuner de cette façon que de le préparer à la maison.

Encore une fois, les raisons de ce comportement sont complexes : (1) les gens ne veulent pas manger tout seuls, préférant manger avec des amis ; (2) les marges bénéficiaires de ces cantines qui vendent le café et les repas sont modestes, et l'économie quotidienne de le faire soi-même ne serait pas grande ; (3) il y a le sentiment que ces hommes et ces femmes qui tiennent des stands qui offrent le café et les repas doivent aussi gagner leur vie, ce qui devient un non-dit : « Je fais preuve de solidarité avec eux et je les aide, tandis que c'est beaucoup plus pratique et moins compliqué pour moi, ce faisant » ; (4) l'idée d'un sac-repas, c'est-à-dire un repas froid, est inconnu et serait peu attrayant si on le suggérait ; et (5) un but d'économiser, afin d'épargner (de mettre de côté) de l'argent est peu réaliste. Il y a donc peu d'incitatif de suivre une préférence future (voir Observation 51-O). Si on réussit à accumuler un surplus, d'autres auront certainement des besoins immédiats qui nécessitent ces ressources.

Les entreprises dans les villes africaines offrent un kaléidoscope de marchands, depuis les colporteurs qui vendent quelques objets le long des rues jusqu'aux grands magasins. Les marchands et leur clientèle reflètent le statut social et économique. Les clients fréquentent les commerces qui correspondent à leur condition sociale et à leurs moyens économiques. Plusieurs entrepreneurs qui opèrent aux niveaux plus bas aspirent aux niveaux plus élevés pour augmenter leur rentabilité et leur prestige. En Afrique de l'ouest, les niveaux sont les suivants, du plus bas au plus élevé :

Tableau 4.1. Hiérarchie de commerces en Afrique

Français	Anglais	Lieu et genre de commerce
colporteur	*street vendor*	Vend le long des voies urbaines ; porte la marchandise sur lui
commerçant tablier	*table vendor*	Vend le long des voies urbaines ; la marchandise vendue à partir d'une table ou d'un étal mobile
cantine	*canteen*	Nourriture ou boisson vendues à partir d'un étal fixe, très simplement installé en plein air, sur une voie
baraque	*shack*	Magasin de stock limité ou restaurant opéré à partir d'un bâtiment rustique
magasin	*store/shop*	Un grand magasin bien aménagé, spécialisé ou non

Il y a non seulement trois classes d'entreprises commerciales, mais les clients ont tendance à être de différentes classes sociales. Une fois, j'ai emmené une jeune voisine à l'hôpital et attendu plusieurs heures pour qu'elle soit soignée. Son frère nous a accompagnés et nous avons attendu ensemble. Après un certain temps, j'avais besoin de caféine et j'ai suggéré que nous traversions les barrières pour chercher du café. Nous avons choisi une des plusieurs cantines et sommes assis sur le banc rudimentaire devant la table où on servait les clients. Mon ami m'a regardé, très surpris. Il a dit : « Ce doit être parce que vous êtes américain ; on ne verrait jamais un Français boire un café dans un endroit comme celui-ci. » Un Africain, non plus, ne descendrait jamais de sa Mercedes pour prendre un café à un tel endroit.

12. Les Africains partagent volontairement les choses et l'espace mais gardent jalousement les connaissances.

12-O. Les Occidentaux partagent volontairement leurs connaissances mais gardent jalousement les choses et l'espace.

Dans ce chapitre on a donné plusieurs exemples de la volonté des Africains de partager leurs ressources avec les parents et les amis. Voir, par exemple, les Observations 5 et 8. La grande valeur accordée au partage fait partie de la sagesse reçue de beaucoup d'Africains – et peut-être de tous. Par exemple, les Bekwel [bkw] de la République du Congo ont un proverbe qui dit : « Le partage apporte un ventre rempli ; l'égoïsme apporte la faim. »[8]

Il est vrai aussi que les Africains partagent volontairement l'espace avec d'autres. J'entends par cela que les gens passent beaucoup de temps avec les autres ; ils se trouvent auprès des autres presque constamment. Ils évitent d'être seuls. Ils préfèrent travailler en groupe pendant qu'ils travaillent aux champs, à l'emploi en ville, ou dans la cuisine – en fait, pendant presque tout le temps où ils ne dorment pas. Et même quand ils dorment, les Africains dorment généralement dans des pièces où il y a quelques autres personnes. Si une personne préfère être seule à un degré sensible, on la considère bizarre, antisociale et même à craindre. Ma femme et moi, nous avons été chez des amis, assis avec d'autres, quand un homme ou une femme est entré pour changer de vêtements. La personne s'est déshabillée en gardant seulement un caleçon ou une culotte et a changé de vêtements de dessus. Personne dans la pièce n'y a fait aucune attention. Les besoins de l'intimité – c'est-à-dire, le désir d'être seul ou solitaire, ou de maintenir une vie privée, ou de s'éloigner des autres – semblent être relativement inconnus en Afrique.

Des Occidentaux qui ont vécu en Afrique demandent quelquefois : « Est-ce que les Africains n'ont pas besoin de vie privée ? » Je crois que si, mais je maintiens que leur vie privée prend la forme de la pensée privée. D'après mon expérience, les Africains n'expriment pas verbalement beaucoup de choses qu'expriment sans hésiter les Occidentaux. Par exemple, j'ai interviewé un grand nombre d'Africains et leur ai posé d'innombrables questions. A maintes reprises, les Africains ont des difficultés à parler au sujet d'eux-mêmes et à raconter leur biographie personnelle en détail. Il y avait plein de sujets dont ils n'avaient pas l'habitude de parler, au moins à quelqu'un en dehors de leur cercle intime ou même de leur culture. Dans mes recherches, j'ai préparé des questionnaires qui me semblaient raisonnables mais qui se sont avérées trop intrusives, et les questions étaient donc inutilisables.

Une fois, j'étais dans un village où j'employais un homme pour m'aider à interviewer quelques-uns des hommes âgés. Je cherchais des informations de base sur les langues qu'on parlait, surtout dans les familles où le mari et la femme venaient de groupes ethniques différents. Je m'intéressais à apprendre comment les enfants acquéraient les différentes langues parlées dans le village. A un certain moment, j'interviewais un homme âgé, quand tout à coup un grand jeune homme costaud se tenait directement devant moi et me lançait un regard furieux. J'ai été très surpris. Mon assistant m'a expliqué que l'homme âgé n'a

---

[8]Phillips 1999.

plus désiré répondre à mes questions et a appelé son fils costaud pour me faire partir. Bien entendu, dans de telles situations il y a plusieurs éléments concernés en ce qui est arrivé. Mais je crois qu'on peut affirmer que ces éléments comprennent un concept général que plusieurs pensées et beaucoup d'informations sont privées en Afrique et ne seront révélées aux autres que dans des circonstances limitées. Ceci est sans doute vrai de tous peuples, qu'on a des choses dont on ne parle pas librement avec des étrangers. Ce que je voudrais exprimer est que les Africains ont des catégories d'informations et de connaissances qui sont très privées. Les Africains sont très ouverts et non possessifs de plusieurs façons, mais quand il s'agit de ce qu'ils savent, il existe beaucoup de faits qui sont des secrets gardés et seront révélés seulement de manières très modérées.

Dans certaines cultures, le concept de la vie privée se rapporte uniquement à la vie sociale privée. On réalise l'intimité simplement en ne s'adressant pas aux personnes avoisinantes et en évitant d'être adressé par elles, pendant un certain temps. La vie privée consiste à être laissé tranquille, même quand plusieurs autres sont présents. Dans ces situations, une personne a l'intimité sociale mais pas l'espace privé. Pour les Occidentaux, être seul signifie qu'on occupe un certain espace tout seul et exige la séparation spatiale et sociale des autres. Le degré d'intimité spatiale et sociale dépend de son tempérament. Même les extrovertis ont un certain besoin d'intimité.

Par contre, les Occidentaux partagent leurs pensées et leurs connaissances beaucoup librement que les Africains. L'Internet et les innombrables revues scientifiques qui publient les dernières découvertes scientifiques sont des exemples types, conçus en Occident et reflétant plusieurs valeurs occidentales. Une de celles-ci est la conviction que la société bénéficiera d'un partage libre des informations. Des exemples extrêmes se voient fréquemment à la télévision. Un athlète vient de gagner une médaille d'or, ou quelqu'un vient de perdre sa maison emportée par une tornade, et un journaliste lui met un micro sous le nez et lui demande : « Comment vous sentiez-vous en traversant la ligne d'arrivée ? » ou « Quel effet cela fait-il de perdre votre maison dans une tornade ? ». Aussi anodins que soient ces exemples, il me semble qu'ils révèlent une attitude présente dans la culture qu'on s'attend à ce que les pensées personnelles doivent être partagées avec d'autres, même avec des étrangers. Ceci ne veut pas dire que les Occidentaux et leurs institutions ne respectent pas le caractère confidentiel de beaucoup de faits, tels que les secrets commerciaux ou les brevets de découvertes. Les restrictions permises au partage des connaissances couvertes par la propriété exclusive pour des périodes limitées sont des exceptions pour récompenser les investissements commerciaux, et ne contredisent pas la règle générale que la société occidentale croit qu'elle est mieux servie par la diffusion des connaissances.

Un bon exemple est la construction par les Chinois d'un stade de sport à Dakar, il y a quelques années. C'était l'un de beaucoup de tels projets effectués en Afrique dans le cadre de l'aide internationale et des efforts en matière des relations publiques par la Chine. Au Sénégal, aussi bien que dans beaucoup d'autres pays, les Chinois ont fait venir de nombreux ouvriers chinois et fait construire des logements pour eux près du projet. On a embauché très peu d'ouvriers locaux, sinon aucun, malgré les efforts du gouvernement pour assurer que les projets à capitaux étrangers emploient un nombre maximum d'ouvriers des environs. J'ai demandé à un ami de Dakar ce que les gens de Dakar pensaient être la raison principale pour laquelle les Chinois ont amené leurs propres ouvriers quand tant de Sénégalais étaient chômeurs et disponibles au travail. Il a dit que la plupart des gens croyaient que les Chinois utilisaient des techniques de construction qu'ils voulaient tenir secrètes, pour interdire aux Sénégalais et aux Africains l'accès à leur technologie. Cette réponse m'a beaucoup surpris à ce moment-là. Le stade était une affaire de faible technologie construite de béton armé, donc on ne pouvait pas imaginer qu'il comprenait des méthodes de construction ou des matériaux secrets. Ce que l'interprétation des gens révélait était la supposition à partir de leur propre culture que les connaissances étaient quelque chose qu'on ne révélait pas librement aux étrangers. Plusieurs fois pendant nos années en Afrique, j'ai remarqué cette supposition appliquée à l'interprétation des nouvelles et des actions de pays occidentaux quand on croyait que l'Afrique était délaissée, parce que l'Occident ne partageait pas ou ne voulait pas partager sa technologie.

J'ai voyagé dans plusieurs pays africains où j'avais besoin de demander mon chemin aux gens du pays. Ceci arrivait dans une ville ou dans une région rurale. Très souvent la personne à qui je l'ai demandé était d'accord de donner des directives mais voulait entrer dans le véhicule, afin de me montrer le chemin. Tout d'abord cette attitude surprend l'Occidental, puisque c'est quelque chose de nouveau, et il pense qu'il lui faudra revenir au lieu de départ pour déposer le guide. Cependant, le guide s'attend à ce qu'il revienne à pied ou parfois qu'il prenne le transport en commun. Une partie de ce comportement africain est basée sur la gentillesse et l'hospitalité envers les étrangers, mais une partie en est basée sur la croyance que le guide possède des connaissances et les connaissances sont des denrées vendables. Par conséquent, en entrant dans le véhicule, le guide obligera le chauffeur à payer les informations données et s'attendra à ce que le chauffeur paie aussi le prix de retour au point de départ si une dépense est engagée.

Les aéroports sont encore un lieu où il existe un contraste marqué entre l'Afrique et l'Occident en ce qui concerne les connaissances. J'ai été soumis à de longs retards du vol aux aéroports de plusieurs pays en Afrique. Généralement, on ne dit pas aux passagers la cause du retard, ni sa durée, ni les services qui seront fournis par la ligne aérienne pendant la période d'attente. Parfois cela se prolonge pendant des heures, pendant les heures de repas, et quelquefois jusque dans la soirée ou la nuit. Les passagers grouillent tout en partageant leur ignorance de ce qui se passe ; les rumeurs circulent abondamment ; la frustration augmente. Encore une fois, les situations sont complexes et sans explication simple, mais je crois que le trait culturel de ne pas partager librement les connaissances est un élément important de ces événements.

Le rôle des bénéficiaires

13. La personne qui demande un objet ou de l'argent à un ami ou à un parent joue un rôle décisif pour déterminer si son besoin est plus grand que celui du donateur potentiel, et par conséquent si, oui ou non, le donateur devrait effectuer le don.

Entre proches parents ou entre amis, si le propriétaire ne cède pas à la demande de quelque chose, un refus pourrait avoir pour conséquence une bonne remontrance immédiate dans laquelle la personne refusée appelle l'autre égoïste. En plus, un ami pourrait demander quelque chose dont il n'a pas un besoin immédiat simplement pour mettre l'amitié à l'épreuve. Si on refuse la chose demandée, la réaction peut être la colère manifeste et l'insulte pour la personne qui refuse la demande.

Une personne qui s'identifie comme plus pauvre a le droit de recevoir ce qu'elle demande à un parent ou à un ami, si ce qu'elle demande lui paraît un don possible. J'ai entendu s'en plaindre plusieurs Africains mais tous ont dit qu'ils ne peuvent pas l'arrêter, le condamner ouvertement ou remettre en question le système. S'ils ne cèdent pas aux demandes de ces gens, on les critiquera sévèrement face à face ou derrière le dos. Mais s'ils se laissent convaincre trop vite ou trop facilement aux demandes irraisonnables, on les critiquera comme des naïfs.

« J'ai besoin de ta radiocassette. » (Observations 13 et 69)

Une fois, un ami africain est venu chez moi demander si j'avais des draps de lit ou des rideaux qu'on n'utilisait pas, même s'ils étaient vieux et troués. Des parents venaient de lui rendre visite, et quand ils sont partis ils ont emporté tous ses draps et les rideaux aux fenêtres de ses pièces louées. Je lui ai demandé pourquoi il leur avait permis d'emporter ses affaires. Il a dit qu'il lui était impossible de refuser sans être banni du sein de la famille. Dire non était inconcevable. Bien qu'une telle générosité obligatoire soit requise dans plusieurs cultures africaines, ce n'est pas le cas pour toutes. Certains amis ont dit que de telles choses n'arriveraient pas dans leur groupe ethnique. Quand j'ai raconté cette expérience à deux amis africains qui venaient d'un même pays, l'un des deux a dit que des choses semblables se passaient aussi dans son pays, tandis que l'autre a dit qu'une telle chose n'y arriverait jamais !

Quelques connaissances africaines sont venues me dire, « J'ai besoin d'une certaine somme d'argent. » On n'a donné aucune raison ni justification. J'interprète ces demandes comme des exemples du droit du demandeur aux ressources du donateur. Ces amis présument que, parce que je suis occidental, je porte toujours de l'argent sur moi. Donc, étant donné leur conception de notre relation, dans un certain sens mon argent, ou au moins une partie de mon argent, devait leur appartenir. Ma réaction est de rejeter la réclamation. Ma réponse à une de ces demandes était « Qui est-ce que tu penses que je suis, ton banquier ? » La réaction en a été de la vraie douleur et un air qui disait « Et je croyais qu'on était de bons amis. ... » Dans ma culture occidentale, seuls un époux ou une épouse ou peut-être des membres de la famille immédiate s'attendraient à pouvoir réclamer ainsi des ressources familiales. Certainement aucun ami, aussi proche soit-il, ne serait aussi impertinent ou présomptueux que de demander de l'argent sans donner une bonne raison.

Les personnes « nécessiteuses » dans beaucoup de relations africaines ont un mot majeur à dire à ce que, oui ou non, le propriétaire de quelque chose devrait le leur donner. Dans certaines cultures africaines, même au sein d'une famille, si quelqu'un désire un objet ou de l'argent et qu'il sait où le trouver, il le prendra simplement, et le propriétaire se trouve presque impuissant à arrêter ce pillage ou même à en faire un problème.

On me l'a expliqué ainsi : « Dans notre culture, quand le propriétaire d'une ressource refuse de la donner à quelqu'un qui l'a jugée 'disponible', on juge le propriétaire comme être mesquin et pas même un ami, ou pire. Quand on accorde une demande, le bénéficiaire ne voit aucune nécessité de remercier le donateur. Nous ne jugeons pas que le bénéficiaire manque de gratitude ; plutôt, nous considérons que le donateur n'a fait que remplir ses obligations. » Pour un Occidental, il s'agit d'un vol qui est socialement approuvé.

Contrairement à cette appropriation des biens d'autrui, il est pratique courante de faire tabasser les voleurs. Si on attrape une personne qui vole dans un marché ou un autre lieu public ou est attrapé dans des circonstances suspectes dans une maison ou une cour murée, les gens sur place vont probablement le battre et le traiter durement d'autres façons. Evidemment, une différence importante entre un voleur et un non voleur est que celui-là prend les choses aux personnes inconnues et celui-ci les prend à ses parents ou à son cercle social sans demander.

13-O. Pour un Occidental, si une personne a un droit virtuel de s'approprier les biens de quelqu'un d'autre, ou de changer unilatéralement la désignation de la dépense de fonds confiés, il s'agit de vol socialement approuvé.

La propriété et la possession des ressources semblent être beaucoup plus absolues en Occident qu'en Afrique. Les Occidentaux ne comprennent ni n'apprécient les tentatives faites par ceux qui sollicitent des prêts ou de l'argent, ou par des vendeurs qui exercent des pressions pour qu'on leur donne ou leur achète quelque chose, et ils réagissent négativement à de telles tactiques. Ils rejettent catégoriquement toute revendication sur leurs ressources de la part d'un étranger.

**14. Une personne à qui on a confié de l'argent ou d'autres
ressources, a son mot à dire sur la façon dont on utilisera
cet argent ou ces ressources.**

Plusieurs milliers d'Africains ont émigré en Afrique et en Amérique
du Nord. Ils envoient de grandes sommes d'argent à leurs parents en
Afrique. Je connais une Africaine habitant en France qui a envoyé mille
huit cent dollars pour permettre à son neveu de la rejoindre en France.
Puisque le neveu qui voulait émigrer en France habitait à l'intérieur
du pays, elle a envoyé l'argent aux bons soins d'un oncle qui était
fonctionnaire dans la capitale. Cet oncle a conservé pour lui mille quatre
cents dollars et n'a passé que quatre cents dollars au neveu qui aurait dû
recevoir la somme entière. Mais même les quatre cents dollars n'ont pas
été utilisés pour acheter le billet d'avion prévu pour la France. Seule une
petite somme a été utilisée pour obtenir un passeport. Le fait qu'on n'a
pas utilisé l'argent selon les désirs de la donatrice ne semblait émouvoir
aucune des personnes concernées, y compris la donatrice.

Dans un autre cas, on a envoyé d'Europe de l'argent à l'intention
d'un frère qui avait besoin d'une intervention médicale. L'argent a
disparu sans que l'intervention ait jamais eu lieu. Aussi, un de mes amis
occidentaux m'a parlé du trésorier africain d'une ONG qui a permis à
sa femme de répondre à un besoin financier de sa famille, en prenant
l'équivalent de deux mille dollars[9]. hors des caisses de l'organisation.
Aux amis occidentaux qui connaissent les personnes impliquées dans
ces cas et dans d'innombrables autres cas, qui ne disposent pas de tous
les détails confidentiels, il semble que l'argent disparaît sans laisser de
traces.

**14-O. Il faut que le destinataire ou le fiduciaire suive la
désignation de l'utilisation des fonds ou d'autres
ressources. Seulement si le pourvoyeur est d'accord, et
cela avant qu'on utilise ou dépense les ressources, peut-
on se servir des ressources à une autre fin.**

En Occident, celui qui pourvoit les avoirs détermine comment ils seront
utilisés. Un pourvoyeur potentiel pourrait discuter avec l'administrateur
ou le fiduciaire l'utilisation finale des ressources mais il n'y est pas
obligé. C'est au destinataire potentiel à accepter, oui ou non, les
modalités proposées de l'utilisation des ressources. Si on accepte les
modalités, le destinataire est responsable et obligé de suivre exactement
ce qui a été convenu. Si en tout temps avant qu'on dépense les fonds, le
destinataire ou l'administrateur des fonds désire les utiliser à une autre

---

[9]Tout au long du livre, les montants sont en dollars américains.

fin, il doit retourner demander au pourvoyeur l'approbation préalable des changements. Si on ne donne pas l'autorisation, il faudra utiliser les fonds à la fin initialement désignée ou les rendre au pourvoyeur.

Des principes semblables s'appliquent aux gouvernements et aux entreprises en Occident. Si une entreprise budgétise certains fonds pour un département, l'administrateur départemental est obligé d'utiliser les fonds selon les fins auxquelles on les a budgétisés. S'il pense qu'on devrait faire des changements, il est obligé de s'adresser à ses supérieurs pour faire changer les désignations. Puisque la présente étude se concentre sur les finances personnelles, on fait ces commentaires simplement en passant.

15. On préjuge ceux qui ont de grands biens ou un « surplus » d'argent comme égoïstes insensibles aux besoins d'autrui.

En un sens, les Africains prospères doivent constamment faire attention. S'ils veulent rester des membres respectées de la société, leur manière d'utiliser les ressources doit tenir compte des opinions de bénéficiaires potentiels ou optimistes.

On m'a expliqué comment cela fonctionne dans plusieurs sociétés africaines dans les termes suivantes :

> Selon notre raisonnement, chaque personne qui a beaucoup de biens a certainement parmi ses parents ceux qui sont pauvres et besogneux. Donc, ceux-ci pensent que si ces personnes riches s'acquittaient de leurs obligations familiales et sociales, ils n'auraient pas pu amasser tant de biens. Si, malgré tant de besoins qui doivent exister, ils avaient tant accumulé, cela doit être ainsi parce qu'ils ont choisi de fermer les yeux aux besoins et les oreilles aux demandes d'aide, même si les demandes étaient tacites. ...

> En tout cas, ceux qui ont beaucoup de biens mais omettent de répondre positivement aux demandes de ceux qui désirent avoir de telles choses, sont qualifiés d'égoïstes et sont rejetés d'habitude par l'ensemble de la société. De même pour ceux qui manquent d'assister aux différentes cérémonies familiales qui sont des institutions importantes de la vie. Quiconque brille par son absence des célébrations familiales risque de voir très peu de gens présents aux cérémonies qu'il organise. Cette obligation d'assister aux réunions familiales de toutes sortes, en plus de la solidarité qu'elle symbolise, est aussi un don de soi-même. Tout le monde qui met en valeur la

cohésion sociale et l'hospitalité fera les sacrifices nécessaires pour y assister[10].

Même la nourriture conservée au réfrigérateur peut être considérée comme surplus. Certains groupes ethniques africains ont un terme péjoratif pour les Occidentaux qui veut dire « personnes qui conservent de la nourriture au frigo. » J'ai un ami qui travaillait pour une ONG qui lui fournissait une maison équipée d'un réfrigérateur. Une fois quand j'étais chez lui nous avons invité quelques amis à partager un repas et l'avons commandé préparé par un voisin qui tenait un tout petit restaurant. A la fin du repas, il nous restait une grande quantité de nourriture. J'ai remarqué à mon ami que cela lui fournira plusieurs repas s'il la mettait au frigo. Il a été presque scandalisé à mon idée. Il a dit qu'il ne ferait jamais une chose pareille. Plutôt, il rendrait la nourriture à la patronne du restaurant qui aurait beaucoup de personnes qui avaient faim et la mangeraient volontiers. J'ai compris que son action résultait de deux motivations au moins. Premièrement, il avait un véritable souci pour ceux qui pourraient avoir besoin de nourriture. Deuxièmement, ce qui était inséparable et peut-être inconscient, c'était son désir de se montrer digne d'être une personne généreuse selon l'idéal.

Selon le Camerounais Bouba Bernard, les Français sont très différents des Américains quand il s'agit des restes. Il écrit : « Dans une maison française, tout ce qui reste va au cuisinier, qui le mange ou l'emporte chez lui s'il veut. A cet égard, le Français ressemble à l'Africain dans la manière dont il donne. »[11]

La budgétisation et la comptabilité

16. Il faudrait éviter la précision dans la comptabilité puisque cela trahit un manque d'esprit de générosité.

La précision et la rigueur dans la tenue des comptes révèle un manque de générosité. C'est un manque de confiance. Ce n'est pas ce que fait un ami. En plus, c'est un comportement étranger et menaçant et indique un manque de compréhension des besoins des gens ordinaires. Les gens devraient faire confiance à leurs amis. Par conséquent, il reflète mal sur eux et mal sur vous si vous leur demandez de rendre des comptes. Un ami africain m'a expliqué que, parce qu'il est très difficile de remplacer ou de repayer de l'argent qu'on a emprunté, que ce soit d'un ami ou d'un compte sous son contrôle, les gens trouvent qu'il est nécessaire

---

[10]Communication personnelle, 1996.

[11]Bouba 1982 : 31.

d'être très complaisant avec d'autres et de ne pas porter de jugement en matière de gestion financière.

Encore quelque chose qui explique pourquoi on évite d'avoir à rendre des comptes provient du fait que dans la plupart des cultures africaines, mettre la comptabilité en question soulève facilement le soupçon, la méfiance et la confrontation. L'harmonie sociale est un objectif très estimé. Questionner la gestion de fonds ou d'autres ressources engendra inévitablement des tensions et à la perturbation de l'harmonie de façade.

Mais il s'agirait aussi encore d'une attitude très subtile. Les gens sont irrités par l'argent lui-même. D'une manière ou d'une autre, l'argent représente quelque chose d'ambigu, de négatif ou même de maléfique. Je soupçonnais depuis longtemps qu'il existait en Afrique une ambivalence répandue à l'égard de l'argent, mais un tel sentiment ne semblait pas très logique. Les Africains cherchent avidement à obtenir de l'argent, mais en même temps, beaucoup d'entre eux le conservent très légèrement. Olivia Muchena, du Zimbabwe, ancienne ministre gouvernemental, membre du parlement, écrivaine et économe agricole, indique quelques-unes des causes de cette attitude incertaine envers l'argent :

> On a introduit l'argent de force quand les puissances coloniales avaient besoin d'ouvriers pour leurs fermes et leurs mines. Les gouvernements ont introduit la taxe de capitation qu'on ne pouvait payer que par de l'argent. Ceci a obligé les Africains à travailler dans les mines ou dans la ferme d'un blanc afin de gagner l'argent nécessaire pour payer la taxe. Le résultat en est que l'argent, tandis qu'il est essentiel à la vie dans la plupart des régions de l'Afrique aujourd'hui, donne un sentiment étranger et aliénant[12].

Si, à un niveau subconscient profond, on estime l'argent comme quelque chose d'impur ou une force qui corrompt les valeurs humaines, alors son simple usage friserait la conduite immorale. Donc, accorder à l'argent une attention excessive, l'acquérir, le thésauriser, le dépenser ou exiger qu'on le comptabilise attentivement, constitueraient à tous égards un comportement négatif. Cette analyse représente peut-être un raisonnement poussé à l'extrême, mais le gouffre énorme entre l'Afrique et l'Occident vis-à-vis de la responsabilité à l'égard de l'argent semble appeler une explication extravagante.

Le colonialisme a laissé encore un héritage. Pendant la période coloniale, les leaders africains ne devaient pas rendre compte au peuple en-dessous d'eux, mais à leurs maîtres coloniaux. A leur tour, ceux-ci ne devaient rendre compte qu'à leur gouvernement d'origine.

---

[12]Muchena 1996 : 176.

Les populations locales étaient là pour être contrôlées pas pour être renseignées. Certainement, ce modèle colonialea laissé des marques indélébiles à travers le continent. Cependant, les cinquante dernières années (ou plus) d'indépendance auraient été suffisantes pour développer de nouvelles attitudes à l'égard de la responsabilité financière, si on l'avait voulu.

Cette attitude de laisser-faire envers la responsabilité financière qu'on trouve dans autant de cultures africaines favorise sûrement la grande quantité de corruption qui est un si grand obstacle au développement. D'énormes quantités de ressources sont détournées des objectifs à long terme d'un pays pour satisfaire aux besoins de ceux qui ont accès aux fonds. Le président de la Banque mondiale souligne l'importance de lutter contre le problème de corruption :

> Le premier point à l'ordre du jour, le premier problème auquel nous nous attaquons parmi les choses que nous croyons nécessaires à un développement approprié et équitable d'un état, c'est [l'attention] à la gouvernance et à la corruption. ... Je ne commence pas par les finances, je ne commence pas par l'enseignement – aussi importantes que soient ces choses-là. ... Si on ne peut pas avoir dans un pays un sens de gouvernance correcte au-dedans d'un cadre qui est sans équivoque opposé à la corruption ... les affirmations que nous faisons tomberont à terre »[13].

16-O. La précision est essentielle dans la comptabilité : le laxisme, l'indulgence, la permissivité ou la latitude seront dangereux à long terme pour les personnes individuelles et la société dans son ensemble.

Pour l'Occidental, la raison fondamentale pour insister sur la responsabilité dans les affaires financières est de garantir l'honnêteté. Même ceux qui ne sont pas préoccupés par la question de l'honnêteté croient que la responsabilité est nécessaire pour des raisons pratiques. A long terme, tout le monde profitera si les personnes malhonnêtes ne peuvent pas abuser de l'accès aux ressources en volant les ressources ou en détournant les fonds sous leur contrôle. Les personnes malhonnêtes sont évidemment présentes dans toutes les sociétés, donc la société doit se protéger en exigeant une responsabilité rigoureuse de la part de tous. De cette manière ceux qui ont le contrôle direct de ressources évitent d'être soupçonnés de malhonnêteté. Seules les personnes qui

---

[13] *The Herald* 1999.

sont malhonnêtes opposeraient le système parce qu'elles sont les seules qui peuvent en perdre.

Exiger la comptabilité minutieuse, (a) cela protège les ressources de tout le monde contre l'usage ou le mauvais usage de la part de ceux qui y ont accès ; (b) cela empêche les gens malhonnêtes de mal utiliser les ressources, ou au moins les découvre s'ils le font ; (c) les administrateurs peuvent vivre dans la tranquillité et à l'abri de la peur d'être accusés faussement de fraude ou de corruption ; et (d) si quelqu'un est accusé d'être malhonnête, les procédures strictes et les registres tenus permettront qu'on découvre les personnes malhonnêtes, tandis que les personnes démontrées comme honnaites seront exonérées.

Les bonnes procédures comptables des ressources gérées comprennent non seulement la tenue de registres exacts, mais leur mise à disposition à l'examen ouvert de ceux dont on gère les actifs financiers. J'ai observé des organisations africaines qui ont mis en place des procédures comptables. Les trésoriers des organisations sont censés tenir des registres en règle, mais lors des réunions d'affaires aucun membre présent n'a interrogé les responsables ni mis en question leurs rapports de façon significative. Les membres africains présents semblaient peu enclins à poser des questions au sujet des rapports ou de comment on avait géré les finances de peur d'offenser les responsables ou de les amener à faire l'objet de soupçons, ou à révéler le moindre manque de confiance dans leur rendement ou leur honnêteté. Aux Occidentaux, ceci ne suscitera que des soupçons. Ils croient qu'on devait donner aux responsables l'occasion de rendre compte des ressources dont ils s'occupent. Puisqu'il y a tant de malhonnêteté et de corruption dans le monde, les personnes honnêtes devraient certainement désirer de gagner la confiance totale des gens en fournissant des rapports adéquats et en étant disponibles afin de clarifier des points peu clairs. Sauter légèrement au-dessus de ces questions ou les éviter crée une réaction qui est le contraire de ce que l'on souhaite. Le secret engendre le soupçon. S'il n'y avait rien à cacher, pourquoi les gens seraient-ils réticents à expliquer comment on a employé les ressources ? Faire moins, c'est mettre en question l'organisation, la gestion des finances par ses responsables, l'intégrité financière de l'organisation et même la gravité des attitudes des membres envers leurs propres ressources.

Même si la transparence en matière comptable n'est pas la norme en Afrique, elle peut produire des résultats positifs. John Crawford, chercheur en Afrique Centrale, raconte ceci :

> Un jeune pasteur au Ghana m'a dit que les dons dans sa première paroisse ont quadruplé quand il a commencé simplement à donner des rapports aux paroissiens précisant combien d'argent on avait donné et comment on l'a dépensé.

Dans de nombreux cas, il n'existe pas de système de freins et de contrepoids auprès du trésorier de l'église locale. On sait que certains d'entre eux acceptent mal toute surveillance de leurs registres (y compris des rapports hebdomadaires) et se sentent menacés ou accusés si les autres responsables de l'église demandent n'importe quel type de comptabilité[14].

Il semble à l'étranger que l'une des raisons pourquoi les Africains sont tolérants envers ceux qui font une mauvaise utilisation des fonds qui leur sont confiés, est qu'ils se considèrent généreux en ne pas insistant sur le problème. Dans cet esprit, la « générosité » encourage l'irresponsabilité et la malhonnêteté.

Le système à « une poche » contre le système à « deux poches ». Encore une raison du manque de responsabilité semble aux Occidentaux être la pratique très répandue de l'emploi du système à une poche, là où un système à deux poches est nécessaire. Le système à une poche regroupe les fonds personnels et organisationnels dans la même poche, c'est-à-dire, les tient ensemble et les mélange. En Occident, ce serait le cas d'une petite entreprise à un seul propriétaire. Les fonds du propriétaire et ses fonds d'entreprise peuvent être gardés ensemble. Tout revenu est versé dans un même compte et le propriétaire effectue des retraits pour des dépenses personnelles ou professionnelles comme il le veut. Puisqu'il est responsable à lui-même seul, il est libre de faire cela. Aucune partie extérieure a de bonnes raisons pour se plaindre parce qu'elle n'a aucun intérêt direct dans l'entreprise.

Dans le système à deux poches, des fonds personnels sont retirés des fonds professionnels ou organisationnels selon des procédures dûment autorisées pour les dépenses prévues, telles que les salaires. Il faut tenir des registres stricts de toutes les opérations. Les dépenses personnelles peuvent être faites seulement à partir de fonds personnels. Les transferts de fonds de la poche de l'organisation dans des poches personnelles doivent être dûment autorisés. Le système à deux poches est requis chaque fois où des propriétaires extérieurs, des actionnaires ou des donateurs sont impliqués ou ont des intérêts directs dans l'organisation. Une grande partie de la mauvaise utilisation des fonds en Afrique, du point de vue de l'Occidental, arrive parce que les Africains maintiennent un système à une poche lorsqu'ils devraient avoir celui à deux poches. Quand ceux qui ont accès à des fonds mettent la main à la poche unique pour satisfaire aux besoins personnels, il est difficile de dire si c'est l'argent personnel ou l'argent organisationnel qu'on utilise. Avec

---

[14]Crawford 1981 : 304.

un tel système il est inévitable qu'on aille mal utiliser de l'argent organisationnel à un moment donné. L'Occidental croit fermement que le système à deux poches est la bonne façon de gérer les fonds à tous les niveaux d'une organisation. Autrement dit, les personnes qui ont l'accès direct aux fonds ou le contrôle des fonds ne devraient avoir aucun droit ni capacité d'employer des fonds organisationnels à des fins personnelles.

Il y a de l'ironie dans les Observations 16 et 16-O. Quant aux Africains, les Occidentaux sont désagréablement indépendants et insuffisants en valeurs communautaires. On comprend le système occidental comme égoïste, chaque personne individuelle intéressée à acquérir tout ce qu'elle peut. Les Africains sont d'avis que leur système à eux est communautaire, les intérêts des individus subordonnés à ceux du groupe. Pourtant, quant aux Occidentaux, le modèle africain largement pratiqué permet un comportement plus égoïste que leur propre système. Là où on peut mal utiliser l'argent et d'autres ressources en toute impunité, il prévaut les intérêts de l'individu sur ceux de la communauté. Et le haut niveau de responsabilité qu'on exige en Occident cherche certainement l'intérêt de la communauté plutôt que celui de l'individu.

William Barclay résume le point de vue occidental ainsi :

> Le comportement d'un homme vis-à-vis de l'argent est un bon test d'un homme. On pourrait dire que si on peut confier de l'argent à un homme, on peut lui confier n'importe quoi. On ne peut voir le caractère d'un homme, son honnêteté ou sa malhonnêteté, sa rectitude ou sa fausseté, nulle part mieux que dans ses relations commerciales et financières[15].

On considère la comptabilité comme non seulement nécessaire pour exercer des activités commerciales de manière éthique, mais pour achever la réussite dans la vie. On considère la budgétisation comme si importante aux Etats-Unis qu'on donne aux enfants des cours dans les « compétences essentielles. » On en a rapporté quelques exemples dans la région de Dallas, au Texas[16]. Dans les programmes décrits, on enseignait aux enfants comment vivre selon les moyens qu'on leur attribue aux fins des travaux de classe. Ils planifient leur budget, apprennent à écrire des chèques, à utiliser des cartes de crédit, à contrôler leurs dépenses, à payer les impôts, à élaborer des plans en cas d'urgences de santé et d'autres problèmes, et à vivre selon leurs moyens. Les parents et les élèves apprécient beaucoup de tels cours qui aident à préparer les enfants à faire face à la vie d'adulte.

---

[15] Barclay 1971 : 161.
[16] Hawkins 1998.

17. La budgétisation, de façon comptable formelle, n'est pas une méthode acceptée de gérer les finances personnelles.

Ce que cela veut dire est que les gens refusent de faire une liste par catégorie de leurs dépenses mensuelles, de les comparer point par point avec leur revenu normal, et puis d'ajuster les dépenses afin de les faire correspondre au revenu. Plusieurs personnes de ma connaissance se sont plaintes d'être sans le sou et de ne pas savoir pourquoi, bien que sûrement ils se soient rendu compte que leur revenu était très limité. Ils ont admis qu'ils ne pouvaient pas gérer les finances qu'ils possédaient. Pourtant, quand on leur a présenté judicieusement l'idée d'un budget personnel par catégorie, pour aligner leurs dépenses sur leur revenu, ils l'ont rejetée d'emblée, bien qu'on leur ait offert de l'aide pour créer un tel budget. Pour l'Occidental, c'est la chose logique à faire. En essayant de m'expliquer ceci, il me semble que la raison fondamentale réside dans la différence entre les idéaux d'individualisme et d'indépendance qu'on inculque aux Occidentaux, et l'idéal africain d'interdépendance. Les Occidentaux désirent s'en sortir tout seuls autant que possible. Les Africains à qui j'ai parlé à ce sujet n'ont pas l'habitude de penser en termes de ce qu'ils peuvent faire tout seuls de leurs propres ressources. Ils se sont débrouillés toute leur vie, y compris à l'égard des finances, en relation avec la famille et les amis. La suggestion selon laquelle ils commencent à penser en termes de vivre indépendamment ou de manière autonome, sans recevoir de la part des autres ou donner aux autres, est étrangère et ne présente aucun attrait.

Cela ne veut pas dire que les Africains n'exercent aucun contrôle de leurs dépenses ; cela veut dire simplement que leur système est complètement différent de celui qu'on suit en Occident. Probablement la méthode budgétaire de base le plus employée est la séparation de besoins financiers ou de dépenses en deux catégories, appelées la *dépense* et la *ration*. La dépense, ce qui veut dire les dépenses du ménage, comprend les besoins quotidiens de denrées de base périssables, telles que les légumes et le poisson. Assez peu de nombreuses familles possèdent un réfrigérateur, donc on fait des achats tous les jours au marché des environs. L'argent nécessaire à ces provisions est la dépense. Le mari est responsable de fournir l'argent à la femme qui doit préparer les repas du jour.

La ration se rapporte aux denrées de base non-périssables qu'on achète mensuellement. On les achète au début du mois et ils comprennent le riz, l'huile de cuisson, le sel, le café, la pâte de tomates, et les boîtes de lait. Le mari est responsable de ces achats qui absorbent normalement une bonne partie de son salaire. On fait ces achats à une *boutique* de quartier. Au début du mois, le jour de paie, on donne au gestionnaire de la boutique l'argent pour la ration mensuelle. On porte la somme à un registre, et au cours du mois les membres de la famille font des achats qui sont dûment portés au registre. Parfois, on fait des achats à crédit plutôt que contre la somme déposée auparavant. (Des termes pareils existent dans les pays francophones et anglophones.) Ce système n'exclut pas l'achat d'autres articles.

La manière où les Africains dépensent leur argent est fréquemment une source de tension avec des amis occidentaux. Ceux-ci croient que trop de dépenses sont illogiques et incontrôlées et, quand on leur demande de fournir de l'aide à cause de ce qu'ils considèrent comme le manque d'anticipation, le résultat en est l'irritation. Au cours de l'épisode suivant, on peut facilement imaginer les frustrations de minuit de l'Occidental.

Un Occidental a organisé une fête publique pour annoncer l'ouverture d'un centre de formation dans un village. L'organisateur a généreusement fourni de la nourriture, des divertissements, des prix, et d'autres festivités. On a même engagé un groupe de musiciens qui sont venus d'une ville assez éloignée. On a payé les musiciens pour leurs services avant la fin de la fête puisque la musique allait continuer pendant la nuit. A minuit environ les musiciens sont allés chez l'Occidental, l'ont réveillé et lui ont demandé le prix du transport à leur ville d'origine. Lorsqu'on leur avait rappelé qu'ils avaient reçu l'intégralité du paiement, qui comprenait la somme d'argent spécifique qu'ils avaient demandée pour le transport, ils ont répondu : « Mais nous avons dépensé tout ce que vous nous avez donné, et nous devons rentrer chez nous afin de pouvoir aller au travail demain matin. » L'Occidental les a payés de nouveau, en grande partie parce que c'était le moyen le plus rapide de pouvoir retourner au lit.

18. Les Africains ne font pas de budget pour les événements spéciaux ; plutôt, ils dépensent autant d'argent et d'autres ressources qu'ils peuvent mobiliser pour chacun.

Cette observation s'applique aux mariages, aux cérémonies où on donne son nom à un enfant, aux funérailles et à d'autres rites de passage.

Dans leurs dépenses pour les événements spéciaux, beaucoup de gens empruntent ou obtiennent par la persuasion le maximum d'argent ou d'autres ressources auprès de leurs parents, de leurs amis ou de n'importe qui d'autre qui peut être incité à contribuer. Le but est d'organiser la tenue de l'événement le plus somptueux et impressionnant que possible. On prête peu d'attention aux questions de remboursement ou de l'impact futur sur les personnes et les familles impliquées. Il est beaucoup moins important de réfléchir à comment on sera un jour capable de rembourser l'argent, les aliments, les animaux et les autres biens, que de faire une fête dont tout le monde peut jouir et dont les parrains peuvent être fiers.

Une saga de mariage. On a invité un Occidental à un mariage et il a voyagé de la ville capitale avec les membres de la famille africaine du marié jusqu'à une ville reculée de l'intérieur où le mariage allait avoir lieu. Le compte rendu suivant des événements liés au mariage peuvent avoir l'air exagéré, mais on l'a reproduit à partir de notes faites au moment où ils ont eu lieu. Même si elle semble un peu extrême à un observateur occidental expérimenté, l'histoire est un exemple assez typique de la façon dont on gère des fêtes de famille et d'autres événements.

Les familles des mariés tous deux sont agriculteurs paysans qui vivent dans des circonstances modestes. Le père du marié a probablement un revenu annuel de l'ordre de six cents dollars, bien que la famille cultive une grande partie des aliments de base – le maïs et le millet – et n'a pas besoin d'argent pour les acheter. Encore une source de revenu est l'argent envoyé par des membres de la famille qui travaillent à l'étranger.

Modu (pas son vrai nom), père de la mariée, est le responsable d'un projet de développement financé par un grand organisme donateur international. Son frère est le marié et un oncle de la mariée. Modu finançait le mariage de sommes d'argent reçues l'année précédente de l'organisme international pour lequel il travaillait. Il avait aussi reçu une avance de la part de l'organisme, des dons des amis et des parents, et des sommes de parents qui travaillaient à l'étranger.

Les principaux participants au mariage ont voyagé de la capitale dans un véhicule que Modu a emprunté à un ministère gouvernemental où la famille avait des liens. Ils avaient aussi des chèques essence gouvernementaux d'une source inconnue aux autres dans le groupe. L'Occidental, qui voyageait dans l'auto, a contribué au coût de l'essence. Pendant le voyage, le véhicule a eu plusieurs crevaisons. L'une des raisons était que les températures de jour étaient de plus de 45°C. Le groupe savait qu'on devrait éviter de voyager pendant les heures les plus chaudes du jour, mais à cause de délais au départ le déplacement le jour était nécessaire.

La famille avait dépensé de grandes sommes argent pour le mariage, telles que pour la cérémonie musulmane tenue à la mosquée trois mois avant, des vêtements neufs pour toute la famille, des habits de noce pour le marié et la mariée et les membres de la famille immédiate, des appels interurbains pour solliciter encore des fonds, des repas et des frais de voyage pour les parents, y inclus plusieurs boissons embouteillées, l'embauche de chanteurs de louange professionnels et deux groupes de tambourineurs, la location d'un système sonore performant et un disc-jockey professionnel, la location de chaises pour tous les parents et invités, et la location d'un grand auvent en toile pour abriter les invités du soleil.

« Payez-moi les vaches que vous avez achetées pour les noces. »
(Observation 18)

Au moment où le groupe de participants au mariage est arrivé dans la ville où le mariage devait avoir lieu, on n'avait plus d'argent. On a demandé encore une avance à l'employeur pour payer les deux vaches dont la famille avait déjà pris possession. L'employeur a refusé de fournir encore de l'argent. Ils ont gardé les vaches quand-même et ont mangé du bœuf lors de la célébration des noces, mais plus tard ont été convoqués devant la police par le gardien qui a réclamé son argent. Le chef de famille s'est échappé à une peine d'emprisonnement en empruntant des fonds d'un ami de la famille.

Quand il est arrivé chez lui, Modu n'avait rien à donner à sa mère âgée, quoique la coutume exige fortement qu'il lui apporte un cadeau. Peu de temps avant, la mère avait été malade et la famille avait reçu de l'argent pour les médicaments pour elle, mais le fils à qui on les avait confiés les a gardés pour lui-même.

Après le mariage certains des invités n'avaient pas assez d'argent pour pouvoir retourner à la capitale, donc Modu a dû les nourrir jusqu'à ce qu'ils aient trouvé l'argent nécessaire pour rentrer chez eux. Dans le véhicule gouvernemental lors du voyage de retour, les Africains ont tous prétendu qu'ils n'avaient absolument aucun argent, donc ils ont demandé à l'Occidental de payer toutes leurs dépenses en voyageant. Certains des arrêts comprenaient la réparation et le remplacement de plusieurs pneus crevés. A un certain moment, Modu a téléphoné au ministre gouvernemental qui avait fourni la voiture, en disant, « Nous n'avons ni argent ni pneus. » La réponse était, « Roulez doucement sur les pneus crevés. »

Avant que Modu ait quitté la capitale, où il avait une femme et quelques enfants, et puis l'autre ville où il avait une autre femme et quelques enfants, il a fait dire à des amis dans les deux villes qu'il n'avait pas d'argent à laisser auprès de ses familles, même pour leurs besoins alimentaires de base et leur a demandé de leur fournir de l'argent pendant son absence.

Cette histoire a une sorte de post-scriptum : un cas typique de « blues de post-célébration. » Pendant plusieurs mois après le mariage, Modu et d'autres membres de la famille ont bombardé l'Occidental en question d'appels de fonds. Des fonds pour payer les vaches qu'on a mangées lors des noces mais qu'on n'a pas payées ; des fonds pour les semences puisque la saison des semis était arrivée et personne dans la famille n'avait d'argent et ainsi on était menacé par la famine plus tard dans l'année. Et des fonds pour beaucoup d'autres choses.

Comment un Occidental devrait-il considérer cet événement ? Pour l'Occidental, Modu est un personnage dérisoire – quelqu'un qui aspire à être plus que sa station sociale justifie, qui utilise sans vergogne les ressources d'autres personnes dans le but de bâtir son propre prestige, et dont le comportement général était ridicule à bien des égards. Il paraît que les noces ont été en grande partie un fiasco, de point de vue de finances et de gestion sinon socialement.

Comment les Africains considéreraient-ils Modu et les noces ? Un de mes amis africains s'est indigné en lisant le compte-rendu de l'Occidental. Exposer les faits comme ils ont eu lieu lui semblait un acte inamical. C'était une chose antipathique à faire. Il a dit : « Nous essayons d'être compréhensifs envers les gens, pas critiques. » Il a cité le proverbe africain, « Le regard d'amour ferme les yeux sur les fautes. » D'autres amis africains ont convenu que des événements tels qu'on a décrits sont courants et lamentables.

On pourrait poser la question pourquoi l'hôte était si résolu à avoir un mariage si impressionnant. La réponse est liée à la vue de l'identité. Pour l'Occidental typique, le niveau de performance ou de compétence d'une personne est très important, et si quelqu'un ne peut donner un rendement adéquat ou manifeste des signes d'incompétence en ce qu'il essaie de faire, on le juge sévèrement. Ceci se rapporte au fait que l'identité d'une personne est étroitement liée à ses réalisations personnelles, ou à son *identité obtenue*. En Afrique, quant à l'identité, il s'agit beaucoup plus de qui on est et à qui on est apparenté, que de ce qu'on peut faire ou a accompli. Ceci, c'est l'*identité attribuée* du cercle social, de la famille, du groupe ethnique, même de la race, où la solidarité est profondément sentie entre les peuples africains. Les relations sont aussi une partie intégrale de l'identité personnelle. L'Africain n'a pas besoin de démontrer ce qu'il est ou ce qu'il peut faire pour créer son identité personnelle, donc la performance et la compétence personnelles sont relativement moins importantes, et on juge moins sévèrement les manquements dans ces domaines. Cette analyse semble contredire ce qu'on voit dans cette histoire. Si l'hôte avait dû se reposer sur son identité attribuée, pourquoi l'hôte exagérait-il tant en tentant d'achever un mariage impressionnant pour son fils ? Deux indices possibles pourraient être : (1) la famille ne faisait pas partie de l'élite de leur ville ; et (2) les membres de la famille qui ont réussi le mieux avaient migré dans les villes et à l'étranger et auraient pu absorber des valeurs étrangères relatives à l'accomplissement personnel.

La coutume décrite en ce concerne ce mariage – l'emprunt, la dépense qui dépasserait de beaucoup leurs moyens, la manœuvre, le manque de fonds, la recherche après l'événement de ressources pour couvrir les dettes – explique le comportement normal, constant et même attendu d'un pourcentage considérable de la population. Pour beaucoup d'entre eux, il semble que ce sont des moyens de préserver la dignité et l'honneur. Ce comportement est, plus ou moins, le modèle type suivi par les gens qui ont d'importantes aspirations sociales. C'est comment beaucoup de personnes voient vivre leurs amis, et tout naturellement ils suivent les mêmes procédures quand ils réalisent leurs propres événements familiaux importants.

Mais il y a des voix africaines dissidentes qui, doucement, prennent fait et cause pour des célébrations plus simples. Je connais un pasteur africain qui refuse de marier des jeunes s'ils désirent des noces ostentatoires et coûteuses qui produisent des dettes. Il dit à la famille de futures mariées que ses jeunes hommes offrent leur amour, fidélité et stabilité du mariage, ainsi que leur travail assidu, à la mariée et à sa famille, et non une monnaie dotale inabordable et une célébration coûteuse et passagère. Les familles commencent à accepter les propositions du pasteur.

Les Occidentaux pourraient regarder ces fêtes extravagantes d'un œil critique, mais dans plusieurs pays africains ils ont été responsables d'ajouter aux extravagances. Même des missionnaires chrétiens y ont été impliqués. Par exemple, dans un pays où la communauté chrétienne était très petite, les deux premiers chrétiens qui se sont mariés étaient la source de joie et de célébration. Les missionnaires étaient si heureux de la perspective de l'établissement de la première famille chrétienne qu'ils ont organisé un mariage occidental avec une longue robe blanche de mariée, une cérémonie « chrétienne » (c'est-à-dire, une cérémonie traditionnel à l'occidentale), une réception pour tous, avec des rafraîchissements, de la nourriture et de la musique. C'était un événement très occidental et très coûteux, que le couple, ayant des moyens très modestes, n'aurait jamais pu se permettre tout seul et peut-être n'aurait même pu imaginer. Les Occidentaux pensaient que c'était un très beau mariage, ainsi que les Africains qui y ont assisté, mais aux yeux de certains observateurs la joie semblait déplacée. Sans minimiser la joie de voir le couple se marier, ils regrettaient les précédents superflus et regrettables qu'on établissait. Qu'est-ce que les mariées futures chrétiennes, et peut-être non-chrétiennes, désireraient pour elles-mêmes ? Et si les étrangers ne fournissaient pas les fonds et même la gestion des événements, n'y aurait-il pas une grande déception, même une désillusion ? A tout le moins on introduisait ainsi des coutumes étrangères coûteuses que selon plusieurs personnes mèneraient à une mauvaise utilisation de ressources rares.

Un autre exemple de comment on finance des célébrations se rapporte à un autre ami qui allait se marier. Il m'a approché, ainsi que d'autres connaissances qu'on croyait avoir des ressources, en parlant de ses projets de mariage. Les noces coûteraient entre huit cents et mille dollars, dans la devise locale du pays. Serais-je d'accord de l'aider ? Cet homme n'avait qu'un emploi temporaire avec un salaire de cent trente dollars par mois, ce qui veut dire qu'il désirait des noces qui coûteraient l'équivalent de plus de six mois de salaire.

Pour un Occidental, une telle manière de financer un grand événement de la vie n'est pas compatible avec le concept de budget. On pourrait mieux l'appeler « le budget inverse » : on remonte du genre d'événement qu'on désire, et puis on recherche par tous les moyens à sa disposition pour rassembler la somme d'argent la plus élevée possible et d'autres ressources. Quand j'ai expliqué à un autre ami africain comment on m'a approché, il était très irrité par la demande. Il a dit qu'il était inapproprié qu'un homme de moyens modeste ait essayé de célébrer un mariage qu'un homme très riche ou même un ministre gouvernemental aurait essayé de célébrer ainsi, et en plus il était inapproprié de le célébrer avec l'argent des autres.

Une indemnité de cessation. Encore une image de l'absence de budget est l'histoire d'un Africain, Kamba, qui travaillait depuis plus de dix ans sur un projet et était bien payé par rapport aux normes locales. Il savait que le projet avait une durée de vie limitée et à peu près quand il allait terminer. Kamba avait peu de compétences commercialisables et habitait dans une région qui était économiquement très défavorisée. Dans le pays où on réalisait ce projet, la loi exigeait qu'on donne à un employé de long terme une grande indemnité de cessation, selon le nombre d'années d'emploi. Ceci est une procédure typique dans plusieurs pays africains. Dans ce cas-ci, le règlement était équivalent à plus d'une année de salaire. Bien longtemps avant la fin du projet, l'administrateur lui a fait remarquer à Kamba que ce serait la chance de sa vie d'acheter du terrain ou une maison ou une entreprise, afin que lui et sa famille puissent être établis à long terme. Le projet a pris fin. Kamba a reçu son indemnité. Mais dans un délai de trois mois, il était de retour aux bureaux du projet terminé, sans le sou, en quémandant n'importe quelle aide de finances ou d'emploi. La somme totale de l'indemnité s'était vaporisée avec aucun bénéfice perceptible à Kamba ou à sa famille. Pour un Occidental, il a gaspillé la chance de sa vie pour établir son avenir économique.

Bien sûr, tous les Africains n'agissent pas en vue du court terme, comme certains de ces exemples indiquent. Nous en connaissons un couple qui ont eu une cérémonie de nomination coûteuse pour leur premier enfant. Cet événement les a obligés de s'endetter et il a fallu beaucoup de temps pour en venir à bout. Quand ils ont eu leur second enfant, ils ont décidé de minimiser les célébrations et les dépenses. Ils ont planifié sciemment pour que le bébé soit né dans une maternité, donc il n'y aurait pas de grand rassemblement d'amis chez eux. Leur dépense principale était l'achat d'un mouton pour les parents de la femme. Ils ont servi à ceux qui sont venus leur rendre visite à la maternité de simples pâtisseries qu'ils avaient apportées dans leur voiture.

Certains réviseurs du matériel dans ce chapitre m'ont dit que les exemples extrêmes racontés ci-dessus ne sont pas caractéristiques de leur peuple. D'autres, venant des mêmes pays ou d'autres, ont dit qu'ils étaient très typiques et qu'ils pouvaient me donner des exemples de célébrations encore plus extravagantes. Comme il a été dit précédemment, les gens de différents pays ou de différents groupes ethniques ont une variété d'éthiques de travail et de pratiques financières.

19. Les dépenses personnelles sont catégorisées.

Les Africains savent très bien comment on doit dépenser leur argent et ont des catégories mentales pour leurs dépenses telles que les aliments, le logement, les habits et les rites familiaux. Ils s'attendent à payer les catégories essentielles et prévisibles de leur revenu régulier. Si des dépenses supplémentaires surviennent, ils cherchent des fonds auprès de quelqu'un dans leur réseau. Donc, par exemple, il arrive souvent que les gens demandent de l'aide pour acheter des médicaments, qui ne sont pas une catégorie prévisible.

Une catégorie principale est la nourriture, bien sûr. Les personnes salariées déposent de l'argent auprès de leur boutique de quartier, c'est-à-dire leur épicerie de quartier, le jour de paie afin de s'assurer que leurs besoins fondamentaux mensuels puissent être satisfaits. Pendant le mois ils achètent des provisions et d'autres biens essentiels contre les fonds qu'ils y ont déposés. Mais le problème est que peu d'argent est retenu ou prévu au-delà du mois courant. La plupart des gens se sentent privilégiés s'ils peuvent satisfaire les besoins essentiels de mois en mois. Ceci est vrai, mais encore une réalité cachée est impliquée. Le fait est que typiquement les gens ont de l'argent mis de côté pour les funérailles, les cérémonies de nomination, et d'autres événements spéciaux qui sont imprévisibles mais attendus puisque ce sont les activités inévitables de la vie. Les fonds pour ces événements spéciaux sont cachés quelque part et gardés secrets de la famille (y compris d'une épouse) et des amis. Une étude réalisée en 1991 de Sénégalais individuels qui ne participaient pas au système bancaire a trouvé que de telles épargnes en argent comptant et en objets de valeur avaient une moyenne de mille trois cents dollars (375.000 francs CFA) dans des zones urbaines et de huit cents dollars (257.000 francs CFA) dans des zones rurales.[17] A ce moment-là, le revenu annuel moyen au Sénégal était d'environ six cents dollars par habitant.

Il serait donc plus juste de reformuler l'Observation 18 dans ces termes : Souvent les Africains planifient leurs dépenses mais pas du tout dans le sens de créer un budget personnel ou familial. Ils ont un terme pour ces besoins qui ne peuvent pas être inclus dans leur budget pour les nécessités. On les appelle en français les *dépenses dérobées* et en wolof, langue dominante du Sénégal, *yidul farata*, 'essentiels au-delà'. L'idée est que ces choses sont des désirs plutôt que les besoins qui sont indispensables à la survie. Des exemples sont les cigarettes, les billets de loterie, les consultations avec des sourciers et des shamans, de beaux vêtements et des noix de kola.

Une méthode de comptabilité unique est employée par plusieurs peuples éleveurs de bétail à travers l'Afrique. Les propriétaires de bétail répartissent leur cheptel par catégories telles que *le bétail d'argent* et *le bétail de filles*. Des lois complexes gouvernent comment et quand on peut acheter, vendre ou abattre le bétail de chaque catégorie, et comment on peut transformer le bétail d'une catégorie en celui d'une autre. Essentiellement, le bétail des filles se reporte au bétail qu'on utilise et reçoit dans les échanges de la monnaie dotale, et le bétail d'argent se reporte à des vaches achetées. Plusieurs règles régissent l'utilisation et la disposition de cheptel dans chaque catégorie, tout comme les règles qui régissent les fonds désignés dans les systèmes de comptabilité occidentaux[18].

---

[17] *Sub Hebdo* 1991.
[18] Hutchinson 1992 : 294–316.

20. Vivre au-dessus de ses moyens est accepté comme quelque chose de normal et la pratique en est presque universelle.

La plupart des gens ont outrepassé leurs limites financières. Leurs dépenses dépassent leur revenu. On accepte cela comme chose normale, même inévitable. Ceci est vrai pour tous les niveaux de la société, non seulement pour les chômeurs ou les pauvres.

Un ami africain demandait fréquemment à un de mes amis occidentaux de lui prêter de l'argent. Plus qu'un peu exaspéré, l'Occidental a demandé des renseignements au sujet des finances de son ami – combien devait-il aux autres, quand même ? L'homme lui a répondu librement et pouvait donner des précisions quant aux dettes impayées dont il se souvenait. L'effectif total était de plus d'un million de francs, ce qui équivaut environ trois mille cinq cents dollars. Et ceci dans un pays où le revenu annuel moyen était d'à peu près six cents dollars.

Dans les pays occidentaux, un pourcentage élevé de gens vit au-delà de leurs moyens, mais le sens en est très différent. En Occident, vivre au-delà de ses moyens signifie qu'on vit à crédit ou qu'on a des dépenses qui dépassent le revenu. Ceci est possible parce que les banques, les sociétés de cartes de crédit et d'autres agences de crédit sont disponibles pour accorder des prêts. L'emprunteur doit rembourser ces prêts de façon systématique ou être l'objet de poursuites ou de la perte de ses avoirs. Sous des conditions sévères une personne peut faire faillite officiellement quand elle se trouve dans une situation où il n'y a plus d'espoir de rembourser ses dettes, mais ceci est relativement rare et la plupart des Occidentaux vivent ayant de grandes dettes qu'ils remboursent sur une base mensuelle. Certaines personnes atteignent la limite de leur crédit et y restent, ce qui veut dire qu'ils dépensent de l'argent par le nouveau crédit aussi vite qu'ils remboursent l'ancien crédit, de manière à ce que leurs paiements mensuels aux sociétés de crédit soient au montant maximum permis par leur revenu. Dans de telles situations, si la personne perd son emploi ou connaît des déboires financiers, les remboursements des dettes seront difficiles ou impossibles et il y aura la possibilité de faillite personnelle.

En Afrique, vivre au-delà de ses moyens signifie un état où une personne doit à ses amis et à ses parents plus qu'il ne peut jamais espérer rembourser. Bien sûr, si on remboursait à une personne quelconque tout ce qu'on lui devait, elle pourrait peut-être rembourser toutes ses propres dettes. Mais le système est si informel, si répandu et sans dossiers, que le remboursement est hors de question. En plus, on n'a pas conçu le système pour le remboursement, comme le crédit en Occident.

La pression pour dépenser de l'argent et sembler prospère est exercée par des amis qui sont de la même classe sociale et économique. Chacun a les mêmes besoins et les mêmes opportunités, sinon la même capacité de profiter des opportunités. Ceci est vrai en Afrique et sans doute partout dans le monde. Un ami sénégalais l'a expliqué ainsi :

> Certainement, la célébration d'un millionnaire ne peut être comparée à celle d'un pauvre, mais leurs soucis sont pareils. Dans les deux cas, une cérémonie de nomination inadéquate pour un nouveau-né, par exemple, sera un boulet au pied que la personne ainsi célébrée traînerait pendant le restant de sa vie. Chaque fois où il y aura un conflit dans le cercle social, une telle personne entendra, *Amoo loo wax, ngente wuñla* – « Ce que tu dis n'a pas de sens, tu n'as même jamais été nommé » (c'est-à-dire, tu n'as pas eu de cérémonie de nomination quand tu étais nouveau-né). Les parents feront tout leur possible pour empêcher que leurs enfants subissent de telles insultes.

> D'autre part, il y a une expression courante, *Boroom ngente bu neex ba ngi nii* – « Voilà quelqu'un qui a eu une cérémonie de nomination somptueuse. » Un tel compliment résonne dans les oreilles comme une louange, un hymne qui se reflète sur toute la famille.

> L'étranger peut considérer une cérémonie de nomination extravagante comme rien d'autre qu'un gaspillage de ressources, mais là-derrière se trouve une grande crainte que ceux de leur cercle social pensent et parlent bien d'eux. Comment autrement pouvons-nous expliquer le comportement de gens qui n'ont pas les moyens de faire joindre les deux bouts mais qui reçoivent des centaines de personnes lors d'une célébration familiale qui dure quelques journées, quand pendant les jours et les semaines après ils seront inondés de dettes ? Et, quand on se rend compte que ceci arrive avec la plupart des événements, il est facile de comprendre pourquoi les Africains sollicitent des avances sur salaire et d'autres moyens d'obtenir des ressources[19].

---

[19] Communication personnelle, 1997.

21. **Lorsque quelqu'un fait des courses pour faire un achat pour la part de quelqu'un d'autre, si on lui donne un billet ou une pièce qui est plus grand que la somme de l'achat, normalement la personne qui fait la course garde la monnaie à moins qu'on la lui demande.**

Par exemple, votre ami sort et vous lui demandez d'acheter pour vous des médicaments qui coûtent dix-huit cents francs. Vous n'avez pas la somme exacte, donc vous lui donnez un billet de deux mille cinq cents francs. Selon mon expérience, la plupart des Africains vont garder la monnaie si vous ne la leur demandez. Et si on la leur demande, ils ont l'air surpris comme si on s'attend à ce que la monnaie leur appartienne sans question. Bien que cette observation s'applique à plusieurs cultures, elle ne s'applique pas à toutes. Un reviseur africain m'a dit : « Ce comportement ne s'applique pas à ma culture »[20].

21-O. **Un Occidental s'attend à ce que, si une personne fait un achat pour lui, toute monnaie est considérée comme appartenant à l'Occidental et doit être rendue automatiquement à moins que celui-ci dise explicitement, « Gardez la monnaie. »**

Quand il fait un achat pour une autre personne avec les fonds de celle-ci, si rien n'est dit explicitement, l'Occidental considère l'action de garder la monnaie comme malhonnête. Si l'Occidental est obligé de demander la monnaie, il est gêné et considère que c'est une réflexion négative de la personne impliquée.

Un sujet étroitement lié est le paiement d'indemnités journalières. En Occident, celles-ci sont des allocations journalières maximales qu'on fournit à un employé pour couvrir les frais de subsistance plus élevés qu'à la normale pendant un voyage. On les paie à l'employé sur la base de dépenses documentées qu'on doit soumettre à l'employeur. Les Africains en général s'attendent à ce qu'ils gardent la somme entière de l'indemnité journalière qu'on leur paie contre leurs dépenses si oui ou non ils ont consacré cet argent aux dépenses. Parfois les Africains protestent quand on utilise les allocations journalières pour couvrir les dépenses.

De telles difficultés relèvent de la manière dont les Africains perçoivent l'indemnité journalière. La plupart d'entre eux la voit, non pas comme de l'argent pour couvrir des dépenses, mais plutôt comme un paiement de leur temps et de leur

---

[20]Communication personnelle, 1996.

présence, et qu'elle est là pour être gardée à la fin de l'atelier de formation.

L'indemnité journalière est la création d'organisations donatrices, une motivation pour encourager les gens à assister aux ateliers auxquels ils ne voulaient pas vraiment assister. Aujourd'hui, ces mêmes donateurs s'efforcent de revenir en arrière sur les indemnités journalières, et certaines demandent des frais d'inscription. Les participants se rendent compte cependant qu'ils ont trouvé quelque chose de bien et sont réticents à céder[21].

Pour les Occidentaux, ces petites sommes sont importantes car ils croient que la comptabilité minutieuse est le mieux pour la société en général. Ils croient que le dérapage dans les petites choses mènera à la négligence dans les affaires importantes, donc la seule façon sûre de faire les affaires est de les faire avec rigueur. Ceci est plus important que les petites sommes d'argent qui pourraient être impliquées. Quand ils conservent des traces de petites sommes, ce n'est pas un reflet négatif de leurs amis africains, mais plutôt une croyance enracinée en ce qui est la manière la plus utile de gérer les affaires financières à long terme. Ils se traitent les uns les autres de la même façon.

Pour les Africains, il semble que ces petites sommes ne sont pas dignes d'attention ou sont indignes de mention par un riche Occidental. Ils pensent que faire attention à de tellement petites choses est un signe de son esprit mesquin.

Cette question apparemment petite suggère en effet des caractéristiques fondamentales de plusieurs cultures de l'Afrique. Sur une grande partie du continent, me semble-t-il, la solidarité, la générosité et la résistance à toutes sortes de confrontation personnelle, en combinaison avec un sens d'être déshérité, travaillent ensemble de ces manières :

1. On évite la comptabilité minutieuse pour soi-même et pour d'autres.

2. On profite de chaque occasion financière – consciemment, inconsciemment ou habituellement.

3. Les normes sociales acceptées permettent beaucoup de dérapage dans la responsabilité et non seulement dans les affaires financières.

---

[21]Richmond et Gestrin 1998 : 216.

4. Des personnes immorales peuvent détourner des fonds, étant raisonnablement induits à supposer que personne ne les contestera ni les confrontera à ce sujet.

5. Il semble y avoir une pression sur le mécène, toujours présente mais sans être exprimée, qu'il soit généreux, avec l'implication que rien de moins que la générosité et l'ignorance volontaire des détails n'est au-dessous de la dignité du mécène.

D'autres modèles d'utilisation des ressources

22. De nombreuses institutions africaines sont bien soutenues financièrement.

Il est de règle que ceux qui assistent aux cérémonies de nomination pour les nouveau-nés, aux veillées et à d'autres cérémonies associées à la mort contribuent aux dépenses. Les familles engagées à réaliser de tels événements ont besoin d'assistance et s'attendent à la recevoir, et on la leur offre librement mais discrètement. Les Africains n'attendent pas pour découvrir quels sont les besoins financiers ; ils donnent simplement, sachant qu'on a besoin d'argent ou d'aliments.

Plusieurs institutions musulmanes sont bien soutenues. Le magazine *Newsweek* a imprimé un article de deux pages sur un des groupes les plus riches et mieux connus, la confrérie Mouride, et a décrit ses leaders comme très puissants. « Des millions de dollars chaque année – transférés par des comptes bancaires ou empilés dans des valises lors de vols internationaux – coulent vers la patrie » de Sénégal, envoyés par leur diaspora installée dans plusieurs pays. « Les Mourides qui constituent un quart de la population de huit millions, sont si puissants qu'ils ont pris en charge la chambre de commerce nationale »[22]. La plus grande partie de l'argent qui coule dans les coffres mourides sont des dons par des disciples mourides individuels pour leurs leaders, dont le Khalife général est l'épicentre charismatique de la confrérie.

Il y a littéralement des milliers d'églises chrétiennes indépendantes en Afrique, ce qui veut dire qu'elles sont organisées en dehors d'organisations occidentales ou ont rompu les liens avec elles. Être indépendantes veut dire qu'elles sont organisées séparément d'organisations occidentales ou ont rompu les liens avec elles. Plusieurs d'entre elles, peut-être la plupart, prospèrent sans aide financière de l'Occident. En même temps, des églises commencées par des missions occidentales ont des difficultés à s'assumer financièrement. John Crawford écrit ainsi :

---

[22] Mabry et Zarembo 1997 : 42–43.

Tandis qu'il est difficile de généraliser, il semble y avoir certains groupes, tels que les Kimbanguistes du Zaïre, qui réussissent bien à subvenir à leurs besoins. Ils ne font pas de comptabilité publique de dons ou de dépenses ; tout reste entre les mains de leur leader. Mais ils ont développé et encouragé les dons de la part de leurs membres, surtout à des fins de construction. ... On encourage les congrégations à se rivaliser pour les dons, et les hommes lancent des défis aux femmes dans des « compétitions de donation. » L'intendance et l'émotion travaillent ensemble pour obtenir de bons résultats. ... La plupart des églises fondées par des missions ne peuvent se prévaloir d'aussi bons résultats. La plupart ne sont pas autoportantes[23].

David Mann, chercheur au Cameroun, juge que le problème de soutien insuffisant des églises chrétiennes africaines est lié à la base impersonnelle de l'administration des finances. Il écrit ceci :

Tout appel aux chrétiens en faveur d'une augmentation de dons doit être aperçu du début à la fin en rapport avec les relations. ... Aussi, à cet égard, l'église africaine devrait s'assurer qu'il existe une relation publique entre les donateurs et les responsables de l'église, c'est-à-dire le(s) trésorier(s) et le pasteur en chef. ... Mais les membres contribueront plus volontairement au budget d'une institution s'ils entretiennent des relations avec une personne clé de cette institution[24].

23. La collecte des fonds se fait sur une base de quartier pour les besoins financiers du quartier.

Des personnes désignées d'organisations de quartiers se rendent de maison en maison pour solliciter des fonds. Elles ont avec elles des cahiers ou des liasses de papier que les donateurs peuvent examiner, et s'ils font un don ils y ajoutent leur nom, la date, la somme donnée en espèces, et leur signature. Des clubs de football et d'autres organisations de jeunesse des quartiers accueillent des fonds de cette manière pour les équipements, les uniformes et les voyages. On accueille des fonds aussi pour des besoins médicaux spéciaux ou des crises. Les résidents démontrent leur solidarité vis-à-vis des besoins du quartier par leur participation.

---

[23]Crawford 1981 : 302–303.
[24]Mann 1990 : 56.

Généralement, les étrangers se demandent si oui ou non ils vont donner quand on leur demande des dons. Les commentaires d'un ami africain présente une perspective expérimentée :

> Il y a des projets de quartier et si une activité frauduleuse se développe, il y a aura un tollé général. En plus, le quartier ne permet pas aux jeunes de familles reconnues de solliciter les fonds. Ceux qui sollicitent des fonds pour des clubs sportifs locaux ne le font pas en dehors des limites des quartiers où on les connaît.

> Les nouveaux arrivés, que ce soient des Occidentaux ou des citoyens nationaux, auront de la difficulté à faire la différence entre les mendiants, les vrais besogneux, les représentants légitimes d'entreprises du quartier, les personnes qui sollicitent des fonds pour différents projets religieux, et plusieurs autres qui sonnent chez eux. Mais quand quelqu'un qui sollicite porte un registre officiel des donateurs et la somme des dons déjà faits, on peut normalement avoir confiance que les fonds iront à ceux qui sont autorisés à les recevoir.

Un exemple surprenant de participation à un besoin de quartier est un projet que j'ai initié. Notre bureau se trouvait dans une rue à Dakar qui se remplissait de sable lors de fortes pluies. Nous avons habité dans cette rue pendant plusieurs mois avant de nous rendre compte qu'il y avait une route pavée sous plusieurs centimètres de sable. Des véhicules s'y sont fréquemment immobilisés et on devait les pousser pour les faire sortir. Un été, un volontaire est venu nous aider. Il avait dix-neuf ans et prenait une année de congé de l'Académie de l'Armée de l'Air américaine, où il était cadet. Nous avons eu une idée que nous pensions peu réaliste : nous voulions persuader tout le monde dans notre rue de contribuer pour faire enlever le sable. Le cadet passait de maison en maison pour expliquer le projet à chaque personne et leur montrer l'estimation que nous avions reçue d'un camionneur. Il disait que si chacun dans le quartier contribuait, cela coûterait telle et telle somme à chacun. A notre grand étonnement, chacun des résidents a contribué sa part en espèces et par avance ! Notre jeune volontaire a loué le camion et embauché plusieurs hommes équipés de pelles. Ils ont enlevé trente-cinq chargements de sable. Nous avons fait rapport à chaque maison, en remerciant les locataires de leur solidarité.

24. On achète beaucoup de produits en très petites quantités bien que le coût unitaire soit beaucoup plus élevé que pour des achats en plus grandes quantités.

Un Africain dirait :

> Si j'ai un surplus, je suis obligé de partager. Bien sûr, je sais que si j'achète un sac entier de charbon de bois cela coûte moins cher que si j'en achète un petit tas. Mais si j'en achète un petit tas et mon beau-parent ou voisin ou ami arrive pour en demander, je peux dire honnêtement que je n'en ai pas pour leur en donner. Je n'en ai qu'assez pour ce repas pour ma famille. Si j'ai un sac entier, il n'y a pas de raison pourquoi je ne peux pas leur en donner, et si je ne le fais pas, les ressentiments et la jalousie peuvent survenir[25].

Un ami m'a parlé de la bonne fortune de certains jeunes gens de sa connaissance. Ils ont pu vendre du bois, donc ils avaient de l'argent dans leurs poches et « achetaient leurs cigarettes en grosse quantité. » Quand je lui ai demandé ce qu'il voulait dire par « grosse quantité, » il a répondu : « Vous savez, un paquet de vingt cigarettes. »

« Vends-moi deux cigarettes. » (Observation 24)

Certaines des expériences les plus exaspérantes que j'ai eues sont celles où des taxis sont tombés en panne d'essence au milieu d'un

---

[25] Notes de conference AOC 1999 : 3.

trajet. Typiquement, dans plusieurs pays africains les chauffeurs de taxi achètent de très petites quantités d'essence, plutôt que de remplir leur réservoir. Par exemple, dans une ville en août 1997 lorsque l'essence coûtait quatre cent cinquante-cinq francs le litre, mon chauffeur de taxi s'est arrêté pour acheter six cent francs d'essence, moins d'un litre et un tiers. Mais au moins il n'est pas tombé en panne sèche au milieu du trajet.

Typiquement, les gens achètent du lait en poudre, de la moutarde, de l'huile de cuisson, de la pâte de tomate, du savon à vaisselle et plusieurs autres produits dans de très petites quantités – juste assez pour un repas ou les besoins d'une journée. Conséquemment, ils paient beaucoup plus par unité qu'ils auraient payé s'ils avaient acheté les mêmes produits en plus grands emballages. On ne peut pas expliquer ce comportement répétitif par le prix unitaire. La plupart des gens ont assez d'argent pour acheter de plus grandes quantités, même s'ils n'ont pas de réfrigérateurs où garder des articles périssables. Même pour ceux qui savent combien de denrées alimentaires d'usage commun ils vont utiliser dans une semaine ou un mois et pouvaient accumuler des réserves de liquidité afin d'acheter dans de plus grandes quantités s'ils le voulaient ou le pouvaient, les normes sociales l'empêchent.

La solution est complexe. Quelques facteurs contributifs sont les suivants : (1) la société en général ne se concentre pas sur le magasinage comparatif au meilleur prix ; (2) les adultes et les enfants n'ont pas l'habitude de garder des quantités de nourriture à la maison et toute matière comestible ou autrement consommable disparaîtrait rapidement ; et (3) si des parents ou des voisins savaient qu'il y avait d'habitude un approvisionnement en produits alimentaires dans le garde-manger d'une famille ou des articles ménagers dans le placard, ils ne pouvaient pas résister à la pression d'emprunter et ceux qui possédaient ces biens ne pouvaient pas résister au besoin de prêter. Quelles que soient les raisons, l'effet général est d'augmenter considérablement le coût de vie pour la plupart des ménages. Comme un ami togolais m'a dit, « Quand nous achetons des aliments en grande quantité, la discipline de les gérer n'existe pas. Il y a donc abus. Ils terminent avant le temps prévu »[26].

Résumé : l'utilisation des ressources

Pour un Occidental, la caractéristique la plus remarquable de la manière africaine de gérer l'argent et d'autres ressources est la manière dont les Africains partagent et se soutiennent entre eux. La solidarité entre les amis et les parents est remarquable. Parfois on a du ressentiment vis-à-vis de ce partage ou on partage au risque de commérages ou de critique

---

[26]Communication personnelle, 1996.

ouverte, mais au fond les Africains croient au système, même s'il est souvent une lourde charge sur ceux qui, à un moment donné, sont employés ou ont des ressources.

Encore une caractéristique marquante est que « l'intérêt » est une partie attendue de l'amitié. L'amitié désintéressée est, sur le plan pratique, une contradiction en soi, même si elle est connue et pratiquée dans certaines amitiés intimes spéciales. Aux Etats-Unis, il existe un proverbe connu, « C'est dans le besoin que l'on reconnaît ses amis, » donc les différences de participation avec les amis en Amérique et en Afrique sont celles de degré et non de principe. Et sans doute les Américains qui ont des conditions de vie économique plus précaires sont plus engagés les uns avec les autres que ceux qui sont aisés.

Le manque de responsabilité dans les affaires financières que les Occidentaux remarquent dans une bonne partie de l'Afrique est sans aucun doute la caractéristique qu'ils perçoivent le plus négativement. Ils pensent que c'est en grande partie l'origine des problèmes économiques du continent. Ce n'est pas seulement au niveau de l'amitié personnelle qu'une comptabilité minutieuse n'est pas requise. La même attitude peu critique s'applique aux organisations et aux gouvernements à tous les niveaux.

Plusieurs fois, le financement des cérémonies familiales et des célébrations semblent aux Occidentaux excessivement extravagant et gaspilleur compte tenu de l'insuffisance générale de ressources. Les Occidentaux croient qu'on devrait et pourrait consacrer plus de ressources aux projets à long terme qui amélioraient le niveau de vie de tout le monde.

Encore une différence qu'on doit remarquer est dans les mécanismes développés en Afrique et en Occident pour permettre à une personne de vivre au-dessus de ses moyens. Les Occidentaux ne sont pas plus capables de vivre selon leurs moyens que les Africains, mais ils ont des méthodes différentes d'obtenir des crédits. En Occident, on obtient des crédits de manière impersonnelle auprès de sociétés émettrices de cartes de crédit, de banques ou d'autres agences de crédit, qui appliquent des procédures comptables strictes. Tôt ou tard, l'Occidental doit rembourser toutes ses dettes, et entretemps on le lui rappelle par moyen de frais d'intérêts. En Afrique, on obtient des crédits personnellement auprès d'amis. La réciprocité éventuelle et approximative est un idéal du système, mais on n'y insiste pas.

Structures politiques et finances personnelles. Une des plus grandes différences entre les sociétés occidentale et africaine réside dans les systèmes politiques très différents sur lesquels elles sont fondées. Le système occidental a une structure démocratique. D'habitude, les sociétés africaines sont fondées – ou étaient fondées historiquement – sur le consensus. Dans de telles sociétés, il y a beaucoup de discussion des questions par le groupe entier ou par les anciens. Le processus peut être souvent très lent. On procède rarement à un vote. On prend des décisions après une discussion approfondie de tous les points de vue. Quand les leaders ont le sentiment qu'on est parvenu à un accord, le chef ou le leader annonce la décision réalisée par le processus collectif.

La mentalité développée dans des sociétés à consensus exerce une forte influence les institutions sociales et le comportement personnel. (On peut dire la même chose au sujet des sociétés démocratiques, bien sûr). Dans le cadre de cette discussion, les effets liés à l'emploi personnel ou communautaire de ressources matérielles présentent de l'intérêt. Donald K. Smith, spécialiste expérimenté en développement en Afrique, l'explique :

> Une société à consensus essaie de garder toute personne égale et également engagée dans le groupe. Ceci s'étend aux affaires hors de la portée de la politique, y compris la richesse ou la réalisation exceptionnelle. Il n'est pas considéré comme sage ou prudent d'être trop à l'avance des autres dans le groupe. ...
>
> Il est bon de se rappeler que ceci est l'idéal prôné par une société à consensus – que tous partagent également et que personne ne progresse trop loin devant les autres. Mais on ne respecte pas toujours l'idéal. La pratique effective peut être un peu différente – ou très différente – de l'idéal.
>
> L'idéal de l'unité en toutes choses empêche quelques-uns de devenir riches pendant que la plupart des gens restent pauvres. Être l'homme le plus riche ne lui confère pas nécessairement un statut spécial. On gagne le statut en démontrant la volonté de partager les richesses avec d'autres. Par conséquent, il n'est pas possible d'accumuler les richesses et de rester une partie intégrante de la société. L'accumulation des richesses sans les partager est considérée comme une action antisociale, une menace à la communauté et une cause de désunion. Une telle personne sera souvent ignorée par la communauté ou forcée de partir[27].

Épargne personnelle en Afrique. La discussion présentée dans ce chapitre pourrait inciter les lecteurs à penser que les Africains n'ont

---

[27] Smith 1984 : 113–115.

aucun moyen de faire des épargnes, et que tout revenu est dépensé ou prêté tout de suite. Ce n'est pas le cas. Plusieurs Africains font des épargnes, quoique le revenu annuel moyen en Afrique sub-saharienne soit de mille trente-six dollars[28]. Un conseiller africain au Ministère du commerce au Sénégal, El Hadj Diop, décrit une situation de l'épargne qui diffère de celle présentée généralement dans les médias. Cet économiste a accordé une attention particulière aux Sénégalais qui sont en dehors du cadre bancaire formel.

> Bien que le revenu moyen national soit d'environ deux cent mille francs par an, beaucoup de gens ont des revenus bien plus élevés que la moyenne. Plusieurs emplois qui semblent humbles et échappent à l'attention des économistes sont en fait bien payés. Des exemples sont les coiffeurs de rue qui, munis d'une chaise, d'une table et d'un miroir, fonctionnent à l'ombre d'un arbre. Une étude a montré qu'en moyenne ils ont trente clients par jour à cinq cents francs par coupe de cheveux. Ceci leur donne un revenu annuel brut de plus de quatre millions de francs avec peu de frais généraux. De même, les mécaniciens, les ébénistes, les fabricants et les soudeurs de grilles de sécurité et d'autres matériaux de construction en acier, qui travaillent à l'ombre des arbres, gagnent assez pour pouvoir générer des économies personnelles considérables. Même les laveurs et gardiens de véhicules et les cireurs de souliers, qui vivent en communauté afin d'économiser, sont capables de faire des épargnes et d'envoyer de l'argent à leur famille au village. En plus, les marges bénéficiaires des magasins situés autour des marchés en ville, sont considérables[29].

Ces statistiques se réfèrent à l'épargne monétaire, qui ne fournit pas une image complète. L'anthropologue économique Parker Shipton, qui a effectué des recherches approfondies en Afrique, écrit ainsi : « Le premier point – et le plus fondamental – au sujet de l'épargne en Gambie est que la plus grande partie d'elle n'est pas sous forme d'argent. Les formes matérielles d'épargne les plus importantes comprennent les animaux, les récoltes entreposées, les bijoux, les outils et les articles ménagers »[30].

---

[28] Central Intelligence Agency 1999. Statistiques calculées par l'auteur pour les 38 pays de l'Afrique subsaharienne, moins l'Afrique du Sud. Cette statistique contraste avec $31 500 pour les Etats Unis.

[29] Communication personnelle, 1997.

[30] Shipton 1995 : 249.

Sans doute, les constatations de Shipton peuvent s'appliquer à une grande partie de l'Afrique.

Ces faits semblent contredire l'économie de dépenses et d'emprunts que les Occidentaux qui habitent en Afrique observent quotidiennement. Je pense que les deux images sont vraies : la plupart des gens vivent de façon précaire en termes économiques, mais d'autres peuvent prospérer. Ceux qui prospèrent discrètement sont moins visibles que les autres. Ceux qui prospèrent deviennent les patrons tandis que ceux qui prennent du recul financièrement deviennent les clients.

5

L'amitié

Les relations interpersonnelles entre Africains et Occidentaux en Afrique peuvent être amicales et même cordiales, et elles le sont en général, mais développer des amitiés fortes sur un plan personnel exige un effort considérable. Pour beaucoup d'Africains il est difficile d'oublier l'histoire, les relations de pouvoir que l'homme blanc représentait et continue à représenter, les disparités économiques, la couleur de la peau, et peut-être surtout les grandes différences culturelles. Parmi celles-ci, la plus significative est la place importante accordée aux ressources matérielles dans les amitiés africaines.

Selon les observations présentées ici, les cultures africaines pratiquent l'amitié de manières très différentes de celles de l'Occident. L'anthropologue Robert LeVine décrit des différences :

> Il existe [une] dimension de [comportement interpersonnel] que les Africains soulignent quand ils décrivent les relations d'égalité ou d'inégalité, c'est-à-dire les obligations de donner des biens matériels – nourriture, cadeaux, aide financière, biens et bébés. Les Africains qualifient fréquemment les relations avant tout en termes du genre de transaction matérielle impliquée : qui donne quoi à qui et sous quelles conditions. ...

> À l'opposé de l'attitude occidentale (réelle ou hypocrite) que la composante émotionnelle dans les relations interpersonnelles est plus importante que tout échange de biens matériels (ce dernier étant évalué comme quelque chose de secondaire), les Africains, eux, sont franchement et directement soucieux du transfert matériel comme révélateur de la qualité de la relation. ...

> En considérant le rôle joué par ... les biens matériels dans la vie sociale en Afrique, certains points devraient être

soulignés : (1) Un certain transfert matériel est obligatoire
dans une relation, surtout s'il s'agit d'une relation de famille,
et cela ne dépend pas des sentiments de l'individu à l'égard
de la personne ou même de la manière dont il la connaît.
(2) On évalue partiellement les gens en termes de combien
et avec quelle générosité ils donnent aux autres ; ceux qui
donnent plus que le minimum obligatoire seront peut-être
mieux appréciés comme des personnes généreuses ou ils
peuvent devenir amis particuliers ou leaders des autres. (3)
Le non-respect des obligations matérielles dans les relations
de rôles ne peut pas être compensé par une attitude amicale
ou par la chaleur ou le soutien émotionnels ; puisqu'on
voit les relations en termes de transactions matérielles, les
attitudes et les sentiments sont des accessoires mais ne
sont pas des substituts. (4) Les relations qui ont pour but
d'obtenir des ressources précieuses créent la concurrence,
en particulier quand les ressources sont limitées et le cercle
d'obligations est étendu, et quand les règles pour allouer
les ressources sont quelque peu ambigües. Les receveurs
potentiels ou les héritiers sont naturellement compétitifs les
uns avec les autres, et les Africains grandissent dans un
climat interpersonnel dans lequel une telle concurrence est
omniprésente, bien qu'elle soit retenue par une variété de
contrôles sociaux[1].

La clef pour donner un cadeau approprié est de comprendre comment
cela fonctionne dans la société particulière dans laquelle la personne
habite. Il faut découvrir les règles locales qui s'appliquent. Comment
recevoir un cadeau est aussi important, et les règles qui s'y rapportent
doivent être apprises sur le plan local, comme l'illustre le récit suivant :

> Nos voisins nous apportaient gentiment chaque jour le repas
> du midi – de la bouillie de millet avec une sauce préparée
> avec des feuilles d'arbre moulues. Ils faisaient pour nous ce
> que tout Fulani voudrait qu'on fasse pour lui lorsqu'il visite
> un autre village.

> Il y avait trop de millet dans le bol pour que nous puissions
> le finir. Nous voulions être polis, alors nous avons fait pour
> eux ce que nous aurions voulu qu'ils fassent pour nous – en
> Amérique du Nord, si vous donnez à un voisin un ragoût
> ou un gâteau, il devrait vous remercier et plus tard vous
> rapporterez le récipient propre. Alors nous avons mis les

---

[1]LeVine 1970 : 288–289.

restes de millet dans un récipient, que nous avons apporté de nuit dans la cabane de nos amis pour nourrir les poules.

Mais dans la culture Fulani, ce qu'on est censé faire, c'est de manger à sa faim du don de nourriture et de rendre rapidement les restes pour montrer qu'on a bien mangé. Il n'est pas poli de manger toute la nourriture du bol – insinuant ainsi que la portion était maigre. Nous avions observé avec stupéfaction que chaque jour on nous apportait de plus grands bols de millet dans notre cabane. Les voisins suivaient la Règle d'Or, mais cela nous stressait au lieu de nous réjouir. Nous craignions pour notre témoignage chrétien s'ils découvraient que nous donnions leur nourriture aux poules. Finalement nous avions appris suffisamment la langue et la culture pour savoir retourner les restes[2].

En Occident, c'est le composant émotionnel de l'amitié qui est souligné. Même les liens de parenté sont largement définis en termes de leur contenu ou valeur émotionnels. Dans ces relations, l'échange d'argent ou de possessions est sujet à la méfiance et est évité sauf dans des circonstances imprévues ou spéciales. On échange des cadeaux lors des anniversaires et à Noël, mais ils sont plus symboliques qu'un partage significatif de ressources. L'idéal est l'amitié désintéressée.

L'amitié en Afrique est beaucoup plus que des relations amicales entre deux ou plusieurs personnes. Elle comprend les concepts de solidarité, d'hospitalité, de partage des ressources, de fréquentes interactions obligatoires et de vie en communauté, c'est-à-dire pratiquement comme si on était une grande famille. Un cercle normal d'amis comprend beaucoup de personnes. En Occident, on peut probablement définir l'amitié comme étant limitée normalement à relativement peu de personnes. Il est possible que les Occidentaux puissent mieux comprendre ce que c'est que l'amitié en Afrique, en combinant dans une seule catégorie ce qu'en Occident serait les catégories séparées d'amis et d'associés en affaires.

Voici onze observations sur le rôle de l'amitié dans la culture africaine. Elles sont numérotées de 25 à 35.

Les réseaux

25. Un réseau d'amis est un réseau de ressources.

L'amitié et l'aide mutuelle vont de pair. Un Kenyan m'a dit, « Plus on a d'amis, plus on a de sécurité. » Une amitié dépourvue de considérations financières ou matérielles est une amitié dépourvue d'un ingrédient

---

[2] Crickmore 2011.

fondamental : la dépendance mutuelle. Une amitié désintéressée est quelque chose qui n'a pas de sens. Il est tout à fait normal de s'attendre à un bénéfice matériel des amitiés.

Pour un Occidental cela arrive à égaler l'achat de l'amitié, ou la recherche et le maintien d'amis pour ce que l'on peut soutirer à eux. J'ai parlé de ceci avec mes amis africains, et ils n'acceptent catégoriquement aucune suggestion que leur pratique d'amitié comprend 'l'achat des amis'. Alors comment pouvons-nous l'expliquer ?

Le concept d'une proche amitié que l'on trouve dans certains groupes ethniques africains indique clairement que ce serait une caricature de considérer de telles relations comme l'achat de l'amitié. Prenons, par exemple, les Wolofs du Sénégal qui ont deux mots pour 'ami' : *xarit* et *wóllëre*. *Xarit* est le terme général pour n'importe quel 'ami '. Un *xarit* est une personne peu connue avec laquelle quelqu'un a moins qu'une relation proche. Une relation beaucoup plus forte et plus proche est exprimée par *wóllëre*, qui est décrit ainsi :

> Un ami auquel on est lié par une relation longue et profonde d'assistance mutuelle. Deux personnes sont *wóllëre* l'une envers l'autre si elles ont une longue histoire d'amitié, d'assistance mutuelle, d'échange d'hospitalité et de solidarité testée au travers de situations difficiles. C'est un lien plus fort qu'une simple amitié (*xarit*), un lien qui exige que chaque partie soit toujours prête à venir à la défense de l'autre, même au prix de sacrifice douloureux. Ce lien est fondé sur une estime réciproque. Quiconque commet une faute qui déshonore une telle amitié risque d'être sujet à l'isolement social. Le Wolof est prêt à tout sacrifier sauf sa dignité. Il ne fait jamais preuve de solidarité avec quelqu'un qui est déshonorant. Il est attentif à sa respectabilité et son apparence d'être honorable[3].

Le problème n'est donc pas que les Africains n'aient pas le concept d'une amitié réelle et désintéressée, mais que les Occidentaux qui vivent en Afrique trouvent difficile de créer de telles amitiés avec les Africains. Il y a plusieurs raisons à cela, notamment les barrières linguistiques, les us et coutumes et les valeurs, le caractère temporaire de résidence, les disparités économiques et beaucoup d'autres facteurs. Ces choses, quelles que soit leur combinaison, sont présentes dans n'importe quelle relation réciproque et rendent la formation de vraies amitiés profondes et satisfaisantes difficile à réaliser entre les Occidentaux et les Africains.

---

[3] Sylla 1978 : 89.

Cela ne veut pas dire que c'est impossible, mais que cela exige des efforts et un engagement des deux côtés afin d'y arriver.

Quant au type d'amitié appelée *xarit* ci-dessus, trop souvent l'Occidental le considère une tentative d'acheter son amitié. Bien que l'Occident désire avoir des amis africains, lorsque des demandes d'argent arrivent trop tôt et avant qu'un lien de respect et de confiance soit établi, l'Occidental considère de telles demandes comme une manipulation. Il pense que l'amitié supposée est utilisée pour obtenir quelque chose de lui. Il pense que l'Africain croit qu'il a de l'argent plein les poches, plus que ce dont il a besoin, et il devrait alors être d'accord de le partager avec son nouvel 'ami' qui a de grands besoins matériels. Même si en général les Occidentaux ont accès à de l'argent, celui-ci est habituellement budgété et engagé pour payer les factures de fin de mois, les paiements de voiture, les impôts sur le revenu, et les vacances en famille de l'été prochain. L'une des raisons pour lesquelles les Occidentaux ne sont pas à l'aise avec de telles demandes pour une aide financière immédiate est qu'ils aiment planifier à l'avance concernant leurs offrandes charitables, aussi bien que concernant les autres domaines de leur vie. Bien entendu, les Occidentaux disposent de fonds considérables pour des dépenses discrétionnaires, mais ils ne se promènent pas prêts à distribuer de l'argent à des personnes relativement étrangères.

En Afrique, l'utilisation de l'argent est beaucoup plus immédiate. En général, les gens pensent au mois courant. Et s'ils ont la règle que « le premier besoin a la première priorité » et si leurs amis sont inclus dans cette règle, alors une amitié désintéressée peut être vue comme anormale.

25-O. L'amitié désintéressée est l'idéal en Occident. Toute amitié qui comprend des considérations matérielles est suspecte.

Les amitiés en Occident sont fondées ou évaluées sur des intérêts mutuels, une interaction sociale facile, la loyauté, le soutien émotionnel en temps de crise – mais pas normalement sur le domaine des finances. Les Occidentaux sont très prudents dans le choix des amis proches. Voici les différences :

1. Les Occidentaux recherchent relativement peu d'amitiés réelles, profondes et satisfaisantes sur le plan émotionnel et psychosocial. Le fait d'avoir beaucoup de choses en commun est très lié à l'amitié. La perte d'un ami est relativement traumatisante, probablement en partie à cause des investissements psychologiques, temporels et émotionnels qui ont été très importants. La qualité d'une amitié proche est

considérée comme incompatible avec la quantité, ce qui veut dire qu'une personne est supposée ne pas pouvoir maintenir de nombreux amis proches.

2. Les Africains cherchent à avoir une multitude d'amitiés relativement occasionnelles ou superficielles. (L'emploi de ces termes n'implique aucun jugement négatif.) On ne voit pas la quantité comme incompatible avec la qualité de l'amitié. Il y a une grande recherche pour augmenter son réseau d'amis. On a le besoin d'être salué et de saluer beaucoup de monde ; on démontre ainsi l'affirmation et le respect. Les Africains passent probablement plus de temps avec un cercle plus grand d'amis que ne le font les Occidentaux typiques.

Beaucoup d'amis occidentaux m'ont demandé, « Comment des Africains reçoivent-ils de la satisfaction d'amitiés lorsqu'ils savent que l'argent en est un élément majeur ? » et « Comment les gens retirent-ils de la satisfaction d'avoir ou d'inviter des amis lorsqu'ils savent que l'argent y est impliqué ? » Les Occidentaux considèrent de telles relations non comme des amitiés mais comme une manipulation égoïste. Une vraie amitié doit avoir un équilibre entre une personne et une autre, alors qu'en Afrique, croient-ils, l'accent est mis sur ce que la personne peut recevoir de l'autre.

Les Occidentaux croient qu'une vraie amitié est une amitié pour elle-même. Si l'argent entre dans leurs amitiés, ils croient qu'il est impossible de déterminer si l'autre personne les aime pour qui ils sont, ou seulement pour le bien matériel qu'elle pourrait obtenir de leur part. Si l'amitié est fondée du tout sur l'argent, c'est alors une relation commerciale, et l'objectif appartient à une catégorie tout autre qu'une amitié personnelle. Pour un Occidental, le but principal de l'amitié personnelle est le soutien assuré qu'elle fournit, qu'un ami est un ami parce qu'il apprécie sa compagnie pour ce qu'il est en tant que personne.

Il est utile de considérer plusieurs facteurs qui engendrent des doutes sur les relations. Premièrement, lorsque ces questions se posent, il est bon de se rappeler que l'Occidental et l'Africain vivent à des niveaux sociaux-économiques très différents : l'Africain pense que l'Occidental est riche et que lui-même est pauvre, et un comportement culturel important découle de ces différences. Deuxièmement, de nombreux Africains sont prêts à utiliser des rencontres ou des connaissances occasionnelles comme un moyen de tirer un profit personnel. L'Occidental peut rejeter sommairement de telles rencontres personnelles ainsi que les personnes qui les font ou, pour l'exprimer d'une manière plus constructive, il peut les accepter franchement comme faisant partie du quotidien en Afrique.

Cette manière d'agir permet à l'Occidental de faire des progrès dans la compréhension des possibilités négatives et quelquefois positives qui proviennent des relations entre des individus particuliers. Troisièmement, les Occidentaux n'arrivent souvent pas à distinguer entre les Africains qui viennent de niveaux socio-économiques plus élevés, qui ne sont pas gênants et ennuyeux, et les nombreux opportunistes qui cherchent à gagner l'attention des Occidentaux. On peut développer avec ceux-là de très différentes relations, comme des égaux socio-économiques. Dans ces relations, ce sont souvent les Africains qui représentent les classes économiques et sociales plus élevées que les Occidentaux.

En Occident, de nombreuses personnes ont des amitiés d'affaires dans lesquelles les intérêts personnels et financiers se rejoignent, mais ils reconnaissent que de telles amitiés sont basées premièrement sur les intérêts d'affaires puis en second lieu sur les facteurs personnels. Donc, si deux associés d'affaires aiment jouer au golf ensemble et ont d'autres intérêts en commun à discuter, ils établissent une amitié. Mais en dessous ils se rendent compte que, s'ils changent d'entreprise ou d'emploi ou déménagent, ou si le bénéfice mutuel cesse d'exister, leur amitié prendra fin. Ce sont les affaires qui les unissent, et chacun s'attend à gagner un avantage économique quelconque de leur association. Ils reconnaissent la primauté de leur relation d'affaires et le fait que l'amitié a résulté de leur rencontre fortuite dans le monde des affaires et que sa continuité dépend du prolongement de leurs intérêts et liens d'affaires. Les Occidentaux devraient reconnaître que de nombreuses amitiés en Occident sont loin d'être désintéressées. Ainsi, dans le monde occidental, les besoins personnels et émotionnels sont satisfaits par des amis provenant d'un choix personnel, les besoins financiers sont couverts par des associés d'affaires, et une multitude de services sont facilement disponibles dans la société sur une base impersonnelle.

Les Africains nouent des amitiés de manières quelque peu différentes. De nombreux Occidentaux ont l'impression que, puisque l'amitié africaine comprend normalement des considérations matérielles, il doit s'ensuivre que de telles amitiés sont dépourvues de satisfactions émotionnelles significatives. Je ne crois pas que ce soit vrai. Je ne peux pas prétendre parler au nom des Africains à ce sujet, mais il est évident qu'ils tirent beaucoup de satisfaction des amitiés. Cependant, leurs amitiés sont largement entre des égaux socioéconomiques, alors que le problème 'd'intérêts' dans les amitiés que rencontrent typiquement les Occidentaux, provient de leurs associations avec des Africains qui sont sur un niveau socioéconomique très différent. Ceci fausse leur compréhension des relations en Afrique.

Les Africains ont certainement des amis proches. Il serait absurde d'en douter. Les Africaines acquièrent une grande satisfaction émotionnelle l'une de l'autre. Dorothy Hammond et Alta Jablow ont étudié les femmes de trente groupes ethniques de partout en l'Afrique, et elles ont écrit, « Il est très clair que les femmes établissent des relations significatives entre elles sur la base d'intérêts communs et d'affection »[4]. Les femmes reçoivent aussi une grande satisfaction de la part de leurs enfants, et les hommes africains sont typiquement très proches de leurs mères. Camara Laye fait une description classique de la relation hautement affectionnée de l'enfant avec sa mère[5].

Les hommes africains obtiennent une grande satisfaction en saluant des amis (par leur nom), et en étant membres de l'assemblée des hommes du village ou du quartier, où ils ont une place, une voix, du respect, de l'approbation et de l'honneur, et où ils pourraient devenir anciens. Ils prennent plaisir à passer du temps avec des amis en bavardant, en discutant de sujets sérieux, en restant au courant des nouvelles et des potins du coin, et en étant au fait de tout ce qui se passe. Ils aiment aussi faire preuve de solidarité avec les amis et les voisins lors des rites de famille et du village – décès, mariages, cérémonies de nomination, fêtes religieuses et d'autres événements innombrables.

Les Africains tirent une grande satisfaction d'avoir beaucoup d'amis avec qui ils peuvent partager les expériences de la vie de tous les jours, et qui seront là pour répondre aux besoins primaires ou qui peuvent avoir des liens à différents niveaux. Les liens sont essentiels pour qu'il y ait quelqu'un à qui s'adresser en cas de besoin dans n'importe lequel des nombreux problèmes qui doivent surgir et pour lesquels d'autres personnes sont le seul moyen de trouver des solutions. Quand les institutions et les services publics sont faibles, inefficaces, corrompus ou inexistants et, par conséquent, ces moyens de répondre aux besoins et services fondamentaux ne sont pas disponibles, les amis sont les ressources nécessaires pour parvenir à une vie décente. Il est donc tout à fait compréhensible et logique que les amitiés prennent des significations différentes en Occident et en Afrique. La satisfaction dans les amitiés vient de la façon dont les amis peuvent répondre aux besoins essentiels dans chaque cas.

Peut-être pouvons-nous dire qu'en Occident où les besoins économiques fondamentaux sont satisfaits en dehors de et indépendamment d'amitiés personnelles, les Occidentaux peuvent vivre d'une manière si autonome qu'ils sont libres de cultiver des amitiés seulement à des fins émotionnelles. Ils séparent les besoins émotionnels

---

[4] Hammond et Jablow 1976 : 111.
[5] Laye 1954.

des besoins économiques puisque les deux sont satisfaits de si différentes manières. Du temps des anciens pionniers aux Etats-Unis, les voisins étaient des amis en se soutenaient sur les plans émotionnel et pratique tous les deux. Moi-même, je regrette personnellement 'le progrès' dans les relations interpersonnelles qui ont tant séparé les Occidentaux des besoins et de la vie de leurs voisins.

Edward Stewart fait quelques commentaires utiles sur l'amitié en Amérique :

> « L'ami » chez les Américains, terme général qui s'applique à n'importe qui, depuis une vague connaissance à un confident intime de longue date, est maintenu selon les activités. La compagnie d'un ami se concentre autour d'une activité, d'une chose, d'un événement ou d'une histoire partagée. ... Les divers compartiments de l'amitié sont maintenus séparés afin qu'une amitié qui se concentre sur le bureau ne vienne pas empiéter sur les relations avec des amis qui participent à des activités récréatives. ... Ces modèles d'amitiés ... signifient plus souvent la réticence américaine de s'impliquer profondément dans la vie d'autres personnes. Dans des circonstances où un étranger pourrait s'adresser à un ami pour obtenir de l'aide, du soutien ou du réconfort, l'Américain aura tendance à se tourner vers des professionnels, préférant ne pas incommoder ses amis[6].

Une autre manière de décrire les différences entre l'Afrique et l'Occident se trouve en termes des principes économiques sous lesquels les sociétés sont organisées. L'anthropologue Paul Bohanan et l'historien Philip Curtin décrivent ces principes et leur mise en exécution dans la société de cette façon :

> Ce sont le principe de marché, le principe de réciprocité et le principe de redistribution. Si l'on prend l'économie américaine comme modèle, nous pouvons penser très correctement que nous vivons dans une économie de marché. La plupart des transactions qui ont lieu sont des transactions selon les principes de marché de prix déterminés par l'offre et la demande, avec plus ou moins d'ingérence gouvernementale. Cependant, nous payons les impôts, qui sont une forme de redistribution : la richesse se déplace vers un centre politique et en est ensuite redistribuée. ...

---

[6] Stewart 1972 : 54.

En Afrique ... il y aura une importance différente parmi les trois principes. Dans les économies de subsistance en Afrique occidentale, le principe de réciprocité ou de redistribution est dominant encore aujourd'hui, et le principe de marché est secondaire : le marché existe et les produits y entrent, mais c'est comme la pratique du don en Occident : cela pourrait disparaître sans créer des résultats chaotiques[7].

En Occident, les gens s'attendent à ce que les transactions financières personnelles soient exécutées presque exclusivement au travers de l'économie de marché. La redistribution est traitée par les gouvernements à plusieurs niveaux et par des organisations charitables. Les Occidentaux subissent un choc culturel lorsqu'ils arrivent en Afrique et se rendent compte que la redistribution s'exerce largement au niveau personnel, et que la réciprocité inclut bien plus que le don des cadeaux à Noël et aux anniversaires. Ils ne comprennent pas le système et par conséquent sont incertains comment ils devraient même essayer de gérer les réalités peu familières.

En plus de la confusion crée quand des étrangers sont impliqués dans un système de réciprocité quand ils ignorent les règles non écrites, il y a un décalage fondamental :

1. Les relations sont supposées être dépendantes mutuellement, mais si l'Occidental est toujours celui qui donne, l'exigence de base du système ne peut pas être remplie. Il n'y aura vraiment jamais de réciprocité. L'Occidental ne sera jamais dans la situation d'être sur la position de receveur, comme ses besoins matériels ne seront jamais plus grands que ceux de l'emprunteur.

2. Une partie de la dynamique du système est que le donateur reçoit du prestige et le statut de « grand homme », mais cela ne peut jamais être le cas pour les Occidentaux. Ils ne ressentent pas un renforcement de leur prestige par ce type de donation. Les récompenses intangibles associées avec le fait de donner par les membres élites de la société ont peu ou pas de signification pour eux. De plus, ils ne pourraient pas s'acquitter du rôle d'un grand homme africain même s'ils le voulaient.

J'ai longuement discuté les points 25 et 25-O parce que c'est un problème majeur pour les Occidentaux qui vivent et travaillent en Afrique. La discussion a seulement abordé la manière dont les Africains combinent l'intérêt matériel avec l'amitié. En fait, ils dépassent ce qui est indiqué dans la discussion ci-dessus. Ils ont développé une manière unique pour

---

[7] Bohanan et Curtin 1971: 169–171.

que les personnes ayant des moyens matériels puissent nouer des liens de manière personnelle et satisfaisante avec les membres de la société qui sont essentiellement sans moyens. Cela s'exprime par ce qu'on appelle la relation patron-client (voir la discussion du clientélisme au chapitre 3). Je crois que nous n'avons jamais réalisé ceci en Occident.

26. Les gens travaillent constamment pour maintenir et élargir leur réseau d'amis.

Non seulement les Africains ont-ils beaucoup d'amis, mais ils cultivent activement et continuellement de nouvelles amitiés chaque fois qu'il y a la moindre occasion. Ils ne semblent jamais se lasser de rencontrer de nouvelles personnes, sans aucune limitation. Cela va au-delà du simple grégarisme et de l'extraversion, même si mon observation est que les Africains sont en général grégaires et extravertis. Les Africains étaient des développeurs actifs de réseaux sociaux bien avant que cela devienne un objet d'études en Occident.

Le désir d'augmenter les amitiés peut être vu de différentes façons. Lorsque nous voyageons dans les régions rurales de plusieurs pays d'Afrique, nous voyons souvent des hommes et des enfants qui font signe aux passagers des véhicules qui passent. Et si ceux qui sont dans le véhicule ont une question ou un problème, les gens sont tout de suite là et prêts à aider et à se faire des amis avec les étrangers. Nous sommes allés une fois visiter une cascade. Nous n'avions vu personne pendant un certain temps dans cette région retirée et nous avions décidé que c'était une bonne occasion de prendre une photo de famille. Nous nous sommes alignés au bord de la cascade quand, à notre étonnement, il y a eu à nos côtés plusieurs enfants qui voulaient faire partie de notre photo de famille.

Encore une indication du désir de faire des réseaux, ce sont les demandes fréquentes de leur adresse que reçoivent les Occidentaux. On m'a souvent demandé la mienne dans beaucoup d'endroits, surtout par des jeunes gens. Et parfois j'y ai été contraint. Presque invariablement après l'avoir fait, je recevais une lettre ou une carte par courrier de la personne qui désirait commencer à correspondre avec moi. Quelquefois un Africain demande spécifiquement l'adresse de quelqu'un 'en Amérique' car il voudrait avoir un correspondant international.

Une conséquence de l'accent mis par les Africains à faire de nouveaux amis est que généralement ils se souviennent des noms des gens beaucoup mieux que les Occidentaux. Grâce à cette capacité, beaucoup d'Africains opportunistes profitent des Occidentaux qui vivent en Afrique. J'ai été approché de nombreuses fois dans plusieurs pays par quelqu'un qui me saluait en ouvrant de grands yeux de surprise, en tendant la main et en disant quelque chose comme, « Salut, mon ami, comment allez-vous ? Cela fait longtemps que je ne vous ai pas revu. » Quand l'homme remarque une expression étonnée sur mon visage, il dit, plein de reproches, « Vous ne vous souvenez pas de moi, n'est-ce pas ? » Tout le temps, il essaie de me faire dire mon nom ou de lui donner un renseignement personnel quelconque. Si je donne mon nom, fréquemment sans y penser, l'opportuniste saute là-dessus et commence à s'adresser à moi comme s'il me connaît depuis longtemps. Ou bien l'opportuniste essaie de solliciter le nom d'une ville ou d'un endroit où nous nous sommes supposément rencontrés. Si je dis, « Est-ce que vous travailliez à l'American Club ? » il est prêt à utiliser ceci comme information particulière sur laquelle il peut s'appuyer. Il va invariablement essayer d'utiliser cette relation passée supposée pour soutirer quelque chose de ma part. Mais parfois l'Africain m'avait vraiment rencontré des années auparavant et se souvient vraiment de mon nom alors que, lui, je l'avais complètement oublié. Ce sont ces rencontres occasionnelles, ainsi que les mémoires prodigieuses des visages et des noms, qui intimident les Occidentaux et fournissent une occasion aux opportunistes.

27. Les amitiés et d'autres relations sont crées et maintenues par des cadeaux.

L'échange de cadeaux est un facteur important dans la création des relations et des amitiés. C'est une caractéristique fondamentale des sociétés africaines dans tout le continent.

Les Wolofs du Sénégal en sont un exemple très typique. Leur vocabulaire étendu spécialisé démontre clairement l'importance qu'ils donnent aux cadeaux[8]. Par exemple :

añu njëké	Somme d'argent donnée par une femme à sa belle-sœur lors d'une cérémonie de nomination ou de noces
jaxal	Contribution donnée à un ami ou à un parent qui est en deuil
ndawtal	Contribution donnée à un ami ou à un parent qui organise une grande fête de famille
ndéwénël	Cadeaux donnés aux enfants lors de jours de fête annuelle ou de congés

---

[8]Sylla 1978 : 86.

ndokeel	Don ou expression des sentiments à l'adresse d'une personne qui vient d'éprouver une difficulté majeure
reeru goro	Repas somptueux donné périodiquement par une femme à ses beaux-parents
sangu	Habits ou somme d'argent donnés à des cousins au moment des funérailles d'un membre de la famille
sëricë	Cadeau donné lors du retour d'un voyage à ceux qui viennent saluer le voyageur
wàllu bàjjan	Part réservée à la tante paternelle
yeelu maam	Part spéciale donnée aux grands-parents lors des festivités familiales.

Les Wolofs ont même un vocabulaire spécialisé uniquement pour les cadeaux associés au mariage :

can	La monnaie dotale, tous les cadeaux et biens matériels que l'époux donne en échange de l'épouse
dekoore	Cadeaux donnés pendant le *jébol*
feccoo	Octroi de cadeaux à la mariée le sixième jour après le mariage
jébol	Riche banquet donné en l'honneur de la famille de la mariée
ndarufar	Cadeaux mensuels donnés aux participants durant la période des fiançailles
ndobin	La partie de la monnaie dotale reçue par le père de la mariée
nibol	Cérémonie tenue deux à trois mois après la nuit de noces lorsque des cadeaux sont donnés aux compagnes féminines de la mariée
warugar	La partie de la monnaie dotale réservée pour les mères *bàjjan* (c'est-à-dire tantes et amies de la mère), les 'marraines' *ndey-njàkke* (c'est-à-dire sœurs du père), et les *njëàkke* (sœurs et amies).

L'offre de cadeaux est fréquemment institutionnalisée en Afrique. Les pêcheurs Lebu de la côte occidentale partagent les dangers et les risques de la pêche en mer grâce à un système élaboré d'échange de cadeaux. Sous une forme très simplifiée, les principales catégories de cadeaux sont les suivantes[9] :

dëwyeew	Poisson donné aux survivants d'hommes perdus en mer ou aux victimes d'autres désastres
mboole	Poisson donné aux pêcheurs à la retraite ou âgés
neeral	Poisson donné aux membres d'une famille qui ont perdu leur source de soutien masculine. On donne aux personnes éligibles une certaine partie de la pêche s'ils attendent un certain bateau quand il retourne de la pêche en mer. Le poisson est vendu au marché et le bénéfice soutient la famille.
njaaylu	Journées de travail (pêche) collectives dont les revenus servent à financer de grands projets comme le remplacement de bateaux ou de filets perdus.

Dans les cultures musulmanes, c'est la coutume de donner à des amis sélectionnés un morceau de viande choisi de l'animal sacrifié à la fête annuelle *id al-Adha*. Au Sénégal, de nombreux chrétiens ont senti le besoin de trouver une façon de répondre à la tradition musulmane d'offrir des cadeaux. Un groupe ethnique, les Sereer, a transformé un mets local en un cadeau traditionnel. *Ngallax* est une boisson épaisse faite de millet broyé, d'arachides et de sucre. A Pâques, c'est maintenant la coutume pour les protestants et les catholiques romains de préparer un délicieux *ngallax* fait de millet, d'arachides et de sucre, avec en plus des dattes, des raisins et d'autres ingrédients spéciaux. Ils en préparent de grandes quantités et donnent des portions aux Musulmans et à d'autres amis. Les Musulmans expriment souvent beaucoup d'appréciation pour ce geste d'amitié chrétien et le fait qu'il est offert par les chrétiens pour commémorer la résurrection de Jésus, comme eux ils partagent de leur célébration du sacrifice d'un bélier par Abraham.

Dans certaines communautés on s'attend à ce que des cadeaux soient offerts par les gens qui voyagent lorsqu'ils partent ou reviennent d'un voyage. Il n'est pas obligatoire de faire des cadeaux, mais lorsque le voyageur le fait, et spécialement à des proches amis, ceci est grandement apprécié. Fréquemment, lorsqu'une personne revient de voyage, on lui demandera, « Qu'est-ce que vous m'avez rapporté ? » C'est une forme de bienvenue aussi bien qu'une expression d'espoir.

Quand ma femme et moi habitions dans un village, nous revenions souvent de notre absence avec un sac de fruits que nous donnions aux enfants qui venaient nous saluer. Pour eux, les fruits étaient rares et

---

[9] *Sud Quotidien* 1997.

chers, donc non seulement cela nous aidait à nous faire des amis mais cela améliorait aussi leur alimentation déficiente.

Les cadeaux doivent certainement jouer un rôle important dans la vie de tous les peuples. Les règles non écrites suivies dans chaque culture sont complexes et dépassent de loin la portée de ce chapitre. Mais il y a une expression américaine souvent utilisée relative au don des cadeaux qui contraste avec la coutume africaine. Dans certaines circonstances les Américains disent, « C'est la pensée qui compte. » Si un Américain est en retard avec un cadeau, un coup de fil ou une carte de vœux, ou bien fait un cadeau plus petit que prévu, le bénéficiaire utilisera poliment cette expression, voulant dire que le fait qu'on s'était souvenu de lui tôt ou tard ou avec quelque chose de petit ou de grand, est plus important que la valeur du cadeau. Même des cadeaux symboliques font preuve que les bénéficiaires ont été dans les pensées des donateurs, que leur bien-être les préoccupe et qu'ils sont importants pour eux. J'ose dire que des Africains n'auraient pas inventé cette expression. En Afrique, on n'oublie ni ne néglige ses amis. Si on les oublie ou est trop occupé pour prendre le temps pour eux, des paroles ne peuvent pas compenser le fait de les avoir mis, en effet, dans une catégorie de préoccupation secondaire.

28. Les visites se concentrent sur les amis et connaissances qui font partie active du réseau économique d'une personne.

Cette observation est difficile à démontrer comme étant valide sans avoir étudié systématiquement les modes de visites des Africains, ce que je n'ai pas fait. Cependant c'est logiquement raisonnable. La plupart des gens sont (a) au bout du rouleau financièrement, (b) dépendants d'amis pour les sortir de difficultés financières fréquentes, et (c) grands développeurs de réseaux sociaux et économiques. Tous ces facteurs indiquent que les gens ont de bonnes raisons de maintenir leur cercle d'amis et de connaissances en bon état.

Mon expérience personnelle confirme ceci. Plusieurs fois, j'ai eu des amis africains qui me rendaient visite fréquemment, dont les visites se sont arrêtées quand je n'étais plus leur employeur ou le dispensateur des fonds de l'organisation, ou quand j'avais refusé de donner à une personne la chose qu'elle avait demandée. Je ne crois pas que les visites se soient arrêtées parce qu'ils m'avaient répudié ou avaient répudié mon amitié, mais, dans leur besoin de s'assurer des ressources, ils l'ont estimé nécessaire de se concentrer sur des membres de leurs réseaux qui étaient potentiellement plus disposés à leur en donner. Les réalités et les nécessités de la vie exigeaient qu'ils se concentrent sur des relations productives.

29. Pour la plupart, le réseautage se fait horizontalement ou 'vers le haut' et rarement 'vers le bas' socialement ou économiquement.

Lorsque nous venions d'arriver en Afrique et devions conduire des amis à l'aéroport international ou en chercher d'autres, souvent aux petites heures du matin, j'avais été étonné de voir tant de personnes le long des rues. Quand j'ai questionné un Africain à ce sujet, il m'a dit que les gens étaient dehors pour aller rendre visite à des amis, ce qui est une activité importante. C'est-à-dire, ils rendent visite à leur réseau d'amis, et il m'a dit que les gens rendent toujours visite à ceux qui sont plus élevés qu'eux sur le plan social ou économique. Il habitait dans un quartier modeste de la ville, et il m'a dit qu'aucun de ses amis plus aisés ne lui avait jamais rendu visite là ; c'était plutôt lui qui devait toujours leur rendre visite. Ceci est conforme à l'étiquette du système de salutations : « Idéalement, on salue 'vers le haut' : ce devrait être la partie du rang inférieur qui salue celle du rang supérieur. L'acceptation ou le refus du rôle d'initiateur est d'une importance capitale dans la manière dont on gère la situation des salutations »[10].

L'étiquette

30. Les Africains sont plus hospitaliers que charitables.

L'hospitalité, telle qu'on l'entend ici, est personnelle et spontanée. Les Africains sont extraordinairement hospitaliers. D'après mon expérience et celle d'innombrables autres Occidentaux, il n'y a rien de plus fondamentalement africain que d'être invité – avec insistance – à prendre un repas, lorsqu'il arrive qu'on passe chez les gens à l'heure du repas.

---

[10] Irving 1989 : 169.

« Venez manger ! » (Observation 30)

30-O. Les Occidentaux sont plus charitables qu'hospitaliers.

On définit ici la charité comme des dons faits de manière impersonnelle et planifiée. Les Européens et les Américains donnent collectivement des milliards de dollars à des organisations de bienfaisance, mais individuellement il se peut qu'ils ne veuillent pas offrir un repas à quelqu'un qui n'est ni invité ni prévu. Par contre, les Africains veulent bien offrir un repas à tous ceux qui se présentent, mais font peu de dons aux organisations de bienfaisance. En principe, on peut dire que les Africains sont généreux au sens où ils sont accueillants, mais pas charitables, tandis que les Occidentaux sont charitables, mais pas accueillants envers celui qui arrive chez eux. Qu'est-ce que cela signifie ? Commençons par un exemple tiré d'une expérience personnelle.

Notre connaissance Abdou nous a raconté qu'il peut rester chez n'importe qui dans sa famille étendue ou même chez la famille de ses amis, qui lui offriront à manger aussi longtemps qu'il y restera. Il s'agit d'une « loi » de se montrer généreux de cette façon. Ceci s'applique, d'ailleurs, d'autant plus dans les foyers de son père (son père ayant plus d'une femme). Mais cela se limite aux repas et au logement. Même si ses vêtements lui tombent du dos, on ne lui offrira pas davantage. Abdou a ensuite expliqué que les Occidentaux sont différents. Si vous allez chez eux, ils ne vous invitent probablement pas à manger, même à l'heure du repas. Mais ils vous aideront d'autres façons. Si vous avez besoin de vêtements, si vous avez besoin de vos frais de scolarité, si vous avez

besoin de semences à planter, ils vous aideront peut-être. Et a-t-il dit,
les Sénégalais vous aideront rarement de ces façons.

Un Occidental qui apporte un don de charité chez la Croix-Rouge.
(Observation 30-O)

Donc, ce que je dis, c'est qu'il y aura une différence entre l'hospitalité
et la bienfaisance. Le mode occidental est d'être hospitalier seulement
au-dedans de certains domaines limités, mais d'être ouvert à se montrer
charitable pour n'importe quel besoin au monde. Les Africains sont prêts
à se montrer généreux et hospitaliers au-dedans de certains domaines
limités, mais ne sont pas très ouverts à répondre aux besoins majeurs qui
se trouvent en-dehors de ce qu'on pourrait nommer leur zone d'intérêt
personnel.

Un ami africain m'a expliqué à quel point l'hospitalité est importante
et dans quelle mesure on la pratique :

> Le mot wolof *teraanga* indique un concept de base qui
> comprend des éléments de l'hospitalité, de la civilité, de
> l'honneur, de la considération et de la nécessité de vivre
> toujours d'une manière qui attire les louanges des autres.
> En ce qui concerne les étrangers, on pourrait l'appeler une
> forme de 'solidarité temporaire' qui fait qu'on traite les
> étrangers qui visitent ou qui vivent dans le pays de telle
> manière à ce qu'ils ne rentrent pas chez eux en gardant de
> mauvais souvenirs. En ce qui concerne les Sénégalais qui
> sont financièrement moins aisés, *teraanga* signifie 'solidarité

permanente'. En principe, ce serait une offense d'organiser une grande fête chez soi, tout en sachant que la femme du voisin n'a même pas « fait bouillir la marmite » ce jour-là. Une telle solidarité amène la société sénégalaise à mal juger ceux qui accumulent des richesses[11].

Il y a aussi le cas de visiteurs qui arrivent à n'importe quelle heure du jour ou de la nuit. Quand j'habitais toujours chez moi, nous renoncions parfois à notre repas pour l'offrir aux visiteurs qui arrivaient sans prévenir, en leur disant qu'on avait déjà mangé ou qu'on n'avait pas faim. Nous étions parfois obligés de nous coucher dans le foyer, ou même par terre, pour que les visiteurs puissent coucher dans notre lit. Les visiteurs restaient parfois pendant de longues périodes, pendant lesquelles nous devions toujours nous coucher les derniers et nous lever les premiers pour qu'ils ne puissent pas voir comment nous vivions. S'ils s'étaient aperçus de notre manière de vivre, ils auraient peut-être raccourci leur séjour, ce qui nous aurait fait honte. Il s'agit là d'un seul exemple personnel de comment tous les Sénégalais, issus de tous les groupes ethniques, font vivre le concept de *teraanga*[12].

Il y a très souvent des tensions entre Africains et Occidentaux à cause du manque d'hospitalité de la part des Occidentaux en ce qui concerne les invitations à manger chez eux. Il faudrait que les Occidentaux soient plus sensibles à cela, et qu'ils s'y accommodent et préparent des plats supplémentaires s'ils pensent qu'un ami africain ou même une simple connaissance pourrait passer à l'heure du repas, ce qu'ils font assez souvent (et parfois même exprès).

En même temps les Occidentaux peuvent mieux se comprendre s'ils se rendent compte que leur culture leur apprend à être plus charitables qu'hospitaliers de la même manière que les Africains. Quant au mode occidental, il s'agit plutôt d'un bienfait qui est plus planifié, prévu et conçu à long terme, tandis que le style africain privilégie la générosité spontanée, sans penser aux conséquences à long terme.

Dans le domaine de l'accueil, quelques grandes différences entre les cultures africaines et occidentales se sont manifestées dans les réceptions et d'autres rencontres pareilles auxquelles j'ai assisté. La conception africaine de l'accueil inclut l'idée qu'on devrait servir aux invités jusqu'à ce qu'ils aient assez mangé. Un bon hôte fera cela, même si cela veut dire la ruine financière. Donc, quand on sert la nourriture en style buffet

---

[11] Communication personnelle, 1998.
[12] Communication personnelle, 1997.

self-service, les premiers Africains qui arrivent à la table prendront tout ce qu'ils veulent manger ou boire. Si l'hôte ou l'hôtesse ou l'organisateur ne s'attendait pas à tant d'invités, ou bien si les gens mangent plus que l'on attendait, ou bien si le budget restreint limitait ce que l'on pouvait offrir, les plats et les boissons pourraient s'épuiser longtemps avant que tous les invités ne soient servis. J'ai vu des événements où la moitié des invités qui arrivaient tard ne trouvaient que les restes de nourriture qu'on leur a laissés.

Dans une telle situation, ceci reflète mal sur l'hôte. C'est la responsabilité de l'hôte d'avoir plus que suffisant, pour que tout le monde soit complètement rassasié. Il ne revient pas aux invités de se restreindre pour assurer qu'il y en aura suffisamment pour tous, ou de ne prendre qu'une petite portion jusqu'à ce que tout le monde soit servi. Ceci tient vrai surtout quand l'hôte a les moyens de servir suffisamment à manger et à boire, ce qu'on considérerait certainement vrai pour les Africains aisés et pour tous les Occidentaux.

Les Occidentaux, pourtant, sont probablement plus en phase avec l'évaluation de la situation et à la façon appropriée de se comporter. En s'approchant de la table, ils estiment mentalement la quantité disponible et ils ont une bonne idée des attentes et des moyens financiers de l'hôte. Ils se limitent peut-être s'ils croient que la nourriture viendra à manquer avant que tout le monde soit servi. Ou bien ils regardent, par exemple, les plats de sandwichs et se disent : « L'hôte semble avoir prévu que chaque personne en prenne deux, » puis eux, ils n'en prendront que deux. L'Africain va plutôt penser en termes de sa faim et en prendre autant qu'il désire.

L'Occidental dispose de moyens parfaitement satisfaisants pour éviter de manquer d'aliments et pour limiter la mesure que chaque invité va recevoir. Pourtant, l'hôtesse a déjà besoin de savoir comment le faire tout en préparant l'événement. Au lieu de laisser les gens se servir eux-mêmes, on peut leur servir des quantités prédéterminées. Par exemple, on peut le faire en utilisant des serviteurs en file comme à la cafétéria, ou en servant les plats et les boissons une fois les gens assis. Dans de telles situations, il faut que l'hôtesse occidentale connaisse les coutumes de la région et sache ce qui y est acceptable. Ces observations ne reflètent pas négativement sur les Africains mais ne sont que des expressions de cultures différentes, dont chacune possède des qualités et résultats positifs. Le système africain est plus spontané, celui de l'Occident plus organisé d'avance.

On m'a démontré un exemple classique des différences entre les deux cultures lors d'un service religieux auquel j'assistais. J'étais assis derrière le pianiste qui était un missionnaire occidental. La chorale se composait d'Africains qui chantaient des hymnes dans plusieurs langues africaines.

Devant lui, le pianiste avait une grande liasse de partitions de musique que je voyais suffisamment de près pour savoir que la musique était très complexe et exigeait un niveau élevé de compétence. La chorale chantait de mémoire, utilisant un tambour et plusieurs instruments à percussion pour donner le rythme de la musique. Le piano représentait une tradition musicale complexe, planifiée, entraînée et fort développée. La chorale représentait une tradition très différente, spontanée, passionnée et participative qui, elle aussi, comprenait des complications rythmiques entre autres, mais de façons très différentes.

Sur le plan très pratique de l'hospitalité et de l'accueil des invités, les Occidentaux se montrent désynchronisés par rapport aux cultures africaines lorsqu'ils proposent des choix à leurs invités.

> C'est une idée étrangère que de proposer des choix. Quand vous avez des visiteurs dans votre pays d'origine et que vous leur proposez quelque chose à boire, vous pourriez dire, « Voudriez-vous du café ou du thé ? » Quand vous dites cela aux invités africains, il se passe deux choses. D'abord, ils pourraient supposer que vraiment vous ne voulez pas leur offrir quoi que ce soit. Autrement vous l'auriez sorti et utilisé une formule de commande (de la langue), c'est-à-dire « Buvez ! » ou « Mangez ! » Ensuite, ils répondront sans doute « Oui » à cette question à deux choix. Il aurait été plus approprié de sortir ce que vous avez à offrir et les laisser indiquer ce qu'ils veulent[13].

31. Les compliments sont souvent donnés indirectement sous forme de demande de dons ou de prêts et sont souvent formulés comme questions.

Des exemples sont les suivants : « Pourquoi ne me donnes-tu pas ton chemisier ? » et « Donne-moi ton pantalon. » Cela signifie que le chemisier et le pantalon sont vraiment jolis.

Voici un compliment typique et des réponses acceptables – Compliment : « J'aime ta chemise » ; Réponses : « Je te la donnerai quand je l'aurai enlevée, » ou encore mieux, « Quand elle aura une petite sœur je te la donnerai, » ce qui signifie, « Quand j'en aurai une autre, je te la donnerai. »

---

[13]Hill 1996 : 11.

« Quand vas-tu me donner ton chemisier ? » (Observation 31)

Pour un Occidental typique quelques-unes des réponses qu'on offre fréquemment semblent être un peu malhonnêtes, ou au moins trompeuses. A titre d'exemple : dire qu'on va donner la chemise après l'avoir enlevée, sans en avoir la moindre intention de le faire. Les Africains comprennent ces réponses comme celles qui signifient « Non » mais qui sont plus respectueuses des sentiments des autres qu'une réponse plus brutale qui est la suivante: « Non, je ne vais pas vous la donner. ». Cela semblerait peut-être étrange que ces compliments constituent des demandes et que les réponses sont offertes comme si elles étaient de vraies demandes. Un Occidental penserait bien que si celles-ci sont effectivement des compliments, pourquoi ne pas formuler une réponse ainsi, – « Merci du compliment, je suis très content que vous aimiez mon chemisier ». Mais ce n'est pas ça, les règles du jeu. Celles-ci exigent que la réponse à un compliment soit offerte sur deux ou trois niveaux. Le premier niveau, c'est de faire semblant de prendre la demande au sérieux telle qu'elle est ; une demande. Le deuxième, c'est d'éluder la demande avec une excuse à la fois polie et peu sincère pour expliquer pourquoi celle-ci ne sera pas accordée. Et le troisième, c'est que si celui qui reçoit le compliment est capable de répondre à ce niveau, ce qui fait le plus plaisir aux Africains c'est de plaisanter sur cette demande de façon intelligente. Mieux encore, il est possible de faire preuve d'humour ou d'intelligence et d'embarrasser légèrement l'autre personne. Dans d'innombrables groupes ethniques, les jeux de mots de ce type font partie des joies de la conversation.

Une fois, quand j'accompagnais un groupe d'hommes, l'un d'eux m'a demandé – « Et quand est-ce que vous allez me donner votre camionnette ? » Lui, bien sûr, n'avait pas du tout pensé que je le ferais. Donc j'ai répondu, « Moi je vous donnerais très volontiers ma camionnette, mais je sais bien que vous ne savez pas conduire et la camionnette finirait bien dans un fossé ». Tous les hommes autour se sont esclaffés. Non seulement j'avais répondu, mais avec un peu d'humour Et j'avais retourné la situation aux dépens de celui qui avait fait le compliment. Cet art de faire mieux que les autres est un aspect fort bien apprécié du jeu. S'il avait pensé que je savais bien parler la langue, l'homme aurait pu donner une réponse qui m'aurait mis sur la défensive verbale, et qui m'aurait donné aussi l'occasion de me venger sur lui. Mais cet aspect dépasse le cadre de ce chapitre.

Voici quelques réponses aux compliments qui peuvent servir d'exemples :

« Pas aujourd'hui. »

« Vous plaisantez » – (pour les enfants seulement).

« Vous avez bien plus que moi » – (ceci dit avec un sourire).

« Si je vous le donne qu'est-ce qui me restera ? »

« Et vous, qu'est-ce que vous allez me donner ? »[14]

Une des réponses les plus imaginatives que j'aie entendue était la suivante, faite par une amie anthropologue. Lors d'une randonnée au Cameroun du Nord elle a rencontré un gardien de vaches qui surveillait ses animaux. Celui-ci admirait la montre qu'elle portait et lui a demandé de la lui donner. Elle a dit « Volontiers, et moi je prendrai une de vos vaches en échange. » L'homme était incrédule – « Une de mes vaches ? ». Et elle a répondu : – « Oui mais puisque la montre ne fonctionne pas très bien, vous pouvez me donner une vache qui boîte ». A ce moment-là tous les deux ont commencé à rire et ils se sont séparés, heureux d'avoir pu participer à un agréable échange verbal[15].

Il existe une explication raisonnable pour les compliments qui ne se font pas directement sauf entre des amis qui se connaissent bien et qui s'applique à beaucoup de cultures africaines. Traditionnellement on avait très peur de la mauvaise langue, du mauvais œil, ou du mauvais toucher. Par exemple, il était tabou de dire à des parents que leur enfant était joli, ou même de demander à une femme combien elle avait d'enfants. Même aujourd'hui si vous faites des compliments à une personne relativement inconnue de façon directe la réponse dans le langage du pays pourrait être quelque chose comme – « Ne

---

[14]Remerciement à Marilyn Escher pour ces exemples.

[15]Remerciement à Marian Hungerford.

me mangez pas ». On croit que cette formule magique a le pouvoir de contrarier toute intention malsaine ou tout effet malsain qui peut se communiquer dans un compliment. Dans ces systèmes de croyances, faire des compliments à quelqu'un peut masquer une intention de vouloir du mal à une personne. Des compliments directs sont fort bien appréciés, surtout entre des amis proches. Il faut qu'il existe un fort degré de confiance et des rapports sociaux bien établis entre les gens avant qu'on ne se fasse ouvertement des commentaires positifs, l'un sur l'autre. Mais là où la confiance existe, dans beaucoup de cultures africaines les compliments se font de manière libre, fréquente et sont fort bien appréciés. On organise même des réunions sociales et importantes avec des amis et qui comprennent des moments spécifiques où on se fait des compliments de manière ouverte, et on s'appuie l'un l'autre et on exprime son appréciation réciproque.

31-O. Les Occidentaux n'ont pas l'habitude de voir des compliments formulés en tant que demandes, et les interprètent mal et s'en offusquent.

Voici quelques raisons pour lesquelles les Occidentaux comprennent mal des compliments formulés en demandes :

1. Dans leur propre culture on ne donne que très rarement des compliments en forme de demandes. L'équivalent le plus proche que je puisse imaginer serait celui d'une femme qui exprime à son mari une admiration profonde pour un cadeau reçu par une de ses amies, espérant ainsi que son mari comprenne que ce serait bien quelque chose qu'elle aimerait qu'il lui donne.

2. Dans de nombreuses cultures ou pays africains, on sollicite constamment les Occidentaux avec des demandes d'argent, d'aide ou de prêts, et qui constituent de véritables demandes. Ils se sentent assaillis par ces demandes, ce qui est très désagréable pour eux. Après un certain temps donc passé dans cette culture les Occidentaux deviennent conditionnés à réagir rapidement et de manière négative à toutes les demandes, sans comprendre les différences subtiles entre l'importunité et un compliment.

3. Quand ils apprennent que quelques demandes sont effectivement censées comme compliments, ils ne savent pas comment faire la distinction entre des compliments et des vraies demandes, et dans ces circonstances ils trouvent difficile d'apprécier le compliment souhaité.

En Afrique des services sont fréquemment demandés aux étrangers – demandes qui proviennent de personnes inconnues ou peu connues et qui semblent être un mélange de requêtes, de compliments exprimés indirectement et de profond désir – mais demandés dans l'attente que le service ne sera pas accordé.

Des exemples, « Peux-tu m'emmener dans ton pays ? » Ou bien, si l'étranger est connu ou aperçu comme américain, « Peux-tu m'aider à aller en Amérique ? » Ou bien, « Veux-tu m'enseigner l'anglais ? »

Certainement on voudrait que ces requêtes soient accordées, mais, quand l'étranger est inconnu ou presque, on s'attendrait probablement à un refus. Je comprends que ces demandes sont des façons d'ouvrir la conversation, des tentatives d'établir des relations amicales, des expressions d'admiration pour les choses demandées et la verbalisation de la reconnaissance que la personne à qui l'on s'adresse a accès à des ressources, à un certain statut et au pouvoir.

32. Si un Occidental a un malentendu avec un ami africain en ce qui concerne des finances, il est presque impossible d'arranger les choses directement avec l'individu contrarié.

Lorsque l'Occidental essaie d'expliquer la situation de son point de vue on ne le croira pas, essentiellement parce que dans des interactions directes la règle en Afrique veut que les gens doivent se dire des propos polis qui n'offensent pas. On ne traite pas des questions difficiles par une confrontation directe. Pour résoudre des malentendus donc il faut avoir recours à un ami mutuel et tout lui expliquer, lui demandant de communiquer l'explication à la partie contrariée. De cette manière votre explication aura plus de poids et sera acceptée. La raison pour laquelle votre explication est plus croyable, c'est que, au lieu d'essayer de vous justifier et de critiquer la partie contrariée derrière son dos, ce qui est le comportement habituel, vous montrerez que vous n'avez pas vraiment voulu le contrarier, et que vous voulez bien être en bons termes avec lui.

Quand les Africains ont des malentendus avec les Occidentaux il y en a beaucoup qui supposeront le pire. (Et pour beaucoup d'autres, c'est le cas contraire.) Le « pire », signifie qu'ils interpréteront très rapidement que ce comportement mal compris a été motivé par du racisme. Je connais les dirigeants d'une ONG qui est active dans un pays africain. Ceux-ci ont adopté une stratégie d'établir des centres sociaux où ils ont enseigné la couture et d'autres compétences pratiques aux femmes et ont aménagé des équipements sportifs pour les jeunes hommes, et d'autres choses de la sorte. Ces centres ont engagé pas mal d'Africains. Après plusieurs années d'efforts, les dirigeants se sont rendus compte que les centres n'accomplissaient pas leurs objectifs déclarés et ont décidé d'adopter une stratégie complètement différente. Ils ont licencié tous leurs employés et ont réglé leurs congés. Je connaissais aussi quelques employés et j'ai entendu leurs explications quant aux licenciements. Les employés ont dit que l'ONG était raciste et qu'ils avaient laisser partir tout le monde parce que les Occidentaux ne voulaient pas que les Africains prennent de l'avance financièrement. Sans doute que l'ONG n'a pas suffisamment communiqué les raisons de leur changement de programme, mais en tout cas les anciens employés étaient prêts à rejeter la responsabilité sur le racisme.

Par contraste, au moment de la période de l'Apartheid en Afrique du Sud, j'avais des amis africains qui m'ont dit qu'ils avaient reconnu que le racisme n'était pas le problème de base dans ce pays, c'était plutôt l'intérêt égoïste des blancs à protéger leur position économique dominante.

33. Les Africains préfèrent s'excuser de manière symbolique, plutôt que verbale, quand ils ont fait une erreur, ou en ressentent une honte personnelle.

Delbert Chinchen raconte une expérience typique d'excuses symboliques:

> Les Libériens et les Malawiens préfèrent symboliser plutôt que verbaliser, des messages importants, surtout ceux qui trahissent une faiblesse personnelle ou qui indiquent une certaine vulnérabilité. ... Lors de la construction de (notre école spécialisée), le charpentier en chef, de nationalité libérienne, a fait une grave erreur en matière du degré de pente de la toiture qu'il était en train de construire. Il s'en est suivi qu'on a dû y consacrer du temps, de l'énergie et de l'argent afin de corriger l'erreur. Le chercheur, puis le chef d'équipe, ont fait savoir au charpentier leur mécontement à ce propos. Le lendemain matin, le charpentier a apporté plusieurs ananas à la porte du chercheur. On a rien dit mais le message implicite était : « Que ce cadeau rétablisse notre rapport »[16].

Les Occidentaux ne reconnaîtront peut-être pas un geste si symbolique comme étant une excuse. Ou bien s'ils reconnaissent qu'ils sont liés en quelque sorte au regret de cette personne en ce qui concerne un défaut antérieur non spécifique, ils peuvent ne pas les penser adéquats à l'infraction, ou bien qu'il manque à cette personne du courage ou de la franchise pour en reparler d'une manière plus acceptable et plus explicite. Pourtant l'habitant de l'Ouest devrait comprendre que ce sont

---

[16]Chinchen 1994 : 35.

des moyens totalement admissibles et suffisants pour réparer des faux pas antérieurs en Afrique.

Dans de nombreuses cultures africaines le maintien de la dignité, l'honneur et d'autres qualités personnelles similaires et le soin mis à éviter le sentiment de honte et l'humiliation sont extrêmement importants. Les excuses directes donc qui pourraient être interprétées comme un aveu de faiblesse, de l'insuffisance ou de l'incompétence sont évitées, pourtant elles sont indirectement admises comme des excuses symboliques. Assane Sylla décrit bien ce comportement :

> Pour un homme wolof, sa dignité est hors de prix. Afin de sauvegarder son honneur, sans lequel la vie ne vaut pas la peine d'être vécue, il est toujours prêt à livrer bataille. Quiconque éprouve de l'humiliation ou est victime d'un affront, et se retire sans réaction, sera condamné et réprimandé très sévèrement. ...

> (Les Wolofs) se préoccupent des problèmes de comportement correct, d'une vie correcte partagée avec les autres, cherchant le respect en endossant sa propre dignité. Toutes ces préoccupations influencent même les gestes les plus simples de la vie quotidienne. La foule de nuances qu'ils englobent se reflètent dans des aspects très subtils dans leur langue et leurs règles de comportement. Des verbes comme 'travailler', 'regarder', 'marcher', 'parler' etc. ont tous plusieurs alternatives qui expriment l'élégance, le manque de tact, la vivacité, l'hostilité etc.[17].

Beaucoup de fois lorsqu'un associé ou employé africain a fait une erreur assez grave, j'ai cherché des excuses ou bien une reconnaissance quelconque de faute ou de regret de sa part – d'habitude sans succès. A titre d'exemple, je faisais des recherches sur les possibilités d'utiliser des graines de l'arbre du Moringa comme une source d'huile comestible. J'ai envoyé mon assistant pour chercher une quantité de graines, et je lui ai dit de ne pas payer plus que la moitié du montant convenu à un marchand pour une quantité spécifique de cosses, d'où nous enlèverions les graines. Une fois, il est revenu, après s'être engagé à acheter une quantité fixe, mais m'a informé qu'il avait payé à l'homme la totalité du montant avant d'avoir repris une seule cosse. Conscient de mon mécontentement évident, il m'a assuré que le marchand était une personne de confiance, et que je recevrais toutes les cosses en question. Des semaines et des mois ont passé, pendant lesquels j'ai reparlé de cette affaire et je l'ai envoyé afin qu'il se renseigne, mais je n'ai jamais reçu

---

[17]Sylla 1978 : 91.

une seule cosse. Et je n'ai jamais décelé chez mon assistant la moindre excuse. Probablement, j'étais trop obtus pour y découvrir une action symbolique, mais je n'ai rien trouvé.

Si je mentionne ceci c'est parce que d'autres expériences pareilles provoquent des frictions entre les Occidentaux et les Africains. L'Occidental, semble-t-il, est bien plus prêt que l'Africain moyen à admettre son erreur, à s'excuser et même à se racheter. Alors même si on considère que l'admission d'une faute est une faiblesse, faire remarquer ses faiblesses reste une question très délicate. Si un Occidental veut réussir en engageant quelqu'un, il faut le plus grand tact et la plus grande compréhension de la culture dans ce domaine des rapports interpersonnels. Et en toute probabilité il faudra que ce soit fait par un Africain, et non pas par un Occidental.

Dans un pays africain où j'ai travaillé, notre organisation s'était engagée à offrir des conseils techniques à un organisme africain. Celui-ci a convoqué une réunion publique afin de discuter de quelques questions des membres. L'affaire risquait d'être délicate sur le plan politique, et en tant qu'association étrangère on n'a pas participé à l'organisation, mais on a consenti à y assister afin de fournir des renseignements techniques. Le ministre responsable de la sécurité nationale a entendu parler de cette réunion et a exigé que celle-ci soit annulée. On m'a convoqué, sans en préciser les raisons, et je me suis présenté au bureau d'un ministre adjoint. Nous avons bavardé un certain temps de notre organisation, et d'autres sujets anodins. Enfin au bout d'un certain temps, le fonctionnaire s'est levé pour indiquer la fin de l'audience. Il m'a accompagné à la porte de son bureau, et pendant que je sortais il m'a dit avec désinvolture que nous ne devrions jamais nous mêler dans ce genre de réunion que cet organisme voulait tenir. Le point essentiel sur lequel il voulait insister avec moi, convoqué en tant que représentant d'une organisation étrangère, et touchant un sujet qui a capté l'attention des plus hauts niveaux de son gouvernement, a été traité avec beaucoup de désinvolture, de manière très discrète et informelle, et apparemment comme quasiment après coup. En fait, cette expérience m'a fait peur, parce que j'ai compris comment il était facile pour moi en tant qu'Occidental de ne pas entendre les communications que des fonctionnaires ou des amis africains pourraient m'envoyer.

34. Beaucoup d'Africains dans le besoin sont très discrets s'il s'agit de demander de l'aide, et ne font que des allusions à leurs besoins.

Vu que les Occidentaux sont tellement assaillis par des gens qui cherchent de l'argent ou d'autres genres d'aide financière ou matérielle, ils commencent à croire que tous les Africains dans le besoin passent leur temps à demander partout de l'aide d'une manière agressive. Ce n'est pas du tout le cas. Dans beaucoup de cultures africaines, ceux qui sont le plus dans le besoin hésitent le plus à demander de l'aide. Par contraste, les demandes plus agressives et plus flagrantes indiquent typiquement que celui qui demande est manipulateur, professionnel ou au moins expérimenté. Que ceux dans le besoin soient mesurés ou hardis en ce qui concerne une demande de l'aide semble dépendre beaucoup de la culture de la personne, de sa religion, de ses scrupules et de ses valeurs individuelles, et bien sûr, de sa définition personnelle du terme « besoin ».

En contraste avec les demandeurs discrets, on a les Musulmans. Des amis occidentaux qui ont voyagé dans la plupart des pays africains ont remarqué que là où les Musulmans sont prédominants la mendicité est très fréquente. Cela provient probablement du fait que faire l'aumône constitue un des cinq piliers, c'est-à-dire, des pratiques fondamentales de l'Islam.

Donc les mendiants permettent aux croyants musulmans de tenir à leurs obligations religieuses, et la mendicité devient pour ainsi dire une profession attitrée.

Dans de nombreuses cultures africaines c'est une honte d'être dans le besoin, sans parler de mendier. Dans ces cultures les Africains sont très sensibles aux besoins d'autres, et ceux qui disposent de ressources cherchent à partager avec ceux qu'ils savent être dans le besoin. Ceux qui sont indigents dans ces cultures disposent de moyens indirects de communiquer leurs besoins à leurs amis et à leurs parents. Si on est à l'écoute de la façon dont les besoins se manifestent dans ces cultures, on comprend les sens cachés ou les double-sens qui se communiquent dans des échanges de tous les jours, tels que :

> « Comment vont les enfants ? Ca va, la famille ? ». Dans le courant de la conversation, quelques allusions à un besoin d'aide se feront comprendre comme : « on espère construire une cabane » « on espère créer une ferme » ou bien « on espère réparer la toiture » – ce sont des signes indirects d'un appel à l'aide[18].

Aux moments où une personne dans une telle culture fait comprendre ses besoins, c'est à son interlocuteur une fois averti de décider s'il faut agir ou non. Pour l'Occidental qui a l'habitude de recevoir des appels d'aide audacieux, ces appels discrets passeront peut-être inaperçus. Dans ces cultures, aussi, si l'interlocuteur comprend le message et veut bien offrir de l'aide, il faut que la réponse soit tout aussi discrète que la

---

[18] Chinchen 1994 : 150.

demande. Si le fait d'être dans le besoin peut provoquer de la honte chez quelqu'un, il s'ensuit que recevoir de l'aide d'une manière ostensible et indélicate risque de causer au moins autant de honte.

Presque à l'opposé de ceci, c'est la notion qui existe dans beaucoup de cultures africaines que « ça ne fait pas de mal de (demander de l'aide, d'emprunter quelque chose, demander un cadeau, et cetera) ». Beaucoup de gens dans ces cultures, semble-t-il, n'hésitent pas à demander quelque chose qu'ils aimeraient avoir, même s'il ne s'attendent pas à le recevoir. C'est presque un jeu, ou peut-être, une croyance que même si la demande est refusée ils auront fait quelque chose de positif en faisant des compliments à celui qui tient l'objet désiré.

35. Les Africains se sentent sécurisés dans des arrangements, projets et discours ambigus.

Une partie du code social, c'est l'emploi de l'ambiguïté et d'une approche indirecte, car celui-ci prend en considération les incertitudes de la vie. Il permet de 'marchander la réalité' ou tel qu'on l'exprime dans l'Afrique subsaharienne « la flexibilité des réalités changeantes » ou bien de garder ouvertes des options[19]. Ceci permet largement de sauver la face, d'éviter qu'on soit gêné ou que les autres soient aussi gênés.

On trouvera ci-dessous des domaines où se manifeste souvent de l'ambiguïté.

1. Emprunter de l'argent (ou d'autres ressources ou des biens) sans en préciser le délai ou la nature de la restitution ou le remboursement.

2. L'absence de prix fixes. Ceci exploite au maximum la possibilité de faire plus de profits : de garder des clients potentiels dans l'ignorance, ou le vendeur a l'avantage de savoir son dernier prix d'où il ne descendra pas plus bas ; et un acheteur potentiel a la possibilité de négocier un meilleur 'dernier prix'. Cela permet aussi d'intégrer des rapports personnels et d'autres facteurs subjectifs lorsqu'on décide de fixer des prix.

3. La considération de la renégociation de contrats compte tenu de faits changés ou bien la possibilité espérée de demander un meilleur accord.

4. Ne pas tenir des comptes financiers précis.

5. L'impossibilité de répondre 'non' dans beaucoup de situations où cette réponse négative exprimerait un caractère définitif ou même hostile et qui aboutirait à une rupture de rapports.

---

[19]Rosen 1984.

6. Les heures d'arrivée ou les heures de rendez-vous ou de réunions mal définies et plus tard que les heures annoncées.

7. La réticence de s'inscrire à des colloques ou à des stages avant la date limite de dépôt, ce qui entraînerait une obligation d'y participer.

Un désir essentiel d'ambiguïté se manifeste chez les Africains en ce qui concerne leur emploi du temps. Selon un Guanéen qui a passé un bon moment aux Etats-Unis comme étudiant :

> Lorsqu'un groupe de mes compatriotes se retrouve pour un projet de développement social, la discussion n'est pas toujours en fonction d'un ordre du jour, mais celle-ci est sans limite de durée. Cette discussion finirait peut-être par être longue, risquant de s'écarter du sujet principal, tout le monde y participant, peu importe la pertinence de chaque apport. La décision prise par le groupe se fera normalement par consensus.

> En revanche, j'ai découvert qu'aux Etats-Unis, lorsque tout le monde se réunit pour un cours, pour une activité religieuse ou pour une fête, tout est programmé et toutes les activités doivent se dérouler selon un ordre précis et finir à une heure fixée à l'avance. Par exemple, à la fac, juste avant l'heure prévue de la fin d'un cours, tous les étudiants commencent à regarder l'horloge de la salle ou bien leur montre. A l'heure pile, ils ferment leurs livres pour se préparer à partir. Le (la) conférencier est obligé de s'arrêter, qu'il ait fini ou non. Ma réflexion, c'est que les Américains à force de prêter une attention toute particulière à l'heure se sentent en toute sécurité, alors qu'en tant qu'étranger cela me donne énormément de soucis[20].

Les chapitres 1 et 2 font allusion à la nature répandue des micro-solutions en Afrique. Il paraît évident que la notion de l'ambiguïté se rapporte – du moins en partie – à celle de la microgestion. L'aspect définitif, élément essentiel selon les Occidentaux de la gestion expéditive de toute affaire personnelle ou commerciale semble manquer à toutes les actions des Africains. Pour eux, l'importance des rapports interpersonnels, évitant toute possibilité de heurter les sensibilités d'autres et de fixer ses projets afin de permettre des développements de dernière minute – tout ceci compte plus que la gestion expéditive d'affaires commerciales.

---

[20]Mogre 1982.

Beaucoup de remarques dans ce livre impliquent l'ambiguïté comme
une préférence culturelle. Par exemple, il faut considérer les cas
auxquels on a fait référence sous la Observation 17 au chapitre 4.
Ces Africains ont rejeté la manière occidentale d'essayer de faire
correspondre les dépenses mensuelles aux revenus en réduisant les
dépenses pour équilibrer le budget personnel. Ils préfèrent de loin que
les finances soient fluides. Ils ont toujours réussi à passer un mois à leur
façon habituelle et aiment continuer à le faire ainsi plutôt que de vivre
paralysés par un budget rigide.

Dans un pays africain particulier j'étais responsable d'un projet de
construction pour un centre de formation. J'avais besoin d'étudier le
code de construction du pays pour qu'on puisse dresser des plans,
tels que la meilleure sorte de construction exigée, la disposition des
bâtiments, et le nombre d'étages qu'il faudrait. J'ai passé plusieurs jours
à dénicher ce code de construction. Enfin je suis allé au bureau d'un haut
fonctionnaire du gouvernement qui m'a dit qu'effectivement ce livre
n'existait pas. « Le livre c'est moi dans ce pays », m'a-t-il dit. Autrement
dit, dans tout le pays la construction permise était basée sur des critères
subjectifs et non pas sur des normes élaborées de manière précise et qui
seraient connues et respectées par tout le monde.

Nous avons habité deux ans dans un quartier bourgeois d'une grande
ville africaine. Les voisins d'un côté n'arrêtaient pas de nous réclamer
des choses, de l'argent, de la nourriture, de l'eau glacée. Ceci s'est
prolongé pendant des mois quand, à notre grande surprise, ils nous ont
envoyé des filets de poisson tout frais. Aucun message n'accompagnait
le garçon qui nous les a livrés – aucune explication non plus. Est-ce
qu'il s'agissait ici d'une expression d'une générosité des voisins ? Un
geste de reconnaissance ? Une excuse symbolique de leurs demandes
importune ? Une réponse à l'aide qu'on leur avait offert ? Nous n'avons
jamais reçu d'explication – nous l'avons interprété comme une sorte de
rachat en partie de leurs demandes fréquentes.

Une expérience décrite par Carole Unseth et qui semblerait tout
d'abord être ambiguë ne laisse pas de doute en ce qui concerne le sens
d'une action non verbalisée.

> On vivait dans un village Majang au sud-ouest de l'Ethiopie. ...
> Cependant malgré ma ... formation, cependant, il y avait des
> choses qui m'irritaient énormément, surtout quand personne
> ne semblait jamais me dire 'merci' pour quoi que ce soit. En
> effet, ils se présentaient à ma porte sans me saluer et pour
> me demander, « *Deyaa maaw* » (Donnez-moi de l'eau). Je
> leur en donnais de notre réserve bien précieuse de la rivière.
> Ils en buvaient, et puis partaient sans mot dire.

Cette activité s'est répétée pendant un certain temps, et parce que j'avais remarqué que les voisins faisaient de même entre eux, cela ne m'a pas beaucoup gêné.

Puis un jour une amie intime, Maryam, avait une fille qui se comportait de manière étrange, et la famille voulait que mon mari l'emmène à la clinique dans une ville voisine.

Quelques jours plus tard ... notre amie Maryam s'est présentée devant la porte de notre petite maison ronde, un fagot à la main tout ficelé pour en faire un balai. Sans mot dire, elle est entrée et s'est mise à balayer les mottes de terre qui s'étaient accumulées dans la maison et qui avaient été apportées par les pieds des visiteurs. Elle a fini cette tâche et encore une fois elle est partie, un petit sourire aux lèvres.

J'ai souvent pensé que depuis ce moment le merci de Maryam, tout en étant non-verbal, était bien plus éloquent que ce que nous, nous nous disons d'un ton dégagé après un service rendu. Je pense qu'elle était bien sincère[21].

Les remarques de Yale Richmond et Phyllis Gestrin sont bien pertinentes :

L'ambiguïté est un art en Afrique et l'imprécision est sa cousine. Les Africains parlent de façon naturelle, avec une certaine éloquence sans hésitation, pourtant leur langage est souvent imprécis et leurs chiffres sont inexacts. Tout rapport personnel devient une discussion où s'établit la base d'un rapport entre les deux parties. Les Occidentaux devraient chercher à en découvrir la précision et les détails jusqu'à ce qu'ils soient satisfaits d'avoir compris ce qui est impliqué, même si ceci n'est pas précisé de manière claire[22].

Richmond et Gestrin offrent aussi ces conseils :

Il faudrait que les Occidentaux aient l'oeil sur ... des approches détournées par des Africains qu'ils rencontrent ou avec lesquels ils travaillent. Un expatrié, par exemple, n'arrivait pas à comprendre quand un collègue africain a passé un bon moment à se plaindre de quelqu'un qui ne travaillait pas dans son bureau. L'expatrié ne comprenait pas pourquoi son interlocuteur africain se plaignait autant du comportement de cet étranger. Cependant l'Africain essayait

---

[21] Unseth 1995 : 3–4.
[22] Richmond et Gestrin 1998 : 85.

d'expliquer de façon indirecte ce que l'expatrié, lui, ne devrait pas faire[23].

Il faut aussi une approche indirecte entre les employeurs et les employés. Comme Harriet Hill nous le dit :

> L'approche directe et conflictuelle à laquelle nous avons été formés est inopportune ici. D'abord, vous n'allez pas saisir ce qu'on cherche à vous dire. Puis, on vous trouvera insultant.
>
> Si votre employé essaie de vous dire quelque chose, il le fera d'une façon détournée. Ceci exigera plus de temps, et il vous faudra peut-être un bon moment avant d'avoir saisi le point qu'il essaie de communiquer. C'est à vous de découvrir le sujet en question et d'en exprimer une solution. Les Africains aiment le symbolisme, les proverbes et les double-sens, et non le discours franc.
>
> De même, s'il vous faut communiquer quelque chose à un(e) employé, vous devez tourner un peu autour du pot. Confronter l'employé d'une manière directe serait inopportun. Chez les Adioukrou (Côte d'Ivoire), si quelqu'un offre une opinion saugrenue à propos d'une question, il faut lui répondre tout d'abord en le félicitant et faisant l'éloge de son discours très fleuri. A la fin, vous ajoutez « mais toujours est-il vrai que … ». Et vous dites ce que vous voulez vraiment dire. Il faut éviter aussi un « Non » tout net en réponse à une demande. Par exemple, si quelqu'un se met devant votre porte et essaie de vous vendre de la viande, complimentez le vendeur sur la viande et sur sa gentillesse, et cetera, et puis dites-lui que vous n'en avez pas besoin aujourd'hui[24].

35-O. Les Occidentaux trouvent de la sécurité dans des rapports, des dispositions, des projets et des paroles bien définis.

Cette remarque s'applique spécialement aux Américains et aux Européens du nord, mais moins aux Européens du sud. Les idiomes américains expriment beaucoup d'attitudes typiques qui visent une certaine clarté dans la communication et une franchise en ce qui concerne l'action. Les Américains aiment « jouer cartes sur table », « regarder les choses en face », « passer aux choses sérieuses », se renseigner « de source sûre », appeler « un chat un chat ». On dit aux gens de « prendre les choses

---

[23]Richmond et Gestrin 1998 : 129.
[24]Hill 1996 : 8–9.

en main », « déclarer ouvertement leur position ». On n'aime pas ceux qui « tournent autour du pot », ou qui « refilent la responsabilité aux autres ».

Edward Hall qui a passé sa vie à étudier et à aider les gens dans le domaine des affaires internationales d'entretenir de bons rapports efficaces les uns avec les autres, constate : « Beaucoup d'étrangers font des commentaires sur l'approche peu légaliste des Américains vis-à-vis des choses. Tout est expliqué bien clairement et mis sur papier »[25]. Deux-tiers de tous les avocats du monde exercent aux Etats-Unis[26].

Le monde du commerce américain connaît trois traits de caractère clés : (1) des échelons d'autorité bien définis, (2) des consignes bien détaillés pour les subalternes et (3) des réactions constantes en ce qui concerne sa performance individuelle[27]. Tout ceci implique des idéaux d'une communication bien claire et ouverte, d'une part avec ceux qui sont au pouvoir et qui sont responsables, d'autre part avec ceux qui occupent des positions subalternes.

Orientation actuelle et à l'avenir. Il est évident que les expériences différentes des Africains et des Occidentaux ont façonné leur attitude vis-à-vis de l'ambiguïté. Les expériences des Africains leur a appris que beaucoup de ce qui se passe dans la vie est incertain, y compris l'avenir. Il faut donc de la prudence. Beaucoup de ce qui se passe dans les allées du pouvoir à tous les niveaux est ambigu, enveloppé d'une atmosphère de secret. Le gouvernement est tout-puissant, et les buts et les politiques de ceux qui sont au pouvoir sont pratiquement inconnus. On parle beaucoup de la transparence mais celle-ci ne se pratique que très peu. Les règles de la loi passent au second rang par rapport à celles du pouvoir. Les ressources disponibles sont très limitées et il existe beaucoup de concurrence cachée et de conflit en ce qui concerne le contrôle de celles-ci. Cet état des choses est à la fois la conséquence et la cause de la situation. Les niveaux les plus élevés de la société fonctionnent de cette façon parce que les niveaux les plus bas – et ceux entre les deux – font de même. Par conséquent, s'engager à une action à l'avenir ou à l'emploi de ses ressources personnelles reste très

---

[25] Il existe des situations de contexte bas lorsque des informations d'arrière-fond relatives à un événement ou une question doivent être expliquées aux participants. Dans une culture de contexte haut, les transactions normales dans la vie quotidienne ne nécessitent pas que ces informations détaillées d'arrière-fond soient données – les participants sont déjà informés au sujet des personnes impliquées et donc peu d'informations doivent être explicitées.
[26] Hall 1990 : 149.
[27] Stewart 1972 : 159.

dangereux, voire imprudent – qui sait ce qui se passera à la suite d'une décision qui touchera ses propres ressources, les temps et les activités. La stratégie qui réussira donc, c'est d'en différer les résultats autant que possible. L'ambiguïté entraîne la sécurité, car la flexibilité en fait partie intégrante, on pare à toute éventualité. Les gens ont appris à leurs dépens à se concentrer seulement sur le moment présent, actuel, et préfèrent s'occuper de l'heure actuelle et aborder les problèmes de l'avenir incertain quand ceux-ci se présenteront.

En nette opposition avec l'expérience africaine, les expériences des Occidentaux et leur éducation leur ont appris que ceux qui font des projets sont ceux qui avancent accomplissant de ce fait plus de ce qu'ils veulent de la vie. Les conditions de leur vie, leurs gouvernements et leurs institutions ont été stables et prévisibles. Les Occidentaux supposent que cela va continuer dans ce sens. D'après eux, ils ont trouvé qu'on a intérêt à bien planifier ses ressources, son temps, et ses activités. L'ambiguïté incite des inquiétudes parce que les projets d'avenir doivent être réglés maintenant. Si on détermine que quelque chose est avantageux maintenant, il faut en profiter. Les conditions ou les opportunités risquent de ne pas être aussi favorables à l'avenir. D'ailleurs quand une affaire est réglée et on connait les obligations concomitantes qui s'en suivent, on peut négocier des projets pour d'autres affaires et y consacrer des ressources. L'ambiguïté suscite des inquiétudes en fonction d'un besoin de savoir quelles seront les actions et les obligations pour l'avenir. L'ambiguïté empêche les Occidentaux de faire des projets d'avenir. Orientés vers l'avenir, ils ont besoin de faire des projets détaillés pour l'avenir. Au cas où ils ne peuvent pas le faire, ils se sentent frustrés.

Résumé : l'amitié

L'hospitalité fait partie intégrante de l'amitié en Afrique. Très souvent, les Occidentaux s'étonnent du mal que les Africains se donnent pour être hospitaliers. Cela ressort clairement dans l'expérience que quelques bénévoles occidentaux avaient vécue très tôt après leur arrivée au Cameroun :

> Dimanche dernier nous avons assisté à une réunion dans une église de maison. Celle-ci se réunit dans un petit bâtiment miteux juste à côté d'un salon de coiffure, le plâtre se décollait, les murs non peints et le plafond délabré. Tout le monde était entassé dans deux petites pièces. Après la réunion, nous sommes ressortis pour bavarder avec les gens, et quand nous sommes retournés dans l'église, il y avait 12

grands plats en métal, avec du riz, du manioc, des poissons énormes, des bananes plantaines etc.

Nous nous sommes mis à table, tous les autres étaient assis en silence tout près des murs de la salle jusqu'à ce qu'on ait mangé à notre faim. Quel banquet ! Et qu'est-ce qu'on a bien mangé ! Puis on a servi du jus d'ananas et une salade de fruits. Qu'est-ce qu'on nous a régalés ! Ils ne reculaient devant rien pour montrer leur hospitalité – la femme du pasteur s'obstinait à recharger nos assiettes, elle se délectait évidemment de son rôle d'hôtesse. Ce n'était que juste avant de finir de manger que les autres personnes ont commencé à manger. Nous avons beaucoup à apprendre de nos amis africains au sujet de l'hospitalité[28].

---

[28] Communication personnelle, 1999.

6
Le rôle de la solidarité

La solidarité signifie l'interdépendance plutôt que l'indépendance. Elle signifie aussi vivre en communauté plutôt que de vivre socialement ou spatialement isolé. Bien qu'il parle de la Pologne, Krzysztof Kieslowski, cinéaste polonais bien connu, donne de façon éloquente une vue pénétrante de quelques différences fondamentales entre l'Afrique et l'Occident :

> Question : « Est-ce que l'homme est plus isolé dans les pays occidentaux riches qu'il ne l'était en Pologne et dans les autres pays de l'Est sous l'Empire soviétique ? »
>
> Kieslowski : « Sans aucun doute. Car la souffrance unit les gens, tandis que les richesses divisent les gens. Aujourd'hui, la réussite est à la mode. La puissance est à la mode. Et pour réussir et pour être puissant, on doit jeter tous ses scrupules. Et en faisant cela, on se trouve seul puisqu'on perd tous ses amis. La faiblesse n'est pas à la mode. La compassion n'est pas à la mode. Mais ce sont ces qualités-là qui unissent les gens »[1].

---

[1] *Newsweek* 1995 : 56.

Le partage des ressources

36. Il est très important de démontrer la solidarité avec les amis aux moments tels que funérailles, cérémonies de nomination, jours de fête et noces. On le fait principalement en assistant à ces événements et en y contribuant financièrement.

C'est un grand honneur pour un homme ou une femme si beaucoup de gens assistent à ses obsèques. Typiquement, dans toute l'Afrique, des avis mortuaires du pays entier font partie des actualités qui passent à la radio. Quand quelqu'un meurt, une des choses que la famille doit faire immédiatement est d'avertir, par téléphone ou autrement, l'administration de la radio nationale de son décès, en donnant le nom du décédé, le village ou la ville et les dates des obsèques. Il est bien possible qu'on écoute plus attentivement ces avis mortuaires que toute autre émission. Quand on apprend la mort d'une connaissance, on avertit immédiatement d'autres personnes qui connaissaient le décédé pour s'assurer qu'ils sont au courant. Et si on a des liens de parenté ou d'amitié, on fait tout de suite des préparatifs pour rendre visite à la famille endeuillée, auprès ou au loin. Même si la parenté n'est pas proche, on prend le temps et en supporte le coût de présenter en personne ses condoléances. C'est une grande honte pour le décédé et toute sa famille si peu de gens ne viennent exprimer leurs condoléances.

La majorité des Occidentaux ont du mal à comprendre le degré d'importance que les Africains attachent à assister aux obsèques et aux autres cérémonies familiales. J'ai trouvé que même mes recherches de ces affaires, pour mieux comprendre les coutumes et les attitudes des Africains, et ma surprise en apprenant leur grande importance à l'esprit africain, sont considérées comme preuves par les Africains de l'indifférence des Occidentaux envers la souffrance, la peine et la perte d'autrui. Sinon, pourquoi penser à poser des questions au sujet de choses qui sont fondamentales à la vie en communauté humaine ?

On partage la peine lors d'un décès. (Observation 36)

Les Africains interprètent facilement le comportement des Occidentaux comme évidence qu'ils sont tellement victimes de l'individualisme qu'ils ne veulent pas faire preuve de solidarité avec les autres. Par exemple, il est considéré comme insensible qu'un collègue occidental ne prenne pas un jour de congé pour assister aux obsèques d'un ami, ou qu'un patron occidental ne permette pas à un employé de prendre un congé d'un à trois jours, à plein traitement, pour se rendre à son village natal pour présenter ses condoléances au moment du décès d'un villageois honoré.

> Les conséquences financières ne sont qu'un aspect de la vie socio-culturelle à exiger une certaine diplomatie. Si une famille d'un quartier vient de souffrir la mort d'un bien-aimé et si elle ne ressentit pas la solidarité de leurs voisins et de leurs amis, le vide et le manque de soutien la fera souffrir beaucoup plus que la perte de leur bien-aimé. Elle va penser que peut-être le décédé a commis, à leur insu, quelque chose de mauvais dans sa vie, ou qu'on pense du mal de la famille entière dans le quartier. Une mauvaise réputation pourrait avoir de multiples causes (sorcellerie, mauvaises mœurs, vol, etc.), donc on comprend facilement l'amertume qu'une famille pourrait ressentir. Si un tel évènement arrivait, la famille ferait tout son possible pour déménager dans quelques mois. Ces traits culturels sont encore très vivants et sont ancrés dans la pensée collective des gens.

Il est important de se rendre compte dans ce contexte que les conséquences financières d'un décès ont une importance secondaire.

Le langage des hommes et des femmes à de tels moments reflète l'état de leur esprit. Bien que les frais soient considérables, personne ne demande « Combien d'argent avons-nous déjà dépensé ? » Plutôt, ils emploient des euphémismes, tels que « Comment nous en sortons-nous ? »

Les visites de condoléances commencent le jour même du décès. Ceux qui présentent leurs condoléances laissent une somme d'argent, petite ou grande, comme signe de leur solidarité. Mais il n'est pas obligatoire de laisser de l'argent. La présence physique des amis et des parents dans une telle circonstance est la chose la plus importante pour démontrer leurs liens à la famille[2].

On donne du poisson à la veuve d'un pêcheur perdu en mer.
(Observation 36)

---

37. En Afrique, beaucoup de besoins économiques sont satisfaits ou soulagés par moyen de la solidarité et de la générosité des membres de famille et des amis.

Lors d'un entretien, Assy Dieng Ba, metteur en scène important sénégalais, a exprimé l'importance de la solidarité et de la générosité dans la société sénégalaise :

> Le comportement et les mœurs de notre société vont de mal en pis. On abandonne les jeunes gens, qui doivent se débrouiller seuls. Les femmes perdent le sens des valeurs. L'esprit d'aider les autres est sévèrement menacé. Le mode de vie européen – « Chacun pour soi et Dieu pour nous tous » – est de plus en plus suivi. Nos parents et les personnes âgées sont négligés plutôt qu'aidés, protégés et vénérés, comme c'était le cas dans le passé[3].

Un observateur extérieur verrait clairement la nature incontestablement positive des valeurs personnelles et sociétales démontrées par la solidarité sociale, mais en même temps un tel observateur déduirait sans doute qu'elle a des conséquences qui sont moins que positives. Régine Nguyen Van Chi-Bonnardel, en donnant une perspective historique à la discussion, a décrit en détail quelques effets secondaires. Elle fournit le contexte du développement des coutumes relatives à la nécessité impérative de partager les ressources. Ce partage est indispensable pour montrer la solidarité et pour être généreux, mais il a aussi des effets négatifs :

> Pendant toute l'époque coloniale, les paysans du bassin arachidier existaient par moyen d'avances prêtées par les marchands-acheteurs, et reprises des paysans au temps de la récolte. Les paysans dépendaient tant de ces avances qu'elles sont devenues indispensables pour la survie même.
>
> L'habitude de vivre à crédit est devenue si enracinée qu'il aurait été impossible de la déraciner en supprimant les marchands privés du commerce des arachides. Après 1960, la société sénégalaise n'a fait aucun effort sérieux pour transformer la mentalité de crédit. En tout cas, cela aurait été difficile à cause de difficultés croissantes : les revenus faibles et le pouvoir d'achat décroissant chaque année. Les paysans continuaient donc à vivre d'emprunts, mais sous des conditions qui étaient moins favorables que jamais, au

---

[3] *Sud Week-end* 1966.

fur et à mesure que les arachides perdaient leur valeur bien
établie.

Avoir les dettes est comme une gangrène, pas seulement
dans les zones rurales, mais aussi dans les zones urbaines
où les diverses formes de crédit sont indispensables pour
le commerce urbain. On peut affirmer, avec très peu de
simplification, que partout au Sénégal acheter à crédit
représente maintenant le stimulant principal à l'économie.

Puisque la valeur des marchandises en circulation
est beaucoup plus grande que l'argent disponible dans
l'économie, et puisqu'une économie si extrêmement faible ne
justifie pas du tout que les gens, en ville ou à la campagne,
vivent au-delà de leurs moyens, le pays entier est aux prises
avec une crise économique. L'augmentation constante des
prix, le revenu monétaire si bas, la diminution constante
du pouvoir d'achat, l'endettement chronique, évidemment
toutes ces choses rendent impossible l'épargne, que ce soit
à la campagne ou en ville et à n'importe quel niveau
économique. ...

Les cérémonies de nomination, les noces, les circoncisions,
les obsèques, les fêtes religieuses ou communautaires, toutes
continuent à causer des dépenses exorbitantes que les revenus
ordinaires ne peuvent pas couvrir. ... A part ces festivités, les
rapports sociaux ordinaires et les exigences de l'hospitalité
nécessitent des dépenses pour maintenir le prestige. Il n'est
pas question de les éviter, au prix de perdre l'honneur. On
considère ces dépenses comme « exceptionnelles », mais à
vrai dire, elles sont très répandues, et elles sont une principale
source de dépenses familiales, même si, étant imprévisibles,
elles exigent qu'on fasse appel à des ressources qu'on ne
possède pas et donc doit emprunter[4].

Nous voyons donc que l'habitude de vivre à crédit accordé par les
marchands a été transformée en vivre à crédit accordé par la famille et
les amis. Cela est effectué sous la pression et le nom de la solidarité.

---

[4]Van Chi-Bonnardel 1978 : 443.

37-O. Les Occidentaux admirent beaucoup le fort degré de solidarité et de générosité qu'ils observent entre amis et parents africains, mais ils le trouvent difficile de participer à part entière à l'économie de la société.

Il y a beaucoup de facteurs qui limitent la participation des Occidentaux à la société :

Ils se sentent bombardés sans cesse de demandes d'aide financière, pour lesquelles ils ne se sont préparés ni culturellement ni psychologiquement et auxquelles ils ne savent pas comment faire face. Même là où il ne s'agit pas de, oui ou non, savoir s'ils ont la capacité financière de subvenir au besoin, ils se demandent si leur aide serait utile à long terme à l'individu et même à la société dans son ensemble, et aussi quelles priorités devraient être les leurs en matière de dons.

Même s'ils sont disposés à donner tout ce qu'ils possèdent, ainsi que toutes les possessions de leurs amis qui sont restés dans leur pays (et cela n'est pas du tout le cas), ils considèrent fermement que cela ne ferait qu'aggraver les choses à long terme. A moins qu'on ne change les structures économiques, ils restent sceptiques en ce qui concerne les dons à titre gratuit. Dans leur patrie, ils ont observé beaucoup de programmes gouvernementaux ou charitables qui ont eu un effet en grande partie négatif sur les bénéficiaires et sur la société en général. Et les programmes d'aide, y compris les dons à travers des frontières culturelles, sont encore plus difficiles à administrer que ceux qui ont des opérations dans un pays donné.

Bien que les Occidentaux fassent grand cas de la générosité et de la fidélité envers les amis et la famille, ils considèrent que la générosité en se servant des ressources d'autrui n'est pas vraiment la générosité, mais que c'est un abus de l'amitié ou de la parenté. On admire une personne qui partage ses propres ressources. Mais si une personne doit emprunter l'argent afin d'être généreux, quand il est peu probable qu'elle le rembourse, l'Occidental considère cela au mieux contraire à l'éthique ou, au pire, immoral. Les Occidentaux ne comprennent pas comment la générosité avec quelque chose d'emprunté peut être une bonne chose, ou que cela pourrait être quelque chose qu'une personne doit faire pour être considérée une bonne personne dans n'importe quelle société. Ils ne comprennent pas comment on pourrait considérer que c'est un moyen de montrer la solidarité avec le bénéficiaire, et que le défaut de le faire pourrait être considéré comme un manque de solidarité avec cette personne. Ils ne comprennent pas non plus comment un hôte peut se sentir personnellement honoré en faisant provision pour ses invités, tout en sachant qu'il emploie les ressources d'autrui pour les accueillir. A vrai dire, l'Occidental croirait qu'il y aurait plus de honte de donner une fausse apparence de prospérité en employant les ressources d'autrui, que d'avouer ses limitations financières. Pour l'Occidental, il n'est ni honteux ni déshonorable d'être dans des difficultés économiques.

La majorité des Occidentaux viennent de sociétés ou de familles où on pratique et idéalise la discipline et le contrôle budgétaires. Une étude récente faite aux Etats-Unis a démontré que la grande majorité des milliardaires américains mènent une vie très normale et relativement frugale. Les relativement peu nombreux milliardaires extravagants – surtout les vedettes de Hollywood et les personnages de sport ou du monde du spectacle qui figurent constamment dans les médias du monde – représentent un très petit pourcentage des Américains riches[5]. Bill Gates, l'Américain le plus riche, qui est connu dans le monde entier, est un exemple du type extravagant. Mais l'homme le plus riche après lui, Warren Buffett, est plus normal. Lui et sa femme continuent à habiter la maison sans prétentions située dans un quartier modeste de la ville, où ils habitaient avant de devenir très riches. Donc, si même les Occidentaux riches sont relativement économes, cela suggère qu'en Occident la prospérité repose en grande partie sur les contraintes budgétaires, et que les Occidentaux comprennent que la contrainte est un principe qui mènera à la prospérité, au moins dans une certaine mesure, pour quiconque le suivra. Et que le manque de telle contrainte apportera, en fin de compte, les privations économiques ou même la ruine.

Fondamentalement, les Occidentaux sont très bienveillants à l'égard des besoins économiques en Afrique, mais ils considèrent que le système de vivre avec des dettes, auquel on demande aux Occidentaux de participer, ne fait qu'encourager les malheurs économiques ultérieurs. Les Occidentaux comprennent bien les besoins de la consommation courante (c'est-à-dire les besoins fondamentaux d'alimentation, de logement, de vêtements et de santé), mais ils ne sont pas bienveillants à l'égard des besoins sociaux (c'est-à-dire des dépenses pour les jours de fête, les célébrations et la conservation de sa place dans la société). Généralement, les étrangers sont peu disposés à contribuer aux dépenses qu'on emploiera principalement pour éviter le déshonneur ou la honte ou la perte de face.

Quand les Occidentaux ont confiance en certaines initiatives et qu'ils croient que leur assistance fournira de l'aide à long terme, ils veulent bien y contribuer et solliciter des contributions dans leur pays d'origine. S'ils sont impliqués dans l'assistance, ils croient qu'ils sont responsables de s'assurer que l'argent ne va pas à des causes indignes ; ils pensent que ce sera partiellement de leur faute, si on emploie leur assistance de manière imprudente. Ils croient qu'ils ont une responsabilité comme

---

[5] Stanley et Danko 1998.

donateurs ou comme intermédiaires potentiels d'évaluer le mérite de la cause qui nécessite ou qui demande de l'aide.

Les Occidentaux croient qu'il y a un manque général de responsabilité financière dans la société africaine. Cela se répercute négativement sur leur incitation de donner ou de chercher de l'aide. Pour eux, exiger la comptabilité minutieuse et rigoureuse ne traduit une perception négative ni d'un individu ni d'une organisation, mais c'est une sauvegarde pour les donateurs et aussi pour les bénéficiaires. Il est presque impossible pour les Occidentaux de comprendre que les Africains puissent perdre face si on leur exige une comptabilité minutieuse. Pour les Occidentaux, être indulgent en ce qui concerne la responsabilité financière est contraire à leurs valeurs.

Considérez comme un exemple de l'exigence de la responsabilité financière, ce qui s'est passé aux Etats-Unis pendant la présidence de Bill Clinton. Pendant quelques mois, le Président et sa femme étaient l'objet d'une enquête. On a examiné beaucoup de leurs activités de collecte de fonds et de finances personnelles, et on a reconnu plusieurs de leurs amis proches et associés commerciaux et politiques coupables de détournement de fonds et d'autres infractions à la loi. Quelques-uns ont été condamnés à la prison. D'autres ont été censurés publiquement pour des activités contraires à l'éthique sinon illégales. Quelques soient les motifs politiques à l'origine de ces poursuites, les Américains croient fermement que leur président et leurs autres leaders politiques sont responsables envers le peuple américain et qu'ils devraient être soumis à la loi exactement comme les autres citoyens.

Aux yeux des Occidentaux, il y a un désavantage aux qualités africaines admirables de solidarité et de générosité. Ils pensent qu'une telle solidarité inconditionnelle existe dans la société qu'elle a tendance à engendrer le parasitisme et l'irresponsabilité dans certaines personnes. Et il semble à beaucoup d'Occidentaux qu'en partie leurs propres frustrations et leur choc culturel découlent du fait qu'ils sont le centre d'attention d'un nombre disproportionné de personnes opportunistes et irresponsables.

La plupart des Occidentaux croient sans doute que certains Africains les ont trompés, eux et leurs amis. (Certainement, ils se rendent compte que beaucoup de leurs compatriotes les ont trompés aussi. Cependant, il se peut qu'une telle tromperie ne les inquiète pas tant, parce qu'ils apprennent dès leur jeunesse comment le comportement frauduleux se produit dans leur patrie. Mais une grande partie de leur problème en Afrique est que la tromperie s'effectue dans une langue étrangère et une culture qu'ils n'ont pas encore maitrisées, et selon des règles très différentes. Dans ces contextes où ils sont étrangers, les problèmes semblent plus inquiétants et suscitent plus de réflexion que des problèmes semblables chez eux.) Les fraudes comprennent : la fausse représentation de besoins financiers ; le non-respect de promesses (telle qu'une promesse de s'acquitter d'un emprunt à la date prédéterminée) ; la demande d'aide pour ce qui paraît aux Occidentaux une dépense inutile ; le défaut de ne pas saisir les possibilités d'emploi offertes ; les demandes d'aide dans des situations désespérées qu'on découvre plus tard d'avoir été fictives ; les rencontres avec des charlatans qui tirent leur revenu principal de chercher systématiquement les noms et les adresses d'Occidentaux et de trouver ensuite des moyens ingénieux d'escroquer leurs ressources.

Bien que les Occidentaux se rendent compte que leurs mauvaises expériences viennent d'une très petite tranche de la société, ces expériences les rendent hésitants à donner davantage d'aide, puisqu'ils se croient incapables de distinguer entre les besoins véritables et les besoins douteux.

Les Occidentaux voient bien qu'il est injuste qu'ils possèdent tant de biens matériels, pendant que beaucoup de leurs amis et collègues ne les possèdent pas. Mais ils ignorent quelle est la solution de ce problème. Bien sûr, les Africains aussi trouvent difficile cette injustice. Mais souvent les Africains ne savent pas et sont étonnés de découvrir que les Occidentaux ont le même problème. La première édition de ce livre-ci et ces observations financières ont attiré l'attention de gens partout en Afrique, précisément parce que les Occidentaux qui vivent en Afrique sont tant aux prises avec ces problèmes, presque tous les jours. Les écarts dans le niveau de vie créent des problèmes énormes, mais que faire ? Les Occidentaux n'ont pas trouvé beaucoup de solutions pratiques.

Les Occidentaux ont entendu parler du mal fait aux gens et aux projets qui avaient reçu des fonds sans assez de préparation, de formation, d'organisation ou de responsabilité. Ils croient que les fonds étaient en grande partie gaspillés, au moins en ce qui concerne les bénéfices à long terme aux gens du pays. Ils ne veulent plus contribuer au gaspillage et à l'échec. On en donnera des exemples ci-dessous.

La gestion des fonds est un sujet très délicat, et quelquefois les perceptions et les conclusions des Africains et des Occidentaux à ces sujets sont très différentes, même diamétralement opposées.

Un Africain qui travaillait dans le bureau d'une ONG recevait un salaire selon le barème établi par le gouvernement d'après de sa formation, ses responsabilités et son expérience. Cet homme disait fréquemment à ses collègues occidentaux dans l'ONG qu'il avait des difficultés financières. Ils avaient de la peine pour lui parce que son salaire n'était pas plus grand, et plusieurs d'entre eux lui donnaient régulièrement de l'argent, à tel point qu'il a pu louer une meilleure maison que ne serait normalement justifiée par son emploi et sa situation. Il a pu mettre plusieurs enfants dans des écoles privées qu'il n'aurait pas normalement eu les moyens de payer. Et il a pu améliorer son mode de vie d'autres manières. Enfin ses amis occidentaux sont devenus mécontents de certains aspects de son comportement et ils ont cessé de lui donner de l'argent supplémentaire. Mais il s'était habitué aux dons et dépendait même de l'argent supplémentaire. A un moment donné, il a commencé à détourner des quantités de fonds de l'ONG, et en fin de compte il a été congédié. Il a fait appel au tribunal du travail, qui s'est prononcé en faveur de l'ONG. Mais de tous les côtés, il y restait des rapports et des sentiments amers.

Quelques ONGs ont mené des campagnes d'alphabétisation, en employant des enseignants bénévoles. Elles ont suivi la méthode développée par Frank Laubach, celle de « chacun enseigne à un autre », ou bien d'autres stratégies basées, au moins en partie, sur l'enseignement par des bénévoles. Sans aucun doute, des millions de personnes à travers le monde ont appris à lire et à écrire grâce à ces projets. Plus récemment, comme les programmes gouvernementaux d'aide, la Banque Mondiale, l'UNICEF et d'autres donateurs importants ont commencé à encourager et à financer des campagnes d'alphabétisation à grande échelle, les résultats ont été mitigés. Dans certaines régions, où il y avait auparavant des programmes qui employaient des bénévoles, les enseignants se sont plaints pour le moins, croyant qu'on devrait les payer puisque d'autres organisations avaient commencé à payer les participants. Certains analphabètes ont même refusé d'assister aux cours d'alphabétisation sans recevoir de paiement. On a déclaré que, dans certains cas, afin d'obtenir des résultats statistiques impressionnants, on a payé les participants, quels que soient les avantages à long terme de cette pratique.

On comprend très bien le désir de recevoir des paiements du point de vue local. Les gens ont désespérément besoin d'emploi. Mais quelques-unes des conséquences à long terme peuvent être regrettables. Il est douteux qu'il y ait jamais assez de fonds et de programmes étrangers pour payer tout le monde pour devenir alphabète. Donc, si les gens n'apprennent pas à s'aider avec les choses qu'ils peuvent faire eux-mêmes, leur développement sera limité à long terme.

Finalement, je voudrais commenter l'idée exprimée très répandue en Afrique et exprimée (voir ci-dessus) par Assy Dieng Ba, que la culture européenne peut être décrite comme « Chacun pour soi et Dieu pour nous tous ». Dans un certain sens, la majorité des Occidentaux seraient d'accord avec ce sentiment, puisque nous observons qu'il y a une baisse généralisée de bon voisinage, ainsi que de soins donnés personnellement aux parents âgés et aux amis. Mais quelle en est la réalité ?

L'opinion d'au moins un chercheur expérimenté à ce sujet présente un point de vue très différent de celui présenté par Assy Dieng Ba au sujet du souci des autres que montrent les Américains. Edward Hall a écrit, en 1990 :

> Les Américains sont capables d'être extraordinairement généreux envers les autres. Ils contribuent aux organisations charitables des milliards de dollars chaque année (presque $90 milliards pendant les années récentes), et ils sont facilement inspirés à répondre aux malheurs d'autrui, que ce soit au pays ou à l'étranger. Cette générosité n'est surpassée par aucun autre pays à notre connaissance. Les dirigeants commerciaux sont parmi les nombreux Américains qui consacrent énormément de temps et d'argent aux activités charitables et civiques. Comme un banquier américain l'a dit : « Le sentiment d'altruisme et d'engagement concomitant de temps est présent à tous les niveaux de l'industrie américaine »[6].

Pourquoi alors la perception africaine de l'Occident est-elle si différente de ce qui est vraisemblablement la réalité américaine ? Bien qu'on fournisse énormément d'aide aux gens qui sont plus pauvres ou plus malchanceux en Europe ou en Amérique, l'aide est donnée généralement de façon impersonnelle. Voilà peut-être une source majeure de malentendu. On ne donne pas l'aide d'une personne à l'autre, immédiatement et visiblement, comme cela se fait en Afrique. C'est peut-être la plus grande raison que tant d'Africains pensent qu'il n'y a aucun souci ni aucune aide et qu'en Europe et en Amérique chaque personne doit se débrouiller tout seul, sans aide de nulle part. Cette perception est très différente de la réalité objective. Les différences entre les micro-solutions et les macro-solutions sont aussi impliquées. En Afrique, on donne de l'aide aux plus besogneux à un niveau micro, c'est-à-dire à un niveau personnel ou familial. En Occident, on adresse le problème à un niveau beaucoup plus macro ; c'est-à-dire, la société est organisée pour donner aux gens la possibilité de recevoir une bonne formation et de bien gagner la vie par moyen de la libre entreprise qui encourage la création d'emplois et essaie d'offrir à tous l'égalité des chances. Dans

---

[6] Hall 1990 : 153. En 1994 aux Etats-Unis la philanthropie totale valait $129.9 billion, y compris $105.1 de la part d'individus, $9.9 de fondations, $6.1 de corporations, et $8.8 de legs charitables. Ce sont des statistiques minimales, puisqu'elles découlent de déclarations des revenus et beaucoup de donations charitables ne sont pas déclarées pour les besoins des revenus. (Source : *The American Almanac* 1996–1997.)

ce contexte, on s'attend à ce que les gens travaillent dur et qu'ils soient relativement autosuffisants. Mais quand un malheur arrive, ou quand certaines personnes sont incapables de prospérer dans le système, il y a des agences gouvernementales ou privées qui sont prêtes à intervenir pour rendre aide. Aux seuls Etats-Unis, cette aide s'élevait à cent trente milliards de dollars en 1994, uniquement du secteur privé, comme cité ci-dessus. En plus, le gouvernement aux niveaux fédéral, étatique et local, a fourni des milliards de dollars.

Mais même si on admet que les Occidentaux sont généreux de leur propre façon, il y a une espèce d'aide qui reste hors de la portée de leur souci, de leur sympathie et de leur générosité. Pour eux, s'ils pensent que la demande africaine de solidarité et de générosité veut dire qu'il s'agit d'aider quelqu'un à organiser des obsèques, des noces, ou une cérémonie de nomination d'un nouveau-né d'une manière qu'ils considèrent extravagante et au-delà des ressources de la famille et qu'elle n'aurait pas les moyens de payer selon un critère objectif, alors sans doute les Occidentaux feront-ils défaut. Dans ce cas, l'abime culturel qui existe entre l'Afrique et l'Occident serait assez infranchissable.

38. Les gens qui sollicitent de l'aide sont généralement contents si on leur donne une partie (quelquefois même une petite partie) de ce qu'ils demandent.

Fréquemment, on pourrait même dire typiquement, quand une personne a besoin d'une somme d'argent qui dépasse ses propres ressources, elle fait la tournée de ses parents et de ses amis, pour solliciter de l'aide. La tendance normale est que chaque personne sollicitée donne une partie de la somme nécessaire. On ne s'attend pas à ce qu'un seul individu donne la somme entière. Par conséquent, celui qui sollicite est content de recevoir même une petite fraction de ce dont il a besoin pour, par exemple, un médicament, un voyage ou des obsèques.

Avoir un réseau d'amis qui sont prêts à contribuer au moins quelque chose quand il y a des besoins spéciaux ou imprévus, fait partie du système. L'amitié et les relations familiales n'exigent pas qu'un seul individu du réseau donne toute l'assistance nécessaire dans un cas particulier.

D'habitude, les Occidentaux qui viennent d'arriver en Afrique ne comprennent pas ce système. Donc, si quelqu'un qu'ils connaissent un peu, ou peut-être une personne totalement inconnue, s'approche d'eux et leur demande une assez grande somme d'argent en décrivant l'origine du besoin, ils sentent qu'on leur demande quelque chose d'irraisonnable. Quelquefois celui qui fait la demande dit : « Je serais très reconnaissant de tout ce que vous pourriez donner pour m'aider, » mais plus souvent il ne le rend pas explicite, étant donné que ce sont des sociétés de haut contexte. Les Africains croient que la majorité des gens ont les moyens de donner de l'aide, quelque peu que ce soit. Le besoin est probablement réel puisque les besoins réels sont très répandus, aussi bien que la recherche de l'aide. Même si le besoin est frauduleux, le donateur n'a perdu que peu de chose, et il ne vaut pas la peine de consacrer beaucoup de temps et d'énergie pour s'assurer de la véracité du besoin. Quand ils sont au courant du système, les Occidentaux veulent souvent aider les gens, même totalement inconnus et même s'il est impossible de vérifier si le besoin présenté est vrai. Tout d'abord, faire un petit don est souvent le moyen le plus facile et le plus efficace de se débarrasser du demandeur.

39. L'offre ou l'échange de dons, d'aliments ou d'hospitalité peut entraîner des obligations tacites ; également, le refus d'accepter des dons, des aliments ou de l'hospitalité peut avoir des conséquences négatives.

Cette observation constate que les offres peuvent entrainer des obligations. Ce n'est pas toujours le cas, surtout quand il s'agit d'invitations à manger. Comme Sue Smeltzer écrit à partir du Mali : « Si les gens sont en train de manger, que ce soit un repas principal ou simplement une poignée de banane plantain frite, ils vous inviteront à manger ou à en prendre. Cela comprend les gens qu'on n'a jamais rencontrés avant et qu'on ne reverra jamais. Il est impossible de ne pas inviter quelqu'un à partager de la nourriture. Cela serait trop honteux »[7].

Généralement, sinon universellement, en Afrique il est considéré impoli de refuser un don ou l'offre de nourriture ou l'hospitalité. A la fin du chapitre 5, dans le sommaire sur l'amitié, je donne un exemple des Occidentaux qui étaient accablés de la générosité des Africains. C'est la règle qu'on accepte toujours les dons. Dans les cultures occidentales, il est peut-être poli de protester : « Vous êtes trop gentil, vous n'auriez pas dû le faire, » mais il n'est pas du tout poli de le dire dans un cadre africain. Il y a toujours des moyens de rendre la bonté plus tard. Néanmoins, il est important que les Occidentaux soient informés des conséquences de l'échange des dons dans la région où ils habitent. Cela entraîne peut-être une obligation d'établir une relation avec le donateur. Il est possible qu'on offre le don maintenant afin que, lorsque le donateur demandera quelque chose à l'avenir, le receveur soit obligé de le lui donner[8].

---

[7] Smeltzer 1997 : 10.

[8] Hungerford s.d. : 7.

L'exemple suivant a été écrit par un Kenyan qui travaillait parmi les Boni, groupe ethnique qui n'était pas le sien. Il s'agit peut-être d'un cas exceptionnel puisque le peuple qu'il décrit partage les choses bien plus que la moyenne, mais cela illustre de façon vivante l'importance des échanges dans la société africaine, bien que cela se pratique généralement sur une échelle plus modeste.

Bien que je sois Kikuyu, j'ai été élevé dans un quartier dans l'ouest du Kenya, où habitaient beaucoup d'ethnies. Pendant mon enfance, les gens du quartier vivaient de manières communales ; ils s'empruntaient des besoins essentiels tels que le sel, le sucre, le lait et le pétrole. Par exemple, ma mère mettait une marmite sur le feu et puis, quand elle avait commencé à mélanger la farine avec l'eau bouillante, elle se rendait compte qu'elle n'avait pas assez de farine pour faire l'*ugali*[9]. Elle m'envoyait tout de suite dans le quartier pour emprunter de la farine pour achever la recette. Voilà le genre de milieu où j'ai grandi. ...

D'abord, j'ai été étonné quand j'ai vu combien les Boni partagent les choses. J'ai remarqué cela pour la première fois chez un membre de notre équipe. Je lui avais donné une chemise et après un certain temps j'ai vu son cousin qui la portait. Une autre fois, j'ai rencontré son père qui la portait. Bientôt j'ai découvert que la plupart des hommes de sa famille avaient porté la chemise. Quand je lui ai demandé pourquoi il donnait sa chemise à tout le monde, il m'a expliqué que le premier à se réveiller le matin avait le droit de choisir à porter n'importe quels vêtements dans la maison. Puisque c'était une bonne chemise, elle était naturellement le choix de la plupart des hommes.

Puis, j'ai découvert que les Boni ne partagent pas seulement les articles de ménage ; ils partagent tout ce qu'on peut demander, qu'il s'agisse d'articles tangibles ou de services. Une autre chose qui m'a frappé était la quantité de leurs demandes ; elle était beaucoup plus grande que j'avais l'habitude de voir ! Et aussi les Boni n'ont pas honte de demander à qui que ce soit. Ils demandent n'importe quoi à n'importe quelle personne de leurs relations. On pourrait supposer qu'ils seraient timides en demandant des choses, mais pas du tout ; pour eux, demander des choses est tout à fait normal. Ils me demandaient de l'argent, des

---

[9]L'ugali est un aliment populaire au Kenya, fabriqué de la farine de maïs.

chaussures, des vêtements, des stylos, des promenades à ma moto (généralement pour le simple plaisir de le faire), du savon, des graines, de la farine de maïs, et ainsi de suite. Pendant une seule visite à un village Boni, on me demandait au moins dix choses. Une fois un homme m'a même demandé pourquoi je ne leur demandais jamais rien à eux. Je commençais à me lasser quand on s'approchait de moi avec des demandes, mais alors je me suis rendu compte qu'ils se demandaient l'un à l'autre même plus qu'ils ne me demandaient à moi !...

Parfois ... [le] système de demander des choses donne naissance à des tensions qui ont la possibilité de fomenter les conflits dans les ménages, dans les villages ou entre les villages. Cela se passe principalement à cause d'un manque de réciprocité en partageant les biens. Deux factions peu nombreuses et très différentes dans la société Boni créent ces tensions. Le premier groupe est composé de ceux qui demandent des choses et qui les reçoivent souvent, mais qui ne donnent rien quand on leur demande des choses à eux. Ces gens-là se font facilement des ennemis et ils ne sont pas coopératifs. Le second groupe est composé de ceux qui ne demandent rien. Il est toutefois intéressant que ces gens-ci causent autant de conflits dans la société que les gens avares. La communauté perçoit que ce groupe ne demande rien parce qu'il ne veut rien donner. Sans aucun doute, je suis membre de ce second groupe.

Je me suis rendu compte enfin que, pour avoir des rapports avec les Boni sans conflits ni confusion, je suis obligé de leur demander des choses. Je leur demande des choses qui sont faciles à obtenir, telles que des cannes, des paniers, des paillassons, du manioc, du maïs, du miel, etc. En fin de compte, demander des choses n'est pas seulement la manière de vivre pour les Boni ; récemment, c'est devenu ma manière de vivre aussi ![10]

40. Quand vous donnez de l'argent aux mendiants, ils vous rendent un service en vous permettant de gagner du crédit auprès d'Allah.

Cette observation s'applique principalement aux pays ou régions où il y a des gens de culture musulmane.

---

[10] Mungai 1997 : 3–4.

Ne vous étonnez pas si les mendiants ne montrent aucune reconnaissance ; cela n'est pas nécessaire, mais il y a beaucoup de mendiants qui l'expriment. Beaucoup d'entre eux aussi demandent de l'argent d'une manière très agressive – ils insistent, ils exigent presque, qu'on leur donne quelque chose. A mon avis, une cause partielle de cette agressivité est le fait que la société permet à une personne qui se croit nécessiteuse d'avoir une sorte de réclamation valable sur les ressources de ceux dans la société qui ont des moyens (voir l'Observation 13, ch. 4).

L'avis d'un Africain éclaircit ce sujet :

> Sur ce point, on a tort de dire que les mendiants ne sont pas reconnaissants. Il ne faut pas oublier que les Africains sont très conscients de leurs croyances religieuses et qu'ils croient en un Être Suprême qui récompense ceux qui font du bien et qui châtie ceux qui font du mal. Donc, si on remercie quelqu'un, on lui 'vole' une partie de la récompense céleste qui lui sera due par une telle action. Il n'est pas rare d'entendre un donateur dire en faisant le don : « Ne me remerciez pas. » Le donateur pense qu'une future récompense céleste vaut mieux qu'un remerciement.

> Il est bien possible qu'une personne qui ne remercie pas verbalement le donateur formule une prière intérieure que, le cas échéant, le donateur reçoive ce dont il aura besoin sans rien perdre de sa récompense céleste. Une partie de ce comportement vient d'une croyance en « la langue malveillante », c'est-à-dire l'idée que si on fait l'éloge de quelqu'un, cela peut avoir un mauvais résultat. Bien que cette croyance et d'autres croyances pareilles dans beaucoup d'ethnies africaines fassent partie de la religion traditionnel africaine, dans beaucoup de régions elles se sont continuées dans l'islam et le christianisme.

> En Occident, celui qui a les ressources fait toutes les décisions en ce qui concerne un don ; il incombe au demandeur d'accepter ou non les termes. Dès que le don est fait, le bénéficiaire est obligé de remercier son bienfaiteur, puisque la société le dicte comme comportement approprié. Dans au moins quelques cultures africaines, il serait considéré humiliant d'exiger une expression de remerciement. Face à une telle exigence, il se peut que celui qui avait demandé l'aide dise ou pense : « Celui-là a cherché à s'imposer » et qu'il retire la demande.

> Laquelle de ces façons d'agir est la bonne, l'occidentale ou l'africaine ? Je ne dis pas que les Africains soient plus

'spirituels' que les Occidentaux, mais ceci est certain : le Divin occupe une plus grande partie dans leur vie que dans la vie des Occidentaux. Donc, si en Occident la relation entre donateur et bénéficiaire est bipolaire, en Afrique le rapport est tripolaire : donateur – bénéficiaire – Divinité. Puisque le donateur reçoit dans cette vie beaucoup plus de biens matériels que le demandeur ne pourrait jamais espérer, il accepte les demandes de celui-ci. En faisant cela il ne fait qu'augmenter sa future récompense.

Dans certaines cultures, surtout celles qui ont de grandes populations de musulmans, le métier de mendiant est une profession au même niveau que le journalisme ou l'agence immobilière, par exemple. La majorité de ces mendiants professionnels sont lépreux, aveugles, estropiés, albinos et malades mentaux, mais il y en a d'autres aussi qui sont en bonne santé physique et mentale[11].

Dans quelques régions, il existe une coutume de faire des dons réguliers à des mendiants professionnels particuliers, comme ceux décrits ci-dessus. De cette manière, on satisfait des besoins et on développe des rapports personnels sous forme d'une espèce de symbiose. Le donateur fournit des appuis réguliers que le mendiant manque, et le mendiant fournit un débouché bien connu et légitime pour que le donateur s'acquitte d'un devoir religieux. Donc, cela devient la charité à dimension humaine.

Les effets de la solidarité

41. Dans beaucoup de communautés rurales et moins souvent dans les quartiers urbains, les gens ont peur d'accumuler plus de biens et de propriété que leurs voisins et les membres de leur famille, de peur de créer la jalousie qui pourrait mener à des représailles à un niveau occulte.

Il est assez commun que certaines personnes emploient des moyens occultes, par des shamans, des *marabouts*, des *mallams* (praticiens de rites musulmans) ou d'autres sorciers pour causer l'échec de concurrents, pour réussir eux-mêmes, ou, si on est dirigeant, pour garantir que les gens soient d'accord avec lui. Il y a une peur générale de telles représailles, et cela fait un obstacle considérable au développement économique. On peut attribuer une grande partie de la migration des jeunes depuis les villages aux grandes villes, à la peur d'être sujets à de telles attaques.

---

[11] Communication personnelle, 1996.

Puisque les rites occultes sont accomplis clandestinement, on ne sait jamais qui pourrait prendre des mesures contre eux, même s'il s'agit d'un membre de leur propre famille.

Je connaissais une villageoise qui a obtenu un poste comme domestique chez une famille occidentale dans une certaine ville. Les amies de la femme au village étaient si jalouses qu'elle avait un emploi régulier et qu'elle « devenait riche » comme elles l'exprimaient, qu'elles sont allées chez des shamans pour qu'ils maudissent la domestique et toute la famille occidentale.

42. On ne s'attend pas à ce que l'argent 'corrompu' soit remboursé ; on ne met pas la responsabilité financière en vigueur ; on ne pratique pas le remboursement.

J'ai discuté la responsabilité personnelle sous d'autres observations, telles que l'Observation 16, au chapitre 4. Le remboursement est un concept presque inconnu, que ce soit au gouvernement, parmi les amis, en Islam, et même dans beaucoup d'églises chrétiennes.

Une église avait besoin de bancs. Un Occidental a fait un don, mais plus tard on lui a dit que l'argent avait disparu, et que le trésorier avait vidé la caisse de l'église. Les anciens de l'église ont fait savoir au donateur que le trésorier venait d'acheter un nouveau radiocassette. Le donateur a proposé qu'on vende le radiocassette et qu'on remette le produit de la vente dans la caisse de l'église. Les anciens se sont exclamés : « Mais vous n'enlèveriez pas un radiocassette à un pauvre, n'est-ce pas ? »

Je tiens de bonne source que le directeur d'une école privée a filé avec la majorité de la somme considérable d'argent qui se trouvait dans le compte bancaire de l'école. Il fallait deux signatures sur chaque chèque ; néanmoins, l'argent a disparu. L'homme a été congédié par le conseil de l'école, mais on n'a fait aucun effort de faire une enquête sur comment on a touché frauduleusement le chèque, d'amener l'homme devant les tribunaux ou de récupérer la somme considérable qu'il avait volée. L'école a continué à connaître de sérieuses difficultés financières, mais l'ancien directeur vivait encore en toute impunité dans la même ville.

Les journaux d'une ville ont fait des reportages au moins trois fois dans un délai de plusieurs années au sujet de la collecte des fonds pour la construction d'une grande mosquée. La première fois que l'argent a disparu, on a prié les fidèles d'apporter encore des contributions. Ils l'ont fait. La même chose est arrivée encore deux fois. Autant que j'aie pu découvrir, personne n'a demandé d'explications et personne n'en a donné.

Un de mes amis a demandé à un ami africain comment les familles traitaient des situations où elles savaient bien qu'un de leurs membres, par exemple un fils ou un époux, recevait de l'argent obtenu par la corruption. On lui a répondu que dans quelques familles il y aurait des querelles pendant quelques jours, mais qu'il n'arriverait « *jamais* qu'un membre de la famille permette que le nom du ménage soit déshonoré en révélant de tels faits en dehors du ménage »[12].

> Les Wolofs [wol] du Sénégal ont un mot spécial, *sutura*, qui veut dire normalement 'discrétion' mais qui a une autre signification à un niveau plus profond qui se réfère au fait de cacher les secrets ou les faiblesses personnelles. Assane Sylla le décrit comme ce qui cache aux yeux du public les faiblesses et les fautes de quelqu'un, pour permettre que ce qui est visible soit uniquement ce qui rend respectable la personne. C'est l'apparence de la pureté, de l'honnêteté, de la compétence, etc., derrière laquelle se cachent toutes les fautes et toutes les faiblesses. C'est un précepte absolu des Wolofs qu'on respecte le *sutura* d'autrui, c'est-à-dire qu'on ne divulgue pas ce qu'on sait des défaillances d'autrui sans raison irrésistible. Un proverbe l'exprime bien : *ku xaste yaa ñaaw*, « Quiconque discrédite un autre se dévalorise soi-même. »[13]

43. Une fonction majeure du gouvernement est la provision d'argent et d'autres ressources aux membres de la société qui sont au pouvoir ou à ceux qui ont une relation proche à ceux qui sont au pouvoir.

Ce rôle non officiel du gouvernement est observé généralement en Afrique. Bon nombre des conflits, des guerres et des problèmes qui se produisent quand les leaders s'accrochent au pouvoir, découlent directement de cette pratique.

Les paroles du Premier Ministre de la République Centrafricaine, citées dans un journal dakarois, sont très révélatrices. Jean-Paul Ngoupande a expliqué ainsi le contexte des mutineries de l'armée dans son pays :

> « En Afrique, c'est la misère pardessus tout qui déchire nos pays. Dans notre pays, comme au Libéria ou au Rwanda, quand le gâteau devient trop petit, ceux qui dansent autour

---

[12]Communication personnelle, 1998.

[13]Sylla 1978 : 89.

du gâteau sortent leurs couteaux. Le gâteau, c'est l'État, la seule mangeoire que nos pauvres pays possèdent »[14].

Un rapport de Somalie a dit ceci : « Les bureaucrates, les fonctionnaires, et ceux proches du gouvernement étaient bien placés pour canaliser les ressources considérables de l'état dans leurs propres poches. »[15]

Les médias camerounais ont répété le même thème dans un rapport écrit par B-P Talla :

> L'État manque de crédibilité et n'établit pas son autorité morale. Chaque citoyen considère le trésor public comme un 'gâteau' dont il essaie d'obtenir la plus grande partie, au détriment des autres. ... S'il y a un domaine prioritaire où le Cameroun devrait redoubler de vigilance pour devenir croyable, c'est celle de l'impunité dont jouissent ceux qui sont coupables de la corruption et du détournement frauduleux de fonds gouvernementaux à l'usage privé[16].

« Trésor National ». On danse autour du « gâteau ».
(Observation 43)

On exerce une pression immense, d'en haut et d'en bas, sur les individus qui sont dans le gouvernement et dans le commerce, pour

---

[14] *Sud Quotidien* 1996.
[15] Besteman 1996 : 585.
[16] Talla 1997 : 68–73.

qu'ils exploitent leur position pour le bénéfice direct d'eux-mêmes et des membres de leur famille. On a décrit un exemple de cela dans le journal *Le Témoin* du 21 janvier, 1997, où le renvoi d'un haut fonctionnaire a été décrit comme motivé par son refus de permettre aux membres de son personnel de tirer avantage particulier de leur poste – de se nourrir directement du gâteau – malgré la direction et la gestion exemplaires qu'il donnait à son ministère. Il était évident que son licenciement avait été mandaté par ceux qui étaient à un niveau même plus élevé du gouvernement.

Ce désir d'appui financier direct plutôt que d'assistance à développer leurs propres ressources et institutions est caractéristique de beaucoup d'Africains. Ils comptent non seulement sur les gouvernements, les gens au pouvoir et des Africains plus riches, mais aussi sur les organisations non gouvernementales (ONGs) et les organismes musulmans et chrétiens.

Bien sûr, un tel désir de ceux qui sont au gouvernement de profiter de leur position est un problème universel, mais en Afrique il y a peut-être un rôle du gouvernement plus généralement attendu et accepté à cet égard. Cela contraste avec l'objectif et la philosophie nobles du gouvernement que le Président Abraham Lincoln a décrits dans l'expression bien connue de son Discours de Gettysburg : « Gouvernement du peuple, par le peuple et pour le peuple. » C'est à dire que l'objectif du gouvernement devrait être de fournir les lois et l'infrastructure qui offrent une chance à *tous* les citoyens d'une manière juste et équitable, plutôt que de rendre service principalement à quelques rares privilégiés.

44. Accorder la préférence d'emploi aux membres de la famille plutôt qu'à ceux qui ne sont pas de la famille, est une expression normale de la responsabilité et de la solidarité familiales.

Le népotisme est la pratique de montrer le favoritisme à des parents, surtout quand on embauche les personnes ou qu'on les nomme à un poste désirable. En Occident, donner une telle préférence aux parents est considéré un abus d'autorité et de position. On croit qu'un tel abus appartient à la catégorie de corruption. Dans beaucoup de pays africains, peut-être dans la majorité, le népotisme est considéré officiellement un mal qui nuit à la bonne fonction du gouvernement et du commerce, mais dans la pratique il a été difficile de l'éliminer. Le népotisme n'est pas la seule manière dont on peut abuser de la position et de l'autorité. Il y a le communalisme (où on accorde la préférence selon tribu, clan ou communauté), le favoritisme (où on donne des postes sur la base de l'amitié ou d'autres relations personnelles) et le sectarisme (où on donne la préférence aux personnes de la même religion), qui sont tous les trois étroitement liés au népotisme.

Voici quelques raisons principales de condamner de tels usages :

1. On donne plus d'importance aux intérêts personnels, familiaux ou privés qu'aux intérêts organisationnels ou publics.

2. On tend à embaucher des personnes qui sont sous-qualifiées, puisqu'on met des intérêts privés au-dessus des qualifications et des compétences nécessaires pour achever les objectifs pour lesquels les postes sont censés avoir été créés.

3. La responsabilité est réduite, puisqu'on fait passer la loyauté aux intérêts privés avant la réalisation des tâches officielles.

4. La motivation à travailler consciencieusement est réduite puisqu'on embauche des personnes en raison de leur identité et non principalement en raison de leur compétence.

5. Les normes d'honnêteté, de service et de moralité sont corrompues à cause des intérêts privés.

6. Le pouvoir, les richesses et l'influence sont concentrés entre les mains d'un petit nombre de puissants, au lieu d'être répartis équitablement.

7. Les plus petites entités sont défavorisées dans la concurrence avec les plus grandes entités parce qu'elles ont moins de ressources humaines ou financières.

8. Les plans élaborés ne sont pas mis en œuvre, et les priorités ne sont pas appliquées, puisque l'utilisation logique des ressources est corrompue à cause des intérêts privés.

9. L'hypocrisie, le cynisme et la duplicité sont produits dans la société comme les gens voient que ceux qui interviennent aux niveaux d'influence ont deux poids et deux mesures : les uns pour les apparences, et les autres en réalité.

Evidemment, éviter les pièges du népotisme et d'autres formes de partialité est plus difficile dans les pays sous-développés que dans les pays développés. Par exemple, là où un responsable a des parents qui ont de grands besoins matériels et où les possibilités d'emploi sont très limitées, il est très difficile pour lui d'embaucher des personnes inconnues au nom du bien du pays. Cela vaut particulièrement là où on s'attend à ce que ceux qui occupent des postes en haut lieu subviennent aux besoins des leurs, et là où on considère que, si une personne bien placée ne le fait pas, elle trahit son groupe, quelle que soit la forme de celui-ci. Dans de telles situations, les personnes concernées considèrent le népotisme plus éthique que de manquer d'entretenir la famille[17]. Pourtant, même si on la comprend, la partialité fort répandue a de sérieux effets négatifs sur le développement économique et sur la société en général.

> Les pays en voie de développement ne peuvent pas vraiment se permettre de tolérer la corruption. ... Car la corruption sape le développement et rend absurde la planification. C'est particulièrement le cas avec les plans destinés à faire bénéficier les pauvres et les sous-privilégiés. La corruption fait pencher la balance (qui est déjà penchée considérablement contre ceux-ci) en faveur des riches et des privilégiés. ... Elle vicie la politique, affaiblit l'administration et sape la confiance publique. La réalisation est l'essence de la planification économique, et la corruption exerce un effet presque fatal sur l'efficacité de l'exécution[18].

Blaine Harden décrit le népotisme et d'autres formes de discrimination à l'envers en termes encore plus forts :

> La loyauté familiale ne fait que bousiller les gouvernements africains ; elle peut aussi entraver les carrières et limiter les réussites des Africains. Les parents jaloux se font souvent du mal les uns aux autres. Les potins, les malédictions, les querelles de propriété, l'homicide, la sorcellerie sont dirigés contre des parents prospères dont les versements à la famille ne correspondent pas aux attentes. Les parents mécontents n'exigent pas seulement une part du revenu de leur proche mais aussi de l'influence sur la manière de le dépenser. Une enquête à l'échelle du continent des études familiales a trouvé que les « chicanes [de famille] contrarient l'initiative et la créativité de l'individu et compromettent son efficacité »[19].

45. Un règlement injuste d'une dispute vaut mieux qu'un requérant offensé.

Les Observations 45 et 45-O sont considérées ensemble.

---

[17] Chinchen 1994 : 97.
[18] Venkatappiah 1968 : 274–275.
[19] Harden 1990 : 69.

45-O. Pour l'Occidental, les règlements doivent être basés sur une interprétation juste de la loi ou du contrat pertinents. Les sentiments personnels ou d'autres considérations subjectives doivent être subordonnés aux faits objectifs.

L'histoire suivante illustre bien ce que les Occidentaux considèrent une pratique déloyale.

Dans un pays centrafricain, un employé prétendait qu'on lui devait soixante mille francs à cause d'une erreur faite lors d'un règlement. Voici l'histoire de sa réclamation : On a licencié l'employé parce qu'on était en train d'éliminer sa catégorie d'emploi. L'employeur avait préparé divers documents qui avaient rapport à l'affaire. L'employeur et l'employé étaient tombés d'accord que l'employé reçoive un règlement de dix-sept mille francs, et on a dactylographié ce chiffre dans plusieurs documents. Il fallait quelques semaines avant qu'on ait effectué le paiement parce que l'employeur était en train de mettre en place un nouveau chef du personnel. À ce point, l'employé a prétendu qu'on lui devait soixante mille francs. Pour essayer de résoudre l'affaire, le nouveau chef du personnel a examiné les documents. Il a remarqué que le chiffre de soixante mille se trouvait dans un seul document, alors que le chiffre était de dix-sept mille dans tous les autres. Cette inconsistance l'inquiétait et donc il est allé montrer tous les documents à un inspecteur du travail. L'inspecteur était d'accord que c'était une simple erreur typographique et que le chiffre correct était de dix-sept mille francs. Mais c'était un inspecteur autre que celui qui avait approuvé le règlement de dix-sept mille francs à l'origine.

Quand le premier inspecteur a appris que le chef du personnel avait consulté un autre inspecteur au sujet du problème, il s'est fâché. Il a adressé une convocation au chef du personnel à comparaitre au Département de Travail. Une réunion a été convoquée entre les deux inspecteurs, le chef du personnel et un responsable du syndicat. Le premier inspecteur n'a pas contesté le fait de l'erreur typographique, mais il a dit que le chef du personnel devrait payer trente mille francs à l'employé. (A l'avis de l'inspecteur, les trente mille francs étaient un compromis équitable ; l'employé recevrait la moitié de ce qu'il voulait et l'employeur devrait payer seulement la moitié de ce que l'employé voulait.) Le chef du personnel a protesté que le règlement avait été convenu à dix-sept mille francs et que c'était donc la somme que l'employeur devrait payer. Les personnes présentes ont dit : « Eh bien, combien êtes-vous prêt à payer ? » (Autrement dit, ils voulaient renégocier le règlement.) Le chef du personnel a dit qu'il n'était pas disposé à discuter un changement du règlement ; il était disposé à payer seulement dix-sept mille francs, comme convenu. Tous les Africains présents ont explosé de colère et ont demandé incrédules : « Comment pouvez-vous refuser de négocier ? »

L'inspecteur a dit ensuite au chef de personnel : (1) Il n'est pas bon qu'un demandeur soit malheureux et qu'il conserve des sentiments négatifs envers l'employeur ; (2) L'employeur a beaucoup d'argent et a largement les moyens de payer la somme ; (3) L'employé est pauvre et sera au chômage ; donc on ne devrait pas refuser de lui donner un peu d'aide ; (4) Si l'employeur porte l'affaire au tribunal, il est bien possible qu'il la perde et en tout cas les frais judiciaires dépasseraient trente mille francs. Le chef du personnel a accepté de payer les trente mille francs exigés[20].

À beaucoup d'Occidentaux il semble injuste d'être obligé de payer quand leur position est claire et juste, et quand un employé a tort. Si l'employé a tort ou si on a déjà une entente convenue, l'employeur ne devrait être obligé de payer rien de plus. Pourtant, aux Etats-Unis et dans d'autres pays, beaucoup de litiges sont réglés à l'amiable, d'une façon semblable. Sans aucune admission de responsabilité, la deuxième partie convient d'un règlement avec la première partie, d'abord parce que cela coûtera moins cher que de porter l'affaire au tribunal, mais ensuite parce que cela établira ou maintiendra la bonne volonté entre les parties.

On connaît d'autres sortes de règlements injustes aux Etats-Unis. Les jurés accordent des dommages-intérêts punitifs que la majorité d'Américains pourraient considérer injustes. Un tel cas notoire est celui d'une femme qui a reçu $2.300.000 après avoir renversé une tasse de café chaud sur elle-même par sa propre négligence. Dans de tels cas, on ne fait pas le règlement pour empêcher le plaignant d'être offensé ; c'est parce qu'un avocat peut convaincre les jurés que le défendeur (généralement une grande entreprise) a été négligent.

Pour ma part, je ne suis pas convaincu que beaucoup de tels règlements, aux Etats-Unis et ailleurs, soient justes quand on considère les effets à long terme. A court terme, ils constituent peut-être des solutions rapides, pratiques et rentables aux conflits. Mais à long terme, ils ne contribuent pas à construire une société juste. On enseigne aux gens qu'ils peuvent exploiter le système pour en tirer un gain personnel, quels que soient les mérites de leurs réclamations. Si un avocat éthique est impliqué dans de tels règlements, il va considérer le précèdent qu'on crée, ce qui rendra sans doute plus cher de semblables cas à l'avenir.

---

[20] Dans ce récit deux cas réels de conflits entre employé et employeur ont été fusionnés. On remercie D.T. d'avoir fourni les détails et l'avocat B.V. de ses conseils légaux.

Un exemple de l'interprétation d'un contrat qui est même plus difficile pour un Occidental d'accepter, est quand un employé ou un ami africain emploie l'argent de l'Occidental pour empêcher un autre Africain d'être vexé, malheureux ou en désaccord. Ce genre d'expérience m'est arrivé plusieurs fois pendant que je travaillais en Afrique. Voici des exemples :

J'envoie Ndembe pour faire des recherches anthropologiques. Nous préparons un budget détaillé qui contient des sommes désignées pour les transports, la nourriture, le logement, une indemnité journalière pour des frais extraordinaires, tels que des honoraires pour les chefs villageois qui donneront les informations qu'on recherche, et d'autres frais. Une fois, un homme qui aidait mon chercheur Ndembe a déclaré qu'il devrait recevoir immédiatement une allocation supplémentaire « parce que le voyage peut présenter des risques ». Cet homme avait déjà voyagé dans la même région et n'avait pas soulevé la question avant de partir ; cela n'avait pas été dans le contrat d'emploi, et il n'y avait pas de financement dans le budget pour une telle chose. Ndembe savait bien que c'était une demande déraisonnable, mais pour éviter le conflit il a pris de l'argent du budget des transports et lui a donné tout ce qu'il avait demandé. Sans hésiter, Ndembe avait pensé qu'il valait mieux mal utiliser (à l'avis des Occidentaux) l'argent dont il était responsable que de créer l'animosité auprès de quelqu'un. A son retour du voyage, son sentiment était qu'il n'avait fait que le nécessaire. Il semblait n'avoir aucun concept d'avoir mal utilisé l'argent d'autrui. La solidarité l'avait emporté sur la responsabilité.

L'expérience suivante est encore une illustration du règlement d'une affaire sur base de critères non-objectifs. Une fois, nous allions voyager en train et, arrivant à la gare, nous étions entourés de bagagistes. Nous avions déjà convenu avec un bagagiste particulier qu'il porterait nos bagages, et qu'il obtiendrait l'assistance s'il était nécessaire. Nous avons essayé d'arrêter le groupe de bagagistes, mais ils ont ouvert le coffre du taxi malgré nos essais de les éloigner. Chaque bagagiste a saisi un bagage pendant que nous essayions de les arrêter afin de confier tous nos bagages à notre homme désigné. Une fois à la gare, nous avons pu arrêter la bande de bagagistes puisqu'ils ne pouvaient pas franchir la barrière avant que nous ayons montré nos billets. Il y avait un grand brouhaha, pendant que nous essayions de mettre les bagages sous le contrôle de notre homme. Enfin tous les bagagistes se sont mis d'accord, sauf un, qui était particulièrement odieux. Il a insisté bruyamment et vigoureusement qu'il allait porter une valise. Quand nous avions enfin gagné notre compartiment, il a réclamé plus que le tarif officiel par bagage, tarif imprimé en gros caractères sur les gilets officiels que tous les bagagistes portaient. Nous avons insisté que nous allions payer seulement le tarif officiel. Il a fait toute une scène et réclamait plus d'argent. Nous avons refusé de lui en donner et enfin il est parti.

Des Occidentaux observent le transfert de leurs bagages à la gare.
(Observation 45-O)

Un Africain à bord du train et qui avait remarqué cette scène, nous a dit, « Mais vous êtes très durs. Pourquoi est-ce que vous ne lui avez pas donné ce qu'il demandait, car évidemment vous avez les moyens ? » Nous avons entendu un autre Africain marmonner d'une manière ironique, et moins doucement d'ailleurs, « Qu'ils sont *pauvres*, ces Américains ! »

Une autre fois, nous allions prendre un taxi de la gare. Toujours à bord du train, nous avons engagé un bagagiste. Nous lui avons dit que nous le paierions seulement au taux officiel, à savoir trois cents francs. Le bagagiste a accepté de porter une valise à notre taxi pour cette somme. Une fois arrivé au taxi, il a demandé mille francs. Nous avons refusé d'augmenter la somme décidée, ce qui a provoqué une autre petite dispute. Notre chauffeur de taxi a donné au bagagiste soixante francs, une très petite somme, mais celui-ci les a pris et est parti. J'ai demandé au chauffeur pourquoi il a agi ainsi. Il a dit qu'il voulait calmer l'esprit du bagagiste.

Richmond et Gestrin racontent une expérience qui démontre très clairement comment les Occidentaux et les Africains peuvent percevoir un problème assez simple d'une manière incroyablement différente :

> Un expatrié raconte qu'une fois il a engagé un artiste pour faire une affiche, étant parvenu à un consensus avec lui sur les particularités du travail. Quand il s'est avéré que l'affiche finie était différente de ce qui avait été convenu entre eux, l'expatrié a dit qu'il ne paierait pas. En entendant cela,

l'artiste a répondu, « Puisque nous avons eu un consensus
sur les particularités du travail, il faut aussi que nous ayons
un consensus pour savoir si vous allez me payer ou non ! »[21]

Richmond et Gestrin offrent des conseils aux Occidentaux pour
déterminer ce qu'ils devraient faire dans des situations pareilles :

> Ce besoin de consensus exige de la prudence de la part
> des étrangers. Il faut éviter les conflits, parce que ceux-
> ci peuvent empêcher la réalisation d'un consensus. Si on
> exprime ouvertement des différends, les Africains croiront
> peut-être que vous essayez de leur chercher noise. ... Ne dites
> jamais « Ce n'est pas vrai ». Plutôt, tout en reconnaissant la
> sincérité des soucis et des besoins de votre interlocuteur, il
> faudrait offrir une autre solution. Selon un proverbe twana,
> « Le meilleur remède d'une dispute, c'est la discussion »[22].

On raconte ces expériences parce qu'à mon avis il s'agit ici d'un choc
de cultures assez marqué, peut-être un des aspects les plus difficiles
et les plus inconciliables des rapports interculturels confrontés par les
Occidentaux en Afrique. Il se peut que les sommes d'argent en question
soient petites, voire négligeables. Dans de nombreux cas, on a les moyens
de les payer. On pourrait peut-être donner plus d'argent aux mendiants
dans la rue. Les problèmes, en ce qui concerne les Américains du moins,
sont les principes impliqués, tels que ceux décrits ci-dessous :

1. S'il existe un taux de service officiel et même s'il est imprimé
   en grosses lettres afin que tout le monde sache ce que le
   gouvernement croit être le montant valable à payer, alors là on
   devrait pouvoir payer cette somme sans provoquer des conflits
   fâcheux et gênants. Les gouvernements africains, au moins,
   savent que des disputes de ce genre avec des étrangers est
   préjudiciable à l'image de l'Afrique et découragent le tourisme.

2. Si quelqu'un fait un accord, il devrait le respecter, et on ne veut
   pas contribuer à la formation d'une société qui accorde si peu
   de valeur à ce qu'on tienne parole. Le principe reste le même
   qu'il s'agisse d'une grosse somme d'argent ou d'une petite.

3. En Afrique, on attache une très grande importance à la
   générosité, ce qui devrait être le cas chez les Américains. Mais
   ceux-ci considèrent la générosité déplacée quand il s'agit de
   personnes dont les revendications sont peu justes ou dont le
   comportement devrait être sanctionné. On devrait faire preuve

---

[21] Richmond et Gestrin 1998 : 82.

[22] Richmond et Gestrin 1998 : 82.

de générosité envers ceux qui la méritent. Les Africains croient qu'on devrait faire preuve de générosité à tous, qu'ils soient bons ou mauvais. Beaucoup d'Africains auraient carrément du mépris pour des Américains qui, selon eux, agissent de manière très peu généreuse, comme lors des expériences décrites ici.

4. Récompenser un voyou à force de l'acheter ne sera pas bénéfique à long terme. On risque de créer plus de voyous, vu qu'il est payant de manquer à sa parole ou de faire toute une histoire. Plus on récompense les voyous, plus ce comportement malicieux se répandra dans la société.

5. Si les membres d'une société achètent généralement la paix au prix de la justice, la société entière en souffrira, et cela fait partie de ce qui se passe, à notre avis, dans beaucoup de situations en Afrique. Un petit incident ferait très peu de dégâts, mais les effets sont très négatifs quand il s'agit non de quelques bagagistes mais de beaucoup d'autres classes d'ouvriers et de fonctionnaires dans la société.

6. Acheter rapidement la paix par des moyens injustes, même s'il ne s'agit que de petites injustices, n'est pas bénéfique pour la société.

7. Il est certain que tout Américain à moitié attentionné reconnaîtrait que les bagagistes sont des pauvres qui s'efforcent de joindre les deux bouts et aimeraient bien améliorer leur bien-être économique. Mais, de façon presque instinctive, l'Américain croit que le moyen d'aider les bagagistes, ainsi que la société en général, n'est pas de récompenser un comportement injuste, mais de trouver d'autres moyens afin de réaliser un développement économique équitable. Faire appel à un Américain pour qu'il rémunère un vagabond mesquin tout simplement parce qu'il en a les moyens, lui semble immédiatement dans son for intérieur comme une méthode très peu efficace de faire fonctionner une économie. Cela lui semble très mauvais pour tout le système, et il sent qu'il a presque un devoir civique de ne pas y contribuer. D'une part, où va-t-on arrêter ces bénéfices ? Si la solution facile convient quand il s'agit d'une petite somme, qu'en est-il des plus grandes sommes qu'on devrait payer à ceux qui ont plus de responsabilité ou de poids, et qui pourraient provoquer de plus grandes disputes ? Quand et où s'arrêterait-il ?

Il me semble qu'il y a ici un choc de cultures, mais à encore un autre niveau. L'Américain croit agir selon des principes. De même, l'Africain lui aussi croit suivre des principes. L'Américain croit aussi que les principes devraient être leur priorité, à savoir les principes de la justice, la bonne conduite, et les démarches dans l'intérêt général de la société. Si on suit de tels principes de façon constante, même si cela ne satisfait pas certains individus à certains égards, tous les individus et la société en général bénéficieront à long terme. Les Africains croient suivre un principe prépondérant, celui de privilégier le bien-être de l'individu au-dessus de toute autre considération. Ils croient que si on traite tous les individus avec considération et respect, alors la société qui en résulte sera paisible à long terme, et on y vivra ensemble dans l'interdépendance et la solidarité. Tout le monde sait qu'il y a des voyous, mais même à ceux-ci on devrait donner la considération et le respect, et satisfaire à leurs exigences peu raisonnables, comme si on avait affaire à un enfant. Voilà le seul moyen, selon eux, par lequel la société peut atteindre l'harmonie pour tous. Refuser d'aider un voyou, à tort ou à raison, est un comportement inacceptable.

Résumé : le rôle de la solidarité

Un proverbe sénégalais, ainsi que d'autres très semblables trouvés dans des cultures dans toute l'Afrique, constate : « L'homme est le remède de l'homme » (*nit-nit ay garabam*). À l'autre bout du continent, les Tswanas de l'Afrique du Sud et du Botswana disent presque la même chose : « Une personne est une personne à cause d'autres personnes » (*motho ke motho ka batho*)[23]. Ces proverbes veulent dire que, quelle que soit la nature du problème à n'importe qui, l'appui principal et les bienfaits curatifs viendront d'autres personnes ou, à l'inverse, qu'un individu sera malade sans l'appui des autres. Les Africains ne veulent être ni indépendants ni autonomes. Ils veulent vivre dans une communauté interdépendante. Ils veulent partager les biens matériels – en les donnant et en les recevant – avec leurs proches. Les gens sont généreux envers les autres, en partageant avec eux matériellement et en tenant compte de leurs défauts et faiblesses. Ils attendent de la part des autres du groupe la même indulgence. La plupart du temps les gens se rendent la pareille, mais ils ne cèdent pas à tous les défauts. Il y a des défauts qui mènent à des sanctions. Une petite liste de graves défaillances comprend les suivantes :

- Manquer de respect envers quelqu'un comme être humain, et surtout envers une personne d'un âge avancé ;
- Se fâcher publiquement ;

---

[23]Morgan 2000 : 44.

- Confronter quelqu'un ouvertement ; et
- Faire perdre la face à quelqu'un devant ses pairs.

Témoigner du respect, même envers des voyous, est peut-être la qualité africaine caractéristique. Cela pourrait bien être relié à ce que d'innombrables Africains croient et ressentent profondément au sujet des siècles passés : qu'ils constituent un peuple opprimé, dénigré, et sans aucun respect au monde. Pour eux, donc, il n'y a rien de pire que de traiter quelqu'un ou d'être traité par quelqu'un de façon irrespectueuse. Traiter même en voyou sans respect, c'est se placer à un niveau inférieur à celui du voyou.

Je ne suis pas économiste, mais je suis porté à hasarder les remarques suivantes. Les problèmes économiques en Afrique ne s'expliquent pas principalement par un manque de ressources naturelles et humaines. L'Afrique dispose de ressources immenses, mais celles-ci sont sous-exploitées. Une partie des problèmes économiques actuels provient du legs du colonialisme, et une autre partie s'explique par les inégalités actuelles du commerce international. Mais au-delà de ses problèmes historiques et structurels, il reste beaucoup à faire pour améliorer les conditions économiques avec les ressources dont disposent les Africains.

Bien que les difficultés économiques soient endémiques, certains signes révèlent que les moyens financiers existent en fait. À Dakar, par exemple, on connaît depuis plusieurs années le plus grand rebond de la construction dans l'histoire du Sénégal. Les rues sont presque embouteillées de voitures Mercedes-Benz et BMW appartenant à des Africains, mais il y a très peu d'argent africain qui est investi dans les entreprises propices à créer les emplois à long terme dont on a le plus grand besoin. Il est évident que trop des ressources disponibles se destinent à des dépenses qui bâtissent le prestige plutôt qu'à des investissements qui augmentent l'emploi et la croissance économique.

Les Occidentaux et Africains individuels jouent, tous les deux, un très petit rôle ici, et chaque personne ne peut faire que très peu pour apporter des changements à la situation nationale et continentale. Pourtant l'effet cumulatif de décisions individuelles de consommer, d'économiser ou d'investir, exerce une influence décisive sur le développement d'économies nationales. Les gouvernements et les sociétés fournissent l'environnement économique général, mais ce sont les individus qui font les choix qui contribuent ensemble aux résultats nationaux[24].

Il est intéressant de constater que certaines personnes profitent de l'aide donnée en Afrique, aussi bien qu'en Europe et aux États-Unis, et qu'elles deviennent des parasites dans le système. Elles préfèrent

---

[24]Voir, par exemple, Britan et Denich 1976.

qu'on s'occupe d'elles plutôt que travailler pour elles-mêmes. Un tel parasitisme n'est aucunement limité à une race ou à un continent.

Une autre citation tirée de l'étude classique de Van Chi-Bonnardel sur l'économie au niveau personnel au Sénégal exprime clairement les questions :

> Les exigences de l'hospitalité créent effectivement une situation qui mène au parasitisme au niveau familial. Un homme qui reçoit et traite bien ses invités établit une réputation flatteuse. On dit qu'il a téguine s'il est courtois et jovial à l'égard de ses invités. Il a bakhe s'il est généreux et indulgent. Et il a yévène s'il est complètement généreux.
>
> [Dans certaines régions du Sénégal,] si un invité entre dans une maison, on devrait lui offrir, en plus d'une chaise et d'un verre d'eau, deux noix de cola rouges et deux noix de cola blancs, et ensuite un repas où la femme encourage l'invité à manger le plus possible. L'invité est logé et nourri aussi longtemps qu'il le veut, à condition de ne pas s'y installer de façon permanente. Au moment de partir, tout le ménage vient dire au revoir à l'invité. On lui donne des vivres pour son voyage, du fruit, du mburaké (sorte de muesli sénégalais), et des noix de cola. On l'accompagne jusqu'à la gare routière pour prendre le minibus, ou à la route principale. Avec quelques changements de détail, tous les peuples du Sénégal, dans toutes les régions, pratiquent ce genre d'hospitalité qui, dans des familles pauvres, ne se fait qu'au prix de grandes difficultés.
>
> En ville, les exigences de l'hospitalité font que pendant la longue saison sèche, le citadin a chez lui des invités permanents qu'il doit loger, nourrir et autrement entretenir. Ce sont des parents ou des amis de la campagne qui passent la saison creuse du cycle agricole à voyager de ville en ville, d'un parent à l'autre, sans rien ne devoir ni fournir[25].

Ces invités reçoivent même de l'argent pour leur ticket de bus à la prochaine destination, puisqu'il est dans l'intérêt de tout hôte de les faire passer à la prochaine victime. Cet exode des régions rurales aux grandes villes et les voyages d'une ville à l'autre sont des stratégies importantes adoptées par la population rurale afin de préserver ses ressources maigres de nourriture et d'autres denrées rares. Qu'on définit

---

[25]Van Chi-Bonnardel 1978 : 475–476.

ceci comme du parasitisme ou non, il reste un fardeau très lourd sur la plupart des citadins.

7

La société et les personnes de moyens

La plupart de la discussion des finances personnelles dans cette étude est centrée sur les membres défavorisés de la société africaine. Les africains les plus riches ou mieux favorisés sont représentés dans une abondante littérature. On les appelle souvent « les africains élites ». Parfois, on a l'impression que tous les africains sont prêts à partager leurs ressources et qu'il n'y a pas de limite à leur générosité. Ceci, bien sûr, n'est pas le cas. David Jacobson a étudié les élites d'Ouganda il y a quelques années. Ses résultats ont des similarités remarquables avec beaucoup de pratiques économiques au Sénégal, à l'autre côté du continent. Mais ses observations montrent clairement qu'il y a des limites à la générosité africaine. L'une de ses expériences est typique des attitudes générales de beaucoup de membres élites de la société :

> Les africains élites voient bien sûr leurs parents non-élites en ville, mais pas fréquemment, et généralement pas s'ils peuvent les éviter. Les obligations de parenté relient les parents dans les deux classes, mais les Africains de la classe supérieure ne reconnaissent pas ou ne remplissent pas toujours ces devoirs. Ils viennent en aide à leurs proches qui sont pauvres, mais à contrecœur. Par exemple, j'étais avec un informateur de classe supérieure quand il a été confronté par un parent. Il était tard dans l'après-midi et nous roulions dans sa voiture sur l'une des avenues principales de la ville, lorsqu'un homme misérablement vêtu s'est précipité dans la chaussée et nous a arrêtés par des gestes vigoureux. D'abord, je croyais qu'il y a eu un accident et que quelqu'un avait désespérámment besoin de notre secours.

Mon informateur n'y a pas répondu avec urgence ; plutôt il a ralenti la voiture à l'arrêt tout en marmonnant à lui-même. Au moment que l'homme a atteint à la voiture, mon informateur s'est tourné vers moi et il dit : « Est-ce que cela arrive dans votre pays ? » Le piéton était un parent éloigné (un frère de clan) qui est venu en ville pour la journée et était en route pour chez lui, près de soixante-cinq kilomètres de Mbale. Il a vu la voiture, a signalé pour l'arrêter et voulait qu'on le conduise chez lui. Mon informateur a refusé, a discuté, et a fini par accepter de le conduire jusqu'à la station de bus, d'où il devait se débrouiller tout seul. Après l'avoir déposé, mon informateur s'est plaint que ses parents demandaient toujours trop, qu'il allait se couper d'eux et que la prochaine fois il ne s'arrêterait même pas[1].

« Hé, cousin ! Ramène-moi à la maison ! » (Observation 46)

Bien que les observations énoncées dans cette section se concentrent sur les attitudes africaines envers des individus avec des moyens, de telles attitudes existent aussi envers des institutions et des gouvernements avec des moyens. Le zimbabwéen Olivia Muchena l'exprime bien :

Alors qu'autrefois la communauté se sentait responsable pour répondre aux besoins des personnes dans la communauté, maintenant elle s'attend à ce que les organismes d'aide et

---

[1] Jacobson 1973 : 57.

de développement répondent à ces besoins-là. Alors que les communautés cherchaient à améliorer leur situation par leur propre travail et leurs propres ressources, maintenant ils imaginent que la seule façon de développer est de recevoir de l'argent de quelqu'un d'autre. Pourquoi faire le travail soi-même quand les agences de développement sont là ayant plus d'argent que vous ne verrez jamais dans une vie, et qui cherchent des endroits où le distribuer ... ?

Des individus, des communautés et des pays africains deviennent dépendants des donations[2].

Les personnes de moyens

46. La place dans la société attribuée aux personnes qui sont perçues comme disposant de ressources financières suffisantes est celle des donateurs et/ou des prêteurs, et non des destinataires.

En Afrique, ceux qui ont de plus grands moyens sont censés payer plus que les pauvres, et par ailleurs être généreux avec leur richesse relative. Si une personne bien vêtue négocie trop fort pour un prix plus bas, on lui ferait le reproche : « Vous ne voudriez pas payer le même prix qu'un pauvre, n'est-ce pas ? » Des prix égaux pour tous n'est pas un concept africain.

Selon la pensée Occidentale, tout le monde doit recevoir le même traitement. La justice doit être aveugle ; tout le monde est pareil devant la loi. Ceci veut dire que l'information sur les prix des marchandises et des services sont publiques et s'appliquent à tous. Bien sûr il y a des exceptions. Les grandes chaines de distribution ont des prix plus bas que les petits détaillants. Dans ce cas, la différence est attribuée au coût plus bas de la vente en grosse quantité.

Une approche unique de l'organisation sociale se trouve dans beaucoup de sociétés africaines. Dans celles-ci, les personnes sont classées comme des donateurs ou destinataires. En fait, la plupart des gens sont à la fois des donateurs et des destinataires. Ils sont des donateurs envers ceux qui ont moins, et des destinataires par rapport à ceux qui ont plus. Judith Irvine décrit les relations très intéressantes entre donateur et destinataire qu'elle a observée dans un village Wolof en Sénégal :

La salutation Wolof divise nettement en deux rôles dissimilaires : l'initiateur-questionneur et le répondant. Le

---

[2]Muchena 1996 : 177.

rôle plus actifs en parole (l'initiateur-questionneur) coïncide avec une plus grande activité physique (celui qui entre ou s'approche). Ces rôles correspondent au rang inférieur et supérieur respectivement, parce que les activités physiques et verbales sont des devoirs qu'accomplissent des personnes de rang inférieur envers des personnes de rang plus élevé. En conséquence, selon des informateurs, « ce n'est pas le noble qui avance pour saluer un *ñeeño* (une personne de caste inférieure) – c'est le *ñeeño* qui doit venir pour le saluer ». On peut dire la même chose concernant les frères plus âgés et les frères plus jeunes, les hommes et les femmes, et ainsi de suite. Visiter l'enceinte de quelqu'un, ou entrer dans sa chambre, c'est lui montrer un grand respect ; et c'est la personne qui entre, ou qui se déplace vers l'autre, qui doit parler en premier. De plus, c'est par respect envers l'autre qu'on lui pose des questions sur son bien-être. Un ensemble d'associations émerge concernant les deux parties d'une salutation, des associations qui font appel à des stéréotypes culturels de comportement noble ou *griot* (c'est-à-dire, noble ou caste basse). ... La notion Wolof que la personne de rang inférieur se déplace plus et parle plus que celle de rang supérieur est répliquée ici dans les rôles différentiés par statut de la salutation.

Comme résultat des associations de statut de la salutation, deux personnes quelconques qui s'engagent dans une rencontre *doivent* se placer par rang d'inégalité. Ils doivent parvenir à un accord tacite sur la partie qui doit assumer le rôle le plus élevé et la partie la plus basse. Ce classement est inhérent dans toute salutation, si courte qu'elle soit, car le fait d'initier la salutation est en soi une déclaration de statut relatif.

Un proverbe Wolof résume le principe d'inégalité sociale et l'élément de compétition inhérent dans la salutation : « lorsque deux personnes se saluent, l'un a honte, l'autre a gloire »[3].

La raison d'avoir inclus cette longue citation est de démontrer que dans beaucoup, peut-être dans la plupart, de sociétés africaines, les gens ne supposent pas que tout le monde doit être considéré comme des égaux. Au contraire, ils supposent qu'il y a des inégalités de rang social, et que dans toute relation il est nécessaire de déterminer le rang relatif

---

[3] Irvine 1989 : 169.

afin de construire une relation correcte. Dans quelques sociétés, telle que celle des Wolofs, comme on l'a vu, la hiérarchie ou inégalité sociale est tellement omniprésente dans la culture qu'elle est reflétée dans le système de salutation. Les occidentaux doivent faire attention aux formes d'inégalité qui sont présentes dans toute culture en particulier, puisqu'il y a des variétés de concepts et de pratiques très différents en Afrique par rapport à l'inégalité. Cependant, ce qui est toujours vrai c'est que les occidentaux se trouvent toujours dans la catégorie de donateurs. Des étrangers qui sont aussi des employeurs ont des charges financières plus lourdes par rapport à la plupart des employeurs nationaux. Voir l'Observation no 50 plus loin.

Ce sens de la dichotomie donateur/destinataire dans toutes les relations africaines permet un échange mutuel ; les relations ne sont jamais unilatérales. Le destinataire gagne l'aide dont il a besoin, ou même les moyens pour vivre. Le donateur reçoit du prestige, de l'honneur et de la déférence pour les services fournis au destinataire. Le problème pour les occidentaux c'est qu'ils se sentent irrités, plutôt qu'honorés quand on lui demande constamment de jouer le rôle de donateur qu'on lui avait assigné. Et dans d'autres façons leurs relations sont en fait unilatérales car ils se trouvent en dehors de la plupart de ce qui se passe dans la société.

Un aspect de la mentalité donateur/destinataire c'est que lorsque les gens sont plus ou moins des égaux sociaux et économiques, les catégories donateur/destinataire sont sujettes à la négociation, dépendantes aux besoins personnels, aux moyens courants estimés de chacun, et les stratégies de négociation et des opportunités disponibles.

Il y a une certaine mentalité de donneur/destinataire aux États-Unis, où des jurés accordent des dommages-intérêts énormes aux victimes d'accidents, surtout lorsque le défendant est une grande société commerciale comme General Motors ou State Farm Insurance, ou autre géant similaire. Le concept c'est que ces grandes sociétés ont des poches très profondes, c'est-à-dire, beaucoup d'argent, et qu'ainsi le petit gars, qui a eu un problème qui peut être interprété comme étant lié à la négligence ou faute aperçue de la part de l'un de ces grand gars doivent recevoir une récompense substantielle. Et bien sûr, il y a la légende anglaise de Robin des Bois, le héros qui a volé des riches pour donner aux pauvres.

47. Les gens typiquement reçoivent de la satisfaction quand on leur demande de l'aide financière, qu'ils soient disposés de l'accorder ou non.

Un ami m'a expliqué qu'en général les africains sont flattés quand on leur demande de fournir de l'aide. Ceci leur donne une sensation d'être utiles, de penser qu'on a besoin d'eux. Ils sont honorés. Il m'a dit que de telles demandes leur fait sentir que « des gens me regardent, et cela me fait plaisir »[4].

Certains africains considèrent que les Occidentaux pensent de la même façon aussi. Au nord du Cameroun des volontaires Occidentaux ont trouvé que les gens demandaient des médicaments qu'ils ne voulaient pas vraiment parce qu'ils voulaient honorer les étrangers comme des gens plus riches et plus forts. Ils ont jeté les médicaments qu'ils avaient demandés dans la brousse à une courte distance du portail de l'Occidental[5].

47-O. Les Occidentaux sont plutôt ennuyés par les demandes d'aide, et ils ont du mal à s'imaginer recevoir du plaisir en étant sollicités ou en jouant le rôle de mécène.

La plupart des Occidentaux ne sont pas flattés par le fait qu'on leur demande de l'aide, même si j'en ai rencontré quelques-uns qui ont apprécié, ou du moins ont reçu satisfaction d'être impliqués avec les gens et leurs problèmes.

48. La réputation des personnes ayant des moyens est augmentée par les visites fréquentes de leurs clients.

Que les visites soient simplement sociale ou des demandes d'aide, le fait que beaucoup de monde viennent chez la personne de réputation et les moyens est la preuve que la personne est importante. J'ai été chez de « grands hommes » où beaucoup de monde se trouvaient dans la maison et dans la cour, en faisant appel, en attendent, et en espérant d'avoir une audience avec cette personne importante. La façon dont on recevait, ou ne recevait pas, de telles personnes indiquait à leur tour leur importance relative pour ce grand homme.

Delbert Chinchen écrit au sujet du Libéria et Malawi :

> Des visites sont des tentatives de renforcer la relation et de répondre aux connaissances reçues. Des visites sont considérées comme symboliques, des cadeaux intangibles. Le client pense : « Ma présence chez vous, en tant que visiteur, élève votre statut comme mécène. Je suis là afin de vous dire, ainsi qu'à tout le monde, que ma loyauté est envers vous. » La richesse est dans les personnes. Plus le mécène a des personnes autour de lui, et plus qu'il reçoit de visites de

---

[4] Communication personnelle, 1995.

[5] Hungerford 1998 : 6.

ces clients, plus qu'on aperçoit ce mécène comme riche et réputé[6].

Des sorties de visites nocturnes chez les amis et les mécènes.
(Observations 48 et 48-O)

Des visites fréquentes sont essentielles pour maintenir les amitiés. Les amis africains se voient au moins une fois par semaine. L'amitié égale les visites fréquentes. Les rues dans les villes grouillantes de piétons par nuit en témoignent. Les visites ne sont pas seulement faites à des personnes de la richesse exceptionnelle ou de l'influence. Les visites sont l'activité sociale et économique principale de la plupart des gens. Le grand nombre de personnes qui marchent, qui conduisent ou qui prennent des taxis à toutes les heures de la nuit en témoigne. Bien que quelques jeunes participent dans les divertissements tels que les boîtes de danse, la plupart des gens sortent simplement pour rendre visite chez des amis, de la famille et des mécènes.

48-O. Les étrangers typiquement sont frustrés et incommodés par des visites fréquentes et sans invitation de ses amis et connaissances africains.

Cette observation est très similaire à 47-O. La différence est qu'ici l'accent est sur *les visites* que font les africains, que ce soit aux maisons, aux bureaux ou à d'autres lieux d'emploi de leurs amis, alors que dans

---

[6]Chinchen 1994 : 149.

47-O l'accent est sur les *demandes* d'aide matérielle, que ce soit en forme d'argent, ou d'une autre forme. Peut-être ces observations se résument en constatant que l'Occidental veut établir son propre programme d'activités, y compris choisir les personnes qu'il ou elle va recevoir ou avec qui il va passer du temps. Des visites non sollicitées ne sont pas les bienvenues en général.

Ceci est très différent des attitudes africaines, comme le décrit Chinchen :

> Comme on reçoit de sa banque un relevé mensuel qui assure le client de la sécurité de son argent et qui fournit un compte-rendu des dépôts et des retraites, ainsi des visites assurent le client que la relation va bien avec son mécène. Des clients n'ont pas besoin de raison pour vous rendre visite, vous le mécène. Les visites ont pour objectif tout simplement de maintenir ou améliorer la relation. Les étrangers, non habitués aux conventions des visites en Libéria et Malawi, deviennent souvent frustrés par les visites et les demandes fréquentes des clients. Les étrangers ne se rendent pas compte qu'une visite d'un client, comme observée par d'autres libériens et malawiens, augmente leur réputation de mécène, plutôt d'être un dérangement[7].

49. Les chefs dans la société (religieux, politique, affaires) sont censés d'être des personnes (principalement des hommes) qui ont un cercle de partisans, qui distribuent leurs ressources et qui par d'autres moyens pourvoient aux besoins de leurs partisans nécessiteux. Dans l'idée ils ont des personnalités dominante.

Les partisans fournissent du prestige, de la loyauté, des services, du soutien politique, y compris des votes, et d'autres bénéfices intangibles aux chefs.

---

[7]Chinchen 1994 : 149.

« Vote pour le Parti du Peuple ». Le grand homme s'adresse à ses partisans. (Observation 49)

Lorsqu'un jeune africain devient l'employé, l'assistant, le supervisé, le supporteur politique ou religieux, ou même l'étudiant (dans un établissement d'études supérieures) de quelqu'un qui a une position relativement supérieure, il le fait souvent avec des espoirs et des attentes d'une grande signification pour lui. D'abord, il a tendance à exagérer le pouvoir, la richesse et la compétence de son chef. Ensuite, il a tendance à avoir des fantaisies conscientes que ce grand chef va employer son pouvoir pour élever son partisan dévoué de l'obscurité et de faire de lui un grand homme aussi. Il peut en fait proposer ceci au chef, tout en lui demandant le soutien pour ses efforts d'auto-amélioration dans l'éducation ou dans les affaires. Troisièmement, et plus réaliste, il s'attend à ce que le chef soit généreux avec la nourriture et la boisson quand ses partisans lui rendent visite d'une manière spontanée, et de leur donner de l'aide financière pour répondre à des obligations urgentes familiales et pour payer des dettes. Tout africain relativement fortuné est assiégé par des partisans potentiellement dévoués qui cherchent de l'aide financière ou de l'hospitalité ; un homme

qui a des aspirations politiques doit satisfaire autant qu'il
peut, en mettant ses ressources à rude épreuve[8].

On tente fréquemment à attirer les Occidentaux dans ce système de
« clientélisme », qu'ils se considèrent comme des chefs ou des personnes
qui attirent ou qui cherchent des partisans. J'ai eu des connaissances
africaines qui ont fait allusion à l'idée de devenir mes clients : ils
me disaient qu'ils appréciaient ma sagesse, mon âge, et ils aimeraient
me rendre visite souvent pour le conseil que je pourrais leur donner.
Sans le dire, il était sous-entendu que je réciproquerais par fournir
des ressources financières en cas de besoin. Le fait qu'il s'agit d'offres
implicites d'être mes clients était confirmé, car après avoir décliné de
leur donner de l'argent ou de biens demandés, ils ne cherchaient plus
mes bons conseils !

Une expérience très fréquente pour un Occidental est qu'un ami
ou même un étranger complet s'approche de lui pour lui demander
de l'aide à obtenir de l'emploi ou aller aux Etats Unis, ou d'autres
faveurs. Parfois on demande à un américain qui n'a aucun lien avec
le gouvernement des Etats-Unis d'intervenir envers l'ambassade locale,
supposant que tous les américains ont de l'influence là. Souvent, ceux
qui ont un rapport avec des organisations non-gouvernementales ou
des missions s'attendent, même insistent, que l'ONG fournisse une
formation pour préparer l'africain pour l'avenir lorsque ses rapports
avec l'ONG cessent.

50. Une personne ou une organisation qui a des moyens financiers sont censées de payer un prix plus élevé ou de faire une contribution plus importante aux individus ou à la société par rapport à une personne ou organisation pauvre.

Pour beaucoup de choses il existe un prix pour le pauvre et un
autre prix pour le riche, une application de la loi pour le pauvre et
une autre pour le riche. Maintes fois l'Occidental interpréterait cette
discrimination de classe comme un comportement anti-blanc. Dans
beaucoup de pays africains, mais probablement pas tous, je crois que
ce n'est pas le cas. La base d'un tel traitement c'est la capacité pour
payer et non pas la race. Si les blancs subissent un tel traitement
au-delà de leur nombre c'est parce qu'on les considère qu'ils sont des
personnes de moyens financiers.

---

[8] LeVine 1970 : 291–292.

Ceci semble être le cas en général, mais il y a beaucoup d'exceptions. Certains africains semblent en vouloir profondément aux blancs, pour toutes les raisons qu'ils peuvent avoir. Des exemples des expériences que j'ai eues avec ceci sont les suivants :

1. On m'a fait payer plus en transport public que le prix affiché, qui est censé s'appliquer à tout le monde.

2. Deux amis occidentaux et moi sommes arrivés à l'arrêt de bus très tard la nuit. Des chauffeurs de taxi ont essayé de profiter de nous. Ils discutaient farouchement avec des passagers africains, qui dans un instant littéralement nous ont protégés et nous ont accompagnés à notre logement pour s'assurer que nous étions sains et saufs. Les chauffeurs ont soutenu : « voilà une opportunité avec ces gens et vous, frères, nous en empêchez. »

3. On m'a volé mon portefeuille sur un bus plein de gens. Plusieurs me disaient qu'ils l'ont vu arriver mais personne n'a crié « voleur ! » ou autrement n'a exposé le pickpocket comme normal dans telles situations en Afrique.

Voici d'autres exemples de domaines dans la vie économique qui suivent deux normes : le salaire minimal qu'un employeur est obligé de payer, les heures de travail par semaine ou par mois qu'un employeur peut demander sans être obligé de payer des heures supplémentaires, la sécurité sociale ou les taxes sur l'emploi, les jours de vacances accordés aux travailleurs, la condition mécanique demandée d'un véhicule pour passer le contrôle technique, et parfois même les amendes policières.

A Dakar en 1997 la compagnie des eaux appartenant au gouvernement facturait officiellement trois virgule quatre fois plus par mètre cube pour l'eau utilisée dans une grande famille (dans une villa) par rapport à l'eau utilisée par une petite famille. Dans les deux cas l'eau a été mesurée au compteur. Là où les gens n'ont pas d'eau courante chez eux mais qui doivent aller la chercher des robinets communaux, ils ne payent rien pour l'eau.

Un ami kényan m'a donné son avis sur ce que les gens doivent payer, relativement à leur moyens sur une échelle un à dix. On peut le tabler comme suivant[9] :

---

[9] Communication personnelle, 1998.

Classe de la personne	Prix relatif qu'ils doivent payer
Les touristes	10
Les grands fonctionnaires et des personnes riches	8
Les classes moyennes et les personnes ordinaires	5
Les pauvres	2 ou 3

Manipuler le système

51. Le succès dans la vie est atteint par des relations personnelles, par des liens avec des personnes occupant des postes de pouvoir et d'autorité, et par des moyens spirituels.

Là où les structures, les institutions et les traditions d'un pays sont conçues plus pour répondre aux besoins des élites plutôt que ceux du citoyen ordinaire, alors avoir des liens avec ces élites est la condition sine qua non du succès.

Réussir par ses propres efforts, par la planification de l'avenir, et par l'épargne et l'investissement de son argent ne sont pas considérés comme les clés du succès. Plutôt que d'être produit à partir de son propre travail acharné, on croit que le succès a ses origines dans la puissance spirituelle, ésotérique (c'est-à-dire occulte). Assane Sylla résume le concept ainsi :

> De deux adversaires en compétition (la politique, le sport, la recherche d'influence, etc.) ou de deux ennemis qui se battent, c'est celui qui concentre sur lui-même la force mystique la plus grande qui forcément remportera la victoire. On le décrit comme mop ëp bopp « il a plus de tête que l'autre ».

> On considère que le succès dans la vie est un don spirituel, réalisé sur la base du potentiel charismatique de la personne plutôt que de ses qualités personnelles. Le succès est le résultat de l'intervention directe du transcendent dans les affaires de l'individu. Il est analogue aux ondes magnétiques et des aimants. Une personne réussite est celle qui a les qualités d'un « aimant ». Donc, la puissance transcendante des « ondes magnétiques » qui génère le succès naturellement va produire l'alignement charismatique nécessaire à la réussite[10].

---

[10]Maranz 1993 : 58.

Les Africains traditionnels qui adhèrent à ces croyances ont sans doute raison. Avec des opportunités économiques et des possibilités d'avancement très limitées, sans protection égale sous la loi, avec des instabilités nationales, et d'autres problèmes économique et sociaux sans nombre, il est en effet peu probable que seul le travail acharné assure le succès. En ce qui concerne la question si des moyens ésotériques sont en mesure de fournir ce que le travail acharné est peu susceptible de faire, la réponse est au-delà de la portée de ce livre.

Non seulement sont les relations personnelles essentielles au succès, si on les néglige ou si on imagine qu'elles sont moins importantes que le travail consciencieux, une telle négligence mène normalement à l'échec. W. Penn Handwerker, qui a étudié extensivement le développement en Libéria et ailleurs en Afrique, écrit :

> Les managers dont l'objectif est principalement la production d'un travail de qualité ont tendance à être isolés et mal-organisés. S'ils n'accèdent pas aux demandes des personnes plus haut placées ou aux personnes avec des mécènes plus haut placées, ils s'attirent des ennuis tout en faisant ce qu'ils aperçoivent comme un bon travail, car ils se trouvent obligés de soulever des objections aux projets proposés par des supérieurs incompétents et intéressés. Même si les subordonnés n'ont pas les liens de plus haut niveau que leurs superviseurs, ils peuvent, et par occasion ils le font, prétendre faussement que les superviseurs qu'ils n'aiment pas ont un comportement inapproprié. Donc, *plus souvent que non, le mérite est non seulement ignoré mais il est pénalisé.* Les personnes qui cherchent le bien public plutôt que le bien des mécènes et des clients (des parents et des amis) créent des ennemis et restent appauvris, même quand ils occupent des positions gouvernementales très élevées, parce qu'ils éliminent la possibilité d'augmenter leur salaire officiel faible[11].

51-O. Le succès dans la vie est atteint par la capacité, par le travail acharné, par l'éducation, et par la gratification différée, établi dans le cadre d'une société équitable.

Les Occidentaux, du moins les Américains, croient fortement que le travail acharné, la persévérance, le bon jugement, et la capacité personnelle

---

[11] Handwerker 1987 : 332. (Italiques ajoutés.)

mèneront au succès dans la vie, à moins d'un désastre imprévisible. Alors que cela puisse être vrai en Amérique, ce n'est pas forcément vrai en Afrique et dans beaucoup d'autres parties du monde.

Les Américains ne parviennent souvent pas de reconnaitre combien leur réalisation du succès personnel dépend d'éléments en dehors d'eux-mêmes : des opportunités d'éducation et d'emploi, une économie dynamique et entrepreneuriale, la stabilité du gouvernement, l'état de droit, et d'autres facteurs sans nombre.

Un concept très important est la gratification différée, ou la préférence future, si on emploie le terme technique. Ceci est un concept très important pour le Président Bill Clinton, selon son biographe.

> Autant que Clinton et ses camarades de classe appréciaient la conférence de Platon (célèbre à l'Université de Yale), il a été la conférence de Professeur Quigley sur la préférence future qui est resté avec eux. « Ce qui vous a amené dans cette salle de classe aujourd'hui c'est la croyance en l'avenir, la croyance que l'avenir peut être meilleur que le présent et que les personnes sacrifieront et devront sacrifier dans le présent afin d'atteindre ce meilleur futur, » dirait Quigley. « Cette croyance a fait sortir l'homme du chaos et de la dépravation dans laquelle les êtres humains ont labouré pour la plupart de l'histoire jusqu'au point où nous sommes aujourd'hui. Une chose va tuer notre civilisation et manière de vivre, c'est lorsque les gens n'auront plus la volonté de subir la peine qui est nécessaire pour préférer l'avenir au présent. C'est ça qui a amené vos parents à payer ces frais de scolarité très chers. C'est ce qui nous a aidés à travers deux guères et la Dépression. C'est la préférence future. Il faut ne jamais l'oublier »[12].

La préférence future est un idéal économique valide, à moins que les stabilités économiques, sociales et politiques le justifient. Il est sans doute moins valide là où le passé était instable et imprévisible, et l'avenir semble offrir aux gens raisonnables encore la même chose. Dans un tel contexte économique quelque chose comme la préférence présente peut entièrement se justifier.

---

[12]Maraniss 1995 : 59–60.

52. Les gens sans des ressources financières amples cherchent typiquement à avoir une relation cliente à long terme avec autant de personnes et de mécènes possible parmi ceux qui ont des ressources.

La seule façon de s'avancer dans beaucoup de sociétés africaines est de s'attacher à quelqu'un de très haut placé dans la société. C'est dans beaucoup d'instances la seule façon de s'avancer dans le domaine économique et social. Comme toute voie d'ascension sociale comme l'éducation et l'emploi sont fermés à la majorité de la population, la seule voie ouverte est de s'attacher à quelqu'un dans une position d'influence, confiant qu'il va récompenser la loyauté, le service et le travail avec des bénéfices à long terme.

Même beaucoup d'Africains avec emploi chercheront des Occidentaux, espérant trouver une source fiable de revenu supplémentaire auquel on peut avoir recours en cas de besoin spécial. Et comme les besoins spéciaux arrivent souvent, pour les médicaments, pour le voyage de retour au village, pour les décès, pour les cérémonies religieuses, et d'autres choses sans nombre, la quête des mécènes est constante et intense. Les Occidentaux qui travaillent en Afrique, qui sont souvent sollicités pour l'aide financière et autre, deviennent fatigués souvent de telle sollicitation constante.

A maintes reprises on apporte des cadeaux aux Occidentaux, tels qu'une sculpture, un chevreau, une peau de mouton, et même une peau de singe colobes noir, comme c'était mon expérience. Parfois les cadeaux sont symboliques, mais parfois ils sont substantiels. Ils servent à établir ou solidifier une relation qu'on espère sera à long terme.

53. Les questions financières impliquent beaucoup de stratégie et de manigances.

Une stratégie, ou une considération, est d'évaluer la richesse des gens et leur degré de l'afficher. S'ils sont ostentatoires, on leur demanderait beaucoup. S'ils ont l'air d'une modestie économique, on leur demanderait peu. S'ils sont connus d'être sans emploi, on ne leur demanderait rien.

Une stratégie souvent employée c'est de demander de l'aide financière ou autre quand les moyens adéquats sont en fait en main. Ce n'est pas à dire que les gens qui le font sont vraiment malhonnêtes, mais que leur niveau d'inquiétude ou d'insécurité est tellement haut qu'ils saisiraient toute occasion à demander de l'argent pour exécuter une ordonnance pour des médicaments, lorsqu'en fait ils ont déjà les fonds adéquats pour l'exécuter. En demandant de l'argent pour l'ordonnance ils savent qu'ils ont plus de chance d'éveiller la sympathie et de recevoir une réponse positive que s'ils auront demandé l'argent pour le loyer. Et s'ils reçoivent de l'argent pour l'ordonnance, cela libère l'argent pour d'autres emplois. Les Africains ont l'habitude de ces stratégies et ils s'attendent à avoir une connaissance détaillée de la personne avant qu'elles demandent de l'aide et donc avant de donner de l'aide substantielle, ou du moins avant de donner de bon gré.

54. Lorsqu'une personne a besoin d'argent, elle sélectionne dans son esprit le candidat le plus approprié et le plus probable, puis elle lui demande de l'aide.

Le processus de sélection des personnes à approcher implique un examen mental des réseaux économiques et sociaux personnels, et une évaluation de l'histoire récente et passée de ces relations, c'est-à-dire, quand l'aide a été donnée à ou reçue de chacun, quels seront les besoins futurs prévus et qui pourront y répondre, les moyens financiers courants, la personnalité et le tempérament des bienfaiteurs potentiels, des obligations dans le passé qui n'ont pas été honorées, et d'autres considérations semblables.

On peut dire que choisir un candidat ressemble à choisir quelle carte de crédit à utiliser ; donc, le processus n'est pas dissimilaire au processus occidental.

55. Les personnes ayant des moyens modérés ou étendus peuvent se partager en « cacheurs » et « révélateurs »

Si vous êtes une personne avec des moyens, vous devrez choisir entre « cacheur » et « révélateur ». Lequel que vous choisirez dépend de ce que vous voudriez du système, ou de quelle image vous aimeriez projeter.

Garer la Mercédès hors du vue dans le garage d'une maison
modeste. (Observation 55)

Beaucoup de personnes avec quelques moyens font des efforts sérieux
de garder secret leurs biens des voisins, de la famille et même de leurs
épouses (surtout chez les foyers polygames) ainsi que du gouvernement.

> On ne peut plus compter les Africains qui ont des comptes
> bancaires mais qui n'en disent rien, même à leurs épouses.
> L'idée est que moins on en sait, moins on demande de
> l'aide financière. L'avis général est que l'argent qui dort
> dans un compte bancaire n'est pas activement employé,
> donc il est « disponible ». Ils ne comprennent pas le concept
> de l'investissement. Par conséquent, si quelqu'un qui a un
> compte bancaire croisait quelqu'un qu'il connait en faisant
> la queue à la banque, il dirait : « tu ne m'a pas vu ici ![13] »

De l'autre côté, il y a les « révélateurs » qui font étalage de leur
richesse par des grosse voitures, des maisons de luxe, des vêtements
et des bijoux chers, un grand bélier à la fête *d'id al-Adha*, et d'autres
formes de vie ostentatoire. Certaines langues ont un mot spécial
pour décrire quelqu'un qui se comporte d'une manière ostentatoire
et orgueilleuse, et qui fait étalage de ses possessions. Typiquement,
l'accent, ou critique implicite, est mise sur l'attitude et non sur les

---

[13] Communication personnelle, 1996.

possessions même. Par exemple, les Mossi [mos] de Burkina Faso
décrit une personne ostentatoire comme *wiligi menga soba* « celui dont
'se vanter' est caractéristique ».

Garer la Mercedes devant la belle maison. (Observation 55)

**56. Le seul moyen d'accumuler des épargnes qui est disponible
à beaucoup d'employés est des avances de fonds contre du
travail futur.**

Le travailleur « dépose » son travail futur avec son employeur et retire
des fonds selon le besoin (à condition que la demande d'une avance soit
honorée par son employeur). Pour l'employé, son « assurance dépôt » est
la fiabilité de son employeur. L'employeur prend le risque que l'employé
tombe malade ou qu'il meurt, ou qu'il ne continue pas de travailler
d'une manière satisfaisante.

Ce système marche très bien pour l'employé. Aucun membre de la
famille ou ami ne peut emprunter, voler ou perdre ses revenus futurs.
Des Africains sans nombre vivent avec la menace constante de pertes
graves dues à la maladie, la sècheresse, le chômage chronique, et divers
types de catastrophes. La famille et les amis font des réclamations sur
les ressources disponibles qui ne peuvent pas être refusées. Economiser
à partir des revenus courants est impossible. Alors, en effet, les

économies sont remises au futur en empruntant aujourd'hui des revenus de demain[14].

Dans un sens, ceci ressemble aux cartes de crédit, ou d'autres accords de crédit dans l'Occident (ou en Afrique d'ailleurs). Bien que le crédit soit accordé dans les deux systèmes, il y a des différences fondamentales. En Afrique, celles-ci incluent : des relations personnelles, à long terme, qui tiennent compte des vicissitudes de la vie, le créditeur assume la plupart du risque, l'expression de confiance dans l'employé implicite dans les avances, la flexibilité des remboursements, et l'absence de motif de profit pour le créditeur.

Résumé : la société et les personnes ayant des moyens

Les personnes ayant des moyens sont particulièrement importantes pour le fonctionnement de sociétés africaines sans nombre. Elles se trouvent à des niveaux différents, depuis celles au sommet de la hiérarchie sociale et économique, jusqu'à celles en dessous qui contrôlent moins de ressources, et ainsi de suite sur l'échelle économique. Donc, un client à un niveau serait le mécène pour d'autres qui ont des moyens moindres.

Là où les institutions économiques et gouvernementales sont faibles et l'état de droit est souvent vicié, le moyen le plus fiable pour gagner accès à des ressources importantes est par les moyens personnalisés. Les compétences et aptitudes individuelles comptent moins que les relations. Les personnes ayant des moyens sont les gardiens des ressources que tout le monde dans la société veut et dont tout le monde a besoin. Les économistes utilisent un certain nombre de termes pour décomposer les activités économiques et sociales complexes de ces sociétés en parties plus compréhensibles.

1. Les *gardiens* sont des individus ou des organisations qui contrôlent l'accès aux ressources souhaitées. Ils peuvent être des « grands hommes » qui ont l'accès à des ressources significatives, ou tout simplement des responsables de l'emploi qui ont l'autorité d'accepter ou de refuser un individu qui cherche l'emploi.

2. Les *canaux* sont les routes ou les moyens qui sont disponibles aux personnes par lesquelles elles peuvent acquérir des ressources souhaitées ou stratégiques. Ainsi, une personne ayant des moyens ou une entreprise commerciale qui offre des possibilités d'emploi est un canal, comme on l'a vu dans l'Observation 43.

---

[14]Hill et Hill 1990 : 57–59.

3. La *hiérarchie* de relations sociales se réfère aux différents niveaux de position et d'autorité qui existent le long des canaux ou des routes entre les personnes avec des besoins et les ressources qu'elles souhaitent.

4. Le *contrôle des ressources* est le pouvoir exercé aux différents niveaux d'une hiérarchie qui refuse ou accorde l'accès aux gens des biens ou des services qu'ils souhaitent. Un exemple est le mécène qui exerce le contrôle sur le nombre et la qualité des clients qu'il prend.

5. Les *chercheurs de ressources* sont ceux de tous les niveaux de la société qui sont en recherche d'obtenir des ressources qu'ils n'ont pas mais qu'ils souhaitent.

6. Les *coûts d'accès* sont les frais en biens ou en services engagés par ceux qui établissent et qui maintiennent des relations avec ceux qui sont plus élevés dans la hiérarchie. Un coût d'accès plus bas serait engagé par un client qui n'avait qu'à rendre visite à son mécène pour avoir accès à des biens particuliers. Un exemple d'un coût d'accès élevé serait une demande de la part d'un ministre du gouvernement d'un pot de vin exorbitant en lui accordant un contrat gouvernemental.

7. Les *canaux concurrentiels* sont les voies différentes disponibles aux personnes pour obtenir des ressources. Celles-ci consistent typiquement de l'aide de la part du gouvernement, des entreprises et de l'étranger, qui tous fournissent aux fonctionnaires ou aux employés l'accès aux salaires ou aux autres bénéfices matériels.

8. Les *canaux uniques* des structures de ressources se réfèrent à un contrôle absolu sur les ressources. De même, les structures à canaux multiples se réfèrent aux environnements économiques où il y a beaucoup de chemins ou canaux disponibles aux gens pour obtenir des ressources[15].

Les termes semblent raisonnablement explicites, fournissant un sens du système et comment les individus fonctionnent dans ceci. Elles soulignent les complexités, l'omniprésence et l'importance des personnes ayant des moyens au fonctionnement de la société africaine. Ainsi, les observations dans ce chapitre se relatent aux composants principaux de la gestion africaine des affaires financières personnelles et d'autres ressources.

---

[15]Handwerker 1987.

Tous les Africains ne sont pas impliqués dans cette hiérarchie de mécènes et de clients, mais il est probablement juste de dire qu'il est le système économique dominant dans l'Afrique subsaharienne. Beaucoup de variations locales existent, mais les principes généraux s'appliquent partout à travers le continent. Les populations pastorales, les quelques chasseurs-cueilleurs qui restent, quelques agriculteurs de subsistance et diverses sociétés égalitaires seraient en dehors du système.

8

Emprunts et dettes

Les emprunts et les dettes en Afrique représentent non seulement une activité économique, mais aussi des éléments intégraux de l'interaction sociale. Ils constituent certains des liens sociaux forts qui unissent les gens. Ils font partie de la vie quotidienne que les Occidentaux n'imaginent pas peut-être. L'Occidental a des catégories et significations bien définies par rapport aux emprunts, aux dettes et aux demandes. En Afrique, les termes sont utilisés librement, avec un grand chevauchement des définitions. Une partie de cette ambiguïté africaine provient, semble-t-il, d'un élément de honte d'admettre un besoin. Alors, elle est en partie déguisée par une demande d'un prêt plutôt que d'un cadeau. En Occident, les emprunts et les dettes sont plutôt des questions d'affaires, négociés avec les banques et d'autres établissements de crédit. Ces transactions ne sont pas gérées au niveau personnel. Les prêteurs sont tenus, officiellement du moins, de traiter tous les emprunteurs potentiels sur un pied d'égalité. Les conditions établies pour une personne sont censées être pareilles aux conditions établies pour tout membre adulte de la société. Une fois les prêts consentis, il y a un recouvrement strict de créances avec peu de tolérance de la délinquance. En Afrique, la plupart des emprunts et des dettes sont gérés sur une base individuelle et sont inséparables des relations personnelles et de la vie sociale. Bien sûr, les banques existent, mais la plupart de leurs clients sont des moyennes et grandes entreprises, des gouvernements et des agences internationales.

Le lecteur va constater dans les observations de cette section qu'il y a un biais implicite, généralisé et cohérent dans la conception de certaines des règles au niveau des finances personnelles. Elles favorisent les membres les moins fortunés et les moins riches de la société. Du moins, c'est ainsi qu'un Occidental l'apercevra. Par exemple, les créanciers doivent rechercher leurs débiteurs. A d'autres niveaux de la société africaine, ceux qui ont les moyens et ceux qui ont un poste politique ou religieux sont certainement avantagés, mais de telles choses sont en dehors de la considération des affaires personnelles financières qui sont en vue dans cette étude. Dans l'Occident capitaliste, le biais général intégré favorise ceux qui ont des moyens ; les pauvres sont généralement défavorisés au niveau économique et légal. Les gouvernements progressifs, libéraux et socialistes cherchent à changer ce déséquilibre en instituant divers mécanismes pour la redistribution des revenus ou au moins un réarrangement des opportunités économiques.

Voici quatorze observations (numérotées 57 à 70) sur les emprunts et les dettes dans la culture africaine.

Dettes et stratégies de financement

57. Quand un Africain a besoin d'argent ou d'un bien quelconque, la manière normale et acceptable de l'obtenir est de le demander à un parent, à un ami ou à une connaissance qui le possède.

Les Africains veulent et s'attendent à dépendre des autres et ils veulent que d'autres dépendent d'eux. L'interdépendance a une grande valeur. Ils ont peur de l'isolement social, et la seule manière de l'éviter est d'être engagé avec d'autres, et l'engagement social comprend l'argent et les biens.

Il est probable que l'histoire de l'Afrique a joué un rôle majeur dans le développement de ce trait culturel. Quand les gens vivent aux marges d'existence et que la survie même est en jeu, on peut comprendre que les règles sociales permettent aux gens de pouvoir demander ce qui leur manque d'essentiel, et de faire pression sur ceux qui ont un excès de biens pour qu'ils les partagent. Quelle que soit l'histoire qu'on peut imaginer pour cet aspect de nombreuses sociétés africaines, la réalité actuelle est que beaucoup de gens ne voient rien de mal à demander, et d'autres ressentent une grande obligation de partager. Un de mes amis expatriés vivant en Afrique de l'Est est allé au marché avec un ami africain qui a acheté une oie. En route pour la maison, l'ami a demandé à l'expatrié de porter l'oie ; sinon, si quelqu'un arrivait et la lui demandait, il serait obligé de la lui donner.

Un autre ami disait à des Soudanais que les Occidentaux ne demandent généralement rien. Les Soudanais travaillaient pour des ONGs expatriées depuis des années mais ils n'avaient jamais compris ceci. Il a continué en expliquant que les Occidentaux croient que les gens doivent travailler pour ce qu'ils veulent obtenir et qu'ls considèrent que demander est un signe de faiblesse et d'insuffisance personnelle. Il a expliqué que lorsque les Occidentaux demandent quelque chose en fait, c'est uniquement à ceux qui leur sont proches, qui les connaissent bien et qui comprennent leur besoin, car on l'estime humiliant de ne pas être en mesure de répondre à ses propres besoins personnels. Les Soudanais ont été étonnés d'apprendre ceci concernant les Occidentaux. Ils se sentaient à l'aise de demander chaque fois que l'occasion se présentait et là où il y avait même une chance de recevoir. Ils n'étaient pas offensés non plus lorsqu'on refusait leur demande[1].

57-O. Demander à quelqu'un de l'argent ou un objet matériel quelconque est considéré comme un manque de politesse ou une imposition. On s'attend à ce que les gens répondent à leurs propres besoins personnels.

Les Occidentaux de classe moyenne ou supérieure ne se tournent pas vers des parents ou des amis pour répondre aux besoins matériels. Il se peut qu'il soit différent pour ceux qui sont moins riches. Les Occidentaux tiennent beaucoup à l'indépendance. Demander quelque chose directement à quelqu'un est considéré comme dégradant. Le faire indiquerait normalement l'échec personnel.

Au fond, les Occidentaux ne sont pas habitués à ce qu'on leur demande des choses, et lorsque des demandes directes leur sont adressées ils réagissent d'une manière négative. Ils sont gênés pour eux-mêmes et pour le demandeur. Ce n'est pas qu'ils ne sont pas généreux ou disposés de donner à ceux qui sont dans le besoin, mais plutôt qu'ils ne savent pas évaluer une demande directe pour savoir si le besoin est légitime. La situation est encore plus difficile pour eux si la personne est un étranger. Mais, même avec des personnes qu'ils connaissent un peu, ils se sentent incapables d'évaluer adéquatement le besoin. Dans leurs pays d'origine, ils s'attendent à ce que les services gouvernementaux ou les organismes de bienfaisance s'occupent de telles choses et que le citoyen moyen décharge ses obligations en faisant des dons à ces organismes de bienfaisance qui sont censés déterminer les besoins d'une manière objective. Ils croient que s'ils donnent à quelqu'un qui est drogué ou alcoolique, leur contribution pourrait aggraver le problème plutôt que de l'atténuer.

En Occident, il est acceptable de demander de l'aide minimale, non-matérielle, à un ami, à un voisin ou même à un étranger. Des exemples seraient d'aider à démarrer une automobile quand un conducteur trouve

---

[1] Certains des exemples utilisés dans ce livre ont été rassemblés et utilisés lors du Cours d'orientation en Afrique de SIL International, qui a lieu depuis de nombreuses années au Cameroun. Ils proviennent de l'expérience de nombreux anthropologues et membres du personnel des ONGs. Je remercie tout particulièrement Marian Hungerford, Jon Arensen, Dick Bergman et d'autres qui ont fourni des exemples de partout en Afrique.

que la batterie de la voiture est morte, d'aider une personne handicapée
à traverser la rue, ou d'aider un voisin qui décharge une caisse lourde.

58. Les dettes anciennes sont oubliées, et ni le débiteur ni le prêteur ne s'attend à ce qu'elles soient remboursées.

Voici quelques-uns des facteurs qui contribuent à l'oubli des dettes :
(1) les emprunts oubliés depuis longtemps servent à renforcer les
liens de l'amitié. De tels emprunts peuvent être d'argent, de biens, de
services fournis et d'autres choses tangibles et intangibles. (2) Les dettes
impayées obligent le débiteur de réciproquer d'une manière pour le
moins comparable. (3) Recevoir un emprunt met le bénéficiaire dans
une position d'obligation. Par exemple, un travailleur stationne son
cyclomoteur dans une cour pendant son travail et pour cela il paie une
petite somme chaque mois. Le propriétaire ou responsable de la cour
emprunte de l'argent au propriétaire du cyclomoteur. Ceci permet à
celui-ci de faire passer des mois sans devoir payer la somme mensuelle.
Aucune comptabilité détaillée n'est tenue, mais le montant des mois de
stationnement non-payé excède largement le montant de l'emprunt.

59. Il existe un fort sentiment que les gens désirent que leurs amis leur doivent de l'argent.

Avoir des débiteurs indique qu'une personne est acceptée comme
faisant partie de la communauté et qu'elle est un membre contribuant
de la société. Ne pas avoir des débiteurs signifie qu'une personne
est socialement isolée, une condition forte à craindre. On rejette cela
aussi pour des raisons philosophiques ; c'est-à-dire les gens croient que
l'intégration sociale est un ingrédient essentiel d'une vie heureuse et
constructive. Donc, dans un sens les gens veulent avoir des débiteurs
parce qu'ils ont besoin de faire partie d'un système qui l'exige vraiment.
En même temps, beaucoup d'entre eux n'apprécient pas la nécessité de
vivre de cette façon. Un Africain a exprimé son fervent désir de gagner
gros dans la loterie, pour laquelle il achetait fréquemment des billets. Il
a dit que s'il gagnait il serait un homme libre pour la première fois de sa
vie. Puis, du même souffle, il a admis que même s'il gagnait, il ne serait
pas capable d'échapper au système.

A quelques reprises, j'ai proposé d'aider des amis africains à ouvrir
un compte bancaire ou un compte d'épargne lorsqu'ils se plaignaient des
revendications que d'autres faisaient sur leurs finances. Dans tous les
cas, on a rejeté mes propositions. Un de ces amis m'a dit qu'il préférait
investir dans son avenir en aidant les autres, ce qui serait plus sûr que
les institutions d'épargne et démontrerait aussi qu'il était un meilleur
être humain.

Il y a aussi un fort sentiment que les Africains désirent devoir de l'argent pour des raisons autres que financières. Cela veut dire qu'emprunter et devoir de l'argent aide à développer des relations interdépendantes à long terme. De telles relations sont très appréciées. À certains égards, elles sont au cœur de ce que c'est d'être africain.

L'Observation 59 contraste avec l'Observation 3 du chapitre 4: « L'argent doit être dépensé avant que les amis ou les parents demandent de l'emprunter ». Dans les deux cas, l'accent est mis sur l'emploi interpersonnel de l'argent. Observation 59 affirme l'avantage d'avoir des gens qui vous sont endettés – c'est une bonne assurance contre les temps difficiles. Dans l'Observation 3, les gens pensent à l'avantage de dépenser l'argent pour eux-mêmes plutôt qu'à l'emploi de l'argent comme 'assurance'.

60. Il y a un certain sentiment que les gens veulent être sans argent afin qu'ils puissent plus facilement refuser une demande de prêt.

Bien entendu, les gens ne préfèrent pas vraiment être sans argent, mais je crois qu'il y a un sentiment généralisé que lorsqu'une personne a de l'argent, il y a peu de choix sauf le dépenser ou le prêter. Garder l'argent dans les poches ou le porte-monnaie n'est guère une option. Toutefois, l'argent prêté n'a pas complètement disparu – l'argent employé ainsi est en quelque sorte 'déposé' sur un 'compte d'épargne'.

Parker Shipton décrit cette attitude contradictoire :

> En Gambie, on voit l'argent comme une denrée étrange entourée d'attitudes ambivalentes (Shipton 1989). Comme dans d'autres parties de l'Afrique subsaharienne, rien n'est plus recherché que l'argent, mais rien n'est plus rapidement éliminé que l'argent. En effet, l'argent est même considéré comme quelque chose à s'en débarrasser, quelque chose à convertir en formes de plus longue durée. Plusieurs caractéristiques, à part celles déjà mentionnées, font que l'argent devient une forme instable des richesses en Gambie : sa fongibilité presque universelle, sa divisibilité, et sa portabilité. Ces caractéristiques rendent l'argent contestable. Tout le monde en a besoin pour quelque chose, particulièrement pendant la saison maigre de juin à août, et celui qui a de l'argent aura d'habitude un nombre presque infini de parents et de voisins avec des besoins pressants. Bien que très peu d'agriculteurs aient les moyens de mesurer l'inflation, presque tous sont conscients du processus. Les stratégies d'épargne de la Gambie rurale, donc, se concernent

principalement d'*enlever les richesses de la forme de l'argent facilement accessible sans sembler être antisocial*. Dans les communautés où on a de nombreux parents, ce qui est habituel, ceci est un délicat exercice d'équilibriste, et à part des considérations éthiques éventuelles, le « facteur cri » – le risque de plaintes et d'accusations – doit jouer un rôle dans toute décision individuelle d'épargne[2].

L'Observation 59 – que les gens veulent qu'on leur doive de l'argent – et l'Observation 60 – que les gens préfèrent ne pas avoir d'argent – semblent peut-être dire presque la même chose. Bien qu'elles soient étroitement liées, la première observation parle de l'assurance pour les besoins futurs. C'est comme de l'argent en banque. Avoir un débiteur est un actif sur lequel on peut faire appel lorsqu'il y a un besoin pressant. Si une personne ne possède pas de crédits en cours, cela signale qu'elle est sans amis et sans recours au jour du malheur, qui arrivera certainement tôt ou tard. Quant à la deuxième observation, là il est question de la lourde charge de l'interaction sociale. Les gens veulent emprunter et prêter pour être des membres fonctionnants, contribuants et respectées de la société. Voilà leur préoccupation principale, mais cela ne veut pas dire que dans l'immédiat ils se réjouissent de voir disparaître leurs ressources. Par conséquent, être sans argent évite le besoin de devoir prendre des décisions, de sentir le conflit entre le désir d'être généreux et pourtant le désir d'employer son argent pour des besoins personnels ou familiaux.

Même les Africains ne se sentent pas toujours qu'il y a « plus de bonheur à donner qu'à recevoir. » Le processus de prêter de l'argent peut être pénible, mais être sans argent peut fournir la seule manière possible de refuser un prêt en toute bonne conscience. Alors, dans un sens, la vie est plus confortable quand il n'y a pas d'argent dans les poches.

61. Les règles tacites qui gouvernent le prêt et le partage de l'argent et des biens, ainsi que l'extrême pression sociale sur les individus à se conformer à ces règles sous peine de sanctions, servent de *mécanismes égalisateurs* qui empêchent certaines personnes de devancer les autres.

Les principes de base sous-jacents concernant le partage de l'argent et d'autres ressources se ressemblent dans toute l'Afrique, mais les pratiques et l'éthique des personnes diffèrent en détail d'un groupe ethnique à l'autre. La persistance, la pression, ou l'agressivité qui sont normales chez les individus d'un groupe ethnique qui cherchent les ressources

---

[2]Shipton 1995 : 257. (Italique dans le texte original.)

d'autres individus peuvent être en contradiction avec les pratiques d'un autre. Je connais une famille d'un certain groupe ethnique qui habitait dans un quartier dominé par un autre groupe. Ce dernier groupe était beaucoup plus agressif en faisant ses demandes que mes amis du premier groupe. Au bout de quelques années, ayant subi des demandes importunes, ils ont vendu leur maison et ont déménagé dans un autre quartier de la même ville où la majorité était du même groupe ethnique d'eux. Le chef de famille a rédigé ces quelques lignes (traduites de sa propre langue), qui révèlent clairement son irritation :

Fais-moi un cadeau !

Fais-moi un prêt !

Ou sinon,

Laisse-moi tranquille ![3]

Outre les demandes sans ambiguïté pour des choses, il y a beaucoup de manières que divers groupes emploient pour chercher des avantages matériels de la part d'autres personnes ou qu'ils emploient pour empêcher les autres d'améliorer leur situation financière. Je vais les appeler les mécanismes égalisateurs : des moyens employés dans les sociétés pour empêcher les gens d'avancer sur le plan financier ou d'obtenir quelque chose que la plupart des gens désirent peut-être. Certains d'entre eux sont des moyens individuels, tandis que d'autres sont des caractéristiques apparemment intégrées dans la culture.

Le fatalisme est un mécanisme égalisateur courant. À une occasion, un navire-hôpital missionnaire se trouvait dans un certain port, et on y offrait la chirurgie reconstructive gratuite à toute personne dans la région qui avait une fente palatine. Un pasteur qui était un de mes amis connaissait une famille dont un jeune garçon souffrait de cette condition. Le pasteur a passé plusieurs soirées chez la famille en essayant de les convaincre d'envoyer leur garçon pour le traitement. Ils y étaient très opposés parce que, comme ils disaient, « C'était la volonté de Dieu et des esprits qu'il soit né comme ça, et nous n'osons pas nous opposer à la volonté de Dieu. »

Des obligations réciproques agissent comme un frein à maintenir les gens au même niveau économique. D'un côté, si quelqu'un a davantage de biens ou de richesse, on s'attend à ce qu'il contribue plus. De l'autre côté, si les autres ne peuvent pas réciproquer aux termes égaux ou similaires, la rancune ou la jalousie en résulte. George Foster décrit la manière dont cela peut fonctionner dans un groupe :

> Les obligations réciproques sont les plus efficaces pour maintenir une société quand les partenaires ont essentiellement le même accès aux ressources et quand leur

---

[3]Communication personnelle, 1987.

bien-être économique est au même niveau. C'est seulement sous ces conditions que l'égalité peut être maintenue à long terme. Cependant, les modèles réciproques ont tendance à être incompatibles à la tendance vers l'individualisation qui caractérise l'urbanisation, la migration et les travaux dans l'industrie ou les plantations ou les mines, car pas tous les villageois ne font de progrès à la même vitesse. Les quelques-uns qui commencent à faire du progrès économique trouvent que leurs relations ne sont plus en équilibre : on s'attend de leur part plus que ce qu'ils reçoivent de leurs partenaires. Les individus progressifs se trouvent confrontés à un dilemme cruel : pour jouir des fruits de leur initiative et de leurs efforts plus grands, ils doivent être prêts à ne pas tenir compte d'un grand nombre d'obligations que leur société s'attend de leur part, ou ils doivent s'attendre à soutenir un nombre toujours croissant de parents et d'amis oisifs, avec peu ou pas de profit pour eux-mêmes[4].

L'impératif des obligations sociales, y compris l'hospitalité, tient également les gens à l'égalité économique. Au moment du décès d'un parent, d'un ami ou d'un autre proche, il est nécessaire de prendre un congé du travail, parfois pendant plusieurs jours, pour être avec la famille endeuillée. Les dépenses personnelles peuvent être considérables : la perte du temps de travail, les frais de déplacement qui sont souvent associés, et les contributions qui doivent être faites aux personnes endeuillées. Les obligations financières sont plus élevées pour ceux qui ont un emploi. Si ces obligations n'avaient lieu que rarement, le fardeau serait supportable. Mais quand les familles et les groupes de parenté sont nombreux et les décès sont fréquents, ces obligations constituent des dépenses importantes en temps et en argent pour les salariés et leurs employeurs.

L'opinion publique et familiale fait également obstacle à l'avancement. Dans les sociétés traditionnels, on s'attend à ce que les gens se conforment à la pensée traditionnel et aux manières traditionnels de faire les choses. Un de mes amis m'a dit que tôt dans la vie, il avait un penchant artistique. Quand il était encore écolier, deux ou trois restaurants du quartier lui ont demandé de dessiner des fresques sur leurs murs. Il l'a fait à sa grande satisfaction, mais alors quelques membres de sa famille et de ses amis ont appris ce qu'il a fait. Ils l'ont critiqué sans merci. « Pour qui te prends-tu ? » « Qu'est-ce qui t'a fait croire que tu étais artiste ? » « Où as-tu appris à dessiner ? » « Personne dans ta famille n'est artiste, donc pourquoi veux-tu dessiner ? » Et ainsi

---

[4] Foster 1973 : 107–108.

de suite. Mon ami m'a dit qu'il avait abandonné l'idée et n'avait jamais plus essayé de dessiner.

La jalousie et l'envie retiennent les gens aussi. Delbert Chinchen décrit comment ceci se manifeste à tout niveau de la société libérienne et malawienne. Cela se fait par ce qu'il appelle « une forme imposée de socialisme ». Ainsi, une pression sociale extrême est exercée sur tous ceux qui ont des ressources pour qu'ils les partagent avec les membres de la société qui en ont moins. L'effet est d'empêcher n'importe qui d'avancer et au fond il agit comme un frein sur le développement économique. On pourrait soutenir que ce qui est considéré comme des idéaux de partage peut être considéré comme étant au moins en partie des règles de société façonnées par la jalousie et la méfiance[5].

Il existe bon nombre d'autres mécanismes égalisateurs, beaucoup plus que ce qui peut être inclus dans cette description succincte. Ils comprennent : les menaces de la sorcellerie ou de la magie ; l'autorité des anciens qui monopolisent les ressources de sorte que les membres plus jeunes de la société ne peuvent pas avancer ; la peur du commérage ; et les exigences inévitables de la famille et des amis qui revendiquent toutes les ressources qui semblent être à leur portée.

62. La valeur d'un projet de développement ne se mesure pas par son succès à long terme.

Un de nos amis africains a reçu de la part d'une organisation d'aide internationale quelques centaines de dollars de fonds de démarrage pour un projet d'élevage de poulets. Il avait grandi dans la ville et n'avait aucune connaissance spécialisée de l'élevage de poulets. L'agence internationale lui a donné l'argent sans lui fournir d'instructions ou de formation sur l'élevage de poulets. Comme il n'avait pas de place pour élever des poulets, il a mis les poussins sur le sol de la chambre qu'il louait en tant que célibataire. Donc, son lit était au centre de sa chambre convertie en poulailler. Les poulets mangeaient de plus en plus grandes quantités d'aliments, et il commençait à s'inquiéter que son argent soit épuisé avant que les poulets soient suffisamment grands pour être vendus. Il m'a demandé un prêt pour lui permettre d'acheter de la nourriture pour poulets. Il me rembourserait à partir du profit réalisé quand il aurait vendu les poulets. Quand les poulets étaient suffisamment grands pour vendre, il a donné quelques-uns des poulets à la femme qui préparait ses repas. Il en a donné encore d'autres poulets à des personnes avec qui il avait des dettes impayées, certains des poulets sont morts, et il en a vendu quelques-uns pour de l'argent. Il n'y avait

---

[5]Chinchen 1994 : 87.

jamais assez de profits pour me rembourser du tout, et en fait, rien ne
m'a jamais été dit au sujet de remboursement.

À la fin du projet il n'y avait pas de poulets et pas d'argent avec lequel
acheter encore des poussins, même si l'agence d'aide internationale
avait fourni les fonds de démarrage au bénéficiaire pour qu'il s'établisse
dans l'élevage de volaille. De mon point de vue, le projet a failli être un
échec total parce qu'aucun avantage à long terme n'en a été tiré. Mais
du point de vue de mon ami, le projet a été une belle réussite. Cela a été
une réussite parce que pendant quelques mois il avait de l'argent dans
la poche, qu'il a pu rembourser quelques dettes impayées, qu'il avait
du poulet à manger et qu'il se sentait le respect d'être un travailleur
indépendant pendant une période.

Dans un autre exemple, il s'agissait d'une tentative d'établir une
concession de gaz embouteillé. Plusieurs amis avaient l'idée d'acheter
du gaz embouteillé directement auprès d'une compagnie pétrolière et
de revendre le gaz à partir d'un magasin qu'ils loueraient dans leur
quartier. Je leur ai posé des questions sur l'économie commerciale
de ceci ; les marges de profit que la compagnie pétrolière permettait
étaient très basses, le loyer du magasin serait relativement élevé et
leur potentiel de ventes très limité. Je ne voyais pas comment le projet
pourrait être viable à la longue. J'ai découvert que les perspectives à
long terme étaient pour eux au mieux une considération minimale. S'ils
pouvaient obtenir quelque financement d'une agence internationale, ce
qui arriverait à long terme ne suscitait pas beaucoup d'inquiétude de
leur part. Ce qui les préoccupait, c'était d'obtenir du financement afin
que, pour un certain temps, ils aient de l'argent en poche. A cause
de leurs besoins financiers immédiats, ils pensaient uniquement à leurs
intérêts à court terme.

Cette observation s'applique aussi aux projets à grande échelle, comme
on le voit dans un article du journal de Dakar, *Wal fadjri L'Aurore* :

> Globalement, les projets financés par la Banque Mondiale
> ont eu un taux de réussite de 67 % au Sénégal. Mais
> l'agence de financement Bretton Woods et le gouvernement
> du Sénégal se sont mis d'accord sur « la nécessité d'améliorer
> le développement institutionnel et la durabilité de leurs
> projets. … » En ce qui concerne la durabilité des programmes,
> des résultats médiocres ont été mis en lumière, avec la
> conclusion de la vérification que seulement 17 % des projets
> avait une continuité satisfaisante[6].

---

[6]Guèye 1997 : 5.

L'article constate que seulement 17 % des projets financés par la Banque mondiale ont continué à fonctionner après la fin du financement. On peut citer des résultats similaires pour d'autres pays. Par conséquent, l'observation s'applique même au-delà du niveau individuel.

Remboursement des prêts

63. Un prêt est admissible au remboursement lorsque les besoins du créancier dépassent ceux du débiteur.

Si vous avez les moyens et moi, j'ai un besoin, vous devriez me prêter de l'argent. Quand est-ce je le rembourserai ? Quand vous en aurez besoin et quand j'aurai les moyens. (L'imputation d'intérêts serait impensable entre amis.)

Une autre formulation pour cette observation pourrait être : « On accorde un prêt en obligeant l'emprunteur dans un certain sens de le rembourser directement à l'avenir. On offre un cadeau sans aucun sens qu'on le remboursera directement ; plutôt le cadeau sera payé de retour à l'avenir selon les règles tacites de la culture des personnes concernées. »

À un niveau plus formel, les prêts bancaires, par exemple, sont beaucoup moins fréquents qu'en Occident. Les personnes de moyens limités ne peuvent pas emprunter à une banque ; ils n'ont même pas les moyens d'avoir un compte bancaire. Mais même les banques font faillite souvent parce que les individus et les gouvernements ne remboursent pas leurs prêts, qui sont en effet des créances irrécouvrables. Une partie du problème des prêts dans le secteur commercial formel est le manque de capital, mais un problème majeur est la perception des sommes dues – presque personne ne rembourse un prêt volontairement, même si un billet à ordre ou autre document a été signé. Je pense qu'il y a un concept sous-jacent que la banque est là pour fournir et prêter de l'argent – ses coffres sont bourrés d'argent, elle a beaucoup plus d'argent que moi, donc n'est-ce pas un peu absurde de penser que je donnerai de l'argent à une banque ? Une banque et les gens qui ont les moyens sont là pour donner, pas pour recevoir.

64. Le remboursement des prêts est une question subjective qui comporte la pondération de facteurs économiques, sociaux et temporels.

En Afrique, les prêts entre amis ne sont pas traités d'une façon objective, c'est-à-dire comme un contrat verbal obligatoire ayant des conditions clairement énoncées qui doivent être remplies, mais ils sont traités d'une façon subjective. Le critère numéro un qui détermine si un prêt *devrait* être remboursé ou non est la condition financière du créancier. Si le créancier est bien nanti, un remboursement de prêt peut être différé. Bien sûr, la condition financière de l'emprunteur est d'importance fondamentale (s'il n'a pas d'argent, il ne peut pas rembourser le prêt), mais ici la question n'est pas *si* le prêt peut être remboursé mais s'il *devrait* être remboursé. Si le créancier est jugé d'avoir des moyens, il serait difficile pour un emprunteur dans des circonstances normales de considérer sérieusement rembourser le prêt.

Quelques facteurs subjectifs qui peuvent jouer dans la question de remboursement sont les suivants :

1. *Facteurs économiques* – comme on l'a décrit au paragraphe précédent, les positions économiques relatives des personnes concernées entrent dans le remboursement des prêts ; des changements majeurs dans la situation économique de l'emprunteur depuis que le prêt a été consenti ; des développements dans la condition économique de l'emprunteur tels que la perte d'emploi.

2. *Facteurs sociaux* – la relation entre l'emprunteur et le créancier ; le désir d'une relation continue ; des considérations de réciprocité, c'est-à-dire la position relative de chacun vis-à-vis de l'autre en ce qui concerne des obligations, cadeaux et prêts antérieurs ; les déséquilibres résiduels dans les transactions passées en faveur d'une partie ou de l'autre ; le statut social de chaque partie et leur position relative dans la hiérarchie sociale.

3. *Facteurs de temps* – l'histoire passée de relations et d'attitudes mutuelles ; quels types de relations futures sont attendus ; ce que l'emprunteur désire ou attend de la part du créancier à l'avenir, c'est-à-dire combien il est important pour lui de maintenir une bonne cote de crédit.

En résumé, il est clair que le remboursement des prêts est beaucoup plus compliqué que la suite tout simplement des conditions d'un simple contrat écrit.

64-O. Pour un Occidental, le remboursement d'un prêt est dû objectivement selon les conditions convenues quand le prêt a été consenti.

J'ai expérimenté ce qui semblerait sans doute aux Occidentaux un exemple de « non-objectivité » extrême. Une fois j'ai prêté à un ami africain plusieurs centaines de dollars afin qu'il puisse s'acheter un terrain où il pouvait construire une maison, creuser un puits et garder quelques animaux. Avant de lui consentir le prêt nous avons parlé longuement de ses projets, des risques de fraude dans les bureaux gouvernementaux des terres, de quel niveau de remboursements il pourrait soutenir, et de telles questions. Nous sommes arrivés à un accord qui à mon avis comprenait des conditions très généreuses pour l'emprunteur, telles que ne pas lui faire payer des intérêts et prévoir de petits paiements mensuels échelonnés sur plusieurs années. Il m'a dit qu'il continuerait de faire des paiements même s'il perdait le contrôle du terrain. On a établi un contrat qui comprenait tous les détails et toutes les conditions appropriées. Nous l'avons signé tous les deux devant témoins. Peu de temps après que nous avions conclu le contrat, des bulldozers du gouvernement sont arrivés et se sont simplement emparés, sans indemnisation, d'une grande parcelle de terre qui comprenait sa propriété. Mon ami a fait deux paiements symboliques, moins grands que ce qui était prévu, et puis il a complètement répudié le contrat. Je n'ai jamais poursuivi l'emprunteur. Je crois que le contrat allait tellement à l'encontre de la culture que la culture l'a emporté sur les aspects juridiques de la question. Il ne pouvait pas se résoudre à tenir parole si cela voulait dire rembourser un prêt à une personne ayant beaucoup plus de moyens que lui. C'était trop demander étant donnée sa culture. Et si j'avais fait une affaire du remboursement, ce que j'avais le droit de faire, cela aurait signifié la fin de notre amitié.

65. La responsabilité de recouvrer des dettes revient principalement aux créanciers ; il ne revient pas aux emprunteurs d'offrir des paiements.

Les prêts, les loyers et d'autres obligations de paiement sont perçus par le créancier ; les paiements ne sont pas proposés par le débiteur. Si vous êtes propriétaire et que vous voulez votre paiement du loyer, ou si vous voulez le remboursement de votre prêt, quelqu'un doit aller le chercher en personne. On ne s'attend pas à ce que le débiteur ou le locataire aille trouver son créancier pour faire un paiement quand il est dû.

On rembourse rarement les prêts sans rappels, sans essais répétés, et sans savoir quand la personne est payée, où il habite et quand il est probablement à la maison. Dans une ville africaine où nous habitions, l'agent immobilier qui venait à la maison le premier jour de chaque mois chercher notre loyer nous a dit que nous étions ses locataires préférés, car percevoir notre loyer nécessitait seulement une visite.

« Je viens chercher le loyer. » (Observation 65)

65-O. Le remboursement des prêts et le paiement des loyers sont la responsabilité des emprunteurs et des locataires.

Au lieu d'obliger le créancier de retrouver le débiteur pour récupérer son argent, l'Occidental met la responsabilité sur le débiteur. Celui qui doit de l'argent va voir celui qui doit recevoir le paiement, et il est censé le faire dans les délais précisés dans l'accord qui a été établi au moment de la conclusion du prêt ou de l'occupation des locaux loués. Au fait, en Occident, on effectue les paiements en envoyant un chèque par la poste ou en employant d'autres moyens qui n'exigent pas de déplacement physique du payeur.

Pour les Occidentaux, les prêts exigent que les conditions sous lesquelles le prêt serait consenti, soient précisées auparavant. « Quand le prêt sera-t-il remboursé ? » est la question la plus fondamentale. Même si une date n'est pas requise, on fournit un autre indicateur : par exemple, « Quand j'aurai vendu mon maïs après la récolte. » Habituellement, le créancier veut aussi savoir à quoi servira l'argent, pour juger s'il accepte ou non le risque de ne pas être remboursé. De plus, chez les Occidentaux, on s'attend à payer des intérêts sauf dans des cas très personnels ou exceptionnels tels qu'au sein de la famille.

Si on ne rembourse pas ou ne renégocie pas un prêt, toute continuation de la relation entre créancier et emprunteur sera tendue, au mieux, parce que le créancier occidental perd rapidement confiance en l'emprunteur qui ne tient pas parole ou qui manque à ses obligations. Les prêts consentis sur une base commerciale doivent être remboursés dans les délais prévus. Sinon, l'emprunteur doit faire face à la probabilité de poursuite judiciaire de la part du créancier pour forcer le remboursement.

66. Beaucoup de gens vivent en ayant des dettes impayées qu'ils ne s'attendent jamais à rembourser.

La formulation de cette observation pourrait presque aussi bien se lire « *qu'ils n'ont jamais l'intention de rembourser comme prévu,* » puisqu'il semble que cela doit être vrai. J'ai eu plusieurs amis africains qui empruntaient toujours de l'argent qu'ils ne pouvaient jamais rembourser sauf s'ils gagnaient à la loterie. A plusieurs occasions, on m'a demandé de prêter de l'argent pour permettre à des amis de payer leur facture d'électricité qui était en retard. Le système est conçu – intentionnellement ou par inadvertance, je n'ai jamais été en mesure de le déterminer – pour créer des dettes irrécouvrables. Cela fonctionne ainsi. Un certain nombre de familles et de personnes seules louent des chambres dans un immeuble à plusieurs étages. Il n'y a qu'un compteur électrique par immeuble, ou au mieux un compteur par étage. Chaque locataire s'engage à payer sa part de la facture d'électricité et un locataire est chargé de recevoir la part de chaque locataire et d'apporter le montant total à la compagnie d'électricité. Ceci comporte quelques risques, tels que le fait que certains locataires ne peuvent pas payer leur part pendant un mois quelconque. Dans la ville particulière où j'habitais, il y avait un risque supplémentaire. La compagnie d'électricité permettait que deux factures restent impayées, avant que l'électricité soit coupée. Ceci voulait dire que la plupart des gens dans la ville vivaient avec six mois de consommation électrique impayés, parce que la compagnie d'électricité n'envoyait les factures que tous les deux mois. Comme les locataires déménageaient souvent d'un immeuble à un autre, quand une facture arrivait, certains des locataires qui ont utilisé l'électricité pendant la période de la facture avaient déménagé pour une destination inconnue et étaient en effet introuvables. On m'a approché beaucoup de fois pour un prêt d'urgence qui couvrirait les factures en souffrance, la facture courante et les frais de branchement pour rapporter le compteur et rétablir le courant. Il fallait payer tout ceci parce que la compagnie d'électricité rétablirait le service seulement si toutes les charges étaient mises à jour. Quand je demandais comment mon prêt pourrait jamais être remboursé et qui le ferait, et pourquoi le système impossible n'était pas changé, on m'a rassuré que tout s'arrangerait. Le seul problème était de rétablir le courant électrique afin que les gens ne continuent pas de vivre dans l'obscurité.

Le fait d'être constamment et continuellement surendetté a de nombreux effets sur les individus et la société. Un effet est de concentrer les pensées des gens sur là dans leur réseau où ils peuvent obtenir des prêts pour ce dont ils ont besoin. Un autre effet est que la planification financière est basée sur l'identité de la personne qui sera probablement disponible et disposée à accorder des prêts pour ce qui est désiré, et pas seulement sur le revenu.

Ces dettes semblent ne pas nuire aux relations dans certaines sociétés africaines. Les gens peuvent emprunter aux autres ou prêter aux autres et maintenir l'amitié avec ceux qui ont des dettes de longue date. Le désir de la solidarité et les liens créés par la dépendance mutuelle sont plus forts que les tensions de l'endettement. Dans d'autres sociétés ceci n'est pas vrai ou est moins vrai, et des amis africains m'ont dit que les dettes sont souvent une source de la rupture des relations. Lorsqu'il s'agit de l'Occidental, qui se trouve d'habitude à la marge des systèmes sociaux et économiques, il est trop facile à un emprunteur africain de disparaître définitivement, le prêt restant en permanence dans la liste des comptes débiteurs. J'ai connu des Occidentaux qui ont accordé des prêts à des personnes gênantes, sachant qu'ils ne seront jamais remboursés, mais sachant aussi que la personne ne les importunerait plus.

67. Le risque que le prêt ne sera pas remboursé est largement assumé par le créancier.

Non seulement le créancier doit-il normalement chercher l'emprunteur s'il veut qu'on rembourse son prêt, mais le créancier subit la perte si l'emprunteur est incapable de payer. Ceci est particulièrement vrai s'il s'agit d'un événement de force majeure.

J'ai prêté de l'argent à un agriculteur pour acheter des semences de sorgho. Il m'a dit qu'il me rembourserait quand il aurait vendu sa récolte après la moisson. Après la moisson, il est venu chez moi et il m'a dit : « La saison des pluies a bien commencé, mais juste au moment où les têtes de grain étaient prêtes à s'enfler, les pluies ont cessé. Il n'y avait rien à récolter. » Il n'a rien dit de plus, mais ce qu'il voulait dire était : « Désolé, mais je ne serai pas en mesure de rembourser votre argent. »

Un projet de développement auquel j'ai participé, qui était organisé et géré par des Africains, possédait un attelage de bœufs. Ils le prêtaient aux villageois pour des activités agricoles spécifiques, telles que pour labourer des champs. A une occasion, un voisin a emprunté les bœufs et les a gardés du jour au lendemain. A la fin de la journée de travail, il les a attachés à un arbre dans le champ, en s'attendent à terminer le travail le lendemain. Pendant la nuit, des serpents venimeux ont mordu les bœufs et ils sont morts tous les deux. Le gérant du projet m'a dit que l'agriculteur, comme plusieurs autres, savait que des serpents venimeux habitaient quelques trous autour de l'arbre où les bœufs ont été attachés. Toutefois, parce que l'homme était pauvre il n'était pas tenu responsable à rembourser quoi que ce soit au projet. Ce n'était pas parce que le projet était bien financé, ce qui n'était certainement pas le cas, mais simplement parce qu'on ne pouvait tenir un homme pauvre responsable de quelque chose au-delà de ses moyens, même s'il était négligent concernant les animaux empruntés.

Lorsque quelque chose est en usage, en état de marche et disponible, tout le monde dans le cercle du propriétaire a le droit de l'employer et s'y attend. Mais quand il tombe en panne ou a besoin de réparations, c'est la responsabilité du propriétaire de le faire réparer. Un exemple est la poignée de la portière de notre voiture qui a été cassée pendant que la voiture était confiée à un garage pour une réparation. Le garagiste a employé la voiture pour faire un trajet de deux cents kilomètres, épuisant toute l'essence dans le réservoir et cassant une poignée pendant le trajet. Il m'a avoué qu'il avait fait le trajet et cassé la poignée. J'ai essayé farouchement, sans succès, de lui faire remplacer la poignée cassée.

Une tournure intéressante à cette observation vient de la Côte d'Ivoire. Philip Saunders raconte comment il a vendu son vélo de montagne à son domestique. Voici ses propres paroles :

> Nous nous sommes mis d'accord sur la somme de soixante mille francs, qu'il rembourserait en versements mensuels de cinq mille francs retenus sur son salaire. Nous nous sommes serrés la main sur l'affaire et le vélo était à lui.
>
> Enfin je le croyais. Un beau jour il a eu une crevaison. « Patron, le vélo a une crevaison ! » Je l'ai regardé et il m'a regardé. Oui, a dit mon homme intérieur, alors c'est le propriétaire qui doit le faire réparer. Je pense que son homme intérieur lui a dit la même chose. Mon homme extérieur, en réponse à l'attente sur son visage, a sorti trois cent francs et les lui a donnés. Plusieurs mois sont passés et j'ai oublié l'incident.
>
> Puis, hier, il est venu me voir et a annoncé tristement, « Patron, le levier de vitesse est cassé. »
>
> « N'est-il pas formidable, » lui ai-je dit, « qu'il y ait beaucoup de ces vélos ici maintenant et que vous puissiez trouver facilement des pièces de rechange ? »
>
> « Oui, il y a beaucoup de ces vélos ici maintenant. »
>
> « Et combien peut coûter un de ces leviers de vitesse ? »
>
> « Deux mille francs. »
>
> « Voyons ! Vous achetez le vélo depuis six mois maintenant. C'est à qui le vélo ? »
>
> « A vous, patron. »

« Ah ! Je croyais que peut-être la roue de devant serait à moi et que celle de derrière serait à vous. »

Il m'a regardé, en se demandant s'il s'agissait d'encore une de mes petites blagues et s'il devrait peut-être rire.

Dans son esprit, parce qu'il employait le vélo parfois pour les fins de travail, il ne lui appartenait pas encore tout à fait. Effectivement, à son avis, il semble que le vélo m'appartienne totalement. Alors, c'est moi qui devrais payer tous les frais de réparation. De mon point de vue, le vélo lui appartient, il le remboursait, et seulement s'il l'employait uniquement pour le travail serais-je obligé d'aider en cas de réparations.

Donc, il me semble que j'ai encore six mois de réparations à faire avant que la location-vente soit finie. C'est une de ces adaptations culturelles qui sont difficiles à s'y habituer. (Ou peut-être qu'on abuse de moi ?)

À bien y penser, notre domestique est aussi en train de rembourser la dot de sa femme. Je commence à me demander combien de son épouse lui appartient au fait ... !

Caveat emptor. Caveat vendor aussi, je suppose[7].

67-O. Pour un Occidental, c'est l'emprunteur qui assume le risque de rembourser le prêt.

Vivre en Afrique a fait que je me demande, « Pourquoi dans notre société Occidentale est-ce l'emprunteur qui doit assumer quasiment tout le risque quand il contracte un emprunt ? » Pourquoi permet-on au créancier d'exiger des garanties pour réduire ses risques à un minimum ? S'agit-il seulement de quelques-unes des règles injustes du système capitaliste ? Je crois que le raisonnement fondamental et historique doit être comme ceci : L'emprunteur potentiel veut se servir de l'argent appartenant à quelqu'un d'autre. Afin d'inciter le propriétaire de l'argent à permettre de son plein gré que cet argent passe hors de sa possession pendant une période donnée, il doit avoir l'assurance que sa propriété lui sera rendue au moment convenu. Si l'emprunteur potentiel ne veut pas ou ne peut pas donner cette assurance et une garantie raisonnable qu'il remboursera l'argent, le propriétaire ne sera pas disposé à le lui prêter.

Le raisonnement dans au moins certaines parties de l'Afrique suit un tout autre chemin. Il semble aller comme ceci : D'abord, il y a une différence entre emprunter à une institution ou emprunter à un individu.

---

[7] Saunders 1997 : 5–6.

Quand un grand homme emprunte à une banque, son obligation de rembourser le prêt sera souvent proportionnelle à sa position et son influence dans la société. Alors, le grand risque de défaillance sur le prêt est assumé par la banque. La banque accepte d'accorder le prêt parce qu'elle n'a pas le choix peut-être dans le contexte de directives du gouvernement ou de coercition politique, ou parce que la direction s'intéresse plus à faire plaisir à un client qu'à sa propre viabilité à long terme. Au niveau individuel, les prêts sont accordés entre des personnes ayant des relations à long terme. Le créancier potentiel a plus qu'une relation commerciale avec l'emprunteur et, par conséquent, est et doit être indulgent envers l'emprunteur afin de sauvegarder les avantages que la relation lui offre en dehors des aspects purement monétaires du prêt.

68. L'emploi du mot *prêt* pour demander de l'argent à quelqu'un est souvent un euphémisme qui veut dire *cadeau*.

Certainement, d'après mon expérience personnelle et celle de la plupart de mes amis occidentaux, les prêts ne sont jamais remboursés par la plupart des emprunteurs, à quelques exceptions près. Le même emploi euphémistique du mot *prêt* pour signifier *cadeau* est aussi employé par les Africains auprès des Africains. Néanmoins, probablement la plupart des langues africaines ont une variété de termes qui distinguent entre les cadeaux et les prêts, c'est-à-dire, donner sans s'attendre à quoi que ce soit en retour, et donner en s'attendent à diverses sortes de retour, telles que l'objet précis ou un objet équivalent. En plus des termes de langues locales, les langues importées européennes, normalement l'anglais ou le français, ont leurs propres termes. Ceux-ci comprennent, en français, prêt, avance, crédit, cadeaux, aide, et en anglais, *loan, advance, credit, gift, aid*. Étant donné un tel mélange de termes et de concepts étrangers et locaux, on conseille à l'Occidental de découvrir quels sont les termes locaux et ce qu'ils signifient vraiment, quand il fait des prêts et des cadeaux.

Un de mes amis raconte une expérience avec une connaissance africaine. L'homme a demandé d'emprunter de l'argent. Il a conclu sa demande d'aide en disant, « Vous êtes le seul qui puisse m'aider. » Mon ami s'est indigné à ceci et lui a rétorqué : « Vous voulez dire que parmi toutes les personnes du monde, y compris les sept millions de vos compatriotes, je suis la seule personne qui puisse vous aider ? » Puis l'homme a expliqué qu'il était très difficile d'emprunter de l'argent à ses compatriotes. Ils venaient réclamer leur argent, ils faisaient toute une histoire devant ses amis quand on ne le payait pas, et ainsi de suite. Donc, mon collègue était le seul qui puisse vraiment l'aider. Bien sûr, ce qu'il voulait dire est que mon ami était le seul à ne pas le poursuivre pour le remboursement de son argent. Il ne faut pas beaucoup d'imagination pour comprendre que l'homme n'avait aucune intention de rembourser le prêt qu'il demandait.

69. Le prêt de biens ou d'objets est l'équivalent d'un cadeau.

En général, le prêteur doit demander le retour de l'objet prêté pour qu'il y ait une possibilité qu'il soit rendu.

Une expérience très révélatrice de ceci est arrivée à un de mes amis africains. Il était sans emploi et avait très peu de biens, mais un de ses amis a insisté à emprunter sa seule et unique veste légère un jour de vent froid. Ceci a laissé mon ami frissonner pendant le reste de la saison froide, mais en dépit de savoir cela son ami a gardé la veste, et mon ami croyait qu'il ne devait ni ne pouvait demander qu'elle lui soit rendue. La veste n'a jamais été rendue à celui qui, pour moi, était le propriétaire légitime.

Les objets prêtés peuvent être : livres, magnétophones, sacoches, vêtements, outils, vaisselle, et choses pareilles. Il semble qu'il existe un fort sentiment que si la personne croit qu'elle a besoin de quelque chose plus que vous, vous le lui devez et ne devriez pas vous attendre à ce qu'il soit rendu. Le besoin le plus grand est défini par celui qui est dépourvu de la chose. Et plus la relation est proche entre la personne qui a un tel 'objet excédentaire' et l'ami qui ne l'a pas, plus c'est vrai. Le partage et l'égalité entre des amis proches est la règle, pas l'exception.

1. En général, l'emprunteur ne rend pas l'objet sauf si le propriétaire demande (à plusieurs reprises) son retour.

2. Les objets peuvent être prêtés à nouveau à des tiers sans le consentement ni la connaissance du propriétaire d'origine.

3. L'emprunt à long terme (c'est-à-dire, la possession) de quelque chose le transforme automatiquement en cadeau.

4. Il semble qu'on y pense peu si l'article est usé, déchiré ou rendu inutile, que ce soit à cause d'utilisation normale ou de négligence évidente.

Soin des biens. La responsabilité d'assurer l'entretien est un risque assumé par le prêteur. J'ai prêté un magnétophone neuf à un ami pendant quelques semaines. Quand je l'ai récupéré, la porte de protection a été cassée, plusieurs boutons manquaient, et le boîtier était sévèrement rayé. Il ne fonctionnait guère. Aucune excuse n'a été donnée. Quand un Occidental emprunte quelque chose à un autre Occidental, si l'objet subit une usure excessive, il offre probablement de payer la réparation ou tout au moins il présente ses excuses.

Beaucoup d'attitudes envers les effets personnels et la prise de responsabilité des biens d'une autre personne sont apparemment très différentes en Afrique et en Occident. Le bon entretien et la préservation des choses en bon état de fonctionnement sont des valeurs importantes en Occident. Les différences entre les deux cultures ne viennent pas tout simplement de la disponibilité des ressources.

Mon épouse et moi avons loué la même maison pendant plusieurs années. L'agent du propriétaire qui cherchait le loyer exprimait son étonnement plusieurs fois que la peinture soit restée propre à l'intérieur et à l'extérieur de la maison, et que rien n'ait été cassé. S'il a expérimenté cela à son niveau privilégié de la société, ce n'était pas par manque de ressources. Nous nous sommes considérés comme des Occidentaux normaux dans ce sens. On nous a dit à plusieurs reprises par des amis africains qu'il est mieux ne pas acheter une voiture d'occasion à un Africain, parce que, fréquemment, les Africains n'entretiennent pas leur voiture régulièrement (par exemple, en faisant la vidange de l'huile). Beaucoup de propriétaires préfèrent louer aux Occidentaux parce qu'ils pensent que ceux-ci prendront mieux soin de leur maison ou appartement ; certains vont même réduire le loyer afin d'attirer les Occidentaux.

Un autre risque associé aux prêts est que si le bien d'une personne reste longtemps chez un ami, dans les concepts africains cela signifie que le propriétaire a une relation avec l'emprunteur. L'objet ou le bien peut très bien symboliser l'amitié. Cela peut signifier que demander la restitution du bien peut être interprété comme si le propriétaire demande la fin de la relation. Personnellement, je n'ai pas compris comment cela peut être vrai, par exemple, dans le prêt de livres, même si on m'assure que c'est vrai. Pendant des années, j'ai prêté des livres à mes associés de recherche. Presque invariablement deux choses ont été vraies : primo, il a fallu que je demande le retour des livres lorsque j'en ai eu besoin ; et secundo, l'associé savait dans beaucoup d'instances qu'il s'agissait de livres que j'étais en train d'utiliser, et pourtant il ne les rendait pas de son propre gré, même si je lui avais donné un délai spécifique au moment du prêt.

70. On comprend la réponse « non » à une demande d'argent, d'un prêt, ou d'un objet matériel comme une insulte, une indifférence au besoin, un manque de respect ou un signe de rejet du demandeur.

Le mot *non* est souvent un piège aux étrangers qui vivent en Afrique. Pour l'Occidental, *non* est tout simplement l'antonyme de *oui* ; pourtant, même les Occidentaux se rendent compte que le tact dans de nombreuses situations exige que la réponse *non* soit adoucie par des qualificatifs délicats. Dans beaucoup, probablement la majorité, de cultures africaines, l'emploi du mot *non* et d'autres expressions négatives est une zone parsemée de pièges pour l'Occidental. Une réponse négative directe à une demande sera probablement perçue comme une insulte. Une réponse négative directe est une indication que la personne qui répond ainsi ne se soucie pas de la personne à qui elle répond.

Il y a des alternatives à un « non » direct et conflictuel quand on répond à une demande. Des exemples incluent : « Peut-être plus tard », « Pas aujourd'hui », « Ça m'intéresse, mais je ne peux pas acheter aujourd'hui. » Aussi, on peut suggérer quelqu'un d'autre qui pourrait être intéressé ; en effet, mieux employer toute autre réponse que de fermer violemment la porte sur la personne.

Une expérience personnelle démontre l'écart entre les cultures occidentales et africaines dans l'emploi du mot « non » et la transmission alternative d'information négative. D'abord, je résume l'incident de mon point de vue. Puis je vais donner la description du même incident du point de vue d'un des participants africains.

Version occidentale (écrite par l'auteur) : Je travaillais dans une certaine ville lorsqu'un vieillard, Monsieur B, est venu me demander de l'aide pour faire éditer quelques manuscrits qui lui appartenaient. Il a appris mon intérêt dans les langues africaines, les mythes d'origines et les histoires ethniques, par un de mes assistants de recherche. Avant sa retraite, il avait été instituteur. Il a apporté une collection d'une dizaine de manuscrits, dont quelques-uns étaient écrits à la main et d'autres tapés à la machine. Les sujets comprenaient un livre de grammaire de sa langue (une langue principale africaine dont des grammaires publiées étaient largement disponibles), des contes populaires, et des mythes d'origines tribales. J'ai essayé de lui dire qu'il était très difficile de faire publier des manuscrits parce que le marché de tels matériaux était très limité. Mais, pour ne pas paraître impoli, je lui ai dit qu'il pouvait me laisser les manuscrits pendant un certain temps et je les examinerais et je verrais si je pouvais trouver un éditeur qui s'y intéresserait. Il est parti pour retourner à son village, qui était situé dans une région lointaine du pays.

J'ai examiné les papiers. Le manuel de grammaire était traditionnel et pas de haute qualité. D'ailleurs, il n'avait pas les qualifications pour écrire un tel livre de grammaire, ou tout au moins le faire éditer. J'ai regardé les contes populaires ; ils semblaient assez typiques des vingtaines de livres disponibles chez beaucoup de maisons d'éditions. Finalement, j'ai regardé son histoire de son propre peuple et de sa langue, qui est une langue principale en Afrique occidentale. A mon étonnement, il a affirmé qu'Adam parlait cette langue, tout comme Abraham et d'autres anciens. Il a affirmé aussi que le français se basait sur cette langue, et ainsi de suite. Alors, à mon avis, ces idées discréditaient tout ce qu'il a écrit, et je pouvais de toute bonne conscience mettre de côté ses documents.

J'ai pensé que, quand Monsieur B reviendrait pour le verdict, je lui dirais que je ne pouvais pas l'aider, surtout compte tenu de mes propres manuscrits inédits. Je le rencontrerais en personne et je lui expliquerais tout cela. Mais je lui rendrais ses manuscrits, en exprimant mes regrets que je ne pouvais pas l'aider, pour qu'il n'ait pas besoin de dépenser ses ressources limitées en voyageant en mauvaise santé encore une fois à la capitale.

Quand j'ai raconté tout ceci à un ami africain, il a été horrifié. Cela m'a surpris un peu, donc j'ai demandé l'avis d'un autre ami africain. Il a complètement pris la partie du premier ami africain. A ce point je leur ai confié toute l'affaire, pour qu'ils traitent avec Monsieur B de la manière qu'ils pensaient la meilleure.

Version africaine (écrite par un Africain)[8] : En Afrique, en Europe et ailleurs, les personnes rendent service l'un à l'autre. Même dans les sociétés qui cultivent l'individualisme, personne ne peut empêcher quelqu'un d'aider une tierce personne de temps en temps, ou empêcher quelqu'un de solliciter quelque chose auprès d'un autre. Ce n'est donc pas là le problème. Il réside plutôt dans l'attitude à adopter si quelqu'un nous demande quelque chose que nous ne pouvons ou ne voulons pas accorder.

En Europe et en Amérique du Nord, si on sollicite l'aide de quelqu'un qui ne peut pas la donner, il répond directement au négatif, sans aucune gène. Celui qui fait la sollicitation comprend l'attitude franche, et sans ressentiment peut aller frapper à une autre porte. Ici en Afrique, c'est différent. Un refus catégorique est compris comme une démonstration

---

[8]Cette section, appelée « Version africaine », a été écrite par un des participants dans l'épisode qui, à la demande de l'auteur, a écrit son point de vue de l'événement.

d'un manque de tact et de diplomatie. Répondre à une demande d'une manière directe et négative est une offense et montre une absence de respect par rapport à l'autre.

Cela ne veut pas dire que les Africains font des promesses qu'ils ne tiendront pas. Pas du tout. Comme les gens le font partout dans le monde, ils refusent ceux qui viennent leur demander un service qu'ils ne peuvent pas fournir. Toutefois, il y a une manière de le faire sans offenser l'autre et sans affecter négativement les relations futures entre eux.

Si les Africains se débrouillent dans ce monde, c'est parce que beaucoup d'entre eux ont une double culture et une large capacité d'assimiler les coutumes et les cultures des autres. Mais ils le font sans désavouer leurs valeurs africaines. Ceci explique comment ils arrivent à vivre dans d'autres pays du monde sans expérimenter du stress culturel.

Mais, au moins cela semble vrai, les Occidentaux n'ont pas cette capacité, ou bien ils ne font pas suffisamment l'effort nécessaire pour comprendre l'autre. Ceux parmi eux qui font l'effort, en effet, le racontent dans les pages froides d'un livre que la très grande majorité n'a aucun intérêt à lire. Ainsi, cette compréhension, dans la mesure qu'elle existe, reste purement théorique. Sur le terrain donc, c'est-à-dire en pratique, des étincelles se produisent souvent à l'intersection des deux cultures. C'est ce à quoi nous devrions nous attendre là où il y a une telle incompréhension qui est beaucoup plus culturelle que circonstancielle.

Considérons ce cas de Monsieur B, enseignant retraité qui consacre le reste de sa vie à écrire des livres de contes populaires, de grammaire, de l'histoire de son groupe ethnique et des mythes d'origine de son clan. Mais il a eu des problèmes pour trouver une maison d'éditions qui s'intéresse à ses œuvres. Après avoir fait le tour des maisons d'éditions dans la ville capitale en vain, il décide d'aller voir une de ses connaissances, un Occidental, pour chercher un peu d'aide éventuelle. Mais il trouve que cet Occidental a aussi une montagne de manuscrits qu'il veut faire publier aussi. Néanmoins, l'Occidental va prendre du temps pour examiner les manuscrits de Monsieur B. Celui-ci laisse les manuscrits avec l'Occidental pour les examiner lorsqu'il aura l'occasion, et il retourne chez lui dans une région lointaine du pays.

Quelque temps plus tard, Monsieur B revient voir l'Occidental pour savoir si ses manuscrits avaient enfin trouvé preneur. Son ami occidental, sachant qu'il ne serait pas capable de faire quoique ce soit, a décidé de lui rendre les manuscrits. Avec son incapacité de trouver une maison d'éditions pour ses propres œuvres, en trouver une pour quelqu'un d'autre serait utopique.

Dialogue ou communication (écrit par le même Africain) : Les Africains qui étaient là ont fait comprendre à l'Occidental que, s'il procédait de sa manière brusque, il risquait de faire mal au vieillard. Cette prise de conscience a provoqué beaucoup de questions quant au comportement à adopter. Est-ce qu'il fallait purement et simplement rendre les manuscrits à Monsieur B en souriant au coin de la bouche ?

En Occident, c'est ce qu'on ferait. Mais il arrive que nous sommes en Afrique. Donc, pour résoudre le problème, et il y en a un, il est nécessaire de démontrer beaucoup plus de compréhension et de diplomatie. Un Africain dans une telle situation saurait comment la gérer sans offenser le vieillard. Bien sûr, il faudrait prendre tout le temps nécessaire, mais le problème serait résolu. Mais l'Occidental qui voudrait résoudre le problème en une minute, en se serrant la main sans dialoguer, laisserait un sentiment résiduel d'animosité.

Le *dialogue* est la solution à un tel problème. Certains disent que les Occidentaux *communiquent* mais ne *dialoguent* pas[9]. Dans la communication un *non* est un *non* et un *oui* est un *oui*. Ce qui compte c'est que l'autre personne comprenne le message qui est transmis. Dans le dialogue, par contre, on cherche le cœur de l'affaire, en allant au-delà des mots pour s'adresser aux sentiments et aux passions. Le dialogue est donc plus fort que la communication parce qu'il permet à une personne de se mettre à la place de l'autre, de comprendre de l'intérieur et non seulement de l'extérieur.

Se mettre à l'intérieur de l'autre pour comprendre de l'intérieur (écrit par le même Africain) : L'Occidental va de la surface vers l'intérieur, alors que l'Africain se met à l'intérieur de l'autre, en allant de l'intérieur vers l'extérieur. Ceci est la différence fondamentale dans la conception des choses, et surtout, la compréhension des personnes. Ceci, donc, est le début de la résolution de l'équation qui est devant nous, c'est-à-dire accepter le dialogue au lieu de la simple communication.

Les deux Africains (c'est-à-dire mon ami et moi) ont parlé à Monsieur B de l'intérêt que son œuvre aurait pour les générations présentes et futures. Ils l'ont fait comprendre que son ami occidental avait un grand nombre de manuscrits qui ne seront jamais édités à cause d'un manque

---

[9]Bien que le mot *dialogue* soit employé ici, je crois que celui qui écrit ici souligne la différence entre la *communication* à sens unique qu'il croit que l'Occident emploie, par exemple, en informant Monsieur B que l'Occidental ne peut pas l'aider, et le *dialogue* à double sens qu'il croit que l'Africain emploie. Ceci est presque l'acte de négocier une réponse, en prenant en considération les besoins et les désirs des deux parties afin d'éviter de blesser Monsieur B, bien qu'il n'existe aucune intention de l'aider.

de moyens financiers. Toutefois, ils lui ont dit que son ami occidental leur avait dit de lui dire de ne pas perdre espoir, car les portes s'ouvrent parfois du jour au lendemain.

A ce point, Monsieur B, qui en tant qu'Africain comprend le sujet, a laissé une partie de ses manuscrits pour plus ample examen et a emporté les autres dans l'espoir de les montrer à un autre éditeur. Donc, les manuscrits laissés avec l'Occidental lui seraient restitués lors de sa prochaine visite.

En revenant au sujet de Monsieur B et de son ami occidental, leur bonne relation était conservée et rien ne les empêche de collaborer à l'avenir. Si cela est vrai, il a été rendu possible par des Africains de la même culture que Monsieur B, qui ont fait office de médiateurs en jouant un rôle important socio-diplomatique. Pour ce faire, il fallait connaître le fonctionnement de toute une culture. Et sur ce point précis, cela prouve que les Africains connaissent mieux les Occidentaux que ceux-ci connaissent ceux-là. S'il y a un problème de compréhension entre les Africains et les Occidentaux, il est culturel et non épidermique[10].

Point de vue occidental du point de vue africain : Dans la Version occidentale ci-dessus, j'ai rapporté comment j'avais voulu gérer la situation concernant Monsieur B. Mes assistants étaient profondément en désaccord avec la façon dont je me proposais de traiter avec lui. (Je me suis félicité qu'ils m'aient exprimé leurs objections. J'ai considéré comme un succès qu'ils se soient sentis libres de le faire. Je me suis efforcé pendant longtemps de les encourager à exprimer leurs opinions, ce que beaucoup d'Africains ne font pas auprès des étrangers, surtout quand ils sont employés.)

Comme mon point de vue de la question était si différent de celui de mes assistants, j'ai demandé à un des Africains de rédiger un compte-rendu de l'épisode de leur point de vue. Le résultat était la « Version africaine ». Pour conclure la discussion, je vais expliciter quelques-unes des différences culturelles que l'épisode entier semble révéler.

Quelques affrontements de la culture occidentale avec le point de vue africain sont les suivants :

1. Je ne pensais pas agir de manière offensive si je disais poliment et respectueusement à Monsieur B que malheureusement je ne pouvais pas m'occuper de l'édition de ses manuscrits. Être clair et traiter avec tact ce sujet serait une simple courtoisie. Il serait alors libre de poursuivre d'autres possibilités d'édition.

---

[10]Communication personnelle, 1997.

Je lui rendrais un mauvais service si je retenais ses manuscrits sans raison.

2. L'approche africaine pour moi était insincère, hypocrite et même malhonnête, puisqu'elle m'obligerait à faire semblant de m'intéresser à son œuvre. Au fait, je croyais : (a) qu'elle était non publiable ; (b) qu'il devrait savoir que je ne travaillais pas dans l'édition et donc n'étais pas vraiment capable de l'aider ; et (c) qu'il serait un mauvais service à Monsieur B de lui donner faussement l'espoir de voir ses œuvres éditées.

3. Je ne suis pas d'accord avec l'interprétation que mes collègues africains ont donnée concernant mon incapacité d'aider Monsieur B à faire éditer ses manuscrits. Ils l'ont compris comme un refus de l'aider. Pour moi, donner à Monsieur B l'impression que je pouvais l'aider alors qu'au fait je ne le pouvais pas serait trompeur et une fausse représentation de ce que j'étais capable de faire et de ne pas faire. Il ne peut pas s'agir d'un refus lorsqu'une personne dit à une autre ce qu'il est incapable de faire. Un refus ne peut être qu'un manque de volonté de faire ce qu'on est capable de faire, au moins dans ma culture. C'est autre chose si on fait comprendre qu'on est capable de faire quelque chose alors qu'on ne peut pas, en guise de ne pas blesser l'autre personne. Ce qu'ils voyaient comme la bonne voie à suivre, était à mes yeux cacher mon incapacité de l'aider, en faisant semblant d'aider Monsieur B, tout cela pour essayer de ne pas le décourager. Pour moi, ceci était de l'hypersensibilité portée à l'extrême. Les adultes devraient être capables de confronter la réalité, si on la leur présente doucement. Un besoin extrême de cacher les réalités normales à des personnes normales et la nécessité d'empêcher les adultes normaux de ressentir le moindre malheur personnel, me semblent créer un monde de fantaisie où l'irréel devient nécessairement indiscernable de la réalité.

4. Les Africains croyaient que leur gestion de la situation ne consistait pas à faire une promesse que ni eux ni moi ne pouvions pas tenir. À mon avis, il s'agissait au moins implicitement de promesses. Monsieur B pensait que je lui promettais d'essayer de trouver un éditeur, que je promettais de travailler avec les manuscrits, etc. En effet, mes assistants africains et moi savions fort bien que tout ceci n'était pas vrai.

5. L'Africain écrit que répondre à une demande d'une manière négative et directe est offensif et nuira à notre relation future avec cette personne. Je suis d'avis que cela est très regrettable,

si c'est vrai. Et au fait, il semble que c'est vrai dans beaucoup de cultures africaines. Au lieu de donner une réponse directe, l'alternative est simplement de dire aux gens ce qu'ils veulent entendre sous une forme ou une autre. Selon ma compréhension culturelle, cela créera des problèmes à long terme qui rendront cette approche contreproductive.

6. Mes collègues africains croyaient que les Africains sont mieux en accord avec d'autres cultures que ne sont des Occidentaux. Je ne peux pas l'accepter, mais je trouve ce point de vue intéressant. Il est très possible que si les Africains cherchent à éviter des affrontements à un niveau interpersonnel, plus que le font les Occidentaux, ceci peut être interprété comme étant 'mieux en accord'. Mais ceci reflète aussi un contraste fondamental entre les cultures africaine et occidentale. On peut faire valoir que les Africains cherchent souvent de l'harmonie superficielle au prix de laisser non-résolues des différences plus profondes.

Ce que l'écrivain africain appelle être en accord avec d'autres cultures est moins un cas de comprendre les autres que de chercher à ne pas offenser des personnes d'autres cultures. Ceci est différent de la compréhension interculturelle. Considérons cette situation entre mes collègues africains et moi. Ils ont rejeté mon désir de traiter avec Monsieur B d'une manière polie mais directe. Bien sûr, ils pouvaient justement considérer mon approche comme offensive dans leur culture. Je peux accepter qu'en fait c'était le cas. Mais cela ne veut pas dire que je sois insensible dans ma propre culture, ou que les Occidentaux soient objectivement plus insensibles que les Africains. Les membres d'une culture en particulier qui considèrent certains comportements comme insensibles, peuvent être considérés comme hypersensibles par ceux de l'autre culture.

On m'a considéré insoucieux et insensible. Une opinion plus compréhensive de leur part aurait été de reconnaître que la sensibilité est définie d'une manière relative. Ce qui serait insensibilité et blessure des sentiments d'autrui dans une culture particulière peut être franchise parfaitement normale dans une autre. Une interprétation alternative serait que moi, en tant qu'individu, j'étais insensible, mais cela ne veut pas dire que tous les Occidentaux sont insensibles. Plutôt, on a jugé en termes généraux que « les Africains sont sensibles, les Occidentaux sont insensibles ». Bien sûr, les Occidentaux trop souvent font des généralisations injustes au sujet des Africains comme, dans ce cas-ci, les Africains semblent avoir fait au sujet des Occidentaux.

7. Je ne suis pas d'accord, bien sûr, avec le dénigrement dirigé vers moi : « [Apparemment], les Occidentaux n'ont pas cette capacité (d'assimiler les coutumes et les cultures des autres), ou bien ils ne font pas suffisamment d'effort nécessaire de comprendre l'autre. Ceux parmi eux (c'est-à-dire, moi, son employeur à l'époque), qui font l'effort, en effet, le racontent dans les pages froides d'un livre (c'est-à-dire, ce livre-ci, *Les amis africains et les questions d'argent*) que la très grande majorité n'a aucun intérêt à lire. »

Finalement, un court résumé de tout l'épisode avec Monsieur B. : Mes collègues africains considéraient que mes opinions montraient que j'étais insensible, insoucieux, et souffrant d'un manque de sentiments humains fondamentaux et de diplomatie. Dans la mesure où je suis un Occidental typique et que mes collègues sont des Africains typiques, ceci révèle qu'il y a un grand chasme culturel entre nous dans le domaine des relations interpersonnelles.

70-O. La réponse simple « Non » vise à informer le requérant dans les délais les plus économiques possibles que la demande est refusée, pour quelque raison que ce soit.

L'Occidental considère que *Non* est une réponse immédiate qui va à l'essentiel sans perdre le temps du requérant ou celui du donateur potentiel. Bien qu'en Occident on ajoute souvent des adoucissements à *non*, tels que « Non, pas encore », je pense que l'emploi du mot *non* lui-même et d'autres négatifs du même type dans les langues africaines, quels qu'ils soient en effet, est beaucoup plus délicat que les négatifs équivalents en Occident.

Puisque les opinions négatives et contraires et les désaccords sont des questions tellement délicates en Afrique, les Occidentaux doivent y faire beaucoup d'attention.

[Ils] devraient sonder doucement pour avoir des réponses précises et des détails jusqu'à ce qu'ils soient raisonnablement satisfaits qu'ils comprennent ce qu'on entend même si on ne l'a pas énoncé.

Le défi est de déterminer si les vraies réponses sont affirmatives ou négatives. Comme l'homme d'affaires britannique Peter Biddlecombe l'explique :

On pose une question ou fait une proposition. L'Africain n'est pas d'accord ou est incertain, mais il ne veut pas vous offenser, alors il y acquiesce. Cependant, c'est une formalité, il emploie des mots symboliques ou des codes. Comme un diplomate qui dit 'oui' pour signifier 'peut-être', ou 'peut-être' pour signifier 'non', il a respectée les règles de la courtoisie, mais il a transmis ses vrais sentiments. Le problème, bien sûr, est d'interpréter les signaux[11].

Les Africains m'ont assuré qu'ils se comprennent, et ce qui paraît aux Occidentaux comme des significations peu claires sont pour eux parfaitement claires. J'ai eu des raisons de douter que ceci soit toujours vrai. Une fois, des amis africains ont prévu de faire une présentation dans un village à quelque distance de la ville capitale où ils habitaient. Ils ont obtenu l'accord du fils du chef de village pour parrainer leur visite. Ils ont tous convenu d'une date et d'une heure où le fils serait au village pour les accueillir et les présenter au chef. A quelques frais personnels, les amis ont loué un véhicule, emprunté du matériel et voyagé au village. Ils ont attendu longtemps mais le fils du chef n'est jamais venu. On ne pouvait pas faire la présentation. Ils avaient mal interprété son accord de les rencontrer et avaient gaspillé leur temps et leur argent à cause du malentendu.

Résumé : prêts et dettes

L'abus des biens de quelqu'un d'autre est une question sensible auprès des Occidentaux. Les objets sont valorisés, et il est considéré nécessaire d'en prendre soin. Souvent, les Occidentaux ne veulent pas prêter leurs choses aux autres parce qu'ils croient qu'une autre personne – que ce soit un Africain ou un compatriote – n'en prendra pas soin, soit par négligence, soit par abus, et alors, l'usure de ces objets sera excessive.

Les Occidentaux ont trouvé par expérience que beaucoup d'Africains ne prennent pas soin de leurs propres biens. Ils ne comprennent pas comment les Africains semblent valoriser les choses autant que les Occidentaux, mais qu'ils n'en prennent pas soin. Même quand les Africains ont peu de choses, il est inexplicable qu'ils n'entretiennent pas avec soin ce qu'ils possèdent, tout au moins dans la façon de penser de l'Occidental.

Ce sujet chevauche le sens de l'hospitalité qu'a l'Occidental. Les Occidentaux ont des règles très rigides qui régissent l'utilisation des toilettes et des salles de bain et d'autres parties de leurs maisons. Ils sont très pointilleux en matière d'hygiène et des procédures à suivre dans ces endroits. Quand les règles ne sont pas suivies par les invités africains,

---

[11]Richmond et Gastrin 1998 : 45.

leur sens d'hospitalité va souffrir facilement. Les Africains interprètent de manière générale les attitudes des Occidentaux envers le prêt de leurs affaires et leur manque d'hospitalité comme découlant de préjugés raciaux. En fait, ils n'ont généralement rien à voir avec la race et tout à voir avec le soin et le respect de la propriété. L'Occidental serait aussi mécontent de l'utilisation inappropriée de ses toilettes, disons, par un compatriote occidental que par un Africain.

Aux Etats-Unis, de toute façon, on méprise ceux qui n'entretiennent pas propres et en bon état de fonctionnement leur maison, leur jardin, leurs automobiles, leurs meubles, et leurs possessions personnelles et les considère a priori comme partie de la sous-classe sociale. Ces sentiments et leurs valeurs sous-jacentes sont repris dans leur pays adoptif en Afrique, où les attitudes aux possessions semblent être radicalement différentes.

9

Affaires commerciales

Introduction

Au chapitre 4, « L'utilisation des ressources », on a parlé d'une certaine ambivalence africaine envers l'argent. On pourrait également dire que beaucoup d'Africains ont des réticences en ce qui concerne le commerce. Le commerce a des liens historiques et émotionnels aux intrusions étrangères en Afrique, à la croissance des villes, à la recherche débridée du profit et à la perte de la vie et des valeurs traditionnels. L'écrivain camerounais Jean-Marc Ela décrit cette attitude de manière éloquente :

> Pour l'Africain, le village rustique est un lieu lui offrant la sécurité qui vient d'un ancrage fort dans un monde homogène et sans fissure. Le déménagement en ville marque la fin du monde. Il marque l'effondrement des vérités de l'existence et la rupture avec tous les liens communautaires à la vie traditionnel. La ville est là où les jeunes se perdent et sont exposés à tous les dangers et tentations du monde 'corrompu' qui est en contact avec la 'civilisation'. Au bout du compte, l'urbanisation des Africains entraîne une séparation de la société et de la communauté traditionnels et un rejet du mode de vie du passé. Privé de la participation à ses rites, ayant abandonné ses croyances et pratiques ancestrales, l'Africain n'est qu'un citadin désorienté. C'est un individu anonyme, disponible, même en étant sur ses gardes. Il vit souvent comme célibataire, attaché de façon précaire à un bout de famille ou à un groupe de camarades. Il vit isolé parmi des étrangers, désorienté par le mélange de coutumes, le mode de vie peu familier et les nombreuses tentations[1].

---

[1] Ela 1983 : 187.

Pour le lecteur occidental, quelques remarques introductoires en plus sont nécessaires :

1. Le commerce est très attaché aux questions sociales. Le commerce et les relations sociales ne sont pas des compartiments séparés de la vie en Afrique.

2. Aux yeux de l'Occidental, au moins, la culture africaine commerciale semble moins directe ou concrète, moins explicite quant à certains problèmes, excessivement diplomatique en disant aux clients ce qu'ils sont censés vouloir entendre dire et moins franche au sujet des problèmes.

3. Enfin, le commerce en Afrique reflète des économies qui sont souvent moins en phase avec les conditions du marché hautement concurrentielles que celles en Occident.

Les vingt observations suivantes (numérotées de 71 à 90) concernent les affaires commerciales dans la culture africaine.

Le rôle des relations

71. Avant d'essayer de faire affaire avec un Africain, il est essentiel d'établir au moins une relation personnelle minimale pour effectuer la transaction.

Ceci s'applique même aux plus simples des transactions commerciales, telles que demander son chemin à un étranger dans la rue ou sur une route rurale. La courtoisie de base africaine exige qu'on salue d'abord la personne avant que toute autre interaction puisse avoir lieu. Si les salutations et une relation personnelle de base sont nécessaires pour des rencontres aussi triviales et passagères que la demande du chemin, à beaucoup plus forte raison sont-elles nécessaires dans des transactions importantes.

Les Africains mènent une vie matériellement simple mais socialement complexe. Au-dedans de cette complexité, les relations interpersonnelles passent en priorité dans tout, que ce soit le travail en collaboration avec les responsables gouvernementaux ou les achats aux marchands de légumes.

Dans les rapports avec les Africains, il faut d'abord établir des liens sur une base personnelle. Parler de la famille, de la leur et de la vôtre. Faire des efforts de développer une bonne relation afin de ne pas ressembler au visiteur étranger habituel, distant et professionnel[2].

Jon Arenson parle d'un homme qui est venu lui rendre visite au Soudan. On lui a offert du thé, et Jon et le visiteur « ont parlé et bu du thé pendant plus d'une heure jusqu'à ce que le visiteur ait demandé quelques clous. Il pensait qu'il était impoli de ne faire que demander. Tout d'abord, il devait établir une relation avec moi »[3].

Une fin appropriée d'une rencontre est aussi importante. Souvent on prend congé en deux étapes. Premièrement, celui qui part dit toujours, « J'ai besoin de partir, » et après un délai convenable il dit, « Je pars maintenant. »

L'habillement peut aussi influencer les relations entre les gens, les Occidentaux inclus. En Occident, la façon dont on s'habille est souvent considérée comme son affaire personnelle. Fréquemment, les employeurs dictent ce qui est une tenue vestimentaire acceptable pour les employées, mais hors du lieu de travail les gens s'habillent pour la plupart selon leurs goûts personnels. En Afrique, la règle générale est que les gens s'habillent pour les autres et pas pour eux-mêmes. Porter des vêtements inappropriés reflète mal, non sur l'invitée mais sur l'hôte. Porter des vêtements appropriés honore l'autre personne, et elle se sent déshonorée si quelqu'un porte des vêtements inappropriés par rapport à son statut et sa position.

72. La relation entre un vendeur et un acheteur peut influencer le prix demandé et le prix payé pour un bien ou un service.

Il se peut qu'on demande à un client qui a une relation avec le vendeur de payer plus cher qu'un client inconnu ou un étranger, ou on peut bien profiter de lui légitimement, c'est-à-dire prendre des libertés à son égard.

Les facteurs complexes comprennent les choses suivantes :

1. On peut demander à un client connu de payer plus, ou moins, qu'un client inconnu ou qu'un étranger ; l'intimité et la confiance sont des facteurs majeurs de l'équation.

2. On peut profiter légitimement d'un client connu, c'est-à-dire prendre des libertés à son égard.

3. Le vendeur évalue l'acheteur potentiel, déduisant sa nationalité et remarquant le genre d'habits et l'aspect général de prospérité ou de besoin, et modifie le prix de demande en conséquence.

---

[2]Richmond et Gestrin 1998 : 90.

[3]Arenson, notes inédites, s.d.

4. Si le client ne négocie pas ou ne se plaint pas d'un prix élevé ou s'il a les moyens, on s'attend généralement à ce qu'il paie davantage.

Cette observation est surtout vraie si le client a les moyens, qu'il soit étranger ou africain. Ce n'est pas une règle universelle, mais j'ai trouvé qu'elle s'applique dans assez de cas que je ne suis pas surpris quand je rencontre une telle situation. Le raisonnement est que, naturellement, vous aidez vos amis si vous pouvez le faire quand ils ont des besoins. Donc, si votre client est un ami, il fait partie de votre réseau et, naturellement, vous vous attendez à ce qu'il vous aide s'il en est capable.

Je faisais réviser ma voiture chez un mécanicien qui faisait du bon travail à des prix raisonnables. Après quelques mois je lui ai dit, « Il me semble que vos prix augmentent depuis que je suis venu chez vous pour la première fois. » Il a répondu, « Bien sûr, vous êtes mon ami. »

« Mon prix final est de trois kudos. » (Observation 72)

Si on laisse sa voiture chez un garagiste pour faire effectuer des réparations et qu'il en a besoin pendant la journée, souvent il s'en servira. Parfois on s'en sert jusqu'à ce que le réservoir de carburant soit à peu près vide. J'ai appris à amener ma voiture pour la faire réparer avec seulement le minimum d'essence dans le réservoir. Une fois, je l'y avais amenée avec le réservoir presque plein, et quand je suis allé la chercher le lendemain, j'ai remarqué que l'indicateur montrait que le réservoir était vide. J'ai demandé au propriétaire où il est allé dans la voiture. Il a dit qu'il est allé à une ville toute proche, mais que si je ne voulais pas qu'il utilise ma voiture de cette manière, il ne le ferait pas à l'avenir. Je n'ai pas fait toute une histoire à ce moment-là, mais je ne l'ai jamais plus mis à l'épreuve là-dessus, préférant laisser la voiture avec une quantité minime d'essence dans le réservoir.

Mais ces pratiques commerciales ne sont pas utilisées uniquement par les vendeurs. L'acheteur peut aussi profiter de relations développées par le fait d'être un client régulier ou autrement d'aller au-delà de transactions minimales. Le client peut demander des faveurs : « J'ai cherché partout et je n'ai pas trouvé de *gombo* ; pouvez-vous en trouver pour moi ? » Probablement, le marchand va envoyer un garçon pour en chercher ou découvrir qu'il n'y en a pas à vendre ce jour-là. Si on fait confiance au marchand, on peut laisser ses sacs avec lui pendant qu'on fait des courses[4].

73. Négocier pour réaliser une bonne affaire dans n'importe quelle transaction implique des facteurs sociaux aussi bien qu'économiques.

Walter Ong comprend bien la dynamique des relations de négociation comme surtout une caractéristique des sociétés orales ou directes :

> Dans les sociétés orales primaires, même les affaires ne sont pas des affaires, mais fondamentalement de la rhétorique. Acheter quelque chose dans un bazar du Moyen Orient n'est pas une simple transaction économique, comme ce serait au Woolworths et comme on s'y attendrait par la nature des choses dans une culture de la haute technologie. Plutôt, c'est une série de manœuvres verbales et somatiques (corporelles), un duel poli, une compétition au niveau de l'esprit, une opération de [combat] oral et agoniste[5].

Voici quelques points utiles à ne pas oublier quand on participe à des négociations en Afrique :

1. En faisant des achats, les acheteurs n'achètent pas simplement un article, mais ils se rapportent aux vendeurs et communiquent avec eux. Souvent la valeur sociale des interactions au marché africain est supérieure à la valeur commerciale.

2. La négociation est une partie intégrale du jeu de la vie. L'acheteur devrait aller au marché ayant un temps suffisant pour qu'il y ait interaction avec les vendeurs.

---

[4]Hungerford s.d. : 5.
[5]Ong 1982 : 68.

3. Payer le premier prix demandé perturbe les dynamiques des relations au marché. Demander un prix plus élevé n'est pas d'habitude une tentative de tricher l'acheteur ou une tentative de réaliser des bénéfices importants, mais un aspect agréable et attendu de la vie. Le marchandage et la négociation impliquent des interactions sociales, et la routine de négociation vise à prolonger la période des échanges.

4. Les résultats désirés de la négociation traditionnel sont des acheteurs et vendeurs satisfaits et une relation renforcée entre eux. Les vendeurs auront tiré un profit raisonnable et les acheteurs auront payé un prix qui correspond à leur statut social et économique.

5. Quelques vendeurs aux marchés fréquentés par des touristes ou des étrangers deviennent cupides, manipulateurs et immoraux. On ne devrait pas penser que le comportement de telles personnes est typique de la conduite traditionnel des Africains au marché. Certains de ces vendeurs sont passés maîtres dans l'art de faire sentir aux étrangers qu'ils ont payé moins qu'un prix juste ou que le prix exigé par leur statut.

6. Il n'y a rien d'immoral ou d'antichrétien à négocier le prix à payer pour quelque chose. Il est antichrétien si l'acheteur se fâche pendant le processus.

7. Il y a deux manières de négocier en faisant des courses. L'une est de chercher un prix inférieur. L'autre est de chercher des produits supérieurs au prix demandé par le vendeur. Ce dernier stratagème permet à l'acheteur de choisir les meilleurs articles dont le vendeur dispose pour la vente ; autrement, le vendeur va peut-être faire les choix.

8. On respecte les étrangers s'ils négocient raisonnablement ; cela montre qu'ils savent acheter et connaissent la vraie valeur de ce qu'ils achètent. Inversement, si on ne négocie pas mais paie le premier prix demandé, cela diminue le respect du vendeur pour l'acheteur. C'est également un des facteurs contributifs pour encourager le comportement immoral qu'on voit aux marchés fréquentés par les touristes.

9. D'habitude, les marchands africains ne se laissent pas tricher. S'ils ne peuvent pas réaliser un profit raisonnable, normalement ils refusent de vendre. Parfois, surtout à la fin du mois, les vendeurs vendent à perte s'ils veulent désespérément obtenir des liquides pour une nécessité financière urgente.

10. Les Occidentaux ne devraient pas se tracasser quand ils se rendent compte, un certain temps après l'achat, qu'ils ont trop payé. Parfois les Africains eux aussi perdent. La meilleure stratégie est de faire de son mieux et puis de ne pas regarder en arrière, en se rendant compte qu'il faut du temps pour développer des compétences en matière de négociation et que des erreurs font toujours partie de l'achat n'importe où[6].

74. La société et même les gouvernements s'attendent à ce que les employeurs accordent des avances aux employés dans certaines situations familiales et pour certains jours fériés.

Beaucoup d'étrangers qui travaillent en Afrique sont étonnés d'apprendre que leurs employés s'attendent à ce qu'ils leur accordent des paiements anticipés en espèces avant des fêtes spéciales. Dans beaucoup de pays, les organisations sont tenues par la loi de fournir de tels prêts. Les individus ne sont pas obligés de la même façon de le faire, mais les employés s'y attendent et comptent tant sur les prêts qu'en effet cela devient une obligation inéluctable. Ces exigences sont justes, à ma connaissance, puisque typiquement les employés n'ont pas d'argent comptant qui leur permette de financer les lourdes dépenses exigées si souvent par la famille et les pairs lors d'occasions spéciales. On donne d'habitude aux employés deux ou trois mois pour repayer les avances, ou on déduit des paiements de leur traitement mensuel.

Des exemples d'avances imposées comprennent celles qu'on doit faire avant les vacances annuelles des employés, au moment de la cérémonie de nomination d'un nouveau-né, au moment des funérailles de membres proches de la famille et, dans les régions musulmanes, lors de la préparation de la fête annuelle *id al-Adha* du sacrifice d'un mouton.

D'autres types d'avances contre le salaire sont très fréquemment demandés par les employés, non seulement pour les jours fériés mandatés par les gouvernements. Il faut des politiques à toute organisation et à tout individu qui emploient des citoyens nationaux, afin que les employés puissent planifier leur vie et avoir des attentes raisonnables de ce que leur employeur fera pour eux quand les besoins surviendront auxquels ils ne pourront subvenir à partir du revenu courant. On a besoin de ces politiques afin de maintenir des relations bienveillantes et équitables avec l'employé et de bonnes relations avec le public qui connaît l'organisation et les personnes qui travaillent pour elle.

---

[6] On emprunte beaucoup dans cette section à Hungerford, « A Crash Course in Cameroonian Etiquette » (s.d.).

Négociation

75. Le paiement final est la même chose que le règlement définitif ; des éventuelles affaires ou modifications subséquentes sont considérées comme une nouvelle transaction.

Le paiement intégral d'un contrat ou d'une facture avant que le service soit accompli est de l'argent perdu, à quelques exceptions près.

Un occidental a engagé un homme pour tailler des arbres dans son jardin. Après qu'ils avaient réglé le prix, le tailleur des arbres a reçu le paiement intégral. L'Occidental n'a jamais plus vu cet homme. Une expérience semblable est arrivée avec un poseur de carrelages. On l'a payé pour le travail entier avant qu'il l'ait terminé, et il a laissé le travail à moitié fini et on ne l'a plus vu.

Les coutumes locales déterminent comment traiter les paiements. Mon expérience dans plusieurs pays a été que les paiements sont tout d'abord divisés entre ceux pour les matériaux et ceux pour le travail. On fait des avances pour les matériaux, ce qui est raisonnable pour acheter les matériaux et les faire transporter de manière efficace. Pour le travail, il y a d'habitude un montant convenu pour financer le début du travail, et un ou plusieurs paiements pendant l'exécution du travail. Et toujours, on réserve une somme considérable pour le règlement définitif qu'on fait une fois que le travail a été terminé, vérifié et approuvé comme satisfaisant par la personne qui a fait faire le travail. Une fois qu'on a fait le règlement final, il y a peu de motifs de se plaindre ou de faire rectifier des problèmes.

76. Toute question financière peut faire l'objet de renégociation jusqu'au règlement définitif, c'est-à-dire jusqu'à ce que le paiement final ait été offert et accepté.

Un étranger pourrait croire que, une fois qu'une entente est conclue, tout a été réglé définitivement. Dans certaines régions du monde, c'est bien la règle, mais cela ne semble pas être vrai dans une grande partie de l'Afrique où toute transaction peut faire l'objet de renégociation jusqu'à ce que le paiement final ait été offert et accepté. Des contrats informels ou oraux pour divers types de biens et de services et toutes sortes d'affaires commerciales sont soumis à cette règle.

Il est assez fréquent dans de nombreuses régions de l'Afrique de régler un prix avec un chauffeur de taxi avant d'entrer dans son véhicule, mais qu'il essaie de renégocier le prix pendant tout le trajet jusqu'à la destination. En wolof ceci s'appelle simplement *waxaale*, négociation pour obtenir un meilleur arrangement. Chez les chauffeurs de taxi, on prétend souvent que le prix convenu d'avance était injuste, parce que le passager avait une quantité de bagages 'supplémentaires', parce que la distance était plus longue qu'on avait comprise, parce que la route était pleine de nids-de-poule qui endommageraient le taxi, ou on donne n'importe quel autre prétexte qui vient à l'esprit[7].

77. Une demande d'argent de la part d'un fonctionnaire ou d'autre fournisseur de service peut être une demande d'un pourboire d'avance plutôt qu'un pot-de-vin.

Il y a des différences entre les pourboires d'avance, les pourboires d'après et les pots-de-vin. Dans certains pays de l'Afrique Occidentale on appelle les pourboires d'avance le '*dash*'. Le journaliste nigérien Peter Enahoro explique les pourboires d'avance ainsi en termes comico-sérieux :

> Au Nigéria, au moment où le serveur vous apporte votre monnaie, vous êtes sur le point d'appeler la police. D'où l'origine de '*dash*' qui est une 'commission de service' qui précède le service.
>
> Nous avons la coutume curieuse d'exprimer notre gratitude en prévision du service qu'on nous rendra bientôt. ...
>
> Puisque le serveur vous fait une faveur quand il fait son travail – par cela je veux dire qu'il pourrait bien refuser de s'occuper de vous. Alors, qu'est-ce que vous allez faire dans ce cas ? Aller voir le patron ? Fadaises. Le patron a probablement reçu un '*dash*' avant d'employer le serveur. ...
>
> Donc, tandis que le pourboire est une récompense, le '*dash*' est une motivation. Mais si certaines personnes malfaisantes l'offrent comme une incitation, il faut l'accepter ayant la conviction rationnelle que si vous l'aviez reçu *après* et pas *avant*, cela aurait été un pourboire et non un pot-de-vin. Beaucoup de personnes ont accepté le patronage pour des raisons moins importantes.
>
> Je recommande le '*dash*'. Il réduit les conflits au strict minimum[8].

---

[7] Hungerford s.d. : 5.

[8] Enahoro 1996 : 30–31.

Une demande d'argent. « Est-ce qu'il demande une avance sur un
pourboir ? » (Observation 77)

Dans le monde occidental, la façon normale de montrer de
l'appréciation pour, et encourager, le bon service, par exemple au
restaurant, est de donner un pourboire au serveur. Ici, il s'agit d'un
pourboire d'après, et en Occident il est considéré comme entièrement
légitime. Mais, dans certaines sociétés le fournisseur de services veut le
pourboire avant de fournir le service, pour diverses raisons, y compris
le manque de confiance dans la personne qu'il sert qu'il donnera
effectivement un pourboire même après qu'un bon service a été rendu.
Cela c'est le pourboire d'avance. Le pot-de-vin, en revanche, dans sa
forme la moins ambiguë est de payer quelqu'un pour un service qui
est illégal.

Ensuite, il y a une zone grise entre un pourboire d'avance et des
pots-de-vin. Elle existe, par exemple, lorsqu'un fonctionnaire refuse de
signer un document qui est entièrement légal et pour lequel on paie le
fonctionnaire pour signer à la demande de requérants qualifiés, mais
qu'il refuse de faire sans qu'on lui donne un paiement spécial. La
demande de service et la procédure sont entièrement légales, mais rien
ne sera fait à moins que la personne qui a besoin du document effectue
un paiement spécial personnel au fonctionnaire. Est-ce que c'est un pot-
de-vin que de le payer ? Voilà un domaine difficile pour lequel je n'ai
pas de réponse claire. Ma pratique, qui vaut ce qu'elle vaut aux lecteurs,
est d'observer ce critère : Si le fonctionnaire est d'accord de me donner
un reçu officiel, je veux bien payer. Si le paiement doit être secret, au
noir ou autrement suspect, je ne paie pas. Cela peut tomber dans la

catégorie d'extorsion, mais je veux que ce soit au moins une extorsion quasi-officielle ou je ne paie pas.

J'ai rencontré un exemple de ceci une fois quand je devais chercher un envoi du port. J'avais obtenu tous les documents, signatures et timbres requis. Tout était en règle pour que j'amène mon camion, fasse y charger l'envoi et passe par le garde à la barrière. Tout était prêt après le déjeuner. J'ai montré tous mes documents au responsable et m'attendais à ce qu'on me dise tout de suite d'amener mon camion. Mais rien ne s'est passé, pendant que plusieurs dockers restaient assis à ne rien faire. Enfin, juste après dix-sept heures, quand le port était fermé, le superviseur m'a dit d'amener mon camion. Les dockers étaient toujours de service, donc on a vite chargé le camion. J'étais sur le point de partir quand on m'a donné une facture pour le chargement du camion au double du barème ordinaire puisque les dockers avaient dû travailler un temps supplémentaire. Le processus entier était une escroquerie, mais une escroquerie officiellement sanctionnée. On m'a donné un reçu officiel de l'agence douanière pour mon paiement. Pour moi, bien que de tels procédés impliquent la fraude, on les fait quand-même dans le cadre d'une politique non officielle et non seulement selon le caprice et pour le bénéfice d'un seul fonctionnaire. Probablement, dans mon cas au port, tous les employés ont bénéficié de l'escroquerie, et des fonctionnaires supérieurs étaient impliqués jusqu'au point de limiter les excès.

De temps en temps, un policier arrête un véhicule, vérifie les documents, redonne les documents au conducteur et puis demande qu'on lui donne quelque chose. J'interprète ces occasions comme n'étant pas des demandes de pots-de-vin, puisque les policiers ont rendu les documents, ce qui indique que le véhicule est autorisé à continuer. Parfois, j'ai demandé, « Suis-je libre de partir ? » quand j'ai entendu leur demande d'argent ou de quelque chose qu'ils ont vu dans le véhicule. S'ils répondent « Oui » à ma question, je suis enclin à leur donner quelque chose. Il semble que, fréquemment, les policiers, les gardes-frontières ou d'autres fonctionnaires ont vraiment faim ou autrement ont des besoins financiers (car souvent ils sont sous-payés ou ils reçoivent leur salaire plusieurs mois en retard), ou tout simplement ils ne font que demander aux riches Occidentaux. (Comparez l'Observation 46 au chapitre 7.) En voyage dans des régions rurales ou frontières, quelques Occidentaux portent des petits pains ou de petits fruits à donner si le besoin ou l'occasion se présente. Ils ne les voient pas comme des pots-de-vin mais comme des éléments de relations publiques ou des démonstrations de générosité envers les fonctionnaires qui, après tout, se trouvent là au bénéfice des voyageurs.

Beaucoup de questions morales et éthiques surviennent quand il s'agit de payer des services rendus ou sur le point d'être rendus. Les revoir en détail dépasse la portée de cette discussion. Le seul objectif ici est d'attirer l'attention à certaines différences essentielles entre les pots-de-vin, les pourboires d'avance, les pourboires d'après, et l'extorsion factice. Il est parfois utile de comprendre les différences fondamentales entre ces types de paiements (ou gratifications) pour trouver son chemin dans des situations qui sont souvent des broussailles éthiques.

Stratégies commerciales

78. Beaucoup de gens veulent choisir un bénéfice certain et immédiat plutôt qu'un plus grand bénéfice à long terme.

Cette observation s'applique particulièrement quand le bénéfice est du tout douteux ou s'il nécessite un apport supplémentaire tel que la dépense d'argent ou le temps. L'Occidental qui habite en Afrique rencontre fréquemment des exemples de ce comportement. Dans les villes africaines où j'ai habité ou visité, il est presque toujours le cas de voir des véhicules dont les pots d'échappement traînent de la fumée. On le voit partout, que ce soit des véhicules privés, des taxis ou des camions. Pourquoi ? Fondamentalement parce qu'on ne fait pas attention à l'entretien des véhicules. Il m'est arrivé que des Africains me conseillent de ne jamais acheter un véhicule d'occasion aux Africains parce que si peu nombreux d'entre eux régulièrement vidangent l'huile du moteur ou autrement dépensent de l'argent ou passent le temps nécessaire pour maintenir leur véhicule en bon état.

Une fois, j'ai embauché un menuisier pour construire deux portes simples. La scie dont il se servait était la plus émoussée que j'avais jamais vue. Il fallait plusieurs minutes et beaucoup d'effort pour scier une petite planche, et les coupes étaient très grossières. En plus, il sciait parfois contre du béton ou des tuyaux en acier, ce qui rendait la scie encore plus émoussée. Évidemment, le menuisier ne s'inquiétait pas de faire son travail de façon plus efficace ou rapide, puisque pour aiguiser sa scie il ne faudrait qu'une simple lime, qu'il avait les moyens de s'acheter.

À plusieurs reprises j'ai eu des pneus crevés, ce qui a endommagé la chambre à air. (Les pneus tubeless sont généralement équipés de chambres à air en Afrique, comme mesure de précaution contre l'impossibilité de trouver des réparations pour les pneus sans chambre à air.) À ces moments, j'avais besoin d'acheter une chambre à air neuve, ou au moins une chambre à air usagée. Les réparateurs de pneus ont voulu me vendre des chambres à air dont la taille ne correspondait pas à la taille de mes pneus. Parfois, les chambres à air étaient d'une taille très différente. Quand j'ai dit que je voulais une chambre à air qui correspondait à la taille du pneu, on m'a répondu : « Ce n'est pas comme ça que nous le faisons ici – la taille de la chambre à air n'a aucune importance. »

Les hommes d'affaires adoptent fréquemment une approche à court terme avec les clients. Je me servais d'un mécanicien depuis plusieurs mois quand ma voiture a eu des problèmes aux demi-trains avant. J'ai conduit mon auto chez le mécanicien mais bientôt j'ai découvert que les réparations qu'il avait faites étaient incorrectes. J'ai conduit la voiture de nouveau à son atelier. Après qu'il avait réglé le problème, je suis rentré chez moi et j'ai mis la voiture au garage. Le lendemain, j'ai trouvé deux tas de goudron juste derrière les pneus avant. Le mécanicien avait rempli les avant-trains de goudron, qui s'est échappé et est tombé sur le plancher du garage. Le mécanicien avait préféré réaliser des profits immédiats, tout en sachant que je découvrirais et, sans aucun doute, cesser d'amener ma voiture chez lui.

D'autres exemples, fréquents et même triviaux, sont les sandales, souliers ou espadrilles que les gens portent. Très souvent, ces chaussures sont trop grandes ou trop petites, et les pieds du porteur y dépassent le devant ou le dos. Le port de chaussures bien ajustées n'a-t-il aucune importance ? Le choix de la taille des chaussures est certainement l'affaire personnelle des gens ; je ne le mentionne que parce que cela concorde avec des schémas culturels plus larges.

79. Les gens ont tendance à accepter les solutions immédiates, bon marché ou même quasi-légales dans les affaires commerciales, plutôt que de s'occuper de questions comme il faut, de traiter des détails techniques ou des retards ou d'engager des dépenses supplémentaires.

Un exemple courant concerne l'enfouissement des ordures. Nous avons loué des maisons qui avaient de la place pour un jardin potager. Et fréquemment, quand nous voulions installer le jardin, nous trouvions qu'il était plein d'ordures enfouies, y compris des sacs en plastique, des boîtes à conserve et toutes sortes de déchets. Une fois, nous avons embauché un plombier qui a fait rapidement son travail et disparu avant que nous l'attendions. Nous avons découvert la raison de son efficience : il avait enterré des morceaux cassés de béton, des tuiles et de vieux tuyaux dans notre jardin !

Plusieurs fois, j'ai eu l'expérience de prendre un taxi quand le chauffeur est allé directement à la station-service et a acheté seulement deux ou trois litres d'essence, ou bien quand le taxi est tombé en panne d'essence avant que j'arrive à ma destination. Pour l'Occidental, il s'agit d'un comportement déroutant quand un taximan met à plusieurs reprises de petites quantités d'essence dans un véhicule qu'il va conduire tout au long de la journée.

C'était un taximan lui-même qui m'a raconté un autre exemple concernant les taxis. Il a dit que la plupart des chauffeurs de taxi n'achètent pas de licence de taxi. Plutôt que d'acheter la licence annuelle à l'équivalent de trente-cinq dollars (U.S.), ils préfèrent être arrêté et payé une amende de vingt ou trente francs (CFA) chaque fois. Il a dit qu'une fois il avait fait des calculs et trouvé que le fait de ne pas acheter de licence coûtait au taximan moyen à peu près soixante-quinze dollars par an. Donc il a dit que lui, il a non seulement la satisfaction d'obéir à la loi, mais il gagne aussi du temps et de l'argent en obtenant la licence. Il a expliqué ceci à plusieurs de ses amis chauffeurs, mais son analyse a convaincu peu sinon aucun d'entre eux.

Récemment, chez nous il y avait la récurrence d'un problème de plomberie. Notre évier venait d'être réparé par un plombier professionnel mais avait encore une fois une fuite. Étant bricoleur, j'ai décidé de faire la réparation moi-même. Quand j'ai démonté la conduite de vidage, j'ai découvert que le plombier l'avait truquée, en y fourrant de la ficelle, et qu'il devait inévitablement y avoir une fuite. Je suis allé à une quincaillerie où j'ai acheté la pièce appropriée à moins de deux dollars (U.S.). Quand j'ai engagé le plombier, je lui ai dit que je voulais que le travail soit bien fait, mais il avait tellement l'habitude d'utiliser le moins possible qu'il a fait un travail qui ne pouvait absolument pas durer.

Un esprit de ne faire que le nécessaire. Nous habitions pendant un certain temps près d'un marché. Nous avions un garage qui donnait sur la rue. Nous avons dit aux vendeurs que nous voulions que l'entrée reste libre, ce qui était notre droit légal. Nous avons fait des écriteaux peints disant « Stationnement interdit » aux portes du garage, mais cela n'a pas empêché des vendeurs de se situer sur le trottoir devant ces portes. Chaque fois où nous voulions faire entrer ou sortir notre voiture, les vendeurs devaient dégager le passage. Entretemps, ils perdaient des affaires ou une vente en progrès devait être interrompue. Quand ils dégageaient le passage pour le véhicule, ils le faisaient par centimètres. Nous devions conduire extrêmement lentement afin de ne pas les écraser, ni eux ni les enfants autour ni leurs marchandises. Nous devions insister sur chaque centimètre pour les faire bouger. Bien sûr, cela rendait les sorties et les rentrées plus coûteuses en temps qu'elles auraient été autrement.

L'esprit de ne faire que le nécessaire est assez généralisé. Il est évident chez les maçons, menuisiers, électriciens et autres gens de métier qui arrivent au travail sans les outils les plus fondamentaux nécessaires pour accomplir correctement le travail. Il s'agit de beaucoup plus que des moyens financiers : il s'agit d'une attitude mentale. Il s'applique à la conduite des voitures et d'autres véhicules. Les routes sont souvent si bouchées que deux véhicules ne peuvent pas passer, et même un seul véhicule ne peut passer que très lentement, en s'y faufilant à peine. Quand un véhicule tombe en panne, on le répare en plein milieu de la route ou de la rue où il s'est arrêté, pendant que d'autres véhicules passent difficilement. Parfois, la circulation est bloquée sur plusieurs centaines de mètres. On ne fait aucun effort pour pousser le véhicule hors du milieu de la route. On fait des réparations aux véhicules de manière minimale, suffisamment pour qu'ils marchent pendant une courte période plutôt que de faire des réparations qui vont durer indéfiniment. Même les personnes bien éduquées ne font pas attention généralement à la ponctuation ou à l'orthographe correcte, même si elles ont étudié à l'université pendant des années. Les souvenirs à beaucoup de marchés sont mal faits, ce qui révèle un manque de fierté du bon travail.

Cette section peut se lire comme une attaque intempestive contre l'Afrique ou une évacuation de frustrations passées. Je crois que ce n'est pas du tout ainsi. Mon intention en soulevant ces exemples, beaucoup d'entre eux qui sont assez insignifiants et avec lesquels j'ai passé plusieurs années assez heureusement en Afrique, est d'indiquer quelques différences dans les cultures occidentale et africaine. Je les indique parce qu'ils révèlent des attitudes fondamentales qui méritent l'attention. Je crois qu'une grande partie du développement en Occident est attribuable au fait qu'on a adopté une approche à long terme de beaucoup de situations et de problèmes. Donc, bien que les exemples soient peut-être en eux-mêmes insignifiants, ils révèlent des caractéristiques culturelles qui sont profondes et significatives. On aurait pu donner des exemples plus importants qui révèlent les mêmes tendances. À titre d'illustration, on peut citer l'insistance de la part d'un gouvernement que des organismes d'aide multilatéraux donnent des fonds pour faire construire un barrage. Après une étude approfondie, les spécialistes qualifiés ont fait remarquer que, si on construisait le barrage, il y aurait une perte nette de terres agricoles. Néanmoins, le gouvernement a insisté qu'on construise le barrage.

Les Observations 78 et 79 sont liées. Elles impliquent toutes deux des approches à court terme de la vie, plutôt qu'à long terme. Il se peut que l'idée que les gens devraient apparemment vivre et se comporter de manières qui favorisent le présent plutôt que l'avenir, reflète l'incertitude fondamentale quant à l'avenir. Il se peut que l'expérience ait appris aux individus et à la société que l'avenir est si peu certain que la meilleure stratégie dans la vie est de saisir les avantages de l'occasion avec peu d'égard pour l'avenir. Quelles qu'en soient les raisons, la société dans son ensemble est perdante.

Un dernier mot est nécessaire à ces paragraphes ci-dessus. Quoiqu'il existe certainement une tendance générale de la part de beaucoup de personnes d'agir de manières semblables à celles dans les exemples donnés, il y a beaucoup d'Africains qui font du travail bien fait, professionnel, compétent et soigné. Donner l'impression que ce n'est pas vrai serait une grave injustice.

80. Quand une occasion offre l'opportunité de faire de gros bénéfices, normalement on la saisit. On a peu de concept de prix raisonnables ou corrects ou éthiques, ou de prix excessifs ou abusifs ; plutôt, la pratique acceptée est de faire payer tout ce que l'acheteur consent à payer.

Cette observation s'applique aux transactions et aux marchés où les Occidentaux sont les clients habituels. L'Observation 73 traite des situations commerciales traditionnels africaines.

Dans les activités commerciales dont il s'agit ici, c'est tout à fait la responsabilité de l'acheteur de savoir ce qui est raisonnable, normal ou abordable pour lui. Et il est tout à fait normal que le vendeur ou fournisseur de services obtienne autant qu'il peut.

Les Occidentaux pensent souvent que les Africains sont avides et abusifs de prix, mais je crois que le problème principal est que les Occidentaux n'ont pas l'habitude de négocier le prix des achats qui dans leur pays d'origine aurait des prix établis. Certainement, le gonflement des prix, ou la demande d'un taux aussi élevé que le marché peut supporter, est une pratique occidentale établie de longue date. C'est aussi américain que la tarte aux pommes, pour reprendre une expression américaine. En Occident, la plupart des avocats, dentistes et médecins, pour n'en nommer quelques-uns qui sont experts à facturer des tarifs élevés, semblent faire preuve d'un manque de peu de raison en matière de fixation de prix, sauf en termes justifiés par leur intérêt personnel. Néanmoins, on leur accorde du prestige et des positions aux niveaux élevés de la société. Si la plupart des hommes d'affaires occidentaux appliquent des politiques de tarification raisonnables, il s'agit davantage de la compétition que de leur sens profond de l'équité et des profits justes.

81. L'inaction ou le retard en réalisant quelque chose peut bien représenter un message réfléchi mais non exprimé, et non seulement le résultat de simple inaction, d'inertie ou de retard causé par des circonstances imprévues.

Quand un Africain n'accomplit pas un service convenu, ne remplit pas une promesse ou ne respecte pas des délais fixés, il se peut que ce soit parce qu'un problème est survenu qui le rend peu disposé à faire ce qu'on attend de lui. On parle rarement à l'Occidental du problème de façon directe ou fournit une explication simple. D'habitude, (1) la cause provient de l'espoir qu'on oubliera l'action inaccomplie, ou bien, (2) si l'Occidental demande la raison du retard, l'Africain lui dira que quelque facteur important ou condition a changé et qu'il faudra convenir de nouvelles modalités avant qu'on reprenne le travail. Mais dans ce deuxième cas, il faudrait peut-être clarifier la situation seulement en passant par un tiers qui soit capable de trouver la racine du problème.

Un exemple de la première situation serait un accord avec un homme pour recueillir tels et tels kilogrammes de cosses de graines oléagineuses, sur lesquelles vous voulez faire des recherches. Pour quelque raison, il ne recueille pas de graines et ne vous dit rien. C'est à vous de découvrir la cause de son inaction. Il se peut qu'il soit mécontent du prix que vous aviez promis ou bien que les pluies aient été trop faibles cette année pour produire un approvisionnement abondant de graines, ou bien. ... Quelles que soient les raisons, il laisse vague l'accomplissement de l'accord, et même après l'avoir interrogé, vous ne savez pas vraiment ce qui se passe. Vous êtes dans le doute pendant des semaines et des mois, jusqu'à ce que vous vous rendiez compte qu'il est très douteux qu'il vous apporte les graines sur lesquelles vous avez compté.

La seconde situation pourrait arriver avec un entrepreneur. Vous avez fait un accord avec un peintre pour peindre votre maison. Il va peindre la maison pour un montant établi, le coût de la peinture et d'autres matériaux étant séparés. Il commence à peindre la maison, ayant reçu une avance sur le prix du contrat, puis il s'arrête. Les jours passent et il n'arrive pas. Vous savez que quelque chose ne va pas, mais il ne vous a rien dit. Vous lui demandez pourquoi le travail reste inachevé. Il vous dit qu'il y avait eu erreur. Le prix que vous lui avez donné était trop bas et il ne peut pas continuer à moins que vous augmentiez la somme que vous lui paierez.

Gestion des problèmes

82. Une fois qu'il y a l'échange d'argent dans une transaction commerciale, il y a peu de recours en ce qui concerne les erreurs, les marchandises endommagés, les pannes et le manquement aux stipulations contractuelles.

« Satisfaction garantie ou argent remis » : non seulement ce *n'est* pas du tout un principe commercial en Afrique, cela fait rire quand on essaie de l'expliquer à beaucoup d'Africains. Contrairement à ce que remarque cette observation, on permet souvent aux Occidentaux de retourner des marchandises, mais je crois que cela est dû au pouvoir économique perçu des clients et leur place dans la société. Cela ne vient pas d'une philosophie commerciale généralement acceptée.

83. Lorsqu'on rencontre un problème en essayant de compléter ou de mener à bonne fin une transaction qui implique des finances ou d'autres questions, on n'admet pas le problème au départ mais on le révèle typiquement au fil du temps.

Cette observation s'applique non seulement aux opérations financières mais aussi aux rendez-vous, aux réunions d'affaires ou de comités, aux transactions avec des fonctionnaires, aux questions politiques et à d'autres domaines de relations individuelles et institutionnelles.

Un exemple classique de ceci a eu lieu au Sénégal. Bien que la loi ne permette pas les partis politiques basés sur la religion, un parti islamique essaie depuis plusieurs années de se faire reconnaître. En 1991, pendant le moment où l'Organisation de la Conférence islamique tenait son grand congrès à Dakar, les leaders du Parti pour la Liberté et la Démocratie islamique (PLDI) ont essayé de gagner la reconnaissance officielle. Évidemment, ils croyaient que la présence à Dakar de hauts responsables gouvernementaux de partout dans le monde islamique ferait pression sur le gouvernement sénégalais pour permettre leur enregistrement. Le Secrétaire général et les membres de son Secrétariat national sont allés au grand bâtiment du Ministère de l'intérieur pour enregistrer leur constitution. Après un délai relativement court, on leur a permis d'entrer dans le bâtiment. On les a amenés devant le chef de la Division des partis politiques de la Direction des Affaires générales et de l'Administration territoriale. Le chef de la division leur a dit qu'il n'avait pas l'autorité d'accepter l'enregistrement du PLDI ; plutôt, c'était le préfet qui était l'autorité appropriée à voir.

À la préfecture, le préfet lui-même les a reçus, mais il leur a dit qu'il n'était nullement autorisé à traiter avec le PLDI. Il leur a dit qu'ils devaient retourner au Ministère de l'intérieur. Il leur a dit que seul le Ministère avait l'autorité de traiter de telles questions politiques. De retour au ministère, on a dit catégoriquement à la délégation que seul le préfet avait l'autorité nécessaire. Enfin, le secrétaire général a dit aux journalistes que, entre le Ministère de l'intérieur et la Préfecture, quelqu'un ne disait pas la vérité. Il a dit que l'attitude des autorités était inacceptable. Il a réclamé que l'opinion publique nationale et internationale appuie les efforts de son parti dans « ce traitement injuste et inacceptable appliqué à [son] parti. »

Remarquez qu'on n'a jamais dit au parti islamique, « Non, vous ne pouvez pas faire enregistrer votre parti ; c'est illégal. » En effet, c'était illégal et ce l'est encore, et cela aurait semblé à un Occidental comme la manière claire et directe de répondre aux gens du PLDI. Mais on n'a rien fait de semblable. La réponse du gouvernement n'est sortie qu'avec le temps. Après des années d'effort et après avoir essayé une approche directe à un moment qu'ils croyaient propice, ils ont dû en tirer leurs propres conclusions que la réponse tacite était celle-ci : « Nous ne saurions nullement reconnaître officiellement le PLDI. »

La délégation arrive au Ministère de l'Intérieur pour faire enregistrer le Parti pour la Liberté et la Démocratie Islamique.
(Observation 83)

Au niveau individuel, j'ai eu cette expérience semblable. Dans un des pays africains où nous avons habité, j'ai essayé de faire installer le service téléphonique. Je suis allé au bureau téléphonique, j'ai rempli la fiche, j'ai payé les frais d'application, et on m'a dit de revenir dans quinze jours. J'y suis retourné ; on m'a dit que tout était en règle mais pas encore prêt et de revenir dans quinze jours. Je l'ai fait et ai continué à retourner puisqu'on m'a dit toujours poliment de revenir. Quand j'ai demandé quels étaient les obstacles, on m'a dit qu'il n'y en avait pas. Je n'ai jamais eu de téléphone. Si le problème était que je n'ai pas offert des pots-de-vin (ce qui était le cas selon des amis africains) ou s'il y avait d'autres raisons, on ne m'a jamais dit quel était l'obstacle, au moins d'une manière qu'un Occidental aurait pu comprendre.

Les cas ci-dessus se rapportent aux expériences de ceux qui demandaient un service. L'exemple suivant montre comment l'observation marche pour ceux qui offrent un service. Quand une ONG, par exemple, offre un cours de formation et lance la procédure d'inscription, beaucoup de personnes s'inscrivent mais ne viennent pas assister au cours et n'avisent pas l'ONG qu'ils ne viennent pas. Cela présente des problèmes organisationnels très difficiles. Si l'ONG pratique la surréservation, comme font les lignes aériennes avec leurs vols, et le nombre de personnes qui arrivent dépasse la capacité du programme, on crée la mauvaise volonté quand on doit refuser des personnes après avoir accepté leur inscription. Mais, si les inscriptions sont closes dès que le nombre de candidats égale le nombre de places disponibles, il y aura sans aucun doute des places vacantes dans le cours. Le problème pourrait être allégé si on pouvait prendre contact avec les gens juste avant le début du cours, mais beaucoup de gens n'ont ni téléphone ni adresse postale.

83-O. Les Occidentaux trouvent très frustrant que les Africains semblent peu clairs, indirects et peu disposés à renseigner.

Les Occidentaux pensent que la réticence à prendre des positions claires sur les sujets communs, mais plutôt le désir de laisser le temps résoudre tant de questions, est horriblement inefficace et entrave sérieusement l'accomplissement de beaucoup de choses dans le monde moderne. Philosophiquement, ils pensent que la façon positive d'agir est d'aller au fond du problème. Ils pensent que remettre les décisions qu'il faut absolument faire ne fait qu'empirer les choses à long terme, et qu'à cause de retards on va perdre beaucoup d'opportunités.

Un jour, j'ai fait une remarque par plaisanterie au sujet d'un autre Occidental qui sortait en ce moment d'un parking, tout en faisant voler la poussière. J'ai remarqué à mon ami que celui-là accélérait le moteur comme un pilote de course. L'ami africain avec qui je bavardais alors, a observé : « Vous parlez tout à fait comme un Occidental ; vous parlez des choses directement. »

Quant à plusieurs Africains, il semble qu'ils croient qu'il existe un si grand danger d'offenser les autres qu'ils préfèrent le silence, le discours indirect, la solution de temps qui clarifie les opinions, et le tact extrême. Un ami africain m'a dit que c'est cela une des raisons pourquoi les Occidentaux sont induits en erreur, qu'ils interprètent le silence comme signifiant que tout va bien. Et, bien sûr, pour les Africains, l'Occidental a l'air d'être insensible, impitoyable et indifférent à ce que les autres pensent ou ressentent, ainsi que d'avoir un grand manque de sensibilité humaine et de tact.

Une différence fondamentale entre l'Occidental typique et l'Africain réside dans leur attitude respective envers la critique – que ce soit des gouvernements, des fonctionnaires ou des individus. Il semble que, très fréquemment, on comprend des désaccords comme critiques à l'encontre des personnes, plutôt que simplement un autre point de vue qui n'est dirigé contre personne. Dans beaucoup de situations que j'ai vécues en Afrique, il semble qu'on définissait a priori les désaccords comme des attaques personnelles. Cela arrive parfois aussi en Occident, mais bien qu'il soit facile de prendre les critiques comme des attaques personnelles, on enseigne aux gens à ne pas le faire à moins de preuve contraire. Peut-être qu'il n'existe pas de ligne de démarcation nette entre le comportement occidental et africain à l'égard de la critique, mais il y a des différences culturelles que l'Occidental rencontre fréquemment et où il se trouve impliqué, qui créent des relations difficiles.

Il arrive que des Occidentaux critiquent au moyen d'entretiens face à face, tout en croyant que, quoique cela fasse mal, c'est meilleur à long terme pour les gens et la société en général que si on cache ou ignore des problèmes. Si cela représente une valeur traditionnel à l'égard des désaccords et des critiques, il paraît y avoir un changement dans l'air. La rectitude politique est un concept très important à plusieurs niveaux de la société occidentale, où les individus et les organisations font très attention de ne pas dire ou écrire des mots qui puissent offenser des individus ou des groupes, surtout par rapport aux minorités et aux autres hors des structures de pouvoir établies.

L'hésitation à informer les parties intéressées de problèmes et de développements s'applique à beaucoup de domaines de la vie en Afrique. On peut observer la tendance à tous les niveaux de la société. Les gouvernements observent des politiques et procédures qu'on ne fait jamais connaître à leurs citoyens. Les commerces appliquent des politiques qu'on ne communique pas à leurs clients. Par exemple, une banque peut imposer aux déposants des frais que les déposants sont incapables de se faire expliquer. Même au-dedans de plusieurs familles on ne partage pas d'informations : donc, on ne parle pas aux enfants au sujet de beaucoup de choses qui, pour les Occidentaux, seraient normalement révélées ou partagées avec eux, et on ne renseigne pas les épouses au sujet de l'entreprise de leur mari ou même de questions personnelles.

84. Quand on dit à un client qu'un article ou service commandé sera prêt à une heure ou date spécifiée, il est peu probable qu'il sera prêt à ce temps.

Il semble que quand un fabricant de meubles, mécanicien ou fonctionnaire africain donne une date pour faire ou terminer quelque chose, il pense à la date la plus proche possible où la chose pourrait être prête, si tout se déroulait comme prévu : pas d'interruptions, pas de maladies, pas de funérailles auxquelles il faudrait assister et pas de jours fériés. Et puisque la vie ne découle pas bien, la date est, bien entendu, peu réaliste mais elle permet au client de se sentir bien en l'entendant et – qui sait ? – un miracle pourrait arriver cette fois et ce serait prêt. Tout le monde de la société sait ce qu'une date fixe veut dire. Encore un élément en est probablement la tendance africaine de dire aux gens ce qu'ils veulent entendre.

84-O. Le client occidental s'attend à ce qu'on lui donne une date raisonnable et à ce que, à moins de raisons majeures et exceptionnelles, l'article ou le service soit prêt comme spécifié. Par conséquent, quand ce n'est pas le cas, l'Occidental considère le fournisseur comme peu fiable et indigne de confiance.

L'Occidental s'attend à ce qu'on lui donne une date réaliste pour que quelque chose soit prêt. L'Occidental ne désire pas de date trop optimiste, puisqu'on fera des projets qui dépendront de la réception de la chose commandée dans les délais convenus. Si on découvre qu'un fournisseur de services ne tient pas sa parole, c'est-à-dire ne respecte pas les échéances acceptées, l'Occidental cherchera un autre fournisseur qui les respectera.

En effet, certains fournisseurs de services africains finissent les choses dans les délais prévus. Dans de nombreux cas, les étrangers sont attirés vers eux s'ils fournissent aussi des services de qualité et autrement s'acquittent de leurs obligations. La parole est transmise dans la communauté étrangère qu'un tel et tel est une bonne personne avec qui faire des affaires.

85. Admettre qu'on manque personnellement de connaissances ou de ressources, ou admettre des déficiences personnelles est considéré comme signe de faiblesse et est à éviter dans la mesure du possible.

En Côte d'Ivoire, on perçoit souvent la vulnérabilité comme une faiblesse. En général, les gens disent n'importe quoi pour cacher le fait qu'ils ne savent pas la réponse à votre question. Ou si un propriétaire n'a pas l'argent pour faire des réparations nécessaires dans une maison, il ne vous le dit pas carrément. Ce serait une admission directe de faiblesse. Il vous dit peut-être qu'il le fera demain ou la semaine prochaine. Si cela arrive successivement, il se peut qu'il existe un problème qu'il ne peut pas admettre ouvertement sans perdre face. Les gens préféreraient 'mentir' que s'incriminer publiquement. Alors, les gens ici ne sont pas directs dans leurs relations avec les autres, mais aussi ils ne sont pas directs en ce qui concerne leurs propres manquements et

> problèmes. Le principe directeur est de sauver la face de toutes les parties concernées, y compris vous-même[9].

Dans cette citation, on parle du fait que les Ivoiriens « disent n'importe quoi pour cacher le fait qu'ils ne savent pas la réponse à votre question. » J'ai eu d'innombrables expériences de cela dans plusieurs pays. Par exemple, j'entre dans une quincaillerie pour chercher un certain objet. L'employé va dire, « Nous n'en avons pas, mais la quincaillerie à quelques centaines de mètres dans cette rue en a. » À la quincaillerie à quelques centaines de mètres je reçois le même genre de réponse, et je le reçois à chaque quincaillerie successive, aussi longtemps que je veux croire qu'il existe quelque raison à ce qu'on me dit. Une variante de cette expérience a lieu quand on demande son chemin. Celui qui le demande n'a pas moyen de savoir si les indications sont correctes ou si elles cachent l'ignorance. Probablement le meilleur moyen de résoudre le problème est de poser la question à deux personnes au minimum et de comparer leurs réponses. Si quelqu'un se porte volontaire pour vous mener à votre destination, comme cela arrive souvent, il est très probable qu'il sait où vous voulez aller. Mais dans les zones rurales, même cela n'est pas sûr, puisque des enfants et même des adultes veulent simplement faire une balade dans un véhicule, n'importe où il va.

Dans encore une expérience de cette réticence à admettre des manquements, il s'agissait d'un employé. On l'a embauché comme dactylographe pour entrer des documents dans un ordinateur. Je lui ai fait remarquer, quand j'étais seul avec lui, que sa vitesse de frappe était en-dessous du minimum professionnel et que je le paierais pour s'entraîner à taper au clavier en utilisant un programme d'ordinateur que je lui fournirais, afin d'augmenter sa vitesse, et que son salaire augmenterait comme sa vitesse augmenterait. Il était gravement blessé parce que, comme il pensait, je l'avais critiqué. J'avais pensé que puisqu'il était mon employé et que j'avais offert de le payer davantage comme il s'améliorait, il n'aurait pas fallu, à mon avis, traiter la situation aux petits oignons mais parler avec lui d'une façon directe. Cela n'a pas été le cas.

La voix d'expérience

86. Le montant indiqué sur le reçu (ou la facture) peut ne pas correspondre à la somme payée pour les biens ou services.

Il est courant pour le vendeur et l'acheteur de tomber d'accord sur combien on va mettre sur un reçu. Même des professionnels comme

---

[9]Hill 1996 : 9.

les médecins, demandent parfois combien le client veut faire indiquer comme payé sur le reçu. Après avoir payé en espèces une consultation chez un médecin bien connu dans une grande ville, j'ai demandé un reçu. Nonchalant, il a répondu : « À quel montant ? »

On a des doutes sur le montant indiqué sur un facture.
(Observation 86)

L'application de cette observation est évidente. Lorsqu'un employé soumet un reçu en vue de remboursement, il incombe à l'employeur d'être informé des prix et de vérifier de temps en temps que les sommes remboursées correspondent aux prix du marché local.

87. La monnaie est souvent un problème dans les transactions commerciales.

Les petits vendeurs et entreprises commencent leur jour ouvrable sans approvisionnement en monnaie, donc les premiers clients à arriver au début des heures d'affaires peuvent s'attendre à des retards s'ils n'ont pas le montant exact du prix d'achat. Souvent un marchand envoie quelqu'un dans la rue pour chercher de la monnaie pendant que le client attend. Même les employés aux grandes entreprises demandent fréquemment au client de payer le montant exact de l'achat afin d'éviter à rendre leur petite monnaie ou leurs petits billets.

Le problème de faire de la monnaie est le plus aigu dans les zones rurales. On conseille aux Occidentaux de garder avec eux un approvisionnement de petite monnaie ou de petits billets quand ils voyagent aux zones rurales, ou même aux zones urbaines plus petites. Ceci éviterait des retards et des difficultés quand ils font des achats ou paient des services rendus. On rencontre les problèmes davantage dans certains pays et endroits que dans d'autres.

Souvent, les vendeurs prétendent ne pas avoir de monnaie tandis que réellement ils en ont. Une fois j'ai payé une réparation de crevaison en donnant au réparateur un billet de mille francs, d'une valeur de quatre dollars américains à l'époque, pour une réparation de deux cents francs. Il m'a demandé si j'avais de la monnaie puisqu'il n'en avait pas selon lui. J'ai répondu que non. Donc il a envoyé un apprenti dans un sens pour chercher de la monnaie. Après environ cinq minutes, le jeune est revenu, le billet de mille francs encore à la main. Alors le réparateur lui-même est parti dans le sens opposé, et il est revenu quelques minutes plus tard, le billet de mille francs toujours à la main. Eh bien, peut-être parce qu'il a remarqué que ma patience arrivait à ses limites, il est allé dans l'arrière-boutique, où je l'ai suivi, et il a ouvert une boîte en acier dans laquelle se trouvait une quantité considérable de billets de banque et de pièces de monnaie. Une autre fois, j'étais dans un magasin prospère pour acheter quelque chose. Je n'avais qu'un billet de cinq mille francs pour un achat de mille francs. La caissière m'a dit qu'elle n'avait point de monnaie et elle a demandé si je ne pouvais pas en fournir. Je lui ai dit que c'était tout ce que j'avais, et je lui ai même montré mon portefeuille vide. Elle a envoyé un employé chercher da la monnaie mais il est revenu sans monnaie. Donc, nonchalamment, elle a fouillé dans son tiroir et m'a donné quatre billets de mille francs.

« Il n'y a pas de monnaie. » (Observation 87)

Pourquoi les marchands jouent-ils perpétuellement des jeux au sujet de la monnaie ? En effet, c'est tout à fait naturel étant donné que beaucoup de banques n'offrent pas le service de pourvoir des rouleaux de pièces (comme le font les banques américaines) même à leurs clients, et elles ne pourvoient pas de billets de banque de n'importe quelle valeur unitaire comme monnaie. Au maximum, je crois comprendre que les banques offrent un département où on peut échanger de vieux billets en lambeaux contre des billets plus nouveaux. Donc, s'il n'existe pas d'endroit officiel ou public où obtenir la monnaie, et si les gens essaient toujours de l'acquérir pour eux-mêmes ou leurs entreprises, il est normal que les marchands protègent jalousement ce qu'ils possèdent. Personnellement, je fais de même !

Encore une bonne raison de commencer la journée sans monnaie est que cela simplifie la comptabilité et élimine la nécessité de l'arithmétique. Tout l'argent dans la 'caisse' – qu'elle soit une caisse enregistreuse ou un linge plié – représente les recettes totales de la journée. Il y a une autre raison, peut-être difficile à croire, qui touche des caissiers de nombreux pays. Un ami africain m'a dit que la raison pourquoi les personnes dans beaucoup de magasins n'aiment pas y garder de grands billets de banque est que l'on croit que certains sont des billets magiques. Beaucoup de gens croient qu'il y a des sorciers qui ont la capacité de transformer la valeur nominale des billets en une valeur plus grande, par exemple de transformer un billet de mille francs en un billet de dix mille francs. Le problème est que la transformation n'est pas permanente, et après un certain temps la valeur de tels billets revient à sa valeur initiale. Donc on ne veut pas garder des billets de grande valeur dans sa caisse au cas où certains d'entre eux retournent à une plus faible valeur. Quand j'ai demandé si ce genre de choses arrivait vraiment, mon ami m'a dit que les gens disent que oui et que la preuve est que, à la fin d'un jour ouvrable, il y a moins d'argent dans la caisse qu'il ne devait y avoir. Plusieurs caissiers prétendent que ce type de disparition d'argent leur est arrivé !

88. Avoir en main le montant exact d'argent pour une transaction commerciale est la responsabilité de l'acheteur ; ce n'est pas de la responsabilité du vendeur de fournir la monnaie.

Cette observation est moins à remarquer maintenant qu'au passé, mais on la rencontre encore. Dans sa forme la plus courante, c'est l'expérience qu'un caissier d'un magasin ou un entrepreneur ne rend pas toute la monnaie due au client. On fait la monnaie, mais on ne donne pas les derniers cinq, dix ou vingt-cinq francs. Ceci peut se passer même quand le caissier a de la petite monnaie dans la caisse. Si on demande toute sa monnaie, on la recevra mais accompagnée d'une expression de surprise ou de peine. S'il n'y a vraiment pas de petite monnaie, on vous dira d'attendre jusqu'à ce qu'un autre client qui fait un achat l'aura fournie.

89. Quand on donne un pourboire à plusieurs personnes, par exemple à des bagagistes à un aéroport, le donateur devrait le répartir. Il est injuste et insatisfaisant de donner une somme forfaitaire à une seule personne et de s'attendre à ce qu'elle la répartisse également avec les autres.

Fréquemment, un Occidental paie plusieurs bagagistes qui l'ont aidé, en donnant un billet de banque à l'un d'entre eux. L'Occidental dit à ce seul bagagiste que le grand billet est pour eux tous et que celui-ci est responsable de distribuer un part équitable aux autres. Ceci est loin d'être satisfaisant aux autres qui réclameront immédiatement leur propre pourboire, car ils comprennent que, dans leur culture, ce qu'on donne à quelqu'un lui appartient. Même s'ils sont d'accord de partager, il n'existe pas de règles relatives au partage, donc ils doivent négocier ensemble ou l'un d'eux va exercer son pouvoir sur les autres pour qu'on en dispose à sa guise. Peut-être que l'Occidental pense qu'il est évident qu'ils partagent également, mais c'est là une idée occidentale de justice et ce n'est pas nécessairement celle des bagagistes. Encore un problème est celui d'obtenir la monnaie, ainsi que les affaires perdues pendant qu'ils essaient d'arranger les choses.

90. Les personnes de toutes les cultures agissent de façon logique à moins d'être atteintes de retard mental ou de troubles mentaux.

La dernière observation du livre s'applique à tous les gens partout – en Afrique, en Occident et ailleurs. Peut-être que les lecteurs occidentaux et africains tous les deux trouvent certaines de ces expériences et observations décrites ici comme illogiques, bizarres ou incompréhensibles. Cette observation indique que toutes les personnes sont logiques et agissent conformément aux règles de leur société. L'étranger le trouve bizarre ou le comprend mal seulement parce qu'il ne comprend pas la logique de ces personnes.

Donc, si vous voyez quelqu'un qui est autrement normal faire quelque chose d'incompréhensible, considérez que c'est un indice de votre manque de compréhension et non pas de sa bizarrerie, de sa stupidité ou de sa démence. Supposez qu'un ami, un employé ou même un inconnu agit logiquement selon les règles de sa culture, jusqu'à ce que vous ayez de très bonnes raisons pour croire autrement.

Par exemple, un couple en Côte d'Ivoire avait bien des ennuis avec son employé domestique. Pendant qu'on discutait la situation, il s'avérait qu'un grand problème était que, malgré les instructions données par l'épouse, l'employé continuait à laver la vaisselle dans de l'eau froide. Le couple était scandalisé : imaginez-le, laver la vaisselle dans de l'eau froide ! Quand on leur a dit que les Africains lavent toujours la vaisselle dans de l'eau froide, ils ont été étonnés. Ceci n'a pas résolu leur problème parce qu'ils voulaient toujours qu'on lave leur vaisselle dans de l'eau chaude, mais cela les a aidés à percevoir leur employé comme intelligent et logique[10].

Au début des années 1980, un incident apparemment dépourvu de logique m'est arrivé dans une ville capitale d'Afrique. Les téléphones étaient rares et difficiles à obtenir. On était en train de mettre des cabines téléphoniques publiques dans quelques endroits épars dans la ville. Un jeune homme intelligent, que je nommerai Mbanwi, travaillait pour moi. Il avait toujours bien réussi à l'école mais a dû quitter le lycée avant de terminer ses études. Un jour j'avais besoin des heures d'arrivée des vols de la ligne aérienne Sabena. J'ai dit à Mbanwi qu'il n'avait pas besoin d'aller jusqu'au bureau de Sabena, puisqu'il y avait maintenant une cabine téléphonique à quelques centaines de mètres de là où était situé mon bureau, donc il pouvait obtenir les informations par téléphone. Je lui ai donné de l'argent et il est parti tôt dans la journée de travail. Les heures ont passé et Mbanwi n'est pas rentré.

---

[10]Hill 1996 : 10.

J'avais peur qu'il a eu un accident, ce qui n'est pas rare dans cette ville. L'heure du déjeuner est arrivée et aucune nouvelle de Mbanwi. Enfin, au milieu de l'après-midi, il est revenu. Il m'a dit qu'il avait essayé d'utiliser le téléphone près du bureau, mais qu'il était hors service. Par conséquent, il a pris un autobus pour aller au centre-ville et a trouvé une cabine téléphonique sur la place principale, où il a téléphoné à Sabena. Il a continué pendant des heures à essayer de joindre la ligne aérienne par téléphone, composant et recomposant le numéro, mais sans succès. Pendant tout ce temps il était à portée de vue du bureau de Sabena, qui se trouvait de l'autre côté de la place à cent mètres de distance. J'étais stupéfait. Comment a-t-il été si stupide ? Les informations qu'il cherchait par téléphone étaient disponibles à deux minutes de marche ! Je savais qu'il était honnête, donc j'ai cru à son histoire. Je savais aussi qu'il était intelligent, donc il devait y avoir une raison de sa conduite apparemment bizarre.

La raison de cette conduite apparemment inexplicable était, je crois, que je lui avais demandé, pendant les mois qu'il avait travaillé pour moi, de faire beaucoup de choses qui étaient absurdes et futiles à son avis. Je n'étais pas particulièrement au courant de cela mais je m'en suis rendu compte après coup. Je n'avais pas pris le temps d'expliquer les raisons motivant plusieurs tâches, donc il avait l'habitude de suivre mes instructions sans connaître mes intentions. Ceci n'était qu'un événement parmi une longue série. Les téléphones étaient nouveaux pour lui ; les lignes aériennes étaient peu familières ; le besoin d'obtenir des informations sur les vols et l'endroit où on pouvait les trouver étaient nouveaux. Dans son esprit, mon accent sur le téléphone voulait dire que je désirais qu'il obtienne les informations en téléphonant, et il croyait que c'était cela qui était important pour moi. D'autre part, moi, j'avais mis l'accent sur l'élément du téléphone parce que je désirais minimiser le temps qu'il fallait pour faire cette commission. Mon seul intérêt réel était l'information sur les vols de Sabena, mais lui ne le savait pas.

Résumé : affaires commerciales

Les affaires commerciales en Afrique se déroulent de manières différentes dans les villes et les zones plus traditionnelles. Même aux marchés et aux quartiers de la ville où il y a peu de touristes ou d'autres expatriés, on respecte généralement les valeurs et pratiques traditionnels. Aux endroits où le tourisme et les entreprises liées prospèrent, le comportement local ressemble à celui trouvé sur d'autres itinéraires touristiques internationaux. On conseille vivement aux touristes de consulter des guides qui se concentrent sur les pays spécifiques qu'ils visiteront.

Il y a un certain nombre d'éléments de pratiques commerciales qui surprendront un Occidental qui arrive en Afrique. La négociation est un domaine qui est différent. Aux États-Unis du moins on connaît la négociation dans les affaires, mais dans des types de transactions très limités telles que l'achat d'une maison ou d'une voiture. Donc, pour un Occidental qui va au marché et qui devrait négocier le prix des carottes, par exemple, c'est là une nouvelle expérience. Bien que la négociation en Afrique ne soit pas un tout nouveau concept pour les Occidentaux, ce qui est différent et inconnu est le genre de choses qu'on devrait négocier ou ne pas négocier. Même en Afrique il y a beaucoup de choses qui ont un prix fixe. Les repas aux restaurants en est une. Je ne connais nulle part où un client négocie le prix d'un repas, que ce soit à une simple cantine au bord de la rue ou un restaurant haut de gamme qui accueillent les touristes. Il faut ajouter à ce problème de négociation la situation fréquente où l'unité monétaire est différente de celle du pays d'origine, où la valeur locale des biens et services est inconnue, où la technique de vente des vendeurs semble intimidante et enfin où la transaction doit être effectuée dans une langue inconnue à l'acheteur. Le résultat est que la négociation semble à beaucoup d'Occidentaux une affaire beaucoup plus difficile qu'on pourrait s'y attendre.

Encore un domaine à remarquer est celui de l'importance des relations personnelles. Bien sûr, en Occident elles sont de la plus haute importance dans la conduite de beaucoup d'affaires. Faire connaissance avec des associés commerciaux en jouant au golf ou en déjeunant avec eux, ce sont des façons habituelles de développer des relations personnelles. Les principes ne sont pas donc si différents, mais la pratique de comment, où et que faire pour cultiver des amitiés sont les questions cruciales. En Afrique, ces choses peuvent être très différentes de celles pratiquées en Occident. Pendant un certain temps, mes fonctions dans une ville africaine exigeaient que j'aille fréquemment dans une banque particulière pour vérifier les taux de change des devises étrangères. Pour le faire, il fallait monter à un étage de la banque où travaillaient quinze à vingt hommes et femmes. Souvent je devais attendre de longues périodes pour faire traiter mes affaires. Dans ce processus, j'ai pu observer un exemple de l'importance des relations personnelles. Le directeur du département arrivait au travail vers dix heures. Son bureau tout vitré se trouvait au fond de la pièce, loin de l'entrée. Tous les jours il lui fallait quinze à trente minutes pour traverser la distance entre la porte et son bureau. Il allait au bureau de chaque employé, le saluait, lui posait des questions sur sa famille et bavardait pendant quelques instants avant de passer au bureau suivant. Ce directeur ne faisait ce qui était normal : il donnait préséance aux personnes sur les affaires.

Aussi, les attentes d'acheteurs et de vendeurs sont souvent différentes en Afrique de ce que les Occidentaux peuvent anticiper. L'Occidental a probablement une attitude mentale provenant des pratiques commerciales occidentales, ou du moins nord-américaines, qui prétendent que le client est roi. La marchandise doit être parfaite. Si on la trouve endommagée ou défectueuse, on s'attend à ce que, dans un délai de trente jours au minimum, le vendeur rende l'argent du client, sur réception d'une plainte et la restitution de la marchandise.

En Afrique, c'est plutôt le vendeur et non le client qui serait roi. Il se peut que ce ne soit pas évident aux Occidentaux parce que, comme d'autres personnes de bonne situation sociale et économique présumée, on les traite avec plus de soin que ceux qui paraissent être plus bas sur l'échelle sociale. Mais, au fond, il y a moins de protection des consommateurs en Afrique qu'en Occident. Il revient bien à l'Occidental de suivre le vieil adage, *caveat emptor*, « Que l'acheteur prenne garde. »

Un dernier mot quant aux affaires en Afrique : cela peut être une expérience très positive. Les Africains dans des situations commerciales étant ouverts au développement de relations, traitant les gens comme des personnes et non seulement comme des clients, étant disposés à prendre du temps pour *vous* au milieu de leur journée de travail – tout cela rend les affaires en Afrique beaucoup plus que la simple exécution d'une tâche.

10
Conclusion provisoire

Au fil de ces chapitres précédents j'ai raconté beaucoup d'expériences tirées de toute l'Afrique et qui comprenaient l'utilisation de ressources personnelles. J'ai réuni des expériences annexes afin que les généralités de comportement sous-jacentes puissent être évidentes. D'où ces 90 observations. Ces observations sont présentées comme des voies comportementales non écrites et inexprimées qui guident les Africains dans la gestion de leurs ressources, y compris l'argent. Comme toutes les voies, il existe des bifurcations le long du chemin qui présentent plusieurs choix de comportement. Il ne s'agit pas ici de règles car les individus ont beaucoup de choix dans leur manière d'agir. Ils choisissent peut-être un chemin aujourd'hui, et demain, dans les mêmes circonstances, ils en choisiront un autre. Il y en a qui choisissent un chemin dans une situation, tandis que d'autres choisissent un autre chemin dans des circonstances pareilles. Le but d'élaborer ces observations est d'aider les Occidentaux à mieux comprendre le comportement économique des Africains. Dotés d'une meilleure compréhension de ce qui paraîtrait tout d'abord des pratiques déroutantes, les Occidentaux développeront, espérons-le, des relations plus compréhensibles, plus commodes et plus satisfaisantes. On ne cherche ni à juger ni à dénigrer, même de manière implicite.

Pendant des entretiens avec de nombreux Occidentaux qui travaillent ou qui ont travaillé en Afrique, ce que je trouve évident, c'est que c'est l'emploi de ressources et surtout la question de l'argent qui constituent un souci majeur pour presque tout le monde. Les expatriés travaillant en Afrique confrontent des problèmes et des questions liés aux finances presque tous les jours. Les problèmes sont perturbants, urgents et souvent pénibles. Du côté des Africains, il y en a beaucoup qui travaillent avec les Occidentaux et trouvent, eux aussi, que le comportement de ces étrangers est souvent déroutant, incompréhensible, voire désagréable.

On espère donc que ce livre aidera les Africains qui travaillent avec des Occidentaux ou des organismes occidentaux.

Comment résumer ce problème général en matière d'argent en Afrique ? Tout d'abord, il ne s'agit pas ici d'un problème lié au racisme. J'ai connu des Afro-Américains qui voyageaient en Afrique en tant que touristes et qui ne voulaient même pas quitter leur chambre d'hôtel afin de rencontrer des Africains parce que leurs relations financières avaient été si difficiles pour eux. Plutôt, leurs problèmes n'étaient pas liés aux questions de race. Plutôt, c'étaient des questions de différences culturelles portant sur des questions financières. Je crois qu'il en est de même pour les visiteurs blancs en Afrique. Leurs problèmes en matière d'argent et d'autres ressources s'expliquent mieux comme des différences culturelles, et non pas raciales.

Ces problèmes ne sont pas liés non plus à une aversion à l'égard des Africains. Au contraire, je crois que la plupart des Occidentaux qui voyagent, qui vivent ou qui travaillent en Afrique, trouvent les Africains très amicaux, sympathiques et agréables. Essentiellement, rencontrer les gens, faire la connaissance des gens et avoir des relations occasionnelles avec eux ne posent que très peu de problèmes. Bien sûr, il existe peut-être des problèmes de communication à cause de différences de langue ou d'autres différences culturelles, mais ces problèmes ne proviennent pas de différences interpersonnelles. Les problèmes et les conflits qui peuvent surgir proviennent d'un niveau plus profond de mésentente.

Le problème le plus évident, c'est la grande différence d'accès aux ressources qui existe entre l'Africain moyen et l'Occidental moyen qui se trouve en Afrique. Pour le dire simplement : l'Africain estime que l'Occidental est riche alors que celui-ci est en effet pauvre. Ceci crée beaucoup de difficultés en matière de relations interpersonnelles. Voici quelques commentaires que j'ai entendus de la part de travailleurs bénévoles qui viennent d'arriver en Afrique, et qui illustrent les difficultés :

> J'étais un étudiant pauvre toute ma vie avant de venir en Afrique, mais depuis mon arrivée ici on considère que je suis riche. Je n'ai pas plus d'argent maintenant que j'avais autrefois, mais on me traite de riche. C'est peu commode et je ne l'apprécie pas.
>
> Même si je n'ai pas beaucoup d'argent, j'ai bien plus que les gens ici[1].

---

[1] Communication personnelle, 1994.

> À notre avis, nous avons tant laissé derrière nous, et
> pourtant le peu que nous avons, cela nous donne l'air très
> riche ici. En toute probabilité, ce sera pour nous une lutte
> constante lors de notre séjour en Afrique.
>
> Je n'ai jamais voulu être riche et célèbre chez moi – il est
> donc dur d'être 'riche' ici !
>
> Chez nous, on se sent assez pauvre ; il n'est pas commode
> de se sentir si riche ici[2].

En moyenne, les Africains typiques sont les gens les plus pauvres
du monde[3]. Il existe bien sûr de riches Africains urbains. La preuve
en est leurs belles maisons dans des quartiers chics et les nombreuses
voitures de luxe qui circulent dans les rues en ville, mais ils constituent
plutôt l'exception. Il est bien plus probable que l'étranger moyen qui
travaille en Afrique a beaucoup plus de contacts avec les membres
moins fortunés de la société. Quoiqu'il y ait beaucoup de pauvres dans
les pays occidentaux, très peu d'entre eux voyagent ou travaillent en
Afrique, ce qui veut dire que la relation typique entre Africain et
Occidental implique une grande inégalité économique. Si l'Africain est
employé, il gagne peut-être 100 $ par mois alors que l'Occidental reçois
un salaire d'au moins 2000 $, et plus probablement plus de 3.000 $ par
mois, et c'est le double de ces chiffres si le mari et la femme reçoivent
un salaire tous les deux. Si l'Africain est au chômage – et on peut dire
sans risquer de se tromper qu'au moins 50 % des Africains n'ont pas
d'emplois sûrs – l'écart des revenus est infini en termes mathématiques
et très grave sur le plan humain. Ces faits sont au cœur des tensions et
des mésententes qui sont discutées dans ce livre.

Imaginez que vous êtes occidental et que vous travaillez dans
le même projet que quelques Africains, ou que vous entretenez des
contacts réguliers au moins avec certains d'entre eux. Il s'agit peut-
être d'ouvriers, de chauffeurs, de personnel de ménage, de vendeurs
au marché, de gardiens de nuit, de serveurs, et de beaucoup d'autres.
Qu'est-ce qu'ils pensent de vous ? Supposons que vous êtes poli et que
vous les traitez respectueusement. Vos rapports avec eux sont donc
réguliers et décontractés et ne présentent aucun problème particulier.
Ils vous considèrent un être humain normal, mais bien sûr riche. On
ne peut ni oublier ni ignorer votre richesse même une seule minute.
Après tout, votre revenu du ménage est de 30 à 60 fois plus grand
que le leur. Ce serait vaguement pareil pour vous, si vous côtoyiez
quelqu'un doté d'un revenu annuel d'un à deux millions de dollars, ce

---

[2] Communication personnelle, 1999.
[3] *The New Encyclopædia Britannica* 1988.

qui est approximativement 30 à 60 fois le revenu du ménage annuel aux États-Unis. En réalité l'écart est encore plus grand que même ces ratios indiquent. L'Occidental, disposant d'un revenu qui n'est qu'une fraction de ce que gagne un millionnaire, jouit d'un niveau de vie nettement supérieur à celui de son homologue africain qui reçoit la même fraction du revenu de l'Occidental.

Samir Amin, économiste égyptien, décrit l'écart de revenus entre l'Europe et ses descendants en termes historiques. Avant l'an mille, les régions les plus productrices du monde étaient de deux ou trois fois plus prospères que les régions pauvres. L'Europe et l'Afrique se trouvaient à peu près au même niveau économique. La situation a commencé à évoluer de façon dramatique avec la Révolution industrielle. De nos jours, la proportion est de 60 à 1, et l'écart économique continue toujours à grandir dramatiquement. Cela veut dire que l'Occidental moyen pourra accéder à 60 fois plus de richesses de son vivant qu'un Africain moyen[4].

Il est largement reconnu que des différences culturelles existent entre l'Afrique et l'Ouest, ce qui crée des barrières à la compréhension. Mais les disparités économiques créent d'autres obstacles qui n'ont pas reçu l'attention qu'elles méritent.

Il existe deux facteurs qui contribuent dans une large mesure à cette disparité : dans son pays d'origine, (1) l'Occidental dispose d'un revenu nettement supérieur et vit parmi des gens qui sont également bien lotis ; (2) l'Occidental vit dans une société plutôt centrée sur l'individu, et il est donc libre de prendre des décisions économiques en fonction de critères purement personnels. Il est libre de choisir son propre style de vie, dans les limites de ses finances. Il a peu de contraintes en termes de son emploi de ressources de la part de sa famille élargie, de ses amis ou de sa communauté. D'autres parmi ses pairs disposent de revenus tout à fait pareils et n'imposent pratiquement pas d'exigences sur ses ressources. Tout le monde peut couvrir ses besoins et ne font pas appel à d'autres pour un soutien économique. (Il faut remarquer encore que cette discussion se rapporte aux Occidentaux qui habitent et qui voyagent en Afrique ; pas tous dans leur pays d'origine vivent de façon aussi indépendante.)

En ce qui concerne l'Africain moyen la situation est inversée. Il dispose d'un revenu bien inférieur qui satisfait au mieux aux besoins essentiels personnels ou familiaux. Parmi sa famille élargie, ses amis et ses voisins, il y a beaucoup de personnes qui sont au chômage et presque sans revenu fixe. Souvent celles-ci ne savent même pas répondre à leurs propres besoins de survie. En plus de ces réalités économiques de la

---

[4] Amin 1997.

vie, la société elle-même exige que ses membres vivent en communauté, pas seulement en tant qu'individus autonomes. La vie communautaire représente en fait une grande valeur inculquée à chaque individu, de façon à ce qu'il n'envisage pas d'être autonome. En grandissant, les Africains cherchent à devenir des membres importants de la société et à y participer pleinement. Cela veut dire que chaque personne se sent proche à d'autres et sensible à leurs besoins matériels.

Donc, à moins de se retirer d'une participation active et estimée de la société, l'Africain moyen cherche toujours en dehors de lui-même quand il considère ses ressources et ses besoins matériels. Ceux qui ont davantage partagent avec ceux qui ont moins. Ceux qui disposent de moins s'attendent à recevoir des bénéfices matériels et financiers de la part de ceux qui en ont plus. Les règles de la société imposent des limites sur les nantis et les pauvres. Il ne s'agit pas ici d'une utopie ou d'un vrai communisme, mais d'un système qui s'est élaboré pendant des centaines d'années d'existence précaire. Les vicissitudes de la vie, du climat, de la maladie, du colonialisme, de la traite des esclaves et des conflits interethniques ont fait que ceux qui disposent de ressources aujourd'hui en manqueront peut-être demain. On a appris qu'il constitue effectivement une bonne assurance de partager sa prospérité relative aujourd'hui, au cas où on serait dans le besoin demain. La survie dépendait d'une vie en communauté et d'un partage de ressources.

Quand un Occidental arrive dans une communauté africaine ou un lieu de travail africain, voilà le cadre invisible de vie dans lequel il entre. Tout de suite, automatiquement mais à son insu, on le classe parmi les 'riches'. Le seul autre classement qui existe, c'est celui des 'pauvres' et évidemment il n'y appartient pas. En tant que 'riche', il est entraîné dans le système dans la mesure où il le permet. Il en résulte qu'une ou plusieurs personnes qui veulent de l'aide s'approcheront de lui. Ils lui demanderont de partager ses ressources avec eux d'une façon précise.

On peut diviser en deux groupes ceux qui demandent de l'aide. D'abord. Il y a des personnes totalement inconnues de l'Occidental, à savoir les Demandeurs inconnus, ou les D.I. Ce sont des Africains, d'habitude des hommes mais quelquefois des femmes, qui frappent à la porte d'une habitation ou qui accostent les étrangers dans la rue. Le D.I. demande d'habitude de l'argent, ou quelquefois du travail. Il tient peut-être à la main une ordonnance pour un médicament, ou bien il parle de sa situation désespérée personnelle ou de celle de sa famille, souvent en détails pathétiques. L'Occidental ne sait pas si cette histoire – et par conséquent le besoin qu'elle raconte – est véritable ou non. Enfin, il donne peut-être de l'argent à la personne, mais il est mal à l'aise, car il ne sait pas s'il a vraiment aidé quelqu'un dans le besoin ou s'il a simplement été dupé.

Il est quelquefois très difficile d'avoir affaire à cette sorte de D.I. Il existe beaucoup de D.I. en Afrique, dont des professionnels qui savent raconter des histoires déchirantes et manipuler des étrangers afin d'en tirer de l'argent ou d'autres ressources. Il y en a même qui savent pleurer de vraies larmes en fonction des besoins afin de rendre leurs histoires vraiment crédibles. On trouve dans cette catégorie beaucoup d'acteurs talentueux et de manipulateurs habiles. Tôt dans notre expérience africaine, ma femme et moi avons été dupés par un D.I. Nous l'avons rencontré à un centre de conférence catholique. Il a proposé de nous aider avec le français. Il a dit qu'il voulait simplement nous aider et ne s'attendait pas à ce qu'on le paie. Nous avons accepté son offre d'aide plusieurs fois. Un jour, j'ai reçu une sommation où on me demandait de comparaître devant le commissaire de police de notre district. On n'en a pas précisé la raison. J'ai demandé à un ami africain bien placé de m'y accompagner. Il s'est avéré que notre ami bénévole avait été emprisonné par la police à la suite d'une inculpation particulière et qu'il avait donné mon nom comme témoin de moralité. C'était un voyou et il avait essayé d'établir un casier judiciaire vierge chez nous afin de pouvoir recevoir une bonne référence morale. Quand j'ai expliqué notre relation au commissaire, celui-ci m'a remercié et m'a dit que ma présence au procès n'était pas obligatoire. Mon ami africain qui m'avait accompagné au commissariat ne m'a pas fait grâce si facilement. Il m'a beaucoup réprimandé de mon comportement, en me disant que j'étais typique de bien trop d'étrangers en Afrique qui sont dupés par des voyous et des escrocs. Jugeant par les apparences, ils acceptent ce que leur disent des Africains sans scrupules qu'ils ne connaissent pas personnellement et dont ils ignorent le domicile et le caractère. À son avis, les gens comme moi qui cherchent à aider les Africains sont très erronées. Il m'a dit que beaucoup de gens avaient besoin d'aide, mais l'étranger devrait se renseigner sur la personne, sa famille et son cercle de relations, avant de s'y engager. J'ai bien apprécié son admonition comme étant celle d'un ami bien sage.

La deuxième sorte de requérant est celle du Demandeur connu, ou D.C. On connaît ces personnes par des contacts à long terme. On les connaît dans l'organisation où travaille l'Occidental, à l'église où on assiste tous les deux, au club où l'Occidental est membre et où le D.C. travaille, ou dans beaucoup d'autres situations en cours. L'Occidental apprend à connaître les Africains sur une période de mois ou de plusieurs années. Quelquefois l'Occidental apprend à connaître ces individus assez bien, mais cette connaissance se base presque uniquement sur l'exécution de son travail et ce que la personne elle-même dit à l'Occidental. On n'obtient que très peu d'informations de première main ni de la famille de la personne ni de son environnement domestique. L'Occidental ne

rend visite que très rarement à ces gens chez eux. Les relations qui se
développent de cette façon sont assez semblables à celles qui s'établissent
entre collègues au lieu de travail dans son pays natal. Pourtant les
relations sont aussi foncièrement différentes, car le statut économique
des étrangers et celui des Africains sont complètement différents. Cette
différence est mise en lumière au tableau 10.1, où on contraste l'accès
aux choses désirées de la vie de l'Africain moyen qui travaille, et de
l'Occidental. Quoique les Occidentaux soient généralement conscients
de l'écart qui existe entre leur mode de vie et celui de la plupart de
leurs confrères africains, on peut dire sans risquer de se tromper que
les Africains sont pleinement conscients de cet écart, qui pour eux est
effectivement un fossé qu'ils confrontent constamment dans tous leurs
rapports avec les étrangers. Pourtant, les Africains qui figurent dans ce
tableau représentent les moins de 50 % qui travaillent. Un tableau qui
contrastait les soucis de la vie de personnes sans emploi serait encore
plus dramatique.

Tableau 10.1. Comparaison de l'accès des Occidentaux en Afrique et
des Africains aux bonnes choses de la vie

Préoccupations	Occidental	Africain
Domicile	Grande maison dans un quartier haut de gamme	Petite habitation partagée avec grande famille ; bondée
Alimentation	Grande variété d'aliments du pays et importés ; régime équilibré ; visites fréquentes aux restaurants de luxe ; invitation d'amis aux repas	Aliments du pays à prix abordable ; régime très limité ; aliments et repas offerts aux nombreux parents et amis ; budget alimentaire toujours contraint
Vêtements	Vêtements achetés selon les besoins ; bien habillé en fonction du style de vie choisi	Bonne tenue vestimentaire prisée, mais bien au-delà de ses moyens ; vêtements d'occasion d'origine occidentale achetés ; une ou très peu de bonnes tenues possédées.
Transport	Véhicule privé efficace pour se rendre au travail, à l'église, au club, au magasin, pour sorties	Transports en commun peu efficaces ; marche à pied

Préoccupations	Occidental	Africain
Vie sociale	Grande variété d'événements sociaux ; réceptions chez soi ; vie sociale avec amis ; budget considérable pour distractions, loisirs	Vie sociale axée principalement sur les visites et l'accueil de famille et d'amis, avec nourriture et boisson ; possibilités d'événements sportifs
Vacances	Vacances normalement dans son pays d'origine	Congés annuels, probablement de 30 jours, autorisés par le gouvernement en cas de travail 'officiel' ; vacances passées dans son pays
Education	Éducation universitaire	Education limitée dans des écoles mal équipées
Ressources culturelles	Livres personnels, abonnements aux magazines, télévision, vidéos ; événements mondiaux suivis	Radio nationale écoutée probablement ; peut-être télévision ; parfois lecture du journal quotidien ; presque pas de livres ou de magazines
Education des enfants	Bonnes écoles bien équipées avec enseignants bien formés ; classes relativement petites ; programme scolaire moderne ; études universitaires de rigueur	Scolarité minimum pour tous pas garantie ; grandes classes presque sans équipement ; études universitaires limitées aux plus intelligents et chanceux
Téléphone	Accès au téléphone à domicile et au lieu de travail	Possibilité de téléphone public ; accès possible par employeur au lieu de travail
Informatique	Ordinateur des plus modernes, e-mail et accès à l'Internet	Accès aux ordinateurs de bureau limité à une minorité ; achat personnel au-delà des moyens de presque tout le monde
Situation médicale	Accès aux médecins bien formés, dentistes, spécialistes, soins hospitaliers ; aucun mal à faire remplir toutes ordonnances	Soins minimes dans une clinique locale mal équipée guère abordables ; aucun accès à médecins bien formés ; consultation de guérisseurs traditionnels et emploi de médicaments traditionnels

Préoccupations	Occidental	Africain
Revenu discrétionnaire	Beaucoup d'argent destiné aux produits non-essentiels	Difficultés financières de subvenir aux besoins mensuels en alimentation, logement, électricité, eau et vêtements.
Projets de retraite	Préparation à la retraite avec investissements ; propriétaire de maison dans son pays natal ; sécurité sociale fournie par le gouvernement	Cotisations à la sécurité sociale gouvernementale avec chances très limitées de recevoir ses allocations minimes
Stabilité économique	Peu soucieux du chômage à long terme et de l'indigence ; préoccupation légère peut-être du maintien d'un emploi bien rémunéré	Très préoccupé par la recherche ou le maintien d'un emploi à long terme ; perte d'emploi qui signifie probablement des périodes très difficiles et possibilité d'indigence avec de nombreuses personnes à charge
Sécurité physique	Habitation de construction solide avec protection de grilles en fer ; gardiens de sécurité à domicile ou au bureau en quartiers peu sûrs	Habitation de construction bien moins que solide ; victime d'insécurité dans son quartier

La fin de l'histoire est que l'Occidental arrive à faire connaissance d'Africains de manière décontractée. Il les trouve amicaux, aimables et abordables. Il commence à développer des amitiés. Puis, à l'improviste, un nouvel ami africain demande d'emprunter de l'argent ou un objet quelconque. Les premières fois que cela arrive, on répond positivement peut-être à cette demande, parce que l'Occidental est tout nouveau et il veut respecter le caractère de ses connaissances africaines. Il donne de l'argent ou il en prête, mais l'Occidental estime que son amitié a été compromise. Et quand on ne tient pas la promesse de rembourser le prêt, il doute de l'honnêteté de la personne. Après plusieurs expériences pareilles, il commence à généraliser, en se demandant si tous les Africains sont malhonnêtes, ou au moins s'ils ne tiennent pas leurs promesses quand il s'agit de questions financières. Bientôt, l'Occidental est tenté de conclure que « la seule raison pourquoi les Africains désirent mon amitié est pour ce qu'ils peuvent obtenir de ma part. Ils ne s'intéressent pas à moi mais à mon argent. » Quand on lui a demandé ce qu'elle trouvait le plus difficile à ce sujet, une Occidentale s'est exprimée ainsi :

Le défi principal en ce moment, c'est de savoir s'il est possible
de créer des relations avec les gens sans pourtant avoir
l'impression qu'ils cherchent à en profiter financièrement
d'une manière ou d'une autre. Un étranger, est-il seulement
un collecteur de fonds pour des projets, quelqu'un à flatter
et à honorer afin de lui prendre son argent à la fin ?
Les différences de richesse sont inévitables, donc c'est un
obstacle difficile à franchir[5].

Les Occidentaux sont plutôt choqués de trouver que les Africains
cherchent à tirer des avantages matériels des amitiés. Cela leur semble
presque un abus. Pourtant, à mon sens, c'est moins étrange à leurs idées
et à leur emploi de l'amitié que leurs réactions ne l'indiquent. Le choc
provient de la forme que cela peut revêtir en Afrique, et non pas du
principe. Les Occidentaux oublient généralement le mélange généralisé
des deux dans leur propre culture. L'organisation et les fonctions des
amitiés sont très différentes en Afrique et en Occident. La principale
raison pourquoi les Occidentaux ne voient pas comment l'amitié et
l'intérêt matériel vont de pair dans leur propre culture est qu'il existe
une division très nette entre l'amitié *personnelle* et l'amitié *dans les
affaires*.

En ce qui concerne les amitiés personnelles, il faut écarter les
intérêts matériels, sauf en cas d'événements désastreux, tel que des
maladies potentiellement mortelles, la mort, et d'autres incidents graves
inattendus quand c'est dans le besoin que l'on connaît ses vrais amis.
En ce qui concerne les amitiés au travail, les intérêts matériels sont
d'une importance primordiale. Considérez l'amitié entre les hommes et
femmes d'affaires, les professionnels et les hommes et femmes politiques.
Pourquoi y a-t-il tant de clubs philanthropiques aux États-Unis et
partout dans le monde ? Citons par exemple le Rotary, le Kiwanis,
les Chambres de Commerce et de nombreux autres. Dans ces clubs,
les gens d'affaires et professionnels, hommes et femmes, mélangent
l'amitié, les événements sociaux et les intérêts matériels personnels.
Ensuite, il existe aussi des associations professionnelles, telles que
l'Association de génie civil ou bien l'Association médicale. Des réunions
se tiennent régulièrement, où on donne des présentations techniques
dans un environnement d'interactions sociales, mais où la préoccupation
véritable est d'établir des contacts qui aboutissent aux avantages ou
avancements professionnels, ou d'autres bénéfices personnels pour les
membres.

Passons maintenant aux hommes et femmes politiques. Pourquoi
beaucoup de personnes cherchent-elles une fonction politique ou au

---

[5] Communication personnelle, 1997.

moins cherchent-elles à s'associer aux dirigeants politiques ? Est-ce bien
le devoir civique, le désir du service désintéressé au public et la promotion
de l'intérêt commun qui les préoccupent surtout ? Devrait-on croire que
les hommes et femmes politiques servent de façon désintéressée ? Ou
bien leur motivation est-elle considérablement égoïste, afin d'exercer une
influence sur la promulgation des lois et d'une réglementation qui puisse
entraîner des avantages personnels pour eux-mêmes, pour leurs amis,
et pour ceux de leur classe sociale. Imaginez les membres d'un conseil
municipal aux États-Unis. On donne une présentation convaincante
d'un projet de construction d'une nouvelle voie de contournement, qui
comprend l'itinéraire exact de la nouvelle route proposée. Le conseiller
n'explique pas au conseil qu'il est propriétaire d'une grande bande
de terrain dont la valeur sera bien augmentée si la route passe tout
près. Ses collègues au conseil débattent la proposition pour des raisons
techniques ou environnementales, ou pour d'autres raisons, mais ne
posent pas de questions personnelles et finissent par voter en faveur
de la proposition. Plus tard, une conseillère différente propose un
autre projet urbain. Elle s'attend à ce que le premier conseiller vote
en faveur de sa proposition pour s'acquitter de son soutien du projet
de voie de contournement. Encore une fois, on évite des questions
personnelles. L'amitié, la loyauté et l'intérêt personnel exigent ce genre
de comportement pour le fonctionnement efficace du conseil municipal.
Même si un tel comportement grossier est typique pour seulement un
petit pourcentage d'hommes et femmes politiques, le devoir civique se
mêle d'habitude à l'intérêt personnel. Il est certain que la plupart des
Américains sont d'avis que c'est ainsi.

Dans toutes ces activités commerciales, professionnelles et politiques,
l'intérêt personnel est intimement mélangé avec l'interaction sociale et
l'amitié. On ne tend pas à y penser de la sorte parce qu'ils/elles sont
institutionnalisées et dépersonnalisées. On peut conclure donc que le
mélange d'amitié et d'intérêts matériaux n'est pas étranger à la culture
occidentale. Le mélange qui se fait en Afrique n'est pas aussi lié au
concept qu'au niveau où cela s'opère. En Occident, ce mélange est
institutionnalisé ; en Afrique, il est personnalisé.

Finalement, que devrait faire un Occidental ? Pour conclure, voici les
conseils que nous avons mis au point au niveau personnel :

1. Soyez respectueux. C'est-à-dire, soyez courtois, patient et
   compréhensif avec tout le monde. (Certaines exceptions à la
   patience peuvent s'imposer en cas de vendeurs obstinés qui
   n'acceptent jamais *non* comme réponse !)

2. Soyez généreux. Cela ne veut pas dire qu'il faut donner à tous
   ceux qui demandent quelque chose. Renseignez-vous sur les
   méthodes acceptables localement de refuser quelqu'un. Cela

veut dire en effet qu'il faut budgétiser une certaine somme
à donner, et que vous devez vous efforcer de réfléchir bien
un moment à qui et comment on la donnera. Cela veut aussi
peut-être dire que vous développez des relations à mi-terme
et à long terme avec un nombre limité de personnes dignes,
prometteuses mais nécessiteuses, afin d'investir dans leur vie.

3. Faites des amis. Apprenez à bien connaître quelques Africains,
   allez chez eux, cherchez à les comprendre ainsi que leur vie,
   partagez des expériences avec eux et entretenez une relation
   d'amitié avec eux. Plus ces amis sont proches à votre niveau
   socio-économique, plus il sera facile probablement d'avoir des
   relations mutuellement satisfaisantes. Il faut remarquer que
   les amis africains ont peut-être des attentes assez différentes
   en matière d'amitié de ce que vous connaissez normalement,
   par exemple en ce qui concerne la fréquence du temps passé
   ensemble. Faites des amis avec des personnes avec qui vous
   pouvez discuter de vos questions, de vos doutes et de votre
   ignorance de certains sujets.

4. Soyez discret auprès des inconnus. Par *inconnus*, cela veut dire
   les personnes qu'on ne connaît que dans un contexte particulier,
   par exemple, au bureau, au marché, au club, ou dans tout
   autre lieu. Méfiez-vous bien sûr de ceux qui s'approchent de
   vous dans la rue ou dans tout autre endroit public, en vous
   demandant quelque chose ou même semblant ne demander
   que de se lier d'amitié avec vous. Ne les découragez pas d'une
   manière peu amicale ou hostile, mais sachez que, avant de
   mieux les connaître, il vous faut limiter ce que vous leur dites
   et le niveau de confiance que vous leur accordez.

5. Employez des références. Demandez à vos amis africains à
   propos des inconnus à qui vous vous intéressez pour une
   raison quelconque. Renseignez-vous sur leur caractère, leur
   réputation, leur famille et leurs antécédents. En aucun cas
   n'embauchez jamais une personne que vous ne connaissez pas
   ou pour qui vous n'avez pas de références.

6. Cultivez des conseillers africains en qui vous avez confiance et à
   qui vous pouvez demander conseil si besoin est. Permettez-leur
   de vous aider à comprendre les situations et comportements
   typiques et insolites. Parmi eux, choisissez des hommes et
   des femmes, ainsi que des personnes qui viennent des classes
   sociales moyennes et inférieures, tout aussi bien quelques-unes
   des classes plus élevées. Faites-leur savoir que vous désirez et

que vous avez besoin de leurs conseils et même de leur critique quand vos paroles ou vos actions leur semblent offensives.

7. Renseignez-vous au sujet de l'Afrique et de ses cultures. L'Afrique a produit beaucoup de bons romanciers, dramaturges, metteurs en scène, poètes, et autres classes d'intellectuels. Beaucoup d'entre eux se concentrent sur des thèmes africains qui renseignent et divertissent en même temps. Beaucoup de musique africaine est de calibre international. Et puis, bien sûr, beaucoup d'étrangers dans beaucoup de domaines ont produit des œuvres utiles et intéressantes à propos de l'Afrique.

Et enfin, *vivez* l'Afrique. Soyez-en participant aussi bien qu'observateur.

Références

Amoako-Agyei, Erika, et Samir Amin. 1997. L'Afrique et le développement. Interview by Mamadou Barry, Xavier Theulet et Jeanne Tietcheu. *Jeune Afrique Economique*. February 3.

Arensen, Jon. s.d. How to deal with begging and requests. Yaoundé: SIL International. Ms.

Barclay, William. 1971. *Ethics in a permissive society*. New York: Harper and Row.

Barley, Nigel. 1983. *Adventures in a mud hut*. New York: Vanguard.

Barnes, Sandra T. 1986. *Patrons and power: Creating a political community in metropolitan Lagos*. Bloomington: Indiana University Press.

Bayart, Jean-François. 1989. *L'etat en Afrique: la politique du ventre*. Paris: Fayard.

Besteman, Catherine 1996. Violent politics and the politics of violence: The dissolution of the Somali Nation-State. *American Ethnologist* 23(3):579–596.

Biddlecombe, Peter. 1993. *French lessons in Africa: Travels with my briefcase through French Africa*. Boston: Little, Brown.

Bohanan, Paul, et Philip Curtin. 1971. *Africa and Africans*, rev. ed. Garden City, NY: The Natural History Press.

Bosch, David J. 2001(1979). *A spirituality of the road*. Eugene, OR: Wipf and Stock.

Bouba, Bernard. 1982. Reflections on the life of the European. In Philip A. Noss (ed.), *Grafting old rootstock: Studies in culture and religion of the Chamba, Duru, Fula, and Gbaya of Cameroun*, 27–32. Dallas, TX: International Museum of Cultures.

Brinkerhoff, Derick W., et Arthur A. Goldsmith. 2004. Good governance, clientelism, and patrimonialism: New perspectives on old problems. *International Public Management Journal* 7(2):163–185.

Britan, Gerald, et Bette S. Denich. 1976. Environment and choice in rapid social change. *American Ethnologist* 3(1):55–72.

Bryan, Ashley. 1999. *The night has ears: African proverbs.* New York: Anthenum Books/Simon and Schuster.

Burmeister, Nancy. 1995. Murphy's law. *Ethno-Info* 34:14. Abidjan, Ivory Coast: Summer Institute of Linguistics.

Chabal, Patrick, et Jean-Pascal Daloz. 1999. *Africa works: Disorder as political instrument.* Bloomington: Indiana University Press.

Chinchen, Delbert Clifford. 1994. The patron-client relationship concept: A case study from the African Bible colleges in Liberia and Malawi. EdD dissertation. Biola University. Ms.

Clasberry, Emma Umma. 2010. *African culture through proverbs.* Indianapolis, IN: Xlibris Corp.

Corbett, Steve, et Brian Fikkert. 2009. *When helping hurts: How to alleviate poverty without hurting the poor and yourself.* Chicago: Moody Publishers.

Crawford, John R. 1981. Stewardship in younger churches: Observations and caveats from an African perspective. *Missiology* 9(3):299–310.

Cribier, Jacqueline, Martine Dreyfus, et Mamadou Gueye. 1986. *Léébu proverbes Wolof.* Paris: ACCP, CELF, et EDICEF.

Crickmore, Mary. 2011. Gift-giving etiquette in the global village: Bread, stone, or snake? *Banner.* January 18. https://www.thebanner.org/features/2011/01/gift-giving-etiquette-in-the-global-village. Accessed February 10, 2022.

Dealy, G. C. 1992 (1977). *The public man: An interpretation of Latin American and other Catholic countries.* Amherst, MA: University of Massachusetts Press. Quoted in Hansen 2003:204.

De Jong, Ferdinand. 2007. *Masquerades of modernity: Power and secrecy in Casamance, Sengal.* Bloomington, IN: Indiana University Press.

Devine, Elizabeth, et Nancy Braganti. 1995. *The travelers' guide to African customs and manners.* New York: St. Martin's Press.

Dowden, Richard. 2009. *Africa: Altered states.* Ordinary miracles. New York: John Wiley & Sons.

Ela, Jean-Marc. 1983. *La ville en Afrique noire,* 106. Paris: Editions Karthala. (Citing G. Balandier. *Afrique ambiguë.* 1957. Paris: Plon.)

Enahoro, Peter. 1966. *How to be a Nigerian.* Ibadan: The Caxton Press.

Enahoro, Peter. 1966. *How to be a Nigerian.* Lagos: *The Daily Times of Nigeria.*

Escher, Marilyn. 1998. A linguist faces culture. Ms.

Etounga-Manguelle, Daniel. 2009. *Vers une société responsable: Le cas de l'Afrique.* Paris: L'Harmattan.

Fatton, Robert Jr. 1986. Clientielism and patronage in Senegal. *African Studies Review* 29(4):61–78.

Foster, Dean. 2002. *The global etiquette guide to Africa and the Middle East*. New York: John Wiley and Sons.

Foster, George M. 1973. *Traditional societies and technological change*. Second edition. New York: Harper and Row.

Geschiere, Peter. 1997. *The modernity of witchcraft: Politics and the occult in postcolonial Africa*. Charlottesville, VA: University Press of Virginia.

Guèye, Ousseynou. 1997. La pérénité, le tendon d'Achille. *Wal fadjri L'Aurore*. Dakar. July 3. http://www.jstor.org.

Haibucher, Irene. 1999a. Learning the hard way. Ms.

Haibucher, Irene. 1999b. *Showing respect*. Bangui: Central Africa Republic.

Hall, Edward T. 1966. *The hidden dimension*. New York: Anchor Books/ Doubleday.

Hall, Edward T. 1990. *Understanding cultural differences*. Yarmouth, ME: Intercultural Press.

Hall, Edward T., et Mildred Reed Hall. 1990. *Understanding cultural differences: Germans, French and Americans*. Yarmouth, ME: Intercultural Press.

Hammond, Dorothy, et Alta Jablow. 1976. *Women in cultures of world*. Menlo Park, CA: Cummings.

Handlin, Oscar E. 1967[1951]. Peasant origins. In George Dalton (ed.), *Tribal and peasant economies: Readings in economic anthropology*, 456–478. Garden City, NY: Natural History Press.

Handwerker, W. Penn. 1987. Fiscal corruption and the moral economy of resource acquisition. In Barry L. Isaac (ed.), *Research in economic anthropology*, 307–353. Greenwich, CT: JAI Press.

Hansen, Ketil Fred. 2003. The politics of personal relations beyond neopatrimonial practices in northern Cameroon. *Africa* 73(2):202–225.

Harden, Blaine. 1990. *Africa: Dispatches from a fragile continent*. New York: W. W. Norton.

Harries, Jim. 2000. The magical worldview in the African church: What is going on? *Missiology: An International Review* 24(4):487–502.

Hawkins, Christy. 1998. Campers get lesson in paying bills. *Dallas Morning News*. July 5.

Hill, Brad, et Ruth Hill. 1990. On borrowing from the Mondele. *In Slivers from the cross*. (Adaptation), 57–59. Chicago: Covenant.

Hill, Harriet. 1996a. Patron-client systems. *Ethno-Info* 37:4. Abidjan: Ivory Coast.

Hill, Harriet. 1996b. Employer-employee relations in West Africa. *Ethno-Info* 37.

Hofstede, Geert, et Gert Jan Hofstede. 2005. *Cultures and organizations of the mind: Intercultural cooperation and its importance for survival.* New York: McGraw-Hill. www.kenya-information-guide.com/kamba-tribe.html. Accessed April 2, 2010.

Hungerford, Marian, comp. 1998. Begging, loans, and requests. Yaoundé: SIL International. Ms.

Hungerford, Marian, ed. s.d. A crash course in Cameroonian etiquette. Yaoundé: SIL International. Ms.

Hutchinson, Sharon. 1992. The cattle of money and the cattle of girls among the Nuer, 1930–1983. *American Ethnologist* 19(2):294–316.

Irvine, Judith T. 1989. Strategies of status manipulation in the Wolof greeting. In Richard Bauman and Joel Sherzer (eds.), *Explorations in the ethnography of speaking*, second edition, 167–191. New York: Cambridge University Press.

Jacobson, David. 1973. *Itinerant townsmen: Friendship and social order in urban Uganda.* Menlo Park, CA: Cummings.

Lasswell, Harold D. 1958 (1936). *Politics: Who gets what, when, how.* New York: Meridian Books.

Laye, Camara. 1954. *The African child.* Isle of Man, UK: Fontana/Collins.

Lemarchand, René. 1972. Political clientielism and ethnicity in tropical Africa: Competing solidarities in nation building. The American Political Science Review 66(1):68–90.

Le Temoin. 1997. Dakar. January 21.

LeVine, Robert A. 1970. Personality and change. In John N. Paden and Edward W. Soja (eds.), *The African experience: Volume I: Essays,* 276–303. Evanston, IL: Northwestern University Press.

Maathai, Wangari. 2009. *The challenge for Africa.* New York: Anchor Books.

Mabry, Marcus, et Alan Zarembo. 1997. *Newsweek.* July 7, 42–43.

Mandela, Nelson. 1994. Long walk to freedom. In Yale Richmond and Phyllis Gestrin, *Into Africa: Intercultural insights.* New York: Little, Brown and Co.

Mani, Joseph Mani. 2010. Cultural patterns from the Kamba culture. Nairobi: United States International University.

Mann, David P. 1990. Toward understanding gift-giving in relationships. *Missiology* 18(1):49–60.

Maraniss, David. 1995. *First in his class: The biography of Bill Clinton.* New York: Simon and Schuster.

Maranz, David E. 1993. *Peace is everything: The world view of Muslims and traditionalists in the Senegambia.* Publications in Ethnography 28. Dallas, TX: Summer Institute of Linguistics and the International Museum of Cultures.

Marsden, Carolyn, et Philip Matzigkeit. 2009. *Sahwira : An African friendship*. Somerville, MA: Candlewick Press.

Mbiti, John S. 1989. *African religions and philosophy*. Second edition. Oxford and New York: Heinemann Educational Publishers.

Mboya, Paul. 1938. *Luo Kitgi gi Timbegi*. Kisumu, Kenya: Anyange Press.

McNee. Lisa. 2000. *Selfish gifts: Senegalese women's autobiographical discourses*. Albany: State University of New York.

Merriam-Webster's 11th Collegiate Dictionary. 2003. Manière suivante. Springfield, MA : Merriam-Webster, Inc.

Mohammed, Nadia. 2013. http://www.asmallvoicewithbigthoughts.blogspot.com/.

Mogre, Salifu. 1982. A report on my first few weeks; a cross-culture experience in America. Norman, OK. Ms.

Morgan, Timothy C. 2000. Have we become too busy with death? *Christianity Today* 44(2):36–44.

Muchena, Olivia N. 1996. Sociological and anthropological reflections. In Tetsunao Yamamori, Bryant L. Myers, Kwame Bediako, and Larry Reed (eds.), *Serving with the poor in Africa*, 169–180. Monrovia, CA: MARC.

Mungai, Eddie. 1997. Asking as a way of life. *Ethno-Info* 40.

Nelson, Harold D. et al. 1974. *Area handbook for Senegal*. Second edition. Washington D.C.: U.S. Government Printing Office.

Newsweek. 1995. Questions without answers. May 15.

Notes de conference AOC (Africa Orientation Course). 1999. Pastoral economics, Yaoundé: Summer Institute of Linguistics. Ms.

Nydell, Margaret K. 1996. *Understanding Arabs: A guide for Westerners*. Yarmouth, ME: Intercultural Press.

Nzemen, Moïse. 1993. *Tontines et développement ou le défi financier de l'Afrique*. Yaoundé: Presses Universitaires du Cameroun.

O'Brien, Donal Cruise. 1989. Africa. *Journal of the International African Institute* 59(4):528–529. http://www.jstor.org/stable/1159950. Accessed January 27, 2014.

Ong, Walter J. 1982. *Orality and literacy: The technologizing of the word*. London: Methuen.

Owin, Dan. 1995. Cheating death the Suba way. *Ethno-Info* 34:4–5. Abidjan, Ivory Coast.

Parker, Shipton. 1995. How Gambians save: Culture and economic strategy at an ethnic crossroads. In Jane I. Guyer (ed.), *Money matters: Instability, values and social payments in the modern history of West African communities*, 245–276. Portsmouth, NH: Heinemann.

Pennington, Dorothy L. 1990. Time in African culture. In Molefi Kete and Kariamu Welsh Asante (eds.), *African culture: The rhythms of unity*, 123–140. Trenton, NJ: Africa World Press.

Phillips, John E. 1999. A Bekwel folktale sheds light on sharing. *Ethno-Info* 44:2–4. Dallas, TX: Summer Institute of Linguistics.

Pipes, Daniel. 1984. *In the path of God: Islam and political power*. New York: Basic Books.

Richmond, Yale, et Phyllis Gestrin. 1998. *Into Africa: Intercultural insights*. Yarmouth, ME: Intercultural Press.

Rose, Laurel L. 2002. African elites' land control maneuvers. *Etudes Rurales* 163/164:187–213. http://www.jstor.org/stable/20122941. Accessed January 21, 2014.

Rosen, Lawrence. 1984. *Bargaining for reality: The construction of social relations in a Muslim community*. Chicago: University of Chicago Press.

Samovar, Larry, Richard E. Porter, et Edwin R. McDaniel. 2007. *Communication between cultures*. Sixth edition. Belmont, CA: Thomson Wadsworth.

Saunders, Philip. 1997. Caveat vendor. *Ethno-Info* 40:5–6.

Savage, Andrew. 1997. Proverbs applied. *Ethno-Info* 39. Abidjan, Ivory Coast, SIL International.

Savage, Tom J. 1996. An insulting compliment? *Ethno-Info* 35. Abidjan, Ivory Coast, SIL International.

Smeltzer, Sue. 1997. Soninke values: Responsibility, work, respect and shame. *Ethno-Info* 39. May. Abidjan, Ivory Coast, SIL International.

Schraeder, Peter J. 1994. Elites as facilitators or impediments to political development? Some lessons from the "third wave" of democratization in Africa. *The Journal of Developing Areas* 29(1):69–90. www.jstor.org/stable/4192413. Accessed January 21, 2014.

Schwartz, Glenn J. 2007. When charity destroys dignity: Overcoming unhealthy dependency in the Christian movement. Lancaster, PA: World Mission Associates.

Shawyer, Richard. 2009. Wisdom of the Wolof sages: A collection of proverbs from Senegal (transl. and explained in English). www.wolofresources.org/language/download/proverbs.pdf. Accessed March 24, 2013.

Shenai-Khatkhate, Deodatta V. 2014. Insightful quotes from Africa on friendship and learning. www.dshenai.wordpress.com. Accessed January 17, 2014.

Shipton, Parker. 1995. How Gambians save: Culture and economic strategy at an ethnic crossroads. In Jane I. Guyer (ed.), *Money matters: Instability, values and social payments in the modern history of West African communities*, 245–276. Portsmouth, NH: Heinemann.

Smith, Donald K. 1984. *Make haste slowly: Developing effective cross-cultural communication*. Portland, OR: IICC.

Stanley, Thomas J., et William D. Danko. 1998. *The millionaire next door: The surprising secrets of America's wealthy*. New York: Simon and Schuster.

Stewart, Edward C. 1972. *American cultural patterns: A cross-cultural perspective*. LaGrange Park, IL.: Intercultural Network.

Stewart, Julia. 1997. *African proverbs and wisdom*. New York: Kensington Publishing Co.

Sud Hebdo. 1991. La banque des exclus. Dakar. December 26.

Sud Quotidien. 1996b. Le « *mboole* », un modèle de solidarité. Dakar. March 11.

Sud Quotidien. 1997a. Le « *Neeral* », un système d'aide à la famille, et Vers une protection sociale des pêcheurs. Dakar. March 10.

Sud Week-end. 1996. Dakar. December 14.

Sylla, Assane. 1994 (1978). *La philosophie morale des wolofs*. Dakar: IFAN, Université de Dakar.

Szeftel, Morris. 2000. Clientelism, corruption and catastrophe. Review of *African Political Economy* 27(85):427, citing London: *The Times*. February 15, 1999.

Talla, Blaise-Pascal. 1997. Cameroun gangstérisme financier à Yaoundé. *Jeune Afrique Economie* 244. July 1.

Tembo, Mwizenge S. 1990. The concept of African personality: sociological implications. In Molefi Kete Asante and Kariamu Welsh Asante, (eds.), *African culture: The rhythms of unity*. Trenton, NJ: Africa World Press.

The Herald. 1999. Yaoundé, Cameroon. February 26–28.

The New Encyclopædia Britannica. 1988. Africa, Asia, Australia, North America, and South America. Fifteenth ed. Chicago: Encyclopædia Britannica.

Thornton, Robert. 2005. Four principles of South African political culture at the local level. *Anthropology Southern Africa* 28(1/2): 22–30.

Unseth, Carole. 1995. Maryam's "Thank-you." *Ethno-Info* 34, 3–4.

Van Chi-Bonnardel, Régine Nguyen. 1978. *Vie de relations au Sénégal: La circulation de biens*. Dakar: Institut Fondamental d'Afrique.

Venkatappiah, B. 1968. Misuse of office. *International Encyclopedia of the Social Sciences* 2:272–276.

Walle, Nicolas van de. 2003. Presidentialism and clientelism in Africa's emerging party systems. *The Journal of Modern African Studies* 41(2):311–312.

Wikipedia. 2014. The politics of the belly. Accessed January 27, 2014.

World Book Encyclopedia. 1986. Unemployment. Chicago: World Book Encyclopedia.

SIL International® Publications

Publications supplémentaires dans la série,
Publications en ethnographie

ISSN 0-0895-9897

51. **Les amis africains et les questions d'argent : Observations depuis l'Afrique**, par David E. Maranz, 2025, 338 pp., ISBN livre imprimé : 978-1-55671-511-2 ; ISBN électronique livre : 978-1-55671-512-9.
50. **African friends and money matters: Observations from Africa.** Second edition, revised, by David E. Maranz, 2025, 314 pp., ISBN 978-1-55671-554-9 (pbk) ; 978-1-55671-555-6 (ePub) ; 978-1-55671-556-3 (hbk) ; ISBN 978-1-55671-542-6 (audio).
49. **Making a difference: Bible translation among the Dagomba and Konkomba of northern Ghana**, by Solomon Sumani Sule-Saa with Joyce Park, 2020, 256 pp., ISBN 978-1-55671-371-2.
48. **Environmental invasion and social response: Of a forest and those who dwell therein**, by Douglas M. Fraiser, 2019, 155 pp., ISBN 978-1-55671-395-8.
47. **Bajju Christian conversion in the Middle Belt of Nigeria**, by Carol V. McKinney, 2019, 202 pp., ISBN 978-1-55671-398-9.
46. **Baranzan's people: An ethnohistory of the Bajju of the Middle Belt of Nigeria**, by Carol V. McKinney, 2019, 238 pp., ISBN 978-1-55671-399-6.
45. **Acclimated to Africa: Cultural competence for Westerners**, by Debbi DiGennaro, 2017, 163 pp., ISBN 978-1-55671-386-6.
44. **The heart of the matter: Seeking the center in Maya-Mam language and culture**, by Wesley M. Collins, 2015, 205 pp., ISBN 978-1-55671-375-0.
43. **African friends and money matters: Observations from Africa**, Second edition, by David E. Maranz, 2015, 293 pp., ISBN 978-1-55671-277-7.

SIL International Publications
7500 W. Camp Wisdom Road
Dallas, Texas 75236-5629 États-Unis

Demande générale : publications_intl@sil.org
Demande sur commande en cours : sales@sil.org
www.sil.org/resources/publications/

David E. Maranz a travaillé chez SIL International ayant vécu au Cameroun, au Sénégal et dans plusieurs autres pays d'Afrique de 1975 à 1998. Il a travaillé dans le développement de communautés, dans l'anthropologie, dans l'administration et comme consultant international en anthropologie. Il a un doctorat en Développement International. Son livre précédent, *Peace is Everything*, examine la vue du monde et le contexte religieux des habitants de la région de Senegambia en Afrique de l'Ouest.

www.ingramcontent.com/pod-product-compliance
Lightning Source LLC
Chambersburg PA
CBHW071833270326
41929CB00013B/1976